高等学校文化产业专业系列教材

U0646132

扫一扫 看资源

WENHUA
JINRONGXUE

文化金融学

主编 金巍 杨涛

北京师范大学出版集团
BEIJING NORMAL UNIVERSITY PUBLISHING GROUP
北京师范大学出版社

图书在版编目(CIP)数据

文化金融学/金巍，杨涛/主编 . —北京：北京师范大学出版社，2021.8(2024.8 重印)

（高等学校文化产业专业系列教材）

ISBN 978-7-303-26538-1

Ⅰ. ①文… Ⅱ. ①金… ②杨… Ⅲ. ①金融学－高等学校－教材 Ⅳ. ①F830

中国版本图书馆 CIP 数据核字(2020)第 232898 号

图书意见反馈：gaozhifk@bnupg.com 010-58805079
营销中心电话：010-58802181 58805532

出版发行：北京师范大学出版社 www. bnupg. com
　　　　　北京市西城区新街口外大街 12-3 号
　　　　　邮政编码：100088
印　　刷：北京虎彩文化传播有限公司
经　　销：全国新华书店
开　　本：787 mm×1092 mm　1/16
印　　张：17.25
字　　数：388 千字
版　　次：2021 年 8 月第 1 版
印　　次：2024 年 8 月第 2 次印刷
定　　价：45.80 元

策划编辑：陈仕云　　　　　责任编辑：陈仕云
美术编辑：焦　丽　　　　　装帧设计：焦　丽
责任校对：陈　民　　　　　责任印制：陈　涛　赵　龙

内容提要

　　本书是学习文化金融和文化产业投融资相关知识的专业教材，是北京师范大学出版社"高等学校文化产业专业系列教材"之一。

　　本书共十二章，分为四部分。第一部分是基础部分，共三章，内容包括：导论、文化金融基础知识与相关理论、文化金融基础分析。第二部分以债权、股权和风险管理三种性质的金融活动类型为架构，共六章，内容包括：文化产业信贷市场与机构、文化产业债券与资产证券化、文化企业上市融资与股权交易市场、文化投资基金与私募股权投资市场、文化信托与资产管理、文化产业保险与文化融资担保。第三部分结合了技术变革、文化经济变革两个视角，深入分析影响文化金融发展的前沿问题，共两章，内容包括：互联网、金融科技与文化金融，文化经济变革与文化金融。第四部分的学习内容是文化金融政策与金融监管。

　　本书理论联系实际，在梳理总结近年文化金融领域的研究和实践成果的基础上，系统介绍了文化金融相关基础知识及文化金融体系基本内容，同时对一些前沿性问题也进行了介绍和剖析。为方便教学，本书配有教学课件，读者可通过扫描本书扉页中的二维码获取教学课件。

前　言

　　文化和金融的关系不是新的课题，但文化金融是一个全新的领域，对于实践者和研究者都是如此。说其新，是因为文化金融所面对的文化和文化生产正在发生重大变化，文化产业兴起，文化经济被赋予了新的含义；在中国经济崛起和文化产业发展过程中，中国学者发现了金融与文化产业的整体关联性，建构了其基本框架，由此产生了更具有整体性和统合性的研究范畴——文化金融。

　　如果要在学校讲授文化金融课程，我们势必要直面一些重要的问题：文化金融作为一种怎样的形态存在？这种存在有没有规律性？如果有，这种或这些规律性是否可以支撑一个独立学科体系？可喜的是，文化金融领域的实践活动已经相对比较丰富，经过很多学者的研究，文化金融领域的一些规律性的内容被逐渐梳理出来，文化金融已经成为一个专门的、独特的研究领域。

　　本教材在总体框架的安排方面主要遵循以下几个思路。

　　第一，基本结构以金融学为基础进行设计。文化金融虽然具有交叉学科的特征，但本质上属于金融学范畴。所以，本书总体上以金融工具、金融中介和金融市场等微观金融学相关内容为主，将文化金融活动分为债权类、股权类和风险管理类。本书各章首先介绍金融学相关基础知识，然后逐步代入文化金融的内容，有利于帮助金融学基础相对薄弱的读者尽快进入学习状态。

　　第二，着重体现文化金融活动和实践的特点。在微观金融框架的基础上，全篇贯穿了以金融服务于产业、以产业系统思维构造金融模式的产业金融研究思想和方法。从产业金融视角来看，文化金融离不开对文化生产规律的把握，因此，本教材力求充分体现文化金融活动的特点，引导读者重点学习"文化金融"而不是纯粹"金融"的内容，教材中涉及的产品和案例都与文化产业、文化企业或文化资产相关。

　　第三，内容涵盖一般的基础知识及发展趋势。本教材将金融学相关基础知识和文化金融基础分析作为基础部分，更注重常识性知识的介绍，以培养非金融专业学生和读者的金融素养。虽然"发展趋势"等内容往往存在不确定性，而且过多的主观判断也不适用于教材，但本教材仍然结合技术变革、文化经济变革的背景，设置了两章来专门讨论这个问题，以帮助读者了解文化金融发展中的新变化。

　　在编写本教材时，编者还考虑了一些能够让读者得到更多思考空间的设计，主要是：

第一，设置专栏。专栏主要有三个方面的内容：一是连贯性不强但比较重要的知识或主题；二是典型案例或典型事件的叙述性描述；三是数据、相关报告、新闻材料等有重要参考性的资料等。

第二，设置开放性问题供读者讨论。本教材通过简短的"◎提问""◎讨论""◎材料分析"等形式穿插了一些问题，但并未给出明确答案，读者可根据需要进行开放式讨论。

第三，提供尽可能大的信息量和尽可能多的知识点。对有些知识点一带而过，比如其他相关学科的术语，不做详细展开。对于特别重要的知识点，则在专栏或脚注中作出一定的解释。由于行文需要，编者将很多信息放在了脚注中，但脚注信息或知识点并非不重要，而是需要特别关注。

第四，尽可能推荐更多的参考文献和专业书籍。在每章后面列出的书籍，并不意味着在教材中都做了参考或采用了其中的观点，而是仅仅作为推荐阅读的扩展性资料。

本教材在编写过程中，得到了众多专家、学者、朋友等的帮助，他们均对本书给予了非常积极的鼓励并提出了中肯的意见，在此一并表示诚挚的谢意。包括：中国社会科学院学部委员、国家金融与发展实验室理事长李扬；中国银行前副行长、中国文化金融50人论坛理事长王永利；中国人民银行金融研究所前所长、大成基金首席经济学家姚余栋；中国社会科学院中国文化研究中心副主任张晓明研究员；中国传媒大学协同创新中心齐勇锋教授；中央财经大学文化经济研究院院长魏鹏举教授；深圳大学文化产业研究院张振鹏教授；中国人民大学应用经济学院副院长黄隽教授；云南大学文化发展研究院副院长胡洪斌；北京电影学院管理学院副院长张琦，首都师范大学文化产业系副教授郭嘉等。

中国社会科学院金融研究所副研究员董昀、中国社会科学院金融研究所副研究员林楠、中国文化产业投资基金副总裁于淼、深圳文化产权交易所总经理助理王晓锐、国家金融与发展实验室特聘研究员陈能军、艺术品金融专家江哲丰、广州文化金融服务中心熊恬祺、中国社会科学院金融研究所副研究员王向楠、内蒙古艺术学院教师包璐等对本书部分章节的初稿撰写及资料收集均有积极的贡献。中国社会科学院大学金融专业的博士生王小彩、沙晓君、章茊今、赵亮，硕士研究生吴康远、孙磊、魏哲南、卢奇高敏等积极参与了本书的校对工作，国家金融与发展实验室科研助理齐孟华、闫承儒在组织校对和研讨等方面付出了巨大的努力。

在此，编者要特别对国家金融与发展实验室、北京立言金融与发展研究院、中国社会科学院金融研究所、中国社会科学院产业金融研究基地、深圳文化产权交易所、北京银行、北京市朝阳区国家文化创新实验区管委会等单位表示感谢，这些单位为本教材的编写工作提供了丰富的资料或其他便利性条件。

本书数易其稿，历经几年时间打磨，但一些细节工作仍未来得及做，在内容上也还有很多问题没有梳理清楚，还留有一些遗憾。不足之处，在此恳请学术界同人、用书学校和广大读者指正，以待今后有机会再版时予以纠正和完善。

　　我国已经进入中国特色社会主义新时代，文化产业肩负着增强国家文化软实力的重要使命，而文化金融正在为文化产业发展提供强大的资本动力。党的二十大报告指出，要繁荣发展文化事业和文化产业，深化文化体制改革，完善文化经济政策，健全现代文化产业体系和市场体系。文化金融必将在铸就社会主义文化新辉煌的征程中承担重要的历史角色。这是一个新时代，这是一门新学问，希望这本教材的编写出版，能为培养文化金融复合型专门人才做出一点点贡献。

　　谨以本书献给所有正在文化金融领域奋斗的人们，并向我们伟大的祖国致以崇高的敬意！

金巍　杨涛

目　　录

第1章 导　论

学习目标

1. 了解文化与金融的关系，了解文化金融的产生和发展历程。
2. 了解与文化金融相关的文献成果、研究活动等。
3. 理解关于文化金融的基本观点，掌握文化金融研究的范畴和对象。
4. 掌握文化金融研究的基本路径，了解文化金融研究的几种基本方法。

关键术语

文化金融　文化产业金融　文化产业　产业金融　文化生产　文化资源　文化资产　无形资产

导　言

什么是文化金融？为什么是文化金融？文化金融研究什么？我们在这一章尝试着来回答这些问题。从某种意义上，我国学者最早将文化金融作为整体的独立领域进行了研究，所以，在这一章除了对西方文化与金融关系渊源及文化金融发展脉络做简单介绍，我们要重点介绍我国文化产业发展的特点及文化金融的发展情况。我们还要了解学界关于文化金融研究的相关文献成果等。本章阐述了关于文化金融的几个基本观点，包括：文化生产服务论、文化产业金融论、文化资产核心论和文化金融生态论。除此以外，本章的学习内容还包括文化金融研究的范畴、对象、路径、基本范式以及一些基本研究方法。

1.1　文化金融的产生与发展

文化金融作为一个特定词汇，表现了文化与金融之间的一种特殊关系。在讨论文化金融的相关问题之前，首先要厘清一个前提：我们要讨论的文化金融表现了文化与金融的哪一种关系？

"文化与金融"是极富有弹性的关系集合，两者相互影响、相互促进。我们在一些文献中看到的"文化金融"，可能是在讨论这样一种关系——"基于金融的文化问题"，比如，我国金融史上的晋商票号文化，这个主题涉及金融发展中的价值观、经营理念、职业道德等方面的问题。实际上有一个概念更符合"基于金融的文化问题"的指向，即"金融文化"，主要讨论金融发展中的文化及其作用问题。

我们要讨论的文化金融则刚好相反，是"基于文化的金融问题"，是关于金融在文化发展中因何起作用、如何起作用的问题。

1.1.1　文化与金融的关系溯源及发展

在文化产业成为一种现代经济形态之前，文化和金融的关系就非常紧密了。文化和金融的关系，可以追溯到文化发展的"远古"时期。如在我国汉唐时期，一些具有文化价值的物品或书法作品就成了典当品。而在西方，文化和金融的关系也可以追溯到很久远的时期，从文艺复兴到两次工业革命，再到第二次世界大战后的文化产业兴起，文化与金融的关系发生了很多有趣的变化。我们在这里可以从一些典型案例或事例中观察到这种变化。

一、从美第奇故事开始：艺术与金融的奇缘

美第奇家族与艺术的故事是每个艺术品金融①课程都要追溯一番的历史。美第奇家族是文艺复兴时期意大利的一个银行世家，在当时赞助过很多艺术家和科学家，其对文艺复兴的贡献一直被后世津津乐道。乔凡尼·美第奇是美第奇家族第一位赞助艺术的银行家，而更著名的艺术赞助人是他的曾孙洛伦佐·美第奇（Lorenzo de'Medici）。洛伦佐扶持了著名的艺术家米开朗基罗，从米开朗基罗进入美第奇艺术学院开始，就对他倍加重视和爱护。后来，米开朗基罗成为文艺复兴时期最重要的艺术家之一。

美第奇家族通过办学校、委托创作、直接资助等形式扶持艺术创作，在佛罗伦萨留下了很多举世皆知的名作。艺术品与银行家的这种关系一直保持到了当代，很多银行家一直保持着收藏艺术品的传统。这时，人们并未在文化的经济价值这个问题上取得共识，文化与金融的关系主要表现于金融在文化价值维护上的作用，这是一种若即若离的关系，并主要集中于艺术品和艺术家创作。

随着工业革命和资本主义的发展，银行家们收藏艺术品的传统有了新的含义，艺术与金融的关系更进了一步，以艺术品为标的或资产的金融业务逐步开展起来，如艺术品质押贷款、艺术品投资等业务。英国铁路养老基金在 20 世纪 70 年代开始关注艺术品投资并取得了巨大的成功，成为艺术品投资的典范。

我国在民国时期就有银行开展了艺术品质押业务。据相关资料，清朝统治结束后，大量文物和珍贵的艺术品流出清宫廷，1915 年在北京成立的盐业银行曾经大量办理了清宫流出艺术品的抵押贷款业务。

二、好莱坞的兴起：第二次工业革命时代后的电影金融

金融一直在经济发展中发挥着不可替代的作用。在经济发展史上，无论经济发展的驱动力有何变化，作为资本的重要供给渠道，金融活动都不可或缺。经济学家约翰·希克斯（John Hicks）曾在他的《经济史理论》（1969）中说工业革命不是技术创新的结果，或至少不是其直接作用的结果，而是金融革命的结果。两次工业革命②将人类历史推向了几何级数式发展的阶段，大规模生产和工业化时代序幕拉开，而在第二次工业

---

① 艺术品金融又称为"艺术与金融"，英文为 Art & Finance。

② 第一次工业革命是指 18 世纪 60 年代起源于英国的以机器生产代替手工劳动的技术革命，以蒸汽机的广泛使用为标志。至 19 世纪中叶，英国、法国、美国等欧美主要国家都完成了工业革命。第二次工业革命是指 19 世纪 60 年代在欧美开始的以电器、内燃机、电信等为标志的工业革命，这一次革命使社会进入"电气时代"。

革命时期，呈现工业化形态的文化业态是电影。

当电影开始兴起时，已经成熟起来的金融业就为电影的工业化和现代化准备好了一切。早期的电影公司主要是依靠外来的资金来维持自身的运作发展，这其中最主要的资金来源于银行贷款。根据研究，被称为"美国电影之父"的格里菲斯从加入"活动影像伙伴公司"到 20 世纪 20 年代晚期有声电影发明，期间至少与 34 家银行建立过直接或间接的联系[①]。

美国好莱坞电影开始兴起，华尔街财团迅速与好莱坞结合起来，推动了好莱坞电影工业的高速发展，在第二次世界大战之前就成为全球电影的典范。至今，金融资本一直都是美国电影能够笑傲全球的基本支撑力量。

电影工业和金融资本之间的结合较早，体现了文化艺术生产与资本之间的一种新型关系。我国在 20 世纪 20 年代随着民国电影行业的发展，也开始关注电影金融问题[②]。

三、第二次世界大战后文化产业与资本的结合

第二次世界大战后发展最快的文化产业业态是传媒业。信息传播手段的变革影响了当时人民的文化生活，而信息和符号的工业化、流程化的制造模式催生了"文化产业"概念的诞生。

"冷战"和文化消费的变化都对第二次世界大战后的传媒业发展产生了影响，电视、报纸、杂志成为大众传媒的最主要方式，传媒业在资本市场上成为一个明星产业。默多克的新闻集团的一系列扩张历程展示了那一时期传媒产业资产市场的风云变幻。默多克起步于 20 世纪 50 年代的澳大利亚，六七十年代扩张到英国和美国，通过收购报纸、杂志、出版社和电视台，迅速崛起。20 世纪 80 年代新闻集团收购英国泰晤士报系、美国 20 世纪福克斯影业，成为当时影响较大的收购案例。随后，新闻集团向东欧和亚洲进行扩张，至 20 世纪末建立了庞大的传媒帝国。新闻集团在扩张中，善于利用金融周期，善于利用低成本银行贷款，善于在资本市场适时套利。所以，默多克新闻集团的辉煌，一方面得益于其良好的企业运营能力，另一方面依靠其熟练的资本运作能力。

文化的"纯洁性"可能因为文化的经济价值及其生产的工业化而受到污染。20 世纪六七十年代以来，文化的工业化（或产业化）趋势一度受到了以法兰克福学派为代表的学者的批判，认为这种文化工业以资本为基础，以实现利润最大化为目标，失去了文化生产的原有特性。但是，文化艺术生产或文化生产以产业形式蓬勃发展起来，极大地推动了现代文化的发展。

文化产业的兴起，使文化脱离了艺术品和文化遗产的狭隘的文化范畴，将文化拓展到人们精神生活的方方面面，而"意义""符号"的生产及商品化，又跨出了文化产业的一般范畴。当人们研究文化在经济发展中的作用时，开始用经济学方法对文化生产进行解读，将文化的经济价值迅速推向文化生产大舞台的中心，诞生了所谓的文化经

---

① 徐义明，周正兵. 金融资本如何对接文化产业——基于早期好莱坞经验的分析[J]. 银行家，2014(7).

② 1926 年我国的《银行周报》杂志刊发了《美国之电影金融》一文，这被认为开创了中国电影金融研究的先河。

济学①。文化的经济价值认同,是金融或资本能够"合法""合理"介入文化生产的逻辑起点,而文化产业化,是文化金融得以发展的重要前提条件。由此,文化金融才开始成为现代意义的"文化金融"。

四、当代全球文化金融发展的特点

在发达国家,由于市场经济体系的政策取向不同,文化金融是以电影金融、艺术品金融等分业的、市场化的形态存在的,因而与文化金融相关的学术研究也多是基于分业的或基于市场要素及功能的。随着文化产业发展,其各个部分与金融的关系鲜明地呈现出来,艺术品金融、电影金融更加成熟,而传媒产业、演艺产业、设计产业等与资本市场的关系也更加密切。

进入 21 世纪,文化产业与金融的关系在发达国家呈现了新的特征。随着互联网经济兴盛和创意经济崛起,后工业化②特征更加明显,全球文化产业进入新的时期,以新媒体、互联网文娱、知识付费等为代表的新兴文化产业方兴未艾,文化金融发展也迎来新的机遇。

文化金融在各个发达国家也呈现了不同的特点。美国以版权产业为特色,在市场主导的模式下,形成完备的版权保护法律体系,银行、保险、证券、私募基金等各方面都具备较为完善的机制;英国的非政府组织评估并引导财政投资文化创意产业,其文化事业"彩票基金"较有特色;法国以保守的文化产业政策著称,政府为影像、博物馆等行业提供财政保障,法国艺术产业发达,其艺术基金及艺术银行较有特点;韩国很早推出了《文化产业振兴基本法》,以政府力量推动资本扶持文化产业,各类文化产业投资基金发展迅速,其"文化产业专门投资组合"方案带动了大量的社会资本投入文化内容产业。

政府政策的外部引导作用至关重要。虽然模式不同,但无论是美国还是日本、韩国都积极通过政策引导金融资本来支持文化产业发展,这更易发挥市场机制的作用,有时比直接的财政支持更有效率。

1.1.2 文化金融在当代中国

我们这里要介绍现代意义的"文化金融"在我国的诞生与发展状况。鉴于文化的含义过于丰富并有很大的分歧,首先要对文化金融中的"文化"做个基本界定:这里的文化,指的是文化生产。文化生产在经济领域的体现就是文化产业③。当代社会中,文化

---

① 文化经济学研究可以分为两种路径:一是研究文化在经济增长或经济发展中的动力作用,类似技术创新经济学;二是研究文化的经济价值及文化产业化问题,方法上主要是经济学方法,领域上主要就是文化生产和文化产业研究。后一种路径上,形成了"文化产业经济学"的新领域,可看作产业经济学的分支。

② 后工业化是由美国著名的社会学家丹尼尔·贝尔(Daniel Bell)提出的概念,他在 1973 年发表的《后工业社会》一书中对这个概念进行了专门阐述。

③ 联合国教科文组织(UNESCO)对文化产业的定义是:按照工业标准,生产、再生产、储存以及分配文化产品和服务的一系列活动。在我国的产业实践和研究中,我们通常使用的"文化产业"是指国家统计局发布的国民经济行业分类和统计意义上的"文化及相关产业",是指为社会公众提供文化产品和文化相关产品的生产活动的集合。全国各地有些地方根据自己的特点对文化产业的统计略有不同定义,北京等地区使用"文化创意产业"概念和相应的统计口径。2018 年 5 月,国家统计局和中宣部联合发出了《关于加强和规范文化产业统计工作的通知》(国统字〔2018〕58 号),要求规范文化产业统计。

产业是最主要的文化生产领域。与很多发达国家中文化金融市场的分业演化特征不同，在我国，文化金融被作为一个整体性的、相对宏观的命题提了出来，具有较强的建构性质。文化金融能够成为一种学术概念和独立的研究范畴，与我国的文化产业发展历程紧密相关。

一、文化金融的土壤——文化产业

自 1992 年始，我国进入社会主义市场经济发展阶段，文化领域也出现了市场化的趋向。2001 年，我国加入世界贸易组织，文化领域的开放也提上议事日程，而发展文化产业就成了现实的需要。2002 年，党的十六大报告提出"积极发展文化事业和文化产业"，吹响了我国发展文化产业的号角。2003 年起，我国开始启动文化体制改革，同时开始大力推动文化产业的发展。2008 年，金融危机爆发，我国的经济尤其是外贸方面也受到极大影响。作为应对经济下行压力的战略之一[①]，2009 年 9 月，我国发布了第一部国家级文化产业专项规划——《文化产业振兴规划》，推动文化产业发展开始上升到国家战略层面。这一规划对金融如何支持文化产业发展也做了要求，是我国文化金融走向成长期的起点。

自 2006 年到 2011 年，我国文化产业的平均增速在 22% 以上。2012 年是一个关键转折点，我国总体经济形势进入"新常态"，文化产业增速也开始放缓，此后文化产业年增速保持在 12% 左右。2004—2019 年文化及相关产业增加值相关数据见图 1-1。从对经济增长的贡献看，2013—2019 年文化及相关产业对 GDP 增量的年平均贡献率约为 5.5%。

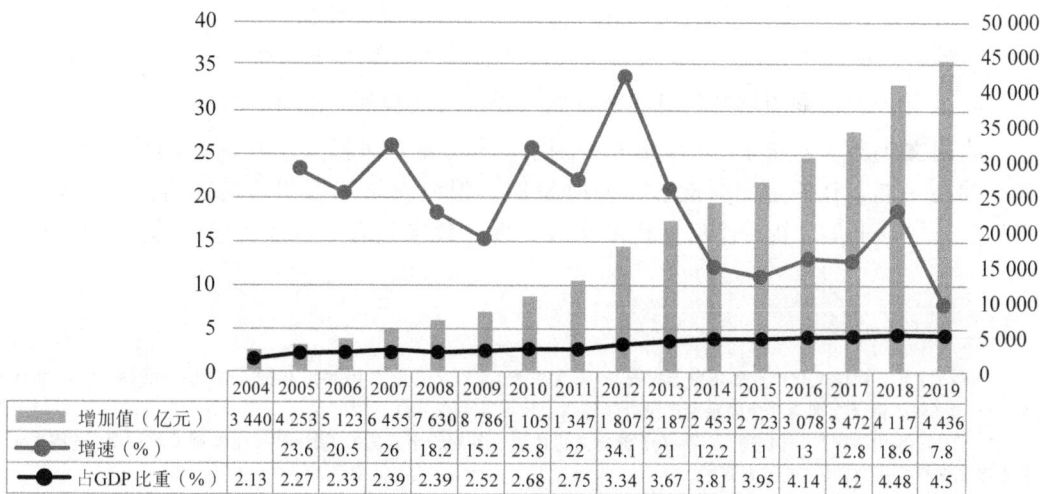

	2004	2005	2006	2007	2008	2009	2010	2011	2012	2013	2014	2015	2016	2017	2018	2019
增加值（亿元）	3 440	4 253	5 123	6 455	7 630	8 786	1 105	1 347	1 807	2 187	2 453	2 723	3 078	3 472	4 117	4 436
增速（%）		23.6	20.5	26	18.2	15.2	25.8	22	34.1	21	12.2	11	13	12.8	18.6	7.8
占GDP比重（%）	2.13	2.27	2.33	2.39	2.39	2.52	2.68	2.75	3.34	3.67	3.81	3.95	4.14	4.2	4.48	4.5

图 1-1　2004—2019 年文化及相关产业增加值
（根据国家统计局公布数据整理）

[①] 从历史看，文化产业中的一些行业有"反经济周期"的特征，在经济增长滑入低谷时期，往往是文化产业中的娱乐、影视等行业的逆势增长时期。2008 年后，有很多学者也以这个理论来阐述当时经济下滑背景下我国文化产业发展的逻辑。

根据国家统计局数据，我国文化产业固定资产投资额连续多年处于较高速度增长。① 另外，我国文化产品生产的规模及比重、文化产业就业人口、文化企业发展状况、文化产业的市场化程度等指标都有良好的表现，这些都为文化金融的发展奠定了较为坚实的基础。

受文化产业发展的内在规律性决定，我国的文化产业与世界上主要发达国家一样具有一定的共性，但也具有自己的特点。

1. 文化产业发展与文化体制改革及政策推动有紧密的联系

从 2002 年以来，中央政府在文化发展和文化体制改革的总体框架下，先后提出"文化事业和文化产业协调发展"②"文化产业体系建设"③"现代文化市场体系"④等重要主题相关战略任务，同时推出了相应的文化产业政策。几十年来，通过文化体制改革的逐步深化和政策驱动，我国文化发展的基础和动力机制发生了根本转变。所以，文化产业和文化市场的活力实际上是通过文化体制改革一步步释放出来的。

2. 文化产业在国民经济发展中具有特殊的战略性地位

文化产业具有双重属性，其文化属性或意识形态属性一直都是我国政府极为关注的重点，但是这并未影响文化产业作为经济形态的重要性。尤其是在 2008 年金融危机之后，文化产业开始得到前所未有的重视，文化产业不仅是国家软实力建设的重要内容，同时被定位为国民经济支柱性产业，其经济属性是不容忽视的。2011 年 10 月，中共十七届六中全会首次提出了"推动文化产业成为国民经济支柱性产业"的战略要求⑤。2017 年 5 月，《国家"十三五"时期文化发展改革规划纲要》发布，在"目标任务"中再次明确提出要在"十三五"末期推动文化产业成为国民经济支柱性产业。

◎讨论：在推动文化产业成为国民经济支柱性产业进程中，金融能发挥什么作用？

3. 文化产业发展周期与信息经济及数字经济时代叠加，融合趋势明显

我国文化产业起步于 20 世纪 90 年代，在发展之初就与正在兴起的信息经济时代叠加在一起，几乎是同时起步、同时发展，因而自始就有明显的融合趋势。在 21 世纪的第二个十年，新一代信息技术高速发展，数字创意产业成为国家的五个战略性

---

① 2017 年，我国文化产业固定资产投资额（不含农户）3.8 万亿元，为 2005 年的 13.7 倍，2013—2017 年年均增长 19.6%，高于同期全社会固定资产投资额年均增速 8.3 个百分点。

② 2005 年中共中央、国务院发布《关于深化文化体制改革的若干意见》，提出在文化体制改革中要"坚持文化事业和文化产业协调发展"的原则要求。

③ 2006 年 9 月，中共中央办公厅、国务院办公厅印发《国家"十一五"时期文化发展规划纲要》（简称《纲要》），《纲要》把"抓好文化产业体系建设"作为"十一五"时期文化发展的重点之一加以部署。主要内容为："抓好文化产业体系建设，重塑市场主体，优化产业结构，确定重点发展的产业门类，培育文化产品市场和要素市场，发展现代流通组织和流通形式，形成以公有制为主体、多种所有制共同发展的文化产业格局。"

④ 2011 年 10 月 18 日中国共产党第十七届中央委员会第六次全体会议通过的《中共中央关于深化文化体制改革、推动社会主义文化大发展大繁荣若干重大问题的决定》中提出"健全现代文化市场体系"，"发挥市场在文化资源配置中的积极作用"。2013 年 11 月发布的《中共中央关于全面深化改革若干重大问题的决定》提出市场在资源配置中起决定性作用，由此相关的，在"推进文化体制机制创新"中提出了"建立健全现代文化市场体系"的重要命题。

⑤ 见 2011 年 10 月 18 日中国共产党第十七届中央委员会第六次全体会议通过的《中共中央关于深化文化体制改革、推动社会主义文化大发展大繁荣若干重大问题的决定》。

新兴产业之一，互联网文化产业①和数字文化产业方兴未艾，数字文化产业部门呈现爆发式增长，推动了文化产业结构的变化，并使得我国文化产业发展一直呈现着现代化特征。

4. 文化产业发展动力呈现"三元动力结构"的阶段性特征

在经历了初期的政策驱动和投资驱动的阶段后，我国文化产业的发展要素主要是文化（创意）、技术和资本，如果从创新驱动这个角度，其动力表现为文化创新、科技创新和金融创新。由此，文化产业发展形成了稳定的"三元动力结构"②，三者之间互相影响，共同促进文化产业发展。这是我国文化产业在成长时期的特征，也表现了文化产业由资源驱动向创新驱动转型过程中的特征。文化产业、科技产业和金融产业都是要素性产业③，以输出要素为产业特征。在文化产业相关领域，与"要素"紧密相关的文化创意设计、文化科技、文化金融成为最受关注的业态。

二、我国文化金融发展的各个阶段

由于文化金融是一个新的领域，文化金融市场信息和数据体系还未建立，总体描述文化金融发展的情况仍然比较困难，目前甚至还无法形成一些能够反映文化金融市场状况的主要指标④。

文化产业投融资不是文化金融的全部，但这是主要的部分。文化产业融资规模主要包括银行信贷、债券融资、上市公司股票融资、私募股权基金投资等，我们可以从这些侧面获得对文化金融市场的基本认识。

表 1-1 为我国自 2013 年以来文化产业融资规模基本情况。

表 1-1 2013—2018 年文化产业融资规模相关数据

年份	银行信贷（21 家主要银行文化产业年终贷款余额，亿元）	文化产业债券融资（年发行规模，亿元）	文化类上市公司融资（含 IPO 融资与定向增发融资等，亿元）	私募股权基金投资（年度投资或融资规模，亿元）
2013	3 918.09	30.00	223.50	148.68
2014	5 328.12	72.00	427.14	576.78
2015	6 202.30	117.50	1 029.13	847.10

---

① 互联网文化产业不是一个严格的行业分类，而是与互联网有关的文化产业业态的泛称，是一种经营性互联网文化生产活动，包括文化产品依靠互联网制作、传播和消费的过程。参照我国文化管理部门发布的《互联网文化管理暂行规定》(2017 年修订)，可将互联网文化产业分为两类，一是互联网文化产品生产，二是互联网文化活动。从事互联网文化产品生产和互联网文化活动的互联网文化单位，需经文化行政部门和电信管理机构批准或者备案。

② 参见 2016 年 9 月 10 日金巍在北京大学举办的第七届中国文化产业前沿论坛暨第十八届峰火文创论坛上的演讲：互联网经济背景下的文化金融新形态。新浪网。

③ 经济发展中的动力要素主要包括资本、人力资源、技术、知识、文化、管理等，我们将输出这些动力要素的产业称为"要素性产业"或"动力性产业"。

④ 很多金融部门发布的与文化产业相关的数据都比较零散，而且统计口径不一，有些是"文化产业"，有些是"文化传媒产业"，还有些是"文化和娱乐产业"等，还有些把文化和体育或旅游等放在一起统计。更细致的层面上，由于金融门类众多，我们对文化金融产品的种类、数量、市场占有率、市场渗透率等还都没有相对准确的数据。

年份	银行信贷（21家主要银行文化产业年终贷款余额，亿元）	文化产业债券融资（年发行规模，亿元）	文化类上市公司融资（含IPO融资与定向增发融资等，亿元）	私募股权基金投资（年度投资或融资规模，亿元）
2016	6 903.15	233.05	1 448.90	1 049.94
2017	7 260.12	329.24	1 242.75	997.69
2018	7 617.09	465.96	747.84	529.80

注：各列数据整理自中国银行业协会报告、Wind、清科私募通等不同渠道，统计口径并不一致。

至2018年，银行体系的文化产业贷款余额达到八千亿元左右[①]。文化企业通过发行债券进行融资取得了很大的突破。根据Wind资讯，文化产业债券从2013年的30亿元左右的发行规模增长到了2018年的465.96亿元。截至2018年年底，我国有二百多家文化企业在深交所和上交所上市，市值约占总市值的3%。上市公司通过IPO融资和上市后定向增发融资等形式的融资规模在2016年达到了1400多亿元。

在2016年年底新三板挂牌企业数量达到10 000家的高峰期，文化类企业约占总数量的13%。一些区域性股权市场开始对文化企业提供专门服务，设置了"文创板"或"文旅板"。文化产业的私募股权投资市场飞速发展。根据清科私募通数据，2016年文化产业私募股权投资基金市场融资额达到高峰，为1 049.94亿元。

根据前述信息和相关数据，可以将我国文化金融发展历程划分为兴起阶段（2009年之前）、成长阶段（2009年之后）、繁荣阶段及减缓阶段，如图1-2所示。

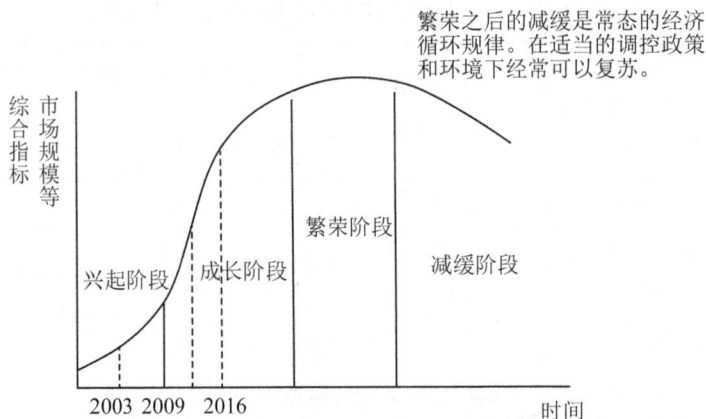

图1-2 文化金融发展阶段示意图

1.2003年至2009年，随着文化体制改革的启动，我国开始了文化产业投融资的初步探索，这一时期的文化金融发展处于兴起阶段

从市场上看，文化产业的投资价值开始受到重视。不同于其他产业，文化产业的

---

① 根据多方数据推算。2018年8月，中国银行业协会发布《银行业支持文化产业发展报告（2018）》（简称《报告》）。《报告》显示，截至2017年年末，包括政策性银行、大型商业银行、邮储银行和股份制商业银行在内的21家主要银行文化产业贷款余额达7 260.12亿元，并保持持续增长的势头。

内容生产的回报方式不仅是多元的，而且通过衍生品开发、不断复制具有回报的多层持续性。这是文化产业投资"高收益"的特点。当然，由于投资周期长，资产价值受社会环境影响大等原因，文化产业投资还有"高风险"的特点。这一时期，社会资本对文化产业的关注度更高。政府的文化经济政策在文化金融发展初期起到了关键性的引导作用。这一阶段，少数金融机构在政策引导下开始关注文化产业和文化企业，但服务方式仍旧比较传统，文化金融专属产品也较少。

2. 2009年至2016年是我国文化金融发展进入成长期的第一个阶段，是快速发展和不断创新的阶段

2009年，我国《文化产业振兴规划》发布，金融领域也处于较为宽松的创新环境当中，文化金融市场进入快速增长时期。2014年3月25日，文化部①、中国人民银行、财政部在全国文化金融工作会议上联合发布了十项"优秀文化金融合作创新成果"，"国家开发银行支持西安大明宫项目建设"等案例入选（见专栏1-1）。这可看作对2009年以来文化金融工作的一次大检阅。

2014年3月，文化部、中国人民银行、财政部三部委联合印发了《关于深入推进文化金融合作的意见》（文产发〔2014〕14号），此后，一些文化产业发展基础较好的省市率先推出相应的实施意见，推动了金融资本、社会资本和文化资源的融合，文化产业融资规模与融资效率均大大提升，2014年流入文化产业领域的资金较2013年增长了两倍多。在股权资本市场上，2015—2016年，我国每年流入文化产业的资金达到了一个高峰。

这一时期，银行等金融机构的文化金融的专业化服务程度有所提高，主要体现在机构的专营化、人员的专业化以及产品的专属化。金融机构参与文化金融业务的数量和密度明显增强，银行成立特色支行、专营支行等，银行、信托、保险、融资租赁、融资担保等机构都有专门的文化金融产品设计并应用于市场。

3. 自2017年开始，由于金融监管趋紧等外部因素的影响，文化金融开始进入成长期的中期阶段。

2016年之后，由于金融监管趋严等因素的影响，文化金融发展出现波动，导致文化产业融资结构出现较大变化。文化类上市公司融资额从2016年的1 448.90亿元，急剧下降到2018年的747.84亿元，私募股权基金在文化产业的投资额从2016年的1 049.94亿元下降到2018年的529.80亿元。这一时期由于文化产业贷款余额和债券规模仍有所增长，所以，我国文化金融发展总体仍呈现稳定态势，进入了规范与创新平衡发展时期。

成长期的文化金融发展也显露出了一些不足和缺陷。主要包括：文化金融开始进入专业化时期，但文化金融体系还未完全建立。专业化程度尚显不足，专业机构、专属产品覆盖率不足，专业人才队伍尚未建立，也未形成相对独立的服务标准体系。在

---

① 2018年3月，原文化部、国家旅游局职责整合，组建为文化和旅游部。本书中，文化部等机构名称均使用所述事件当时名称。

统一的基础设施基础上，文化金融政策法规、文化产业无形资产评估与管理体系①、文化产业信用管理体系、文化金融市场信息系统、文化数据资产系统等具有文化特色的基础设施还非常不完善。在实践中，相关基础设施方面虽然有些亮点②，但短板已经显现出来。在金融业界，就是否需要构建专门的文化金融服务体系尚未达成共识。

专栏 1-1

文化部、中国人民银行等发布十项优秀文化金融合作创新成果

新华社无锡3月25日电（记者 周玮）25日在无锡举行的全国文化金融合作会议上，文化部、中国人民银行、财政部发布了十项"优秀文化金融合作创新成果"。

——开发性金融推动历史文化资源保护与开发：国家开发银行支持西安大明宫项目建设

这一项目以景区应收账款质押的方式获得国家开发银行60亿元贷款支持。这是国家开发银行的首笔大遗址保护类贷款，以大明宫国家遗址公园保护与周边商业开发衔接的方式，解决了遗址公园营业收入少、投资回收期长的还款困境；同时采取政府委托代建，实行土地出让金回流动态还款的方式，解决了因门票无法质押（归集财政）的担保困境。

——中国演艺境外驻场演出的新突破：中国进出口银行助推云南文投"走出去"

云南文投通过集团公司"统借统还"的方式获得中国进出口银行6 500万元境外贷款支持，在柬埔寨、新加坡等地成功上演《吴哥的微笑》《辉煌新加坡》等驻场演艺节目。该项目采取集团统贷的方式，优化了企业融资还款的结构，解决了境外项目调查难、抵押难、监管难的问题，并通过政策性金融带动商业金融的模式，拓宽了文化企业境外经营的资金来源。

——中国首笔文化企业私募债：中国工商银行为华侨城创新融资产品

华侨城集团通过中国工商银行承销，采取信用担保方式在银行间债券市场发行60亿元债券用于"欢乐谷""欢乐海岸"等文化旅游项目建设，使得华侨城集团以"欢乐谷"为代表的主题公园和文化旅游项目迅速在全国铺开。这是我国文化领域的第一笔私募债券，突破了传统的文化旅游单纯依靠信贷融资的模式，开拓了大型文化企业融资的新渠道。

——"木艺通宝"助力地方特色产业：中国银行解决浙江红木业质押难题

针对浙江东阳红木雕刻文化小企业群的特点，中国银行开发了短期授信产品，引入仓储、监管和评估，为20余家中小文化企业提供了4 270万元资金支持。该产品针对具有浙江东阳地域文化特色的红木工艺品生产，采取仓单质押的方式，打造了完整的融资链条，确保资金使用、项目回款、账户管理一体化，解决了抵押物缺失的困难，

---

① 无形资产管理应包括无形资产的形成、确权、评估、保护、运营等系列内容，其中无形资产评估是无形资产管理最重要的内容。

② 2016年3月，中国资产评估协会发布了《文化企业无形资产评估指导意见》，为文化产业无形资本评估、流转提供了很有价值的参照系。文化产业信用管理体系建设工作有所推进，信用促进行业组织开始出现，2016年8月10日，全国首个文化企业信用促进会在北京朝阳国家文化产业创新实验区成立。

为金融支持特色文化产业进行了有益尝试。

——首个总行级文化金融专营机构：中国民生银行组建文化产业金融事业部

中国民生银行设立文化产业金融事业部，这是国内首家在总行层面成立的文化产业金融专营机构，专注于为文化产业领域的企业和项目提供创新金融服务。它打破原有重抵押担保的传统信贷理念，基于企业未来现金流状况，综合采用信托、理财、基金、专项资产管理计划等多种金融工具为文化企业提供资金支持和产业链资源整合，由专业团队提供专业高效的投资银行服务。此举促进了金融机构内部文化金融资源整合与升级，对文化金融服务体制机制创新起到了示范作用。

——多元化融资为中小微文化企业注入能量：招商银行"千鹰展翼"助企业腾飞

招商银行开发的"千鹰展翼"中小文化企业综合服务方案，针对中小文化企业成长各阶段的金融需求，提供包括投资、理财、结算、咨询、贷款等一体化的金融服务方案。该方案在创新信贷政策、融资产品、私募股权合作等方面，为推进金融支持中小微文化企业探索了宝贵经验。

——委托债权实现银企双赢：中信银行拓宽无锡灵山融资渠道

针对无锡灵山文化旅游集团有限公司资金需求量大、自身负债率过高的特点，中信银行通过发行委托理财的方式为"灵山胜景"项目提供 2 亿元资金支持。该项目充分发挥大型文化企业信用优势，运用金融手段盘活企业存量资产，在降低融资成本的同时，有效拓宽了文化企业直接融资的渠道，助力大型文化旅游项目升级。

——"中小企业集合票据"创新融资模式：北京银行促进传统工艺美术业发展

通过北京银行承销，扬州工艺美术集团和大贺文化传媒集团采取联合信用增级，共担成本，合理匹配融资规模，在银行间债券市场发行 1.5 亿元中小企业集合债券。这是国内首笔中小文化企业集合债券，通过工艺美术企业与广告传媒企业的资产捆绑，以大带小，信用互补，促进了文化企业的信用增进，缓解了文化企业因融资抵押物缺乏而无法获得信贷融资的困境。

——国内首款网络游戏虚拟财产损失保险：中国人民财产保险股份有限公司破冰网游市场

人保财险联合网络游戏服务网——5173 网络游戏服务平台，创新开发了国内首款网络游戏虚拟财产保险产品。该产品投放市场 3 个月内，累计为 30 万次网游客户提供 5 000 万元虚拟财产风险保障，实现了保险业开辟虚拟领域的突破。这对网络游戏虚拟财产的界定、评估、流转等进行了有益探索。

——金融服务文化小微企业的"南京模式"：南京市文化金融服务中心搭建综合服务平台

南京市文化投资控股集团通过市场化运作的模式，搭建全方位金融中介服务平台，通过政策引导、项目对接、信息服务、业务培训、信用增进、资金支持等方式，服务于文化企业和金融机构，促进文化与金融对接，扶持骨干文化企业和小微文化企业。

（来源：新华社）

三、文化金融发展中的政策影响[①]

我国的文化金融发展具有很强的中国特色。文化金融发展初始就与产业政策紧密联系在一起，体现了一种政策导向，其基本内容就是如何调动金融资源服务于文化生产。这种政策驱动激发了市场主体的积极性，在各个分业领域都形成了一定的市场化的文化金融创新实践，表现为一种独特的金融活动，包括政策手段、机制和业态，所以，我国文化金融发展历程的特征可以概括为：政策驱动与市场创新联动，整体规划与分业实践共举。

在政策驱动方面，主要体现在几个层面：总体文化政策、金融政策；文化经济政策（将金融作为发展文化产业的保障措施之一纳入其中）；文化金融专门政策（自 2009 年以来，已经形成了文化金融政策体系雏形）。

从 2002 年以来，我国的文化发展以"两分法"来界定，即分为文化事业和文化产业两个领域。我国文化体制改革，一直以坚持文化事业和文化产业协调发展为原则，鼓励释放文化产业的经济潜能。在文化产业发展初期，国家在文化政策或文化经济政策文件中，对社会资本进入文化产业的态度是逐步放开的，文化金融相关内容也主要聚焦在如何对待社会资本和文化发展的关系上。2005 年 4 月印发的《国务院关于非公有资本进入文化产业的若干决定》（国发〔2005〕10 号）是这一时期具有标志意义的文件[②]。这一时期，文化主管部门希望文化产业发展得到银行、证券、保险等金融机构的支持，但因为在相关政策制定中，金融主管部门参与程度较低，相关政策的执行效果也有限。

2008 年金融危机的爆发，对我国经济和对外贸易产生了极大的影响，也影响了我国文化产业的发展走向，政府和产业管理部门开始重新审视我国文化经济政策和相关产业政策，开始重视金融与文化贸易之间的关系。2009 年起，随着一系列文化金融政策的出台，我国文化金融开始进入成长期。

这一阶段，2009 年的《文化产业振兴规划》[③]和 2013 年 11 月的《中共中央关于全面深化改革若干重大问题的决定》[④]为文化金融的发展指明了发展方向。这一阶段主要的

[①] 关于我国文化金融政策的发展，我们将在本书第 12 章做更详细的介绍。

[②] 这一时期对外资进入我国文化领域也有相关政策规定。2005 年 8 月，文化部、商务部等五部委联合制定了《关于文化领域引进外资的若干意见》。

[③] 2009 年 7 月，国务院常务会议审议通过《文化产业振兴规划》，这是我国第一部国家级文化产业专项规划。规划要求"加大金融支持"，主要内容包括银行业、担保和再担保、企业上市融资、上市后再融资（公开增发、定向增发）、企业债券等方面。这是首次在国家战略层面中较完整地规定了金融支持文化产业的内容，可以说是我国文化金融发展进入成长期的起点。

[④] 2013 年 11 月，《中共中央关于全面深化改革若干重大问题的决定》历史性提出在经济体制改革中"使市场在资源配置中起决定性作用"，并在"推进文化机制体制创新"中提出"建立健全现代文化市场体系"，指出"建立多层次文化产品和要素市场，鼓励金融资本、社会资本、文化资源相结合"。从现代文化市场体系角度定位文化与金融的关系，为之后一些文化产业政策中文化金融的定位提供了重要依据。如 2017 年 12 月，中共上海市委、上海市人民政府印发的《关于加快本市文化创意产业创新发展的若干意见》（简称"上海文创 50 条"），没有将文化金融内容列入作为保障条款的第四条"引导资源要素向文化创意产业集聚"，而以"加快金融服务体系创新"作为第三条"构建现代文化市场体系"的重要组成部分。

文化金融专门政策有《关于金融支持文化出口的指导意见》(商服贸发〔2009〕191 号)①、《关于金融支持文化产业振兴和发展繁荣的指导意见》(银发〔2010〕94 号②)、《关于深入推进文化金融合作的意见》(文产发〔2014〕14 号)等。

在全面深化改革背景下，2014 年 3 月，文化部、中国人民银行、财政部三部委联合印发了《关于深入推进文化金融合作的意见》(文产发〔2014〕14 号)(以下简称"14 号文")。"文化金融合作"的提法，超越了"金融支持文化产业"，使两者的关系从单向的"给予"变为互惠互利的平等合作关系。"14 号文"首次在国家级政策文件中使用"文化金融合作""文化金融"等概念，如文件中有关于"文化金融体制机制""文化金融中介服务""文化金融公共服务"等叙述方式。而在这之前，文化金融作为一种概念虽已经在学术界和地方性政策文件③中出现，但还未形成全国性、决定性影响。此后，"文化金融"作为专有名词开始频繁出现在各级政府出台的文化产业政策和金融政策文件中。同时，一些冠以"文化"的文化金融类专有名词也开始频频出现在政府文件和学者的文章当中，如文化信贷、文化保险、文化信托、文化融资租赁、文化小额贷款、文化融资担保、文化投资基金等。文化金融除了简单的"政策保障"含义外，也具有了新业务、新业态、新机制等新的含义。

在研究和实践中，文化产业投融资、金融支持文化产业、文化金融合作、文化与金融融合发展、文化产业资本市场等表述方式或概念仍在使用，可以看作在不同时期、不同语境、不同视角下对文化金融这种特殊的金融活动的认识。鉴于我国产业和经济研究与公共政策研究的高度关联性，我们可以认为，"14 号文"是文化金融成为一个专业概念和专业研究范畴的重要标志。

进入"十三五"时期后，文化金融相关政策进一步丰富，初步形成了以文化金融专门政策为主干、以其他政策中的文化金融政策内容为辅助、以地方性文化金融政策为补充和扩展的多层次文化金融政策体系。在相关政策中，文化金融的定位已经不仅是一种单纯的保障措施，在北京、上海等文化金融发展较快的地区的政策中，已经开始将文化金融作为高精尖文化创意产业体系或现代文化市场体系的一部分来看待，由此可见文化金融定位的"进化"。

在"十三五"时期，文化金融政策相关内容体现在更高层面的国家战略规划当中，

---

① 2009 年 5 月，商务部、文化部、广电总局、新闻出版总署、中国进出口银行联合出台的《关于金融支持文化出口的指导意见》(商服贸发〔2009〕191 号)是在文化产业领域应对金融危机影响的政策文件，也是我国第一份全国性文化金融专门政策文件。

② 在"文化产业振兴"的战略要求下，2010 年 3 月，中央宣传部、中国人民银行、财政部、文化部、广电总局、新闻出版总署、银监会、证监会、保监会九部门印发了《关于金融支持文化产业振兴和发展繁荣的指导意见》(银发〔2010〕94 号)，这是第一个有金融监管部门参与的全国性、专门的文化金融政策文件。这一政策文件内容涉及信贷、授信、多层次资本市场、文化产业保险、配套措施五个方面主要内容，形成了关于金融与文化发展关系的基本政策框架。这是中国人民银行等金融监管部门直接参与制定的文化金融政策，极大强化了政策执行效果。此后，金融机构和资本市场对文化产业的关注度迅速升温，金融支持文化产业的资本规模实现了高速增长，文化金融市场机制体制也开始完善，文化金融公共服务也有较大的进步。

③ 如：在 2010 年《上海市金融支持文化产业发展繁荣的实施意见》中，提出"推动设立文化金融研究机构"。2012 年 7 月，北京市金融工作局、北京市委宣传部印发的《关于金融促进首都文化创意产业发展的意见》中相关表述有几十处，包括：首都文化金融发展初具成效；促进首都文化金融大发展、大繁荣；创新文化金融产品，健全文化金融市场，聚集文化金融机构，吸引文化金融人才，完善文化金融政策，加强文化金融科技合作等。

文化金融已经在国家文化发展规划高等级文件中成为官方表述的一个专门概念。在《国家"十三五"时期文化发展改革规划纲要》中的"完善和落实文化经济政策"条款中，关于对文化金融的要求，直接明确表述为"发展文化金融"。比公共政策更具权威性的是国家法律，有两部国家法律对文化金融相关内容做了规定。一部是《中华人民共和国电影产业促进法》，另一部是《中华人民共和国文化产业促进法》①。文化金融发展的成果以国家法律形式固化下来，也是文化金融发展历程中极为重要的里程碑。

2016 年以来，我国总体金融政策环境对文化金融发展产生了较大的影响，尤其是金融监管政策。2016 年开始，金融监管部门出台了一系列加强金融监管防范金融风险的政策，覆盖了金融业的几乎所有领域。2017 年 7 月召开的全国金融工作会议明确提出了我国金融工作的三大任务，即服务实体经济、防控金融风险和深化金融改革。在服务实体经济的战略要求下，文化产业投融资将更有质量，但一些创新领域受到了抑制，导致某些文化产业资本的短缺。在收紧的金融政策环境下，规范发展和创新发展并重是文化金融的必然选择。

文化金融领域的风险监管，有直接实施针对性监管措施的领域，包括文化产权交易所与艺术品金融、上市公司与投资并购、海外投资、企业资产证券化等；也有间接影响的领域，主要有银行信贷、企业债券、互联网金融、信托融资、资产管理等。在经过交易所清理整顿②之后，我国的文化产权交易所开始转型。

四、文化金融发展的技术因素与文化经济因素③

除了政策对文化金融产生的直接影响外，对文化金融发展有较大影响的因素还包括技术变革与文化经济变革两个方面。

互联网与金融科技的发展不仅是技术的进步，也是一种新经济④发展的重要标志。2012 年之后，互联网金融成为金融领域的热点。随后，金融科技创新与互联网金融整治相互交织，影响着整个金融行业的发展。作为金融市场体系的一部分，文化金融也受到了互联网技术、金融科技的影响，这种影响在未来十数年内将会形成较大的产业变革。

大数据、云计算、区块链、人工智能等技术将应用到文化金融领域，更多具有底层技术、关键技术、共性技术应用的文化金融服务平台将出现。随着技术的发展，服

---

① 2019 年 6 月 28 日，文化和旅游部发布《中华人民共和国文化产业促进法（草案征求意见稿）》，2019 年 12 月 13 日，司法部就《中华人民共和国文化产业促进法（草案送审稿）》公开征求意见，该法共有七个条款对文化金融直接进行了法律上的规定，包括"金融服务体系""间接融资""直接融资""保险服务""消费金融""用汇保障"和"文化资本投资"。

② 2011 年起，政府开始启动各类交易所清理整顿工作，文化产权交易所也在清理整顿之列。《国务院关于清理整顿各类交易场所切实防范金融风险的决定》（国发〔2011〕38 号）规定：除依法设立的证券交易所或国务院批准的从事金融产品交易的交易场所外，任何交易场所均不得将任何权益拆分为均等份额公开发行，不得采取集中竞价、做市商等集中交易方式进行交易。2017 年以来，各地政府开始对文化产权交易所相关业务进行"回头看"监管。

③ 这部分内容将在第 10 章及第 11 章进一步学习。

④ "新经济"一词源于 20 世纪 90 年代的美国，用于描述当时美国正在面临的信息技术革命和知识经济背景的新的经济形态。中国和亚洲一些国家在 21 世纪开始呈现新经济特征。2016 年我国"两会"期间，"新经济"一词正式写入《中华人民共和国国务院政府工作报告》。中国的新经济具有不同的时代特征，它是与中国经济发展"新常态"紧密联系在一起的，主要的内涵是"新动能、新产业、新业态"。

务于文化金融的基础设施将得到完善和夯实。新的价值评估体系将完成构建，如基于大数据的文化投资项目评估将为投资决策提供更为可靠的基础。但新技术也会带来新的风险，尤其是利用新技术构建的新金融服务平台。防范金融风险一直都与提高金融服务实体经济的质量相关联。

文化经济是以文化产业为支柱、以文化生产为本质的现代经济形态。在新经济时代背景下，文化经济从单纯文化产业为内容的范畴，向新文化经济演变，文化经济的结构、文化消费方式都发生了变化，版权经济、创意经济、数字文化经济是新文化经济发展的主要相关形态。随着知识经济和法治经济的发展，版权产业成为文化经济发展的一个重要形态；文化产业与其他相关产业的融合度越来越高，创意产业开始崛起；数字技术促进文化产业发展，数字创意产业与数字文化产业兴起，数字文化经济正在引发资本对文化生产、运营、消费及资产的重新认识。

新经济需要新的金融服务体系。新文化经济变革对文化金融发展提出了新的挑战，在文化金融研究的范畴、对象和方法方面也提出了新的命题。金融从服务文化产业扩展到服务文化经济，需要在产品、机构、市场和基础设施等各方面做出新的反应。在更深层面上，新文化经济的演变与文化金融之间，体现了一种文化与金融相互影响、相互融合的关系，这种关系可能演化成为一种新的经济范式。

◎提问：文化经济与文化产业是什么关系？文化经济与版权经济、创意经济、数字文化经济等形态有什么关系？

1.2　相关文献、研究对象及范围

1.2.1　文化金融相关文献及研究

在欧美发达国家，文化金融领域的实践和相关研究都开始得非常早，这对我国的文化金融研究具有很强的借鉴意义。

由于市场发展背景不同，各国文化金融的研究都有各自的特点。从总体上看，与文化金融研究相关的主要文献集中于文化产业的某一领域中的金融问题研究，尤其是在艺术品金融市场和电影金融这两个领域。极少有人将文化金融这一领域作为独立的、专门的一个整体来研究，一直也没有文化金融这一研究范畴或学科领域，甚至也没有文化金融这一概念对应的英文术语。我们能够找到以艺术品金融、电影金融等文化金融具体业态为研究对象的论著，但却难以找到以我们所说的"文化金融"为主题名称的文献资料，当然也就不存在以"文化金融"命名的学科分支了[1]。

由此可以得出这样一个结论：文化金融这一概念的出现是和我国的文化产业发展及文化产业政策紧密相关的，从某种意义上说，将文化金融作为独立的研究范畴是我国的一种创造[2]。我国一直将文化产业整体作为战略性问题来规划统筹，文化金融得以整体构建也就顺理成章。文化金融问题一开始就是讨论金融和整个文化产业的关系，而不是仅仅就文化产业的某个分支，如此，将文化金融作为一个整体进行研究也就势在

① 杨涛，金巍. 中国文化金融发展报告（2017）[R]. 北京：社会科学文献出版社，2017. 为了方便地理解文化金融的含义，我们用 culture & finance 来译注"文化和金融"，而用 culture finance 译注"文化金融"。
② 杨涛，金巍. 中国文化金融发展报告（2017）[R]. 北京：社会科学文献出版社，2017.

必行了。

在政策推动下，文化产业投融资和文化金融实践日渐丰富，相关研究成果及文献日益增多。与产业发展的初期阶段相似，文化金融研究一开始也只是在做政策解读、现状分析并提供一般性建议。经过多年的发展，文化金融领域的共识越来越多，观点也越来越丰富。近些年来，以文化金融为主题的学术研究成果明显增多了，既有从宏观、中观和微观金融角度研究的，也有从文化产业和文化价值角度研究的。很多学者对文化金融中的一些重要命题做了比较系统的阐述，提出了很有价值的观点。

早期，我国学者研究的主要问题是"文化产业投融资"，首先是如何解决文化企业融资的问题，同时兼顾了文化产业投资问题。文化产业投融资主要关注金融的资金融通功能，一些学者对中外文化产业投融资机制进行了比较研究。这一时期主要是文化学界的学者从文化产业视角上对文化产业投融资问题进行研究。花建（2002）提出推动文化投资应是我国文化产业发展的基本战略之一，合理引导长期投资和短期投资、公共投资和商业投资在文化产业中的比重，使投资责任均衡化[①]。齐勇锋（2004）较早提出了文化投融资体制改革问题[②]。张伟等（2006）主张建立一个"国民结合、以国资为引导、以民资为主体"的多元化投融资体系来支撑文化产业的发展。周正兵（2006）结合韩国文化（电影）产业风险投资研究，认为拓展风险投资市场是突破文化产业发展资金瓶颈的重要手段。

2009年之后，由于政策的推动，"金融如何支持文化产业发展"主题将金融界推向前台，强调的是需要整个金融体系而非零散的投资机构来回答如何支持文化产业发展的问题。文化金融面对的课题不仅是投融资问题，即不仅是资金融通功能在文化产业中实现的问题，还包括风险管理等其他功能的实现问题。这是文化金融之所以是文化金融的真正开始。这期间，一些学者开始在金融与文化产业的关系论述中有意无意地使用"文化金融"这一词汇。"金融支持文化产业"问题和"文化金融合作"问题在地方政府政策和国家政策层面的提出，进一步推动文化金融成为一个专有概念。自2014年开始，随着相关政策出台，文化金融的概念开始清晰化，原本关于文化金融的误会或模糊认识开始得到厘清。关于文化金融是什么的问题虽然表述不同，角度也有差异，但主要方面是有共识的。

作为特定概念，很多学者对文化金融的含义做了专门的阐释。蔡尚伟、钟勤（2013）认为，文化金融是指发生于文化资源的开发、生产、利用、保护、经营等相关活动中的所有金融活动，所有与文化产业、文化事业相关联的金融业务都是文化金融[③]。西沐（2014）认为，文化金融是指在文化资源资产化、产业化发展过程中的理论创新架构体系、金融化过程与运作体系、以文化价值链构建为核心的产业形态体系及服务与支撑体系等形成的系统活动过程的总和。西沐认为，文化金融具有资源的新颖独特性、价值链条的独特性、成长机制的特殊性、动力机制的高端性、业态聚合力的融

① 花建. 中国文化产业投资战略思考[J]. 上海社会科学院学术季刊，2002(2).
② 齐勇锋. 文化投融资体制改革与区域文化产业发展[J]. 今日山西，2004(8).
③ 蔡尚伟，钟勤. 对我国发展文化金融的初步探讨[J]. 深圳大学学报（人文社会科学版），2013(4).

合性等特质，文化金融的根本是发现并整合价值①。金巍(2015)从产业金融角度解释了文化金融的含义，认为产业金融是文化金融合作与创新的新视角，一个完善的文化产业金融运行体系，就是紧紧围绕文化产业的创作、生产、传播和消费等各个文化再生产环节形成的独立运行系统②。

从 2009 年开始，学界对我国金融支持文化产业的现状进行了深入分析并提出了建议，关于"如何发展文化金融"的问题，学界进行了富有成效的研究。贾旭东(2010)围绕"文化产业金融支持不足问题"做了有价值的研究③。刘玉珠(2011)就金融支持文化产业的现状及发展趋势进行了分析④。李颖、肖艳旻(2013)提出了"文化金融生态体系构建"问题，认为需要从文化产业管理体制、文化企业运行机制、文化产权与资本体系、文化政策法律体系、文化科技创新体系、文化金融创新体系、文化人才创新体系七个方面进行。张扬、郭梅芳(2014)认为，构建文化科技金融体系，使文化产品通过其科技属性实现定价，能够对冲文化金融创新风险⑤。一些学者就文化金融与地方文化产业问题进行了研究，如张辉(2013)研究了"江苏省文化金融的实践与思考"问题。魏鹏举(2016)认为，要以国家文化产业发展战略为宗旨，通过政府的扶持引导，发挥资本市场的积极作用，建构中介发达、风险可控、富于创新的多元多层次文化产业金融支持体系⑥。杨涛(2016)认为，面对多元化的文化发展需求与金融创新特点，需要打造多层次的文化金融服务体系。发展文化金融，可以从金融服务对象、金融服务主体、金融服务功能和金融服务环境四个方面认识文化金融的发展思路。徐鹏程(2016)从金融供给侧改革的角度探讨了金融与文化产业发展之间的关系，认为我国文化产业与金融资本融合普遍不足严重制约了文化产业的自身发展，必须加快推进金融供给侧改革，补齐金融短板，积极推进金融资本与文化产业链接融合⑦。金巍、杨涛(2018)结合文化金融发展阶段性特点，提出文化金融发展中需要突破的三大领域是文化金融基础设施建设、文化金融机构专营化和文化金融中心城市建设⑧。

此外，学者研究的内容还包括文化产业的金融支持体系建设⑨、文化产业政策与金融政策相协调、系统整合文化产业链、文化产业融资与供应链⑩、促进金融与文化创意产业有效结合、金融与地方文化产业发展等方面。文化金融理论在我国的演进和流变，具有很强的中国特色。随着我国文化金融实践的日益丰富，与之相关的研究也进一步扩展和深化，学者就文化金融服务体系、文化金融合作试验区、文化金融风险防范、

① 西沐. 文化金融：文化产业新的发展架构与视野[J]. 北京联合大学学报(人文社会科学版)，2014(1).
② 金巍. 产业金融：文化金融合作与创新的新视角[A]. 见张洪生，金巍. 中国文化金融合作与创新[M]. 北京：中国传媒大学出版社，2015.
③ 贾旭东. 文化产业金融政策研究[J]. 福建论坛·人文社会科学版，2010(6).
④ 刘玉珠. 金融支持文化产业发展的现状与展望[J]. 中国金融，2011(22).
⑤ 张扬，郭梅芳. 文化产业金融创新路径的基本逻辑——基于文化产业特殊性的研究[J]，商业时代，2014(6).
⑥ 魏鹏举. 新常态下中国文化产业金融支持体系的学理探讨[J]，中国人民大学学报，2016(4).
⑦ 徐鹏程. 文化产业与金融供给侧改革[J]. 管理世界，2016(8).
⑧ 金巍，杨涛. 中国文化金融发展：新时代与新起点[A]. 见杨涛，金巍. 中国文化金融发展报告(2018)[R]. 北京：社科文献出版社，2008.
⑨ 如陆岷峰，张惠. 文化产业大发展的金融支持系统研究[J]. 江西财经大学学报，2012(2).
⑩ 如耿同劲. 文化产业融资：从文化企业到文化产业供应链[J]. 东北财经大学学报，2013(2)；张思雨，王曙光. 基于供应链模式下的文化产业融资问题研究[J]. 当代经济，2016(31).

文化企业兼并重组①、文化企业投融资决策内生机制②、文化产业投融资效率等问题进行了较深入的研究。

金融学界对文化金融的关注度日益提高，一些经济学或金融研究机构和高校设立了专门的研究中心③。一些以文化金融为主题的会议和研讨活动开始频繁起来④，一些专业性金融会议或专业金融组织开始关注文化金融并将其作为活动的重要议题⑤。社科文献出版社出版的"文化金融蓝皮书"系列报告，已经成为了解我国文化金融发展情况的重要参考⑥。

从历史经验看，新的经济现象或经济活动出现后，就会出现相关的研究，也可能由此形成新的理论和特有分析范式。随着文化金融实践的日渐丰富，学界对文化金融领域的研究有很大的进展，研究文化金融的学者、机构也多了起来，形成了一系列的学术成果。学界对文化金融的基本内容已经有了一定的共识，形成了一定的共同语境，文化金融已经成为一种独特的学术研究领域。

1.2.2　几个基本观点

文化金融既是一种新兴的实践领域，也是一种新兴的研究领域。在文化经济政策中，文化金融往往仅仅作为一种产业发展的保障措施，但文化金融的内涵和本质远远不是这样简单。那么，作为一个研究领域，文化金融研究的对象和范畴是什么？在揭示这个问题之前，可能有一些基础性问题需要厘清。以下我们将要特别探讨的几个基本观点概括为"四论"，即文化生产服务论、文化产业金融论、文化资产核心论和文化金融生态论。这些观点是综合了学界多年研究的一些共识而得出的结论，也是对文化金融实践进行总结的理论成果。

一、观点 1：文化金融的文化生产服务论

文化金融的文化生产服务论讨论金融与"文化"之间的关系，强调金融的"天职"是服务实体经济，发展文化金融的根本目的是服务于文化生产。

我们这里的文化生产是一种政治经济学意义的概念，是文化产品供给与需求之间的动态过程，包含文化产品的生产、流通、分配和消费过程。文化生产是一种精神生产，反映了生产力和生产关系的本质。任何一个文化大国都极为重视文化生产。在当代，文化生产还与国家文化软实力和文化安全等重大命题关联在一起。

由于文化生产的重要性，不同历史阶段的国家和管理部门都要投入巨大的资源，

---

① 如李贤. 产业链视角下中国文化产业兼并重组研究[M]. 北京：人民出版社，2017.

② 如魏亚平. 文化创意企业投融资决策内生机制研究[M]. 北京：经济科学出版社，2018.

③ 如中国社会科学院国家金融与发展实验室成立了文化金融研究中心，清华大学五道口金融学院成立了文创金融研究中心。

④ 如在北京举办的"中国文化金融创新大会"（北京文博会的专题峰会之一）、在上海举办的"中国文化产业资本大会"等。成立于 2016 年 1 月的中国文化金融 50 人论坛举办了数次峰会和研讨会，在促进学术研讨、推动学术研究上做了大量工作，加强了文化与金融界的沟通和融合。

⑤ 如 2016 年举办的西安金融博览会、2017 年举办的天府金融论坛、2018 年举办的清华五道口全球金融论坛等。

⑥ 2017 年 5 月，由中国社科院国家金融与发展实验室和中国文化金融 50 人论坛联合编写的我国第一部文化金融蓝皮书《中国文化金融发展报告（2017）》由社会科学文献出版社出版，这一报告首次对我国文化金融发展状况进行了全景式的描述。此后，文化金融蓝皮书又先后出版了 2018、2019、2020 三部报告。

当然也包括资金的投入，只不过投入主体和方式有很大的变化。随着商品经济和市场经济的发展，金融得以成为独立的产业形态，所以金融一直以服务实体经济为天职，金融的资金融通、风险管理、价格信号、清算结算等基本功能都是建立在这个基础上。实体经济是相对于货币经济的一种概念，物质生产和精神生产都是实体经济形态。文化实体经济就是文化经济，是以文化产业为支柱、文化生产为本质的实体经济。所以，在现代市场经济发展条件下，金融系统也成为文化生产资本投入的重要来源。金融为文化生产服务，与实体经济相生相伴，这才是文化金融的价值所在。

在文化金融实践中，一些现象脱离了文化金融的这种价值和"初心"。脱离文化生产，会将文化金融拖入了纯粹的"钱生钱"的虚拟经济泥潭，这是需要加以警惕的。

二、观点 2：文化金融的产业金融论

文化金融的产业金融论讨论的是金融与产业的关系，强调服务文化生产需要建立在产业发展基础之上，并以产业金融模式提供专业化服务。这时，文化金融表现为一种产业金融形态，也需要采取产业金融相应的方法论。

文化金融是服务于文化生产的。那么，为了文化金融研究的科学性和规范性，还需要明确界定文化生产的范围。按照文化事业和文化产业两分法，文化生产包含提供公共文化产品和市场化、商品化文化产品，我们将服务这个范畴的文化金融称为广义的文化金融，而将基于市场化、商品化的文化产业这部分的文化金融称为狭义的文化金融。我们要讨论的文化金融正是狭义的文化金融，也就是"文化产业金融"。

只有稳定的产业基础，才有稳定的金融服务；同时，只有金融服务产业化，金融服务才能持续。从这个角度上，文化金融不是单向的"金融支持文化产业"的关系，也不是简单"文化金融合作"的关系，而是基于产业逻辑的经济利益关系。

如果金融必须以产业为基础，那么文化金融研究就必然地指向了一种较新的研究领域——产业金融。产业金融是服务于特定产业的金融与资本市场体系，而不是简单的服务于某一个企业。在产业金融的视角下，需要厘定清晰两个方面的问题：一是如何确定文化产业的范畴？二是产业金融服务模式和方法论有何不同之处？

由于对文化产业的不同理解和界定，文化产业金融所要面对的产业范畴也是不同的。文化产业首先就是一般意义的文化产业，在我国可以理解为国民经济统计分类框架下的文化产业（文化及相关产业），这应是一个基本参照系[①]。同时，还有其他的产业界定方式：向内可以聚焦在文化产业内的以内容生产为主的内容产业[②]，向外扩展则可以理解为包含文化、旅游、体育等在内的所谓"大文化产业"（如图 1-3）。

在实践中，产业金融发展包含了多种路径，其中金融以产业化、系统化方式服务特定产业是产业金融发展的主要路径。产业金融服务的特征主要有以下几个方面。

（1）金融产品设计和服务方式结合产业特点。产业金融服务特定行业或产业，需要根据其特点形成不同的金融服务产品。文化产业的特点主要表现在文化产品的生产、

---

① 在本书中，不是特别说明的情况下，文化金融研究的产业范畴就是指一般意义的文化产业。

② 内容产业（content industry）的"内容"即负载于一定媒介基础上用于精神消费的无形之物，是信息、符号和象征物。电影、电视节目、戏剧、纸媒上的文字作品、互联网上的信息等都是典型的内容。在文化产业统计中按活动性质"文化产品的生产"这部分主要就是内容产业。

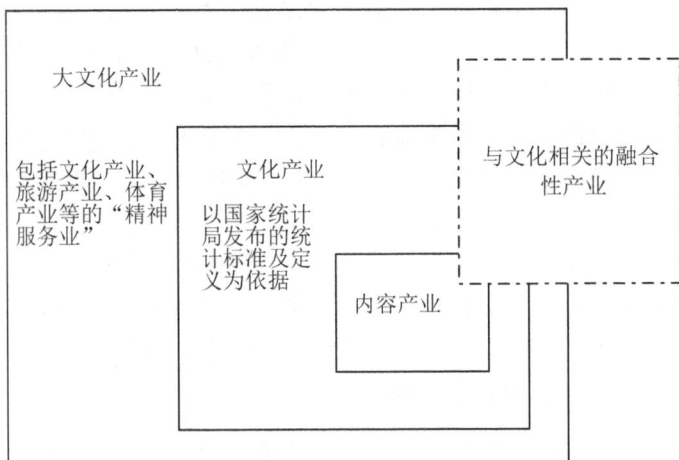

图 1-3 产业金融研究视角下文化产业的不同范畴

流通和消费等方面，以及文化企业盈利模式、经营管理、治理结构、财务等方面，金融更加关注的是资产形态和资产结构方面的特点。

（2）金融服务范围关注全产业链和企业供应链。居于产业链的企业具有共同的利益，提高产业链运转效率和生产质量是产业金融服务的目的之一，所以产业金融服务应能够分析产业链上的各个参与主体之间的关系和各自的需求，产业金融应以产业链为基础提供产业链金融服务。另外，供应链是以核心企业为纽带形成的产业组织形态之一①，产业金融应能够整合商业银行、保险公司、商业保理公司、融资担保机构、小额贷款公司等金融机构提供完善的供应链金融服务②。

（3）金融服务内容具有综合性。特定产业对金融的需求是复杂的，在提供某种金融服务时往往需要其他服务的配合。所以，产业金融服务应由某一金融服务主体为中心，结合多种金融工具，整合信贷、债券、保险、股权投资、会计、信用评估、资产评估等多个不同类型的机构，提供综合性服务。

（4）有相应的产业政策和行业规则体系支撑。产业金融反映了产业发展和金融之间的关系，是一个国家和区域产业发展的重要内容。产业金融服务需要相应的产业政策配套，也需要行业规则体系支撑。

所以，从产业金融视角上，文化金融就是要满足文化产业在发展中不断生成的复杂的金融需求，并以此为基础形成有特色的工具、市场、基础设施以及相应的体系。

我国既体现国际趋势又具本土特色的"产融结合"浪潮，为产业金融的发展提供了丰富的素材，科技金融、交通金融、能源金融、汽车金融、房地产金融等产业金融形态也都为文化产业金融提供了良好的实践范本。作为产业金融的最重要的类型，科技

---

① 根据《国务院办公厅关于积极推进供应链创新与应用的指导意见》（国办发〔2017〕84号）的定义：供应链是以客户需求为导向，以提高质量和效率为目标，以整合资源为手段，实现产品设计、采购、生产、销售、服务等全过程高效协同的组织形态。

② 2019年7月9日，中国银保监会向各大银行、保险公司下发《中国银保监会办公厅关于推动供应链金融服务实体经济的指导意见》。

金融研究和实践都更丰富，而且与文化金融有极强的相近性和可比性，最主要的相近之处就是知识产权在产业金融中的特殊作用。科技金融的核心是专利权等知识产权，而文化金融的核心是版权等知识产权。所以，科技金融的服务方式、体系构建及创新路径能够为文化金融实践提供有益的参考。

文化金融作为一种与产业密切相关的金融领域，在金融学科体系上很难归类。作为产业金融的一种类型，文化金融应是一种微观金融基础上的"中观金融"。将文化金融作为一种产业金融来研究，逻辑和方法论相对清晰，有助于连接金融和产业两界，有助于文化金融成长为一门科学、规范的学科。

◎讨论：在文化金融服务中，需要注意文化产业及文化企业的哪些特点？

三、观点 3：文化金融的文化资产核心论

文化金融的文化资产核心论讨论金融和文化企业资产的关系，强调文化金融的核心是文化资产及其价值。文化金融是以文化资产为核心形成的金融服务体系，文化金融脱离文化资产则无法成为独特的金融形态。

以产业金融视角研究文化金融，需要界定文化金融服务的产业边界。在文化产业的边界问题上，各界都有不同的看法，但过于扩大产业边界是无益的。另外，我们还需要看到，文化产业的各类特点并不一定都能反映文化金融的本质，所以，从产业金融角度如何体现文化金融的产业特点是另一个重要问题。

一般来说，只要服务于文化产业的业务、项目或企业主体，无论金融服务基于何种工具，都可以认为是文化金融业务，或者说可以统计在文化金融范围内，这在统计上最具操作性。比如，一个印刷厂以厂房和机器作为抵押取得银行贷款，一个传媒企业为自己的一栋办公大楼投了一般性的财产保险。但是这时，文化金融的特点如何体现？文化金融何以为"文化金融"？

文化金融不仅是因为金融服务了文化产业而成为文化金融，而是应该有不同于其他产业金融活动的独特的地方，这些独特的地方应该是建立在文化产业或文化企业的独特性基础上的。文化产业或文化企业在资产、生产、经营、财务、消费等方面都具有不同的特点，其中最重要的是资产特点，也是金融最为关注的方面。

金融基于资产的时间价值决定取舍，在跨期配置资产或资源中，资产或资源需要具有跨期套利价值。那么，文化金融因何而产生动力？文化金融工具和产品基于什么而设计？资本行为又基于何种价值发现？从文化金融实践中看，文化与金融两个领域都将"文化"指向两个方面：文化资产和无形资产的价值，而在研究中很多学者也将文化资产和无形资产作为文化金融的基础性问题。

文化资产之所以成为资产，是因为文化资产承载的"文化"具有效用价值和有用性，能够满足人的精神需要和审美需要；在此基础上，文化资产因其稀缺具有经济价值；同时，文化资产还必须能够进行价值计量。所以，文化资产是能够进行价值计量的文化资源，是文化资源及价值体系的核心，也是文化金融的核心。从形态看，文化资产主要包括如下几个方面。

（1）以版权（著作权）为主的无形资产。在内容生产型的企业中（如影视、传媒、演艺、游戏动漫等），版权等无形资产是核心资产。

（2）以非物质文化遗产为主的传统文化资产。非物质文化遗产是指一种传统文化表现形式，以及与传统文化表现形式相关的实物和场所。这部分涉及原始产权归属以及衍生的知识产权问题。

（3）具有文化价值的实物资产等，如历史文化建筑、文物、艺术品等。这部分其中有一些虽具有经济价值但不能参与交易和流通。这些资产不仅存在于文化企业中，还存在于其他类型的机构中。

（4）在数字经济时代，数据与资本、人力资源一样，成为生产要素之一。而对于文化企业来说，文化数据资产也将成为文化资产的重要形态。

无形资产是能够带来经济收益的非实物形态资产，包括专利权、商标权、非专利技术、版权（著作权）、特许使用权和客户关系等。文化资产和无形资产的交集部分主要是版权资产。版权是文化资产的重要形态之一，也是文化企业无形资产的主体部分。在当代版权经济发展的趋势下，版权资产在文化企业文化资产和无形资产中的比重将越来越大。三种资产范畴的关系如图1-4所示。

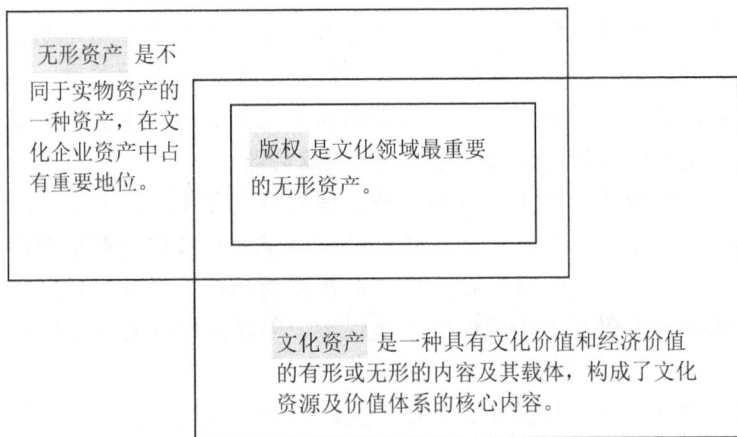

无形资产是不同于实物资产的一种资产，在文化企业资产中占有重要地位。

版权是文化领域最重要的无形资产。

文化资产是一种具有文化价值和经济价值的有形或无形的内容及其载体，构成了文化资源及价值体系的核心内容。

图1-4　文化资产、无形资产和版权之间的范畴关系示意图

与文化金融的产业金融视角不同，从文化资产核心论角度上，资源或资产只要具备了金融发现的价值，那么具体属于什么产业就不重要了。从这点上看，文化产业金融中的"产业"并不能拘于某一特定的"文化产业"，这就有了逻辑基础。任何非文化产业的主体以自有的文化资产为基础获得银行信贷、保险或融资租赁服务都属于文化金融。

在实践中，文化金融以文化资产为基础构建金融服务模式，以文化资产为基础设计的产品具有文化金融专属产品特性，在股权等领域也需要以文化资产为基础进行投资服务或投资决策。主要包括四个方面。

（1）以文化资产作为产品设计要素的金融工具或产品。版权较为典型，如版权质押贷款、版权质押融资信托、版权融资租赁、版权资产证券化等。此外，还有艺术品质押融资等。

（2）以文化资产为标的物的保险产品，如版权保险、艺术品保险、历史文化建筑保险。一些保险公司还推出了虚拟游戏装备保险产品。

（3）以文化资产为主要估值依据的股权投资，如影视企业评估、创意设计企业评估。在版权、非物质文化遗产、艺术及文化数据资产等领域拥有较多资产的文化企业需要得到更多的市场认可。

（4）以文化资产为标的的资产配置和投资行为，如版权投资（IP 投资）、艺术品投资等。红酒、纪念品等投资性收藏，也具有一定的文化资产投资性质。

◎提问：假定其他条件相同（地段、质量、容积率、绿化程度、阳光指数……），王澍[1]设计的建筑是否可以比另一个普通建筑取得更高的抵押估值？

在金融实践中，人们往往很难对文化资产持客观公正的态度。在文化金融实践中有一个心照不宣的两难困境：在理念上和宣传中常常特别强调版权、无形资产和文化资产的价值，但在实际操作中人们又总是忽视它。

文化资产核心论涉及的另一个重要方面是解决资产评估问题。将文化资产作为文化金融的核心比较符合学理逻辑，但在资产评估实践中，由于文化资产范畴较广，目前还很难笼统地就文化资产讨论价值计量问题，这就引出了在实践中相对成熟的无形资产评估领域。在实践中，无论是会计行业还是资产评估行业，无形资产评估都有更具体的标准和体系，所以聚焦文化企业无形资产应更具有操作性。同时，在现代信息经济与知识经济发展中，版权以外的、无形资产的其他形态对文化企业来说也越来越重要。所以，从构建文化金融体系实践的角度上，需要将作为具有基础设施意义的无形资产评估体系作为文化金融体系的支柱之一，这与将文化资产作为文化金融的核心是不矛盾的。

四、观点 4：文化金融生态论

文化金融生态论讨论其生存环境问题以及自身内部的关系问题，强调文化金融的独立性在于其能够成为一个"体系"，进一步，文化金融要成为一种生态系统。

如果说文化金融呈现了一种高级形态，这种"高级"就表现在对"金融支持文化产业"和"文化与金融合作"的突破，这种突破体现了对"文化与金融两层皮"的一种批判。真正的文化金融，应能够将很多关系内化于其中，由此形成自生自在的一个生态系统。这种生态，一方面是文化金融所处的生态环境，包含了很多外部因素问题；另一方面生态表现为内部各类角色的数量、质量以及围绕生态系统形成的各种关系。这些关系包括金融机构之间、工具之间、市场之间、产业链各环节之间、各层面制度及政策之间的关系，正如米勒第二生态定律，"每一事物无不与其他事物相互联系和相互交融。"

文化金融生态系统应具备的条件包括如下方面。

（1）首先是主体多元化、多样化。金融资本、社会资本等资本形态共同参与，国有资本和民营资本协同合作，各类资本与文化资源深度融合。金融资本和国有资本不应一家独大，但应起到资本市场中枢的作用。

（2）货币金融与资本金融共生，间接融资与直接融资相融。多种工具和市场在服务文化产业时各司其职，资本金融活跃，有较高的直接融资比例[2]。对文化产业需求最为

---

① 王澍，著名建筑设计师，2012 年获得普利兹克建筑奖。

② 文化金融市场的直接融资比例应为多少比较合适，暂无定论，但从文化产业和文化企业的特点看，直接融资比例应高于全社会融资规模中的直接融资比例。

敏感的私募股权基金市场保持长期稳定的活跃度。

(3)文化金融的制度供给具有体系性，包括政府、行业组织的制度供给。这是生态系统内每个成员应该遵守的生存规则，能够形成良好的规则环境。

(4)金融服务覆盖文化产业的创作、生产、传播和消费等各个文化再生产环节，形成全链条覆盖。在产业链中围绕核心企业及上下游企业提供综合金融服务的供应链金融得到成熟应用。

(5)能够生成文化金融独特的信用文化、投资文化，拥有共同的行业价值观、企业伦理。金融机构对文化产业的高风险高收益等特征有基本共识和充分的认识，对风险有更高一些的容忍度；文化企业管理者和创业者具有成熟的市场经济意识和契约精神。

将文化金融看作一个生态系统，那么，这个生态系统应具有独立性和稳定性。当然这个系统也是开放式的，与金融及文化产业两界之间的关系是交互的、具有弹性的。

1.2.3 文化金融研究的对象及范围

文化金融已经成为一个独特的专业研究领域。如果文化金融需要一个一般性的定义，那么以下可以作为参考：文化金融是通过金融工具、金融机构和金融市场，实现文化生产领域资本要素和金融功能配置的运行体系[①]。更直观地说，文化金融是基于文化生产领域（而形成）的金融服务及金融市场体系。

从这个定义上，文化金融的研究对象就是基于文化生产领域的金融服务及其金融市场体系运行的特殊规律。

文化金融就是要研究文化金融这个特定领域内本质、必然、稳定和反复出现的关系，也就是文化金融领域的特殊规律。所谓文化金融的特殊规律，是相对于金融运行的一般规律的。文化产业分业较多，共性极难把握。就文化产业整体进行文化金融研究，既要对金融的一般运行规律有清醒认识，又要对文化生产的特性进行深入分析，方可准确认识文化金融的运行机理。

文化金融研究的这种关系，是文化生产过程中产生的文化与金融之间相互的那些关系，而且是相互作用之后形成的系统中自生自在的关系。在这种相互作用中，有时会延伸到关于金融发展的文化动力或作用的问题，但一般来说那不是文化金融的研究对象。

文化金融研究的对象是文化金融的特殊规律，而文化金融研究的范围就是所谓这些特殊规律发生于何时何地、何种边界。而这范围，由我们如何界定文化金融中的"文化"和"金融"来决定。在不同的界定下，文化金融的研究范围分为不同的层面。

我们在讨论文化金融时，关于"金融"的含义是结合了国际通义和我国学界对金融的一般定义。一般来说，金融既包含了以货币经济为中心的宏观金融，也包含了以市场、工具和中介为中心的微观金融；从市场角度上，既包含了以货币银行为核心的货币金融市场，也包含了以证券投资、股权投资为中心的资本金融市场[②]。

那么文化金融中的文化生产包含哪些范畴？这里所说的文化生产是政治经济学意义的概念，是社会生产的特殊形式。文化生产是文化产品生产、流通与传播、消费的

① 杨涛，金巍. 中国文化金融发展报告（2017）[R]. 北京：社会科学文献出版社，2017.
② 刘纪鹏. 资本金融学[M]. 2版. 北京：中信出版社，2016.

整个过程，也可称之为"文化再生产"。简单说，文化生产就是文化产品的供给和需求之间相互促进、不断发展的一个过程。文化生产可以从几个角度理解。

（1）包含文化产业和文化事业两部分的文化生产。政府主导的公共文化产品和服务供给，也就是文化事业部分。金融与文化事业有很大关系，如公共文化服务设施PPP①项目中的文化金融服务，不能说这部分不属于文化金融。

（2）只包括文化产业的文化生产。文化产业是文化生产正日益成为主要形式。但是，文化产业的界定上还可以分为"大文化产业"、文化产业和内容产业三个层面。

从逻辑上说，哪一种边界都没有错，那么，文化金融的研究范围看起来是弹性的。我们以哪一种文化生产的边界为准呢？

文化金融的研究对象以文化生产的不同外延分为不同的层面，外延越小，文化金融的特征越鲜明。但过小的文化生产边界又可能淡化了文化与经济的联系。所以，正如前文所述，我们将文化金融的文化生产边界定在文化产业领域，并由此论述了文化金融作为一种产业金融的基本观点。从近年的研究看，以文化产业领域作为文化金融研究中的边界是相对比较容易把握的。

当然，随着文化经济的发展，文化生产的范畴变化是动态的，尤其文化企业社会化发展趋势和文化产业与文化事业融合发展趋势值得文化金融研究的关注。

专栏 1-2

文化 PPP 项目与文化金融

2015 年 5 月，国务院办公厅转发财政部、国家发展改革委、中国人民银行《关于在公共服务领域推广政府与社会资本合作模式的指导意见》（国办发〔2015〕42 号），文化领域被正式纳入 PPP 模式的推广范围。财政部先后公布了四批 PPP 示范项目。2018 年 2 月，财政部公布了第四批 PPP 示范项目名单，共计 396 个项目，涉及投资额 7 588 亿元。其中，文化类项目共计 56 个（文化 18，体育 11，旅游 27），占比约 14%。

根据国家相关政策，PPP 项目的主要融资方式有如下三种。

（1）PPP 引导基金。在中央层面，2016 年 3 月 4 日，中国政企合作投资基金股份有限公司正式成立，注册资本为 1 800 亿元，作为社会资本方参与 PPP 项目投资。PPP 基金可以覆盖项目的建设期和运营期，缓解项目净现金流前低后高的压力。目前很多地方政府已成立 PPP 基金，如江苏省 PPP 融资支持基金。另外，社会资本可以成立私募股权基金用于 PPP 项目投资。

（2）信贷资本。信贷资本主要来自三个方面：开发性金融机构（国开行）的中长期贷款支持；商业银行贷款渠道；信托贷款等渠道。2015 年 3 月 17 日，国家发展改革委和国家开发银行联合印发《关于推进开发性金融支持政府和社会资本合作有关工作的通知》（发改投资〔2015〕445 号）。国家在 PPP 模式方面鼓励银行信贷体系为 PPP 项目提供优质优惠的服务，信贷方对政府、社会资本及项目本身都会进行评估。

---

① PPP(Public-Private Partnership)即"政府和社会资本合作"，是政府鼓励社会资本参与公共服务及相关基础设施建设的一种模式。

（3）发行企业债券和资产证券化。项目公司可以发行企业债券。PPP 项目公司也可以发行专项债券募集资金，用于 PPP 项目建设、运营，或偿还已直接用于项目建设的银行贷款。

（根据公开资料整理）

1.3 文化金融研究的路径及方法

1.3.1 一个矩阵式研究框架

前文已经阐述，我们所说的文化金融，通常情况下是指狭义的文化金融概念，即文化产业金融。文化金融是一个多视角、多层次、交叉性研究领域。金融与文化产业之间的交叉性，不意味着谁服从谁，而是要在共性和特性之间寻找平衡点。在这里，我们首先提出一个文化金融研究的分类框架(见图 1-5)，这是一个矩阵式框架，在这个框架中，我们正在研究的文化金融包含以下两大类基本内容。

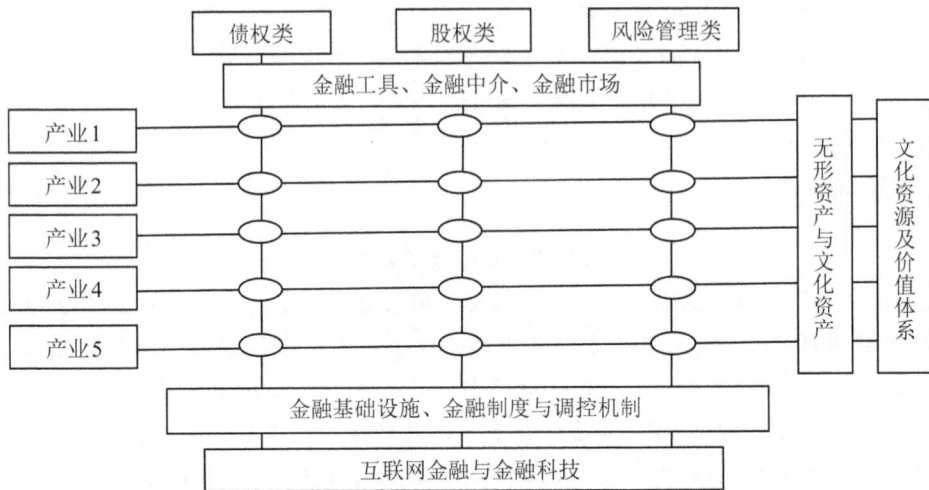

图 1-5　文化金融研究分类框架示意图(改进版 3.0[①])

1. 以金融工具等金融体系要素的性质分类为横轴，以文化产业的分业为纵轴，由此形成了文化金融的基本类型和研究内容

从横轴上，文化金融可分为债权类文化金融、股权类文化金融、风险管理类文化金融三大类。这是以工具为基础，以工具、机构、市场这三个金融基础要素(或金融体系基础要素)[②]为参照来划分的简单方法。金融工具[③]形成特定的金融市场，并一般要对

[①] 我们曾在《中国文化金融发展报告(2017)》中提出这个框架，并在《中国文化金融发展报告(2018)》中做过一次改进，综合前两个框架得出这个框架，所以这个可称为是 3.0 版。

[②] 我们在《中国文化金融发展报告(2017)》和《中国文化金融发展报告(2018)》中，两次论述以金融工具视角的分类和研究路径问题，但仍显不够精确，所以将债权、股权和风险管理三类文化金融的分法定义为以工具为基础，以工具、市场及中介这三个金融基础要素为参照的划分方法。相应的，后面的研究路径也做了修正。

[③] 这里所谓的工具，既包含以凭证为载体的金融工具(或金融市场工具)，也包含标准化和非标准化金融产品。

应特定的金融中介或金融机构①。

债权类文化金融包含文化产业贷款和信贷市场、文化产业债券和债券市场等。在信贷市场，除了银行等银行业存款类机构，还有融资租赁、信托等金融机构也提供债权类金融产品。在债权工具中，债券是一种直接融资工具。股权类文化金融包括与文化产业相关的股票及股票市场、私募股权投资市场。各类 PE/VC、投资银行、信托公司、资产管理公司等是私募股权投资市场的主角。风险管理类文化金融主要包括具有补偿功能的文化保险、对债权进行风险管理的文化融资担保，还包括管理投资风险的分散化投资及对冲等。

从文化产业分业视角，要看某一特定产业（或行业）与各种金融工具、市场和机构的关系，逻辑上有多少分业就有多少种文化金融的分业态。关于文化产业内部的再分类，除了国家统计局统计框架的标准，文化和金融两个领域的各类市场机构还有多种分类方法。以文化产业分业视角划分，典型的文化金融类型包括电影金融、艺术品金融等。传媒、演艺、动漫游戏、创意设计、文化旅游、数字文化产业等领域与金融及资本市场的关系密切，也是文化金融比较有特色的领域。

在这个分析和分类框架内，我们选择其中一个交叉点，一般就会出现一个比较典型的文化金融研究领域或主题，如电影产业保险、艺术品质押融资、传媒企业上市融资、创意设计产业私募股权投资等。

2. 金融和文化产业的几个基础性内容，既是文化金融研究的重要内容，也是文化金融发展的重要基础

金融方面的基础性内容，包括金融基础设施、金融制度与调控机制，以及互联网及金融科技形成的基础问题（以技术基础设施为主）等。相对应的，文化金融基础设施、互联网与文化金融、文化金融领域金融科技应用等这些基础问题也是文化金融研究的基本内容，而且对文化金融发展具有根本影响。

要特别说明的是互联网金融与金融科技。从金融工具的变化上，互联网金融是金融工具互联网化和互联网技术生成新金融工具的混合形态，但互联网技术对金融的影响不仅是工具，而是整个金融体系。我国互联网金融创新路径具有一定特殊性，发展中也出现了一些风险和问题。自 2017 年开始，伴随新技术影响逐渐从金融应用和服务层面转向基础设施层面，互联网金融也逐渐融入整个金融科技的演化进程中。

文化产业方面，无形资产与文化资产问题、文化资源及其价值体系问题是体现文化产业特点的基础性内容。文化资产是文化金融的核心，体现了不同于其他产业金融的特点；无形资产评估及管理体系在实践中具有基础设施意义，是文化金融体系的重要支柱之一。无形资产和文化资产的交集主要是版权，在实践中，版权资产是各类文化金融工具运用的基础之一。相对应的，基于版权的文化金融问题包括版权质押融资、版权证券化、版权融资租赁、版权信托、版权保险、版权交易、版权资产运营等文化金融问题。文化资源及价值体系是文化产业研究的基础性范畴，是更宏观的文化的经济价值问题。没有经济价值，就不存在文化金融。

---

① 在当代金融融合发展、混业经营的趋势下，金融机构往往会有债权、股权和风险管理等多种服务职能。

1.3.2　文化金融的两种研究路径

从 1-5 图中可以看到，文化金融研究有两个基本路径，一是金融视角："金融——文化产业——文化金融"；二是文化产业视角："文化产业——金融——文化金融"。这两种研究路径的最终落脚点都是文化金融本身，都是探析文化金融的共同特征和规律。

一、金融视角的研究路径

金融工具、金融市场、金融中介、金融基础设施等共同构成金融体系。金融工具是金融产品体系的本体，支撑金融市场和金融机构共同构成微观金融的主要内容。金融通过金融体系实现资金融通、支付清算、价格信号、风险管理等金融功能，其本质是进行跨期资源配置[①]。

从金融体系的要素上看文化金融的问题，首先是金融工具、金融机构及金融市场这些基本要素与文化金融的关系，另外还有金融基础设施、金融制度与调控机制等。这个路径要面对金融服务文化产业时遇到的一些基础性的范畴，包括货币时间价值、资产估值、风险管理、资产组合、资产定价等问题。从这一路径的研究要解决如下的问题：金融机构应如何服务或投资文化产业？具体有哪些方法？既然文化金融本质上属于金融业，那么我们需要首先准确掌握金融的本质和规律。

从金融角度对文化金融的纵向分类研究，能够比较清晰地把握文化金融发展和变革中的关键所在。但需要避免的一个问题是：在文化金融实践中过于强调金融的共性，可能导致忽视文化生产和文化产业所具有的特性，形成一种顽固的金融本位主义，最终导致金融脱离文化产业的实际需要。

二、文化产业视角的研究路径

文化产业视角是从文化产业出发，研究如何利用金融体系或金融方法解决文化产业问题。从文化产业的分业上，由于国家统计局、地方政府、学界和投资界对文化产业的分类都有差异，在文化金融研究中从哪个产业分业出发需要清晰界定。就某一特定产业（或行业）探讨与金融工具和资本市场的关系，可以更好地掌握产业特性。从产业分业角度上，典型的文化金融研究领域包括：电影金融，艺术品金融，传媒产业金融与资本市场，演艺产业金融与资本市场，动漫游戏产业金融与资本市场，创意设计产业金融与资本市场，文化旅游产业金融与资本市场，数字文化产业金融与资本市场，等等。

文化金融毕竟是基于产业的，因而需要关注产业特性。更进一步，文化产业的视角还包括一些产业基础性问题，如文化资源及其价值体系、文化资产及版权资产等。这个路径的研究要解决如下一些问题：为什么要融资？如何利用金融市场融资？文化企业资产有何特点？文化资源如何资本化？这里涉及文化企业金融能力问题、文化企业价值评估、文化资产价值评估等问题。

从文化产业出发研究文化金融，能够更好掌握文化产业的规律性和特殊性。但需要避免的是：如果过于强调文化产业的特性，可能忽视了金融的规律和基本规则，导致无法控制的金融风险。另外，如果过度依赖文化资源本身实现金融的功能，容易产

[①]　按照博迪、默顿等的观点，金融功能是认识金融体系如何运行的基础，共包括六个功能。见兹维·博迪，罗伯特·C. 默顿，戴维·L. 克利顿. 金融学[M]. 2 版. 北京：中国人民大学出版社，2010.

生"过度金融化"和"过度虚拟化"问题。这个视角的文化金融实践，需要避免过度强调"文化金融化"。

无论何种研究路径，研究者的立场如何，终归要汇入到文化金融的终点，探索的都是文化金融领域的共同特征和规律。只有平衡了文化和金融两方面的诉求，才能实现文化金融体系及生态的和谐共生状态。

1.3.3 文化金融研究的基本方法

作为一个已经具有一定成熟度的专业研究领域，我们学习文化金融需要掌握一些必要的研究和分析方法。

一、实证分析与规范分析

简单说，实证分析是对事实的一种描述方法，描述过程和方向，不做主观评价，只回答"是什么"的问题。实证分析的结论即"事实"，而从事实也可对事件发展提供预测依据。

经济学家樊纲这样解释实证分析：从经济现象的分析、归纳中，概括出一些基本的理论前提假设作为逻辑分析的起点，然后在这些基于现实得出的假设基础上进行逻辑演绎，推导出一系列结论，并逐步放松一些假设，使理论结论更加接近具体事实[1]。

在经济学研究中，规范分析是和实证分析相对应的。规范分析方法回答"应该是什么"的问题。规范分析一般有先验的价值判断在前，由此出发进行演绎，探究事件的本质所在，并提出决策建议。

例如，"创新在文化金融发展中的贡献率超过30％"，这是通过对事实或数据的分析得出的结论，这是实证分析法。而"现阶段文化金融创新的利弊分析"就是一种规范分析法，是基于一定的规范和价值需要并经过其他佐证得出结论的过程。

实证分析和规范分析是对应的而不是对立的，两者的差异是相对的而非绝对的。

二、数学工具的应用

虽然文化金融交叉性很强，但本质上还是属于金融学，所以离不开经济学或金融学的一些基本原理或理论，在分析中也避不开金融学和经济学的一些基础性的研究方法，如数学工具的使用。数学工具在经济金融学中的应用大致分为两个方面，一方面是利用数学工具研究一些确定性的经济关系，对其进行总结分析；另一方面是对一些不确定性的经济关系，利用数学工具根据已有的经济现象预测未来，探索一些经济规律。文化金融不适合向数理金融学"靠拢"，但金融学的数理研究方法和计量研究方式依然重要，它提供了一种相对公允的判断标准，能使复杂的关系相对清晰。

金融机构的很多业务部门也离不开数学工具。文化金融研究还处于初级的阶段，需要利用经典的经济学和金融学研究方法来探索和丰富文化金融研究的基本手段。所以，作为文化金融的初级研究者和学习者，需要了解一些基本的数学工具与统计分析工具，掌握基本的数学语言，懂得建立简单的数学模型。

但是数学工具也有很大的局限性，因为数学模型中可能丢失了太多有用的信息，反而脱离了应用学科的实用性。过分迷信数学工具是有害的。经济学家林毅夫认为，

---

① 樊纲. 公有制宏观经济理论大纲[M]. 上海：上海三联书店，1995.

经济学研究最重要的是对问题表象背后原因的直觉(Intuition)，而数学模型只是逻辑表示方法的一种。

三、行为研究

行为研究不仅是一种方法，而且已经产生了相应的学科。经济学和金融学的研究常常基于很多假设，一些假设将人的行为可变性排除在外，而行为经济学和行为金融学正在突破这一范式。行为金融学是新兴的交叉性学科，它以行为经济学为基础，认为人的行为具有复杂性，需要从广泛的社会学视角研究金融市场上的活动。

无论是经营理念还是决策行为，文化金融领域的微观主体行为具有更大的不确定性，所以，行为研究对文化金融研究具有极大的借鉴意义。文化金融既要研究金融也要研究文化产业，而文化产业资本供需两端的"人"的行为具有更复杂的特征。

在微观领域，通过观察和实验等具体方法，文化金融研究者可建立一种模型来反映市场主体的实际决策行为，进而反映整体市场运行状况。行为研究应是未来文化金融研究中极有价值的方向。

◎讨论：有限理性决策理论[①]认为，人在决策时很难做到完全理性并正确解决问题。在文化产业投资中，是不是有着更多非理性行为？比如，是否存在更多从众心理？

四、案例的使用

研究往往是滞后于实践的。文化金融研究应遵循紧密结合产业实践的原则，深入研究产业实践、追踪微观领域案例是一种重要的研究方法。

从微观领域的特定主体或单元所发生的事实出发，就是个案研究。很多个案不是偶然，一些经典案例已过多年，经过了时间检验，其中蕴含了一定的规律性的东西；还有些个案反映了最新的经济现象，具有前沿性，也值得关注。在文化金融实践中，有一些新鲜的案例体现了前沿性产业实践，例如，艺术众筹、版权区块链、文化企业资产证券化等。微观实践领域显现了很多重要命题，见微知著，我们需要注重调查，研究案例，从中发现文化金融运行的规律。

简单的案例分析，要根据现有材料发现问题并进行分析；复杂而完整的案例研究需要确定主题和案例对象，设计方案，收集完整资料和数据并形成案例分析报告。

五、交叉研究

交叉研究即交叉学科研究，它可能算不上基础性的研究方法，但是一种实用的研究策略。显然，文化金融是一门需要跨学科研究的学问。对于文化金融课程学习来说，金融学和经济学是基础，要通晓金融的基础知识，尤其需要重视经济学理论与文化金融的关系研究。同时，我们还要研究文化学、文化产业管理学、管理学、社会学等学科的相关问题。对很多金融学、经济学基础较好的研究人员来说，加强对文化和文化产业的理解，是文化金融研究的必修课。

多学科交叉研究，往往会有一些理论创新，这是交叉研究的重要意义所在。作为一般研究和学习而言，多学科视野主要是为了能够通晓多维度支撑的认知基础，因为

---

① 有限理性决策理论由美国管理学家、经济学家赫伯特·西蒙(Herbert Alexander Simon)提出，是对"完全理性经济人"假设的批判。

文化金融研究本就是要跨学科，需要了解不同学科的相关理论。

>>> 学习重点和难点

本章作为导论，是全书的指引和灵魂，因而需要在学习的时候把握以下重点：文化金融作为一种政策手段、机制及业态的产生和发展，以及和文化产业的关系；影响文化金融发展的因素；文化金融的概念；文化金融有别于其他产业金融的特点；文化金融研究的范畴和对象。

本章需要注意的难点包括：如何理解文化金融作为一个学术研究领域具有一定的中国特色；如何理解文化金融的文化生产服务论、文化产业金融论、文化资产核心论和文化金融生态论的区别和内在统一性。

>>> 复习思考题

1. 文化金融与文化产业是什么关系？
2. 当代文化金融发展受到哪些因素影响？
3. 什么是文化生产？文化金融如何为文化生产服务？
4. 如何理解文化资产是文化金融的核心？
5. 文化金融研究的对象是什么？

>>> 参考文献及推荐书目

[1]马克思. 资本论[M]. 姜晶花，张梅，编译. 北京：北京出版社，2012.

[2]大卫·赫斯蒙德夫. 文化产业[M]. 张菲娜，译. 北京：中国人民大学出版社，2007.

[3]高书生. 感悟文化改革发展[M]. 北京：中信出版社，2014.

[4]张晓明，惠鸣. 全面构建现代文化市场体系[M]. 北京：社会科学文献出版社，2014.

[5]兹维·博迪，罗伯特·C. 默顿，戴维·L. 克利顿. 金融学[M]. 2版. 曹辉，曹音，译. 北京：中国人民大学出版社，2010.

[6]黄达，张杰. 金融学[M]. 4版. 北京：中国人民大学出版社，2017.

[7]李颖，肖艳旻. 中国文化产业金融论[M]. 北京：经济管理出版社，2013.

[8]魏鹏举. 中国文化产业投融资体系研究[M]. 昆明：云南出版集团，云南人民出版社，2014.

[9]张洪生，金巍. 中国文化金融合作与创新[M]. 北京：中国传媒大学出版社，2015.

[10]王广振. 文化投资学[M]. 福州：福建人民出版社，2015.

[11]杨涛，金巍. 中国文化金融发展报告（2017）[R]. 北京：社会科学文献出版社，2017.

第 2 章　文化金融基础知识与相关理论

学习目标

1. 了解金融、金融体系的基本含义。
2. 掌握金融的基本功能，掌握金融作用于文化生产的基础，理解文化金融的作用。
3. 理解金融工具、金融市场、金融机构、金融基础设施等概念。
4. 掌握文化金融产品、文化金融市场、文化金融机构、文化金融基础设施、文化产权交易所等概念的基本含义。
5. 了解与文化金融相关的一些跨学科理论。

关键术语

金融　金融体系　金融功能　金融工具　金融机构　金融市场　资本市场　多层次资本市场　金融基础设施　文化产权交易所　产业金融　公司金融　金融风险管理　外部性　信息不对称　知识经济　产业经济　文化生产　文化资源　文化资产

导　言

如果你还没有来得及在经济学院或金融学院学习金融方面的基础知识，本章将提供这方面的一些精练的内容，并与第 3 章一起成为全书的基础。本章要了解金融、金融体系的基本概念和内容，结合金融的功能及金融作用于文化生产的基础，要学习文化金融的作用有哪些。结合金融学的一些常识性概念和知识，包括金融、金融工具、金融机构、金融市场、金融基础设施等金融体系要素，我们要介绍文化金融的相关基础知识，包括：文化金融市场、工具、机构和相关基础设施，以及文化产权交易所的相关知识等。这些知识有利于我们在金融体系下认识文化金融的性质和金融共性。这部分需要和本书总论部分结合在一起学习，而且重点需要从金融角度进行概念、理论方面的理解与把握。

此外，本章还要对文化金融研究和学习中常用的一些经济学、金融学以及文化经济、知识经济等方面的理论进行引导性的概述。本章提及的这些理论，只是提供一个参考坐标和线索指引，无法详尽阐述，感兴趣的同学或读者需要结合所列举的相关领域的理论进一步查阅学习。

2.1　金融与金融的功能

2.1.1　金融与金融学

金融源于货币的产生，最初的功能就是服务于商品交换活动。随着商品经济的发展和资本主义经济的萌芽，对资金的需求增多，金融作为一种服务业态开始形成，例如，16 世纪在意大利开始出现银行，17 世纪在英国出现股份制银行。我国在明朝末年随着资本主义的萌芽，出现了钱庄（银号）等金融类组织形式，办理货币兑换、存款、贷款等业务，清朝道光年间出现了票号。清末至民国年间，西方的银行组织形式开始在我国发展。

金融发展到现代，已经展现了全新的形态和格局。金融已经成为全球现代经济的血脉，金融机构和金融市场飞速发展，金融行业成为现代经济结构中最重要的产业之一。金融市场结构越来越复杂，证券化程度、金融行业集中度和资本市场深度不断提升，全球化趋势日益明显。从世界范围看，金融业的"泡沫型繁荣"在 2007 年美国次贷危机①之前达到了历史的高峰。

新中国成立以来金融的发展历史可大致分为如下几个阶段：1949—1953 年为新中国金融的初创时期；1954—1978 年为计划经济时期也即胚胎期的金融；1979—1991 年为改革初期即发育期的金融体系；1992—1997 年为市场导向的金融改革开始，金融进入生长期，其中也面临过波折和整顿；1997—2017 年，我国金融进入加速发展的新阶段；2017 年以来，则进入了强调规范发展、防范系统性风险和突出服务实体经济的新阶段。总体上看，改革开放使我国的金融脱离了大计划金融时代，为金融大发展提供了广阔的舞台，经过四十年发展，我国现代金融体系基本形成。

传统的金融定义突出的是"资金的融通"，其中资金盘活的意味较为鲜明。1915 年发行的《辞源》中对金融的解释是："今谓金钱之融通状态曰金融，旧称银根。各种银行、票号、钱庄，曰金融机构。"1937 年刊行的《辞海》对"金融"的释义是："谓资金之融通形态也，旧称银根。"因为金融发展初期的功能相对单一，所以关于金融就是"资金融通"的观点延续了很长时间。

真正的金融应是随着信用活动的丰富形成的。1990 年，我国出版的《中国金融百科全书》称金融为"指货币流通和信用活动以及与之相关的经济活动的总称"。可以看到，金融的基础是货币和信用。货币制度与信用一开始是相对独立的，而现代银行的出现和现代货币制度的发展，使信用和货币变得不可分割，信用活动和货币流通融为一体。同时，通过有价证券进行跨期资源配置的资本市场更是扩大了金融的范畴。

从金融的发展历史看，金融的范畴不是一成不变的。在黄达、张杰所著《金融学》中认为：金融范畴即凡涉及货币同时又涉及信用的所有经济关系和交易行为的集合。伴随着货币和信用相互渗透并逐步形成新的金融范畴的过程，金融范畴也同时向投资和保险覆盖。此外，信托与租赁等，或几乎完全与金融活动结合，或大部分与金融活动融合，成为金融所覆盖的领域②。

关于金融的内涵，我们现在通常将其与英文的 finance 的内涵相对应，但学界一直并不确定"金融"是否是从 finance 翻译过来的。一般认为，在西方的金融学中，窄口径

---

① 次贷危机也称次级房贷危机，也译为次债危机。是指 2007 年美国发生的因次级抵押贷款机构破产、投资基金被迫关闭、股市剧烈震荡引起的金融风暴，其影响逐渐波及全球，给国际金融秩序造成了极大的冲击和破坏，使金融市场产生了强烈的信贷紧缩效应，国际金融体系长期积累的系统性金融风险暴露出来。

② 黄达，张杰. 金融学[M]. 4 版. 北京：中国人民大学出版社，2017.

的金融是指金融市场行为、活动及相关机制等，主体主要是金融机构；而最宽的口径则包含了国家财政、公司金融（公司理财，Corporate Finance）、个人理财（Personal Finance）等所有主体的财货管理行为，而在我国，金融的内涵是否包含这三个部分是有很大争议的。

现代金融已发展形成一个具有多种门类、渠道、结构和功能的金融体系（Financial System）。关于金融体系的具体内容有不同的解释。按照博迪（Bodie）和默顿（Merton）等著的《金融学》的解释，金融体系由市场和相关组织构成，所谓金融体系包括金融市场、金融中介、金融服务企业以及其他用来执行居民户、企业和政府的金融决策的机构①。按照黄达、张杰的《金融学》，金融体系要素包括货币、金融机构、金融市场、金融工具、金融制度与调控五个要素。还有的观点将金融体系分为金融企业体系（组织体系）、金融市场体系、金融环境体系、金融监管体系、金融调控体系等。

综合各方观点，从构成要素看，现代金融体系应主要包括：①金融机构（金融中介）；②金融市场；③金融工具；④金融基础设施；⑤金融制度和调控机制。有时，也把金融制度和调控机制作为金融基础设施的一部分。

在金融体系中，最为重要的是金融机构（金融中介）与金融市场，所以世界各国的金融体系可分为两种类型，一是市场主导型的金融体系（以英美为代表）；二是银行主导型的金融体系（以德日为代表）。

无论从微观还是宏观角度看，货币、信用、利率、汇率等都是金融学要研究的基本范畴问题，这一点应没有异议。但是，因为人们对金融的理解有所不同，金融学和金融学科体系究竟包含哪些内容仍是有一些分歧的。

国际上的金融学科一般指向微观金融部分（也就是金融经济学），主要研究在不确定的环境中如何跨越时间与空间配置经济资源。在皮特·纽曼的《新帕尔格雷夫货币与金融辞典》中，认为"金融主要研究的是资本市场的运行和资本资产的供给与定价"，这也是所谓"窄口径"金融所决定的金融学。微观金融以企业和市场为中心展开，是以组合最优化理论、MM定理、资本资产定价模型（CAPM）、有效市场理论（EMH）等为基础的现代金融学。通常我国学界关注的宏观金融问题，主要关注宏观经济分析中的金融要素影响，尤其是与货币相关的宏观经济问题，包括货币供求、货币与经济增长、货币政策、国际金融等，这部分在国际上一般称为货币经济学（Money Economics），也是宏观经济学的重要组成部分。

根据我国金融行业发展和金融研究的状况，有学者曾提出我国的金融学应分为宏观金融、微观金融及交叉学科三大学科支系②。我国长期以来以货币银行学为中心的金融学已经向有中国特色的多元化的金融学体系转变。目前，我国的宏观金融研究的主要内容为货币供求、利率、汇率及国际资本流动，金融制度及金融监管，金融政策等。微观金融研究的主要内容是金融市场、金融工具、金融中介、资产定价等，相关主体是金融机构、企业和个人等。基于金融市场的丰富实践，我国在宏微观金融领域的研

---

① 兹维·博迪，罗伯特·C.默顿，戴维·L.克利顿. 金融学[M]. 2版. 北京：中国人民大学出版社，2010.

② 张新. 中国金融学面临的挑战和发展前景[J]. 金融研究，2003(8).

究和教学都已经取得很大进展。

文化金融是一种交叉性研究领域，是金融学与文化生产相关学科的交叉研究。微观金融和宏观金融都是文化金融研究的基础，但因为文化金融研究的是文化产业发展中的金融问题，微观金融的重要性似乎更为明显，所以，我们需要从金融市场、金融工具、金融中介、资产定价等这些微观金融的基本问题出发来认识文化金融。

◎材料分析：2018 年 12 月 26 日，中国人民银行货币政策委员会例会中提出："推动稳健货币政策、增强微观主体活力和发挥资本市场功能之间形成三角良性循环，促进国民经济整体良性循环。"

请根据材料，试分析以上信息中所说的金融主要包含哪些方面的内容。

2.1.2　金融的功能与文化金融的作用

一、金融的基本功能

所谓金融的功能，是依靠金融体系、尤其是金融市场实现的，所以，金融的功能也可以理解为"金融体系的功能"或"金融市场的功能"，角度不同而已。

黄达、张杰在《金融学》（第四版）中，将金融市场的功能总结为五个方面：①以资本调剂为主的资源配置；②风险分散和风险转移；③确定价格；④为金融资产持有者提供流动性；⑤降低交易的搜寻成本和信息成本。

博迪（Bodie）和默顿（Merton）的金融功能框架理论[①]认为，将金融功能作为基础性关键要素可以用来更好剖析金融体系运作的问题，这个角度比金融机构视角更容易把握金融的变化。包括：①跨期转移资源；②管理风险；③清算支付和结算支付；④归集资源并细分股份；⑤提供信息；⑥设法解决激励问题。

学界对金融的功能有不同的解释，角度不同，立足点也不同。综合起来，金融的功能基本都围绕在资源配置、风险管理、价格信号、清算结算四个方面。

（1）资源配置功能。主要是资本资源的配置，也就是资金融通功能。这是在企业经营活动中最为关注的功能，即如何获得更多的资金为己所用，是债权方式还是股权方式。另外，金融市场能够帮助经济资源在不同时间和空间之间实现转移，尤其是在良好的市场环境和价格信号引导下，可以在盈余部门和短缺部门之间进行调剂，实现资源的有效配置。

（2）风险管理功能。金融通过金融市场和中介为企业和居民提供分散、转移和管理风险的途径，为企业经营和居民生活所遇到的风险提供保障，主要工具是保险、担保、金融衍生工具等。

（3）价格信号功能，也就是反映功能。金融资产在金融市场进行交易，形成海量的市场价格信息，包括利率、汇率、股价等信息，这就是金融市场的价格信号功能，也就是定价功能。价格是企业等经济部门决策的主要依据。对机构资产管理者、家庭财富管理和个人投资者等金融资产持有者来说，价格决定了收益。

（4）清算结算功能。在现代金融体系建立以前，远距离支付及清算结算是极具风险

---

① 兹维·博迪，罗伯特·C. 默顿，戴维·L. 克利顿. 金融学[M]. 2 版. 北京：中国人民大学出版社，2010.

和耗费成本的工作，而我们现在已经可以利用现代信息技术系统安全便捷地满足生产和生活消费中的需要。金融体系提供清算支付和结算支付基础设施，为商品、服务和资产交易提供便利的途径。

◎讨论：基于自利激励原则，资本的配置需要为资本提供者予以利润的回报。现代经济发展背景下，对投资者（机构或个人）来说，需要更多的投资机会，现代金融体系提供了更多的财富管理的途径。按照默顿的功能理论，金融体系以归集资本和股份分割的机制为财富管理提供了更多可能，而所谓"为金融资产持有者提供流动性"也是财富管理的另一个侧面。那么，财富管理是否可以成为金融的基本功能之一？

二、金融功能作用于文化生产的基础

我们已经了解了金融的基本功能。在产业金融视角上，金融功能延伸出的就是文化金融的作用问题，即金融的功能如何在文化金融领域具体表现出来。但在讨论文化金融的作用之前，我们先要明确一个问题：在文化生产领域，金融的功能基于何种基础？或者说金融作用于文化生产的基础是什么？

金融的"天职"是服务实体经济，发展文化金融的根本目的是服务于文化生产。所以，文化金融的作用机制的基础就是文化生产的特点。具体说，就是要认识文化产业和文化企业的特点，并将此作为构建文化金融体系的基础。从金融机构角度上，这些也是作为其做出信用评价、风险评价、企业估值等的基础。

1. 文化企业资产结构

文化资产是文化资源的资产化形式。一个文化企业可能没有房产、土地和设备，但可能有价值不菲的文化资产。从形态看，文化资产包括版权等无形资产、非物质文化遗产相关资产、艺术品等具有文化价值的实物资产等，还包括文化数据资产。文化资产的特点比较明显，因为"文化"作为要素在生产中具有边际报酬递增（边际收益递增）的规律。另外，文化资产的外部性特征明显，保护成本较高。

文化资产之所以有经济价值，首先因为其具有文化价值，在文化金融研究和实践中，需要对这些价值进行评估并得到预期的合理价值。理论上，文化资产是文化金融的核心，但就文化资产讨论价值计量还需要进一步分解，于是我们需要将落脚点放在无形资产尤其是版权资产上。相较于文化资产范畴，无形资产评估已经形成了更具体的标准和体系，所以更具操作性。

文化资产是文化金融发生作用的最重要的基础。根据文化资产的特点，金融机构可开发相应的金融产品。文化资产、无形资产的特殊性还可能表现在文化金融的一些基础分析领域上，如货币时间价值（跨期权衡取舍）、资产估值、风险管理[1]、信用分析、财务分析等。

2. 文化产品生产、流通和消费

文化产品是一种精神产品，在形式上包括文学作品、影视作品、戏剧舞台艺术作品、新闻信息产品、互联网游戏、书画艺术作品等。虽然各类文化产品的生产有较大

---

[1]　货币时间价值（跨期权衡取舍）、资产估值、风险管理被认为是金融学分析的三个"支柱"。见兹维·博迪，罗伯特·C. 默顿，戴维·L. 克利顿. 金融学[M]. 2版. 北京：中国人民大学出版社，2010.

差别，但也有很大的共性。

文化产品推广成本甚至比生产成本还要高。影视作品、戏剧舞台艺术作品等文化产品类型化明显，生命周期较短，所以运用广告等手段进行推广的成本较高，在总成本中的比重远远高于制造业和其他服务行业。

文化产品不意味着生产出来即为商品，文化产品事后审核更加严格。影视、文学、新闻信息产品等内容产品具有较强的意识形态属性，因而需要面对严格的国家主管部门审查或审核制度。

文化产品的流通主要表现为载体的流通和内容的传播。文化产品复制成本较低，很容易在传播中出现外部性，这些会影响文化企业的利润。文化生产一般有版权保护机制。

文化消费是一种精神消费。不同于物质性产品，内容和信息产品不因文化消费人数的增减而同比例增减。如一个人吃了苹果，就不会有第二个人可以再吃到同一个苹果。但同一本书，可以被多个人先后消费，同一个唱片可以被多个人同时消费。所以文化产品的外部性往往比物质产品要大得多，不论是正的外部性还是负的外部性。

有别于纯粹的物质消费，文化消费受心理因素和社会环境影响更大，尤其是内容和信息的消费，容易受到诱导形成冲动性消费。大众文化产品消费有明显的从众性和替代性，在特定时期内常有少部分产品能够特别成功。

3. 文化企业经营管理及治理结构

文化企业的经营管理和治理结构体现文化企业的产业化水平，也是金融提供资金融通、风险管理服务的重要依据之一。

文化企业生产管理的特殊处之一是创意管理，创意管理能够提升文化价值转换能力；在现代文化产品生产中，团队生产是主要形式，但由于文化产品生产要素的非标性，不同于其他产品的团队生产，团队成员贡献很难量化；一些文化产品由个人创作者提供，适合经纪人制度；文化产业的产业链关系紧密，具有范围经济性，很多企业采取松散的网络型合作组织关系。

文化企业决策者中"文化人"或艺术家的比重较高，他们在企业管理方面有与众不同的观念，对文化产品的评价也往往超出一般意义的市场评价。我国很多国有文化企业是由文化事业单位转制而来，在治理结构上不同于一般企业。

4. 文化企业财务特征

基于前面所涉及的特点，决定了文化企业在财务上也具有自己的特征。文化企业资产负债表、现金流量表和利润表都与一般企业不同，金融机构对此往往需要更加慎重的评估。文化企业财务上最大的特点是其核心资产与财务的关联性，很多企业的财务状况取决于其在版权、资源网络、商誉等方面的表现。对文化企业的文化资产和无形资产进行科学评估并"入表"，是能否保障文化企业在资本市场保持竞争力的关键点。

文化产品先期投入较大，人员支出等费用占主要成本，但一旦进入成熟时期，边际成本就变动极小；传统文化产品在项目制下，单笔收入较大但频度较低，但这种特征在互联网时代有所改变，很多类文化产品销售趋于低值高频化，有良好的现金流。

三、文化金融的作用

以文化生产特点和金融基本功能为基础，发展文化金融具有更广泛的宏观性效应，这就是文化金融的作用。文化金融发挥作用的基本机制是：

金融体系通过股权工具和债权工具为文化产业提供资金，而这些金融工具需要建立在文化资产和文化资源的基础上；在提供资金的过程中，金融体系通过风险管理工具体系进行风险管理；金融体系在金融服务过程中推动文化产业国际合作，推动文化产业技术创新和产业结构调整，催生文化产业新业态。

文化金融发生作用的机制如图 2-1 所示。

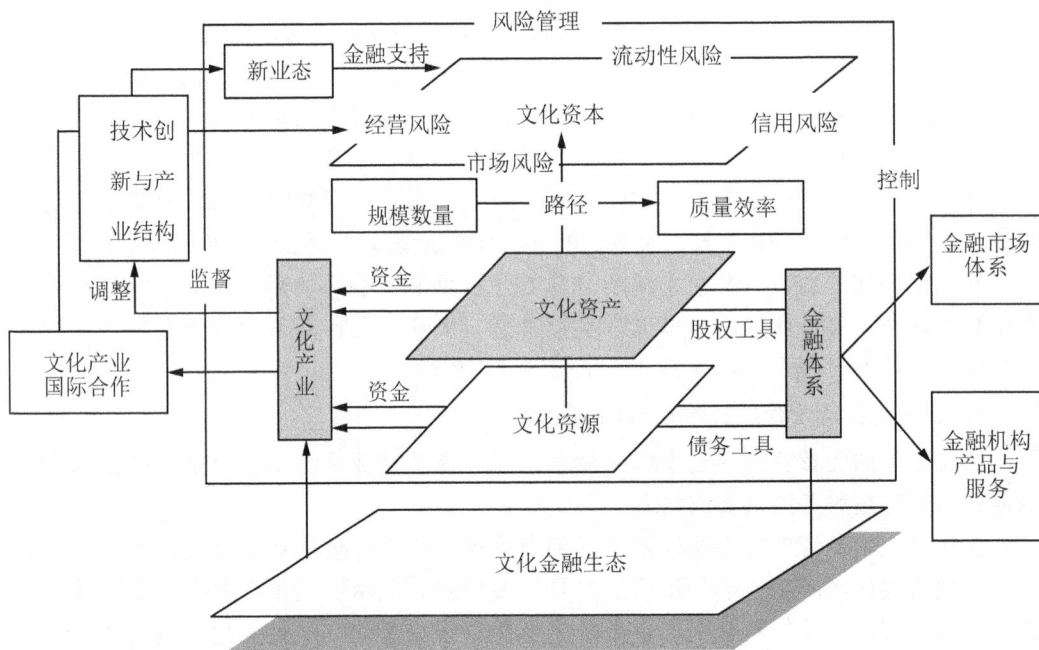

图 2-1　文化金融作用的机制

文化金融的作用内容主要包括：实现资源有效配置；实现风险管理；促进文化消费；促进文化结构调整；促进文化走出去等。探讨文化金融的作用问题，也就是要解答为什么要发展文化金融的问题。

1. 发挥市场的积极作用，实现资本等资源的有效配置

文化金融的根本目的是服务文化生产和文化实体经济。服务文化生产，首先要通过金融市场实现资本资源的有效配置，为文化生产提供充足的资金。文化金融的重要内容之一是文化产业投融资，就是指文化金融的资金融通功能。其次要通过金融市场机制，实现文化资源的有效配置。最后要发挥金融市场在资源配置中的积极作用，促进文化资源与金融资源有机结合，实现文化产业与金融服务业的融合发展。

发展文化产业资本市场，关键是要促进文化生产要素的有序、合理流动，充分发挥市场在资源配置中的积极作用。要实现这一功能，需要围绕文化生产和文化资源的内在特征，合理开发各类文化金融产品；构建基础设施平台，有效实现文化产品及文化资产的价值管理；通过文化资产交易，积极实现文化资产的市场价值。

2. 利用风险管理功能，增强抗风险能力，促进文化产业稳定发展

风险管理是现代金融基本功能之一。国际文化产业发展经验表明，产业发展依赖于资本，但无论融资方还是投资方，都需要懂得如何进行风险管控，即风险管理。金融及金融体系不仅为投资者提供了风险管理的便利，同时也为融资者提供风险管理的途径。

与文化金融相关的风险包括文化企业需要面对的各种经营风险，以及文化金融主体在金融活动中存在的信用风险、市场风险、流动性风险等。金融体系通过保险、担保和各类金融衍生工具等提供风险管理手段。通过风险管理，能够增强企业抗风险能力，促进文化产业稳定发展。

3. 服务文化实体经济，促进技术创新和文化产业结构调整

现代金融体系应该能够为实体经济发展提供全方位、多层次、高效率、创新性金融服务，其基本内涵是一个不断进化的改革与创新系统。一方面，现代金融体系通过资源配置等方面的功能，促进资源向紧缺部门流动，向技术密集型等更有价值的部门流动，从而促进技术创新和调整产业结构，实现整体经济系统的优化。另一方面，现代金融体系通过资源整合提供增值服务，即为产业链上下游企业提供来自政府、金融机构等的资源整合，从而为文化企业提供综合性服务，促进文化企业的技术创新和组织创新，促进文化产业结构调整，催生文化产业新业态。

4. 优化文化供给质量，促进文化消费

文化金融能够提高金融资本、社会资本与文化资源的融合度，提升文化产业成熟度，培育现代文化产业市场体系。结合不同领域、不同阶段文化企业特点和经营模式，文化金融可以创新不同的金融产品和业务模式为文化企业提供生产资金，支持扩大文化生产，扩大文化产品供给，助推文化产业高质量发展。

文化供给的对应一端是文化需求和文化消费。在文化领域，供给创造需求定律（即萨伊定律）更易显现。文化金融一方面通过推动文化供给的优化促进文化消费，另一方面可以通过消费信贷等金融方式直接刺激文化消费增长。

5. 推动国际文化产业合作，推动文化贸易发展

文化产业需要融入国民经济大循环体系，更需要融入国际文化产业大循环体系。真正的文化强国，必是文化开放包容的国家，其文化产业也是与世界文化产业联系密切的产业。文化产业的国际化，是通过文化贸易和文化产业合作实现的国际分工，具有竞争力的国家占据国际分工的优势地位。文化金融通过文化贸易相关金融服务为文化产业的国际化提供支持。就我国的文化发展而言，建立开放视角下的文化金融服务体系有助于文化"走出去"和国际文化产业合作的广泛开展。

2.2　文化金融相关体系要素

金融机构、金融市场、金融工具、金融基础设施等要素共同构成了金融体系。文化金融具有金融的共性，金融体系的构成要素也是文化金融的主要体系要素。但文化金融活动有自身的特殊性，需要在市场、机构和工具方面提高专业化程度，才能形成文化金融市场类型、机构类型和工具类型。

2.2.1　金融机构与文化金融机构

金融机构(Financial Institution)，泛指专门从事货币、信用活动及其管理活动的各种组织。在现代金融发展进程中，在大多数国家，机构需要取得一定许可才能从事金融业务。金融机构广义上包含金融监管当局的所有金融机构，而狭义上的金融机构即金融中介(Financial intermediaries)。

经过几十年的发展，我国已基本建立了以银行、证券、保险类金融机构为主体、各类金融机构分工合作的金融组织体系。与美国、日本类似，我国的金融机构是以分业经营为主、部分金融机构综合经营，混业经营受到较严格的监管。按照我国目前金融业管理的现状，除了货币当局和监管当局①以外，我们可以把金融机构划分为：①银行业金融机构(存款类和非存款类两类)；②证券业金融机构；③保险业金融机构；④其他金融机构。

专栏 2-1

我国金融机构类型

2010年，中国人民银行发布了《金融机构编码规范》。经全国金融标准化技术委员会审议通过，《金融机构编码规范》现已提升为金融行业标准。2014年9月，中国人民银行正式发布《金融机构编码规范》(JR/T 0124—2014)。

银行业金融机构(C、D)：银行业存款类金融机构包括银行、城市信用合作社(含联社)、农村信用合作社(含联社)、农村资金互助社、财务公司等；银行业非存款类金融机构包括信托公司、金融资产管理公司、金融租赁公司、汽车金融公司、贷款公司、货币经纪公司等。银行是银行业金融机构的主体，也是金融体系的主体。

证券业金融机构(E)：包括证券公司、证券基金投资管理公司、期货公司、投资咨询公司等，是我国资本市场的重要组成部分，在完善多层次资本市场、提高直接融资方面占有重要地位②。

保险业金融机构(F)：包括财产保险公司、人身保险公司、再保险公司、保险资产管理公司、保险经纪公司、保险代理公司、保险公估公司、企业年金等。

其他金融机构(G、H、Z)：主要包括交易及结算类金融机构、金融控股公司、小额贷款公司、理财公司及其他新兴金融业务等。这其中很多机构属于地方金融监管部门监管③。

(根据公开资料整理)

---

① 货币当局是指中国人民银行和国家外汇管理局。监管当局指中国银行保险监督管理委员会、中国证券监督管理委员会。中国银行保险监督管理委员会由原中国银行业监督管理委员会和中国保险监督管理委员会的职责合并整合设立。本书中，机构名称使用所述事件当时名称，除特殊情况外，均使用简称：中国银保监会或银保监会、中国银监会或银监会、中国保监会或保监会、中国证监会或证监会。

② 目前，我国还未将私募股权投资基金管理人或机构纳入金融机构体系，但已经纳入了金融监管范围。

③ 2017年起，根据第五次全国金融工作会议精神，全国开始设立地方金融监督管理局，监管范围是"7+4"，具体为：负责对小额贷款公司、融资担保公司、区域性股权市场、典当行、融资租赁公司、商业保理公司、地方资产管理公司实施监管，强化对投资公司、农民专业合作社、社会众筹机构、地方各类交易所的监管。

我国目前专门从事文化金融业务的"文化金融机构"还较少,一些带有文化字样的金融或类金融机构,是将业务重心和战略布局放在文化产业服务领域,但并不意味着这些机构是严格意义上的文化金融机构。所以,目前我们只能从较宽泛的意义上讨论哪些机构在从事文化金融业务,在从事文化金融业务过程中有何组织创新。

我国的银行类金融机构、证券类金融机构、保险类金融机构和其他金融机构等都与文化金融具有密切关系,都在不同程度上支持或服务于文化产业,一些领域已经开始培育专营化的文化金融机构,有些是法人机构,有些是有相应行政许可的特设部门。一些机构在经营范围许可的情况下,将文化产业或文化资产作为主要业务方向。以下为现阶段已经存在的文化金融相关机构或组织,见表 2-1。

表 2-1　我国目前存在的文化金融相关机构或组织

大类	小类	文化金融相关机构或组织
银行业	商业银行	・文化金融事业部 ・特色支行 ・专营支行
	财务公司	・文化企业集团财务公司
	金融租赁或融资租赁公司	・文化融资租赁公司
证券业	证券投资基金管理公司	・文化产业投资基金管理公司
保险业	保险公司	・艺术品保险事业部
其他	金融控股公司	・文化金融控股公司
	融资担保公司	・文化融资担保公司
	小额贷款公司	・文化小额贷款公司 ・文化互联网小贷公司
	商业保理公司	・文化商业保理公司
	投资公司	・文化投资公司
	交易所	・文化产权交易所 ・艺术品交易所 ・版权交易所
	拍卖行	・艺术品拍卖行
	典当行	・艺术品典当行

作为文化金融服务供给主体,银行类金融机构支持文化产业,具有资金供给的内在动力和政策推力。银行类金融机构成立文化金融机构主要有四种方式:一是成立文化金融事业部;二是成立特色支行;三是成立专营支行;四是成立专门的独立的产业银行。

◎讨论:2014 年《关于深入推进文化金融合作的意见》(文产发〔2014〕14 号)提出"在加强监管的前提下,支持具备条件的民间资本依法发起设立中小型银行,为文化产业发展提供专业化的金融服务。"那么,设立一个专门服务于文化产业的商业银行是否可行？可能遇到哪些困难？市场前景如何？

融资租赁类金融机构(包括金融租赁和融资租赁)是银行业非存款类机构。融资租赁业已经有专门服务于文化产业的金融机构，如北京市文化科技融资租赁股份有限公司。这类机构既可以开展有形资产融资租赁，还可以开展著作权、专利权等无形资产融资租赁，其中无形资产融资租赁正是文化租赁与其他行业租赁的重要区别所在。

在证券业中目前还没有专门服务于文化产业的投资银行，但有些券商会比较侧重文化产业方向，如积极推动文化企业上市，探索文化企业资产证券化产品创新。在我国，私募股权基金业由证券监管部门监管。很多私募基金管理公司以文化产业为主要投资方向，直接推动了文化产业快速发展，如北京市文化创意产业投资基金管理有限公司、中国文化产业投资基金管理有限公司。

2011年，保监会确定中国人民财产保险股份有限公司、太平洋财产保险股份有限公司和中国出口信用保险公司开展保险支持文化产业试点，但目前我国还没有专门为文化企业或文化资产服务的机构。我国的一些外资保险机构设有艺术品保险部门。

在其他类金融机构中，与文化金融相关的小额贷款公司有少量成立，如南京市金陵文化科技小额贷款有限公司、北京市文化科技小额贷款股份有限公司、陕西文化产业小额贷款有限公司等。文化融资担保公司方面，有重庆文化产业融资担保有限责任公司、西安曲江文化产业融资担保有限公司、北京国华文创融资担保有限公司、北京市文化科技融资担保有限公司等。文化商业保理公司方面，有文投国际商业保理有限公司、文金世欣商业保理(天津)有限公司等。这些机构开展了针对文化企业的相关业务，但在总体业务量中的比重仍较低。文化投资公司方面，主要是各地政府出资成立的文化投资控股公司，在区域文化金融发展中发挥了重要作用，如北京文投集团、陕西文投集团、南京文投控股集团等。

以上大多数机构还不是严格意义上的文化金融机构。"文化金融机构"这个概念，要涉及一个很重要的命题，那就是机构专营化，这种专营化需要金融监管机构的制度安排。很多机构只是一种特色化，或者只是在业务管理上或战略方向上对文化产业有所侧重。

2.2.2 金融工具与文化金融产品

金融工具(financial instruments)是指信用关系的书面证明、债权债务关系或投资权益的契约文书等，是一种在金融市场交易流转的凭证。其范围极为广泛，包括传统的商业票据、银行票据，还有股票、保险以及期货、期权等金融衍生工具的标准合约。金融工具也称为金融市场工具，可以在金融市场上进行交易，是金融活动的载体。在企业资产负债表中，金融工具代表了特定的金融负债或金融资产。

从金融市场角度上，金融工具可分为货币市场工具、资本市场工具和金融衍生工具。货币市场工具是指期限在一年以内的信用工具，包括银行票据、商业票据、短期债券、同业拆借、大额可转让定期存单等。资本市场工具是指期限在一年以上的债权类或股权类工具，主要包括债券、股票等。以上是基础金融工具，在此基础上，还有衍生的金融工具，包括金融期货、期权、远期、互换(利率互换、货币互换及其他互换)等。

从金融工具的功能上分，主要有融资和风险管理两大类，而融资又分为债权性融资(或债务性融资)和股权性融资,所以,我们可以将金融工具主要分为债权类工具、股权类工具和风险管理类工具三种。

债权工具(债务工具)是形成双方债权债务关系的一类工具,主要包括:商业票据、债券等,也包括资产支持证券等类固收产品。债权工具形成债权性资产。债权性资产又分为标准化和非标准化债权资产,后者是指未在银行间市场及证券交易所市场交易的债权性资产。股权工具狭义上指股票,广义上指与股权交易相关的形成股权关系的产品和计划。风险保障类工具是机构为了规避投资风险、融资风险或经营风险而使用的金融工具,包括保险工具和融资担保工具,还包括管理投资风险的分散化工具、对冲工具(如使用期货工具)。

从工具使用的实践上,工具的债权、股权性质不是一成不变的,如可转换企业债券(可转债)是一种债权可转换为股权的融资工具。另外,有些产品或方案,是不同性质工具的组合,如债权工具和股权工具可共同构成结构化金融产品或方案。

专栏 2-2

关于金融工具的定义

国际会计准则委员会(IASC)第 32 号准则对金融工具定义是:"一项金融工具是使一个企业形成金融资产,同时使另一个企业形成金融负债或权益工具(equity instrument)的任何合约"[1]。在美国财务会计准则委员会颁布的第 105 号财务准则公告(SAS105)中,"金融工具包括现金、在另一企业的所有权益以及如下两种合约:① 某一个体向其他个体转交现金或其他金融工具,或在潜在的不利条件下与其他个体交换金融工具的合约规定的义务。②某一个体从另一个体收到现金或其他金融工具的合约规定的权利。"

在中国人民银行 2011 年发布的《金融工具统计分类及编码》(JR/T 0063—2011)中,关于金融工具的定义是:"金融工具是机构单位之间签订的、可能形成一个机构单位的金融资产并形成其他机构单位的金融负债或权益性工具的金融契约,包括金融资产、金融负债、权益性工具和或有工具。"其中,金融工具大类为:黄金、特别提款权、通货、存款、非股票证券、贷款、股票和其他股权、金融衍生、保险技术准备金、其他应收应付、国家外汇准备占款、委托代理协议、或有金融工具(担保和承诺)。

(根据公开资料整理)

在一般意义的金融工具基础上,金融机构和市场会设计很多具体的金融产品,并把它应用于不同的服务对象。很多金融产品能够直接适用于文化生产领域的投融资活动,但在严格意义上并不能称为"文化金融产品",如以房产作为抵押担保投放给文化企业的银行贷款。

---

[1]　IASB 的前身是国际会计准则委员会(International Accounting Standards committee,IASC),在 2000 年进行全面重组并于 2001 年初改为国际会计准则理事会。国际会计准则理事会(IASB)2014 年 7 月发布了《国际财务报告准则第 9 号—金融工具》(IFRS9)终稿,于 2018 年 1 月 1 日生效并取代现行《国际会计准则第 39 号—金融工具》(IAS39)。

定义文化金融产品首先需要理解文化金融的本质特征。狭义上，我们将结合文化资产特点(尤其是版权资产)设计的一系列金融产品统称为文化金融产品。文化资产是能够进行价值计量的有形和无形的文化资源。艺术品、版权等都是文化资产，版权是文化资产中的核心。艺术品质押、版权质押贷款都是典型的文化金融信贷产品。在融资租赁、信托等银行业非存款类金融机构中，也有一些具有文化特色的融资产品推出。

广义上，服务于文化产业(文化企业或居民文化消费)的金融产品，只要结合文化产业特点为文化企业专门设计，就可以归为文化金融产品。除了与文化企业资产特点相关，这些产品还可以文化产业的生产特点、经营特点、财务特点和消费特点等为基础。包括：

(1)以文化企业信用评估为依据而设计的银行贷款产品；以文化企业经营特点和财务特点为依据的应收账款质押、仓单质押银行贷款产品等。

(2)结合文化企业财务特点、生产经营特点等对申请条件和发行条件重新设计的文化产业债券工具，如电影院线票房 ABS 和文化主题公园入园凭证 ABS 等。

(3)结合文化消费特点的消费金融产品。消费金融主要指商业银行、消费金融公司等机构对消费者个人发放的、用于购置耐用消费品(如汽车)或支付其他费用的贷款。文化消费金融产品即文化消费贷款，主要用于个人文化消费，各个机构对文化消费的范围有不同的界定，如中国工商银行的该类产品是指个人教育培训、旅游、婚庆、美容健身、俱乐部会员等。

(4)专门为文化企业设计的保险产品。目前我国有演艺活动财产保险、艺术品综合保险、动漫游戏企业关键人员意外和健康保险、文化企业信用保证保险、文化企业知识产权侵权保险等 11 个保险险种纳入了文化产业保险的"试点险种"名单[①]，其中既有基于文化资产的产品设计，也有根据文化生产特点的产品设计，是较为典型的文化金融工具和产品。

按照债权、股权和风险管理的三分法，我们也可将文化金融分为三类工具或产品。债权类文化金融产品，是以债权类金融工具为基础形成的反映债权关系的产品、计划或服务方案。股权类文化金融产品，是以股权类金融工具为基础形成的反映股权关系的产品、计划或服务方案。一些文化金融产品可能具备债权、股权等多种工具性质。风险管理类文化金融产品是以保险、担保等工具为基础形成的为文化产业投融资行为及资产提供风险保障的业务、计划或服务方案。

与文化金融工具和产品相匹配，政府部门常在财政方面设计一些特殊的政策性工具，如文化创新类融资工具贴息和文化产业融资风险补偿。前者是对文化产业项目的实施采取融资租赁、信托融资等创新性融资工具所发生的利息予以贴息；后者是根据促进文化产业融资的实际绩效，对文化产业融资风险补偿基金、资金、账户等予以补助等支持[②]。

---

① 见 2010 年 12 月中国保监会与文化部联合发布的《关于保险业支持文化产业发展有关工作的通知》(保监发 109 号)。

② 参见文化部办公厅印发《关于做好 2017 年度中央财政文化产业发展专项资金重大项目申报工作的通知》。

2.2.3　金融市场与文化金融市场

关于金融市场(Financial Market)的研究是现代金融学的主要内容。金融市场是指金融主体进行金融资产交易活动而形成的一种集合。这种集合有两种含义：一是基于供求关系的市场交易规则和机制；二是指一定的有形和无形的交易场所。

金融市场有很多种分类方式。按照融资的中介模式，可以分为直接融资市场和间接融资市场；按照交割期限分为现货市场和期货市场；按照金融工具的产生方式分为原生金融工具市场(货币市场、资本市场、外汇市场等)和衍生金融工具市场(期货市场、期权市场、远期市场、金融互换市场等)。

我们经常接触的概念是货币市场和资本市场。货币市场是短期资金市场，是融资期限在一年或一年以下的金融市场，主要包括短期信贷市场、同业拆借市场、回购市场、票据市场、大额可转让定期存单市场、短期政府债券市场、货币市场、基金市场等。资本市场是一年以上债务工具或股权工具交易的市场，一般又包括中长期贷款市场、股票市场和债券市场。

资本市场一般基于一定的机制和组织形式，而且很多资本市场有特定的有形的场所(如证券交易所)。由于资本市场的差异性，就引出了多层次资本市场问题。欧美国家在建设多层次资本市场方面发展较早，尤其是美国的资本市场层次尤为复杂[1]。在我国，所谓多层次资本市场是建立在不同的交易场所及不同的市场交易机制基础上的。

多层次股权资本市场是指具有固定交易场所、具有不同交易机制的各类高低搭配的交易市场。所谓多层次资本市场，一般隐含三个主要条件：一是相对固定的交易规范和统一的机制；二是固定的交易管理运营机构；三是纳入政府的金融监管体系。在我国，多层次股权资本市场一般是指由证券交易所市场的主板、创业板、科创板以及全国中小企业股份(新三板)、区域性股权交易市场等构成的体系，如图2-2所示。

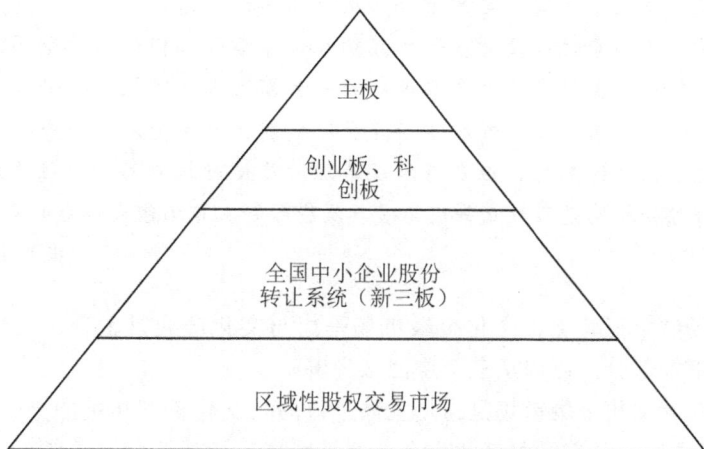

图 2-2　我国多层次股权资本市场示意图

---

① 美国股票市场分多种层次，全国市场有纽约股票交易所(NYSE)、纳斯达克(NASDAQ)、全美证券交易所(AMEX)和OTC证券交易市场("Over-The-Counter")。在OTC交易的证券包括全国性、地区性发行的股票和国外发行的股票、权证、基金单位、美国存托凭证(ADRs)和直接私募计划(DPPs)。

专栏 2-3

如何理解多层次资本市场

关于什么是"多层次"，学界并未达成共识。从涵盖范围上，多层次资本市场可以从狭义和广义两个方面来理解。

狭义上，多层次资本市场指"多层次股权市场"，或称"多层次股权资本市场"。在2014年印发的《国务院关于进一步促进资本市场健康发展的若干意见》中有关于多层次股权市场的内容是："加快多层次股权市场建设。强化证券交易所市场的主导地位，充分发挥证券交易所的自律监管职能。壮大主板、中小企业板市场，创新交易机制，丰富交易品种。加快创业板市场改革，健全适合创新型、成长型企业发展的制度安排。增加证券交易所市场内部层次。加快完善全国中小企业股份转让系统，建立小额、便捷、灵活、多元的投融资机制。在清理整顿的基础上，将区域性股权市场纳入多层次资本市场体系。完善集中统一的登记结算制度。"

广义上，多层次资本市场指基于组织形式和交易品种的结构层次化[1]，这个视角的多层次资本市场，资本不限于股权资本，场所也不限于有形市场。从交易品种上，多层次资本市场不仅包括股权交易，还包括债券交易、基金交易、期货等衍生品交易，如较早提出"多层次资本市场"概念的王国刚认为，多层次的资本市场是多层次的股票、基金、债券等证券的发行市场和交易市场[2]。从组织形式上，基于交易的金融产品的差异，除了证券交易所，也包括保险交易所[3]、期货交易所等，而且还包含固定的交易场所以外的无形市场。

在广义视角上，值得关注的是私募股权投资基金市场、股权众筹市场。私募股权投资基金市场是以私募股权投资基金进行非上市公司股权投资的市场，这部分是投资主体视角，与新三板、四板市场有一定的重合。从市场角度上看，这虽然不是严格意义的资本交易场所，但由于私募股权投资基金已经纳入证券监管部门的监管范围，可以认为私募股权投资基金市场是我国多层次资本市场的一种新形态。股权众筹融资主要是指通过互联网形式进行公开小额股权融资的活动。虽然我国互联网金融风险专项整治工作对股权众筹业务产生了很大的影响，但良好的规范环境能使股权众筹的定位更加明确。形成规范的、风险可控的机制是股权众筹成为多层次股权资本市场组成部分的必要条件。

（根据公开资料整理）

在金融市场这个范畴上，文化金融市场是指与文化产业投融资、文化企业金融服务相关的金融市场部分。可以从三个层面来理解：

第一个层面，文化金融市场是市场主体进行的与文化资产相关的金融资产（工具或产品）交易而形成的一种交易关系的集合。这是以资产性质为标准界定的，要么金融产

---

[1] 李正全，张河生，张晓春. 发达国家多层次资本市场体系研究——以美国和日本为例[J]. 清华金融评论，2018(5).

[2] 王国刚. 创业投资：建立多层次资本市场体系[J]. 改革，1998(6).

[3] 2015年11月，上海保险交易所获国务院批准同意设立，由中国银行保险监督管理委员会直接管理。2016年6月12日上海保险交易所正式开业。

品本身以文化资产为基础，要么与文化资产高度相关(如版权质押)，这个层面的文化金融市场规模相对较小。

第二个层面，与广义的文化金融产品相对应，文化金融市场就是与文化资产以及文化生产特点、经营特点、财务特点和消费特点等相关的金融资产(工具或产品)交易而形成的一种交易关系的集合。这是以文化金融产品为标准界定的，其中很多产品并不是以文化资产为基础的。

第三个层面，更宽泛的理解，文化金融市场是指金融市场中所有服务于文化企业的金融活动及资本市场业务的集合。这是以服务对象为标准界定的，即只要是服务于文化企业的，所有金融服务和相关交易都可构成文化金融市场的一部分。这个层面上的文化金融市场在统计意义上操作起来最为便捷，但容易掩盖文化金融的本质特征。

依照债权工具、股权工具和风险管理工具三种类型，结合相应的金融机构，我们可以将文化金融市场分为债权类文化金融市场、股权类文化金融市场和风险管理类文化金融市场。在这三种类型中，与文化产业和文化企业关系比较密切的市场，主要有以下几种。

(1)文化信贷市场。信贷市场中提供给文化企业的信贷规模，包括人民币贷款和外币贷款。商业银行是文化信贷市场的主要服务机构。

(2)文化产业债券市场。这一市场包括文化企业发行的企业债、公司债、集合债、直接融资工具以及资产证券化产品及相关交易机构。

(3)文化产业融资租赁市场。融资租赁是结合相关产品的融资业务，是特殊的债权市场。文化产业融资租赁的特色是结合版权、商标等无形资产的融资租赁。

(4)文化企业上市融资相关市场。股票市场中的文化企业IPO及上市，以及文化企业上市后的定向增发等融资行为形成的权益市场。

(5)文化企业股权交易市场。这部分主要指新三板、四板市场等场外市场性质的股权交易市场。

(6)文化产业私募股权投资基金市场。以私募基金形式投资于非上市文化企业或文化项目，以协议形式达成交易，也可称为文化企业私募基金融资市场。这一市场是直接融资市场中最具有活力的部分。

(7)文化信托与资产管理市场。文化产业可以从各种信托产品组成的信托市场取得债权类或股权类融资。随着具有信托性质的资产管理业务的发展，信托和资管对文化产业的影响将越来越大。

(8)文化保险市场。为文化企业提供保险产品形成的市场集合，广义上只要是服务文化企业，所有的保险服务合约都可归为文化保险市场规模。狭义上是指文化保险专属产品的相关合约构成的集合，如保费收入、原保费收入等。

(9)文化产业融资担保市场。是融资担保机构服务文化企业并由文化融资担保业务构成的市场。

(10)文化企业股权众筹市场。这是文化企业在互联网平台通过众筹方式实现股权融资的市场。

前述市场相关指标，与整体金融市场规模之间的关系，能够反映文化金融的市场规模、融资结构、服务有效性等情况。我们可以看到，文化金融交易是通过一般的、统一的信贷市场、债券市场、股票市场等进行交易的，文化金融市场一般情况下并不是独立的或专门的市场。但有些文化资产的确具有一定的特殊性，或在某一个发展阶段上具有特殊性，这时就需要单独的交易机制和场所，如在一些省份的区域性股权市场中设立的"文创板"，就具有一定的文化金融市场的专门性。

专栏 2-4

认识社会融资规模

社会融资规模(Aggregate Financing to the Real Economy)"*是指一定时期内(每月、每季或每年)实体经济从金融体系获得的资金额*"。社会融资规模数据来源于中国人民银行、中国银保监会、中国证监会、中央国债登记结算有限责任公司、银行间市场交易商协会等，是我国独创的衡量金融市场规模的综合指标。

社会融资规模包括增量和存量两个部分。社会融资规模增量是指一定时期内实体经济从金融体系获得的资金额。社会融资规模存量是指一定时期末(月末、季末或年末)实体经济从金融体系获得的资金余额。

社会融资规模指标

项目	指标	含义
表内业务	人民币贷款	指一定时期末(月末、季末或年末)金融机构向境内非金融企业、个人、机关团体以贷款、票据贴现、垫款等方式提供的人民币贷款余额，金融机构和境外获得的资金支持不包括在内
	外币贷款	指一定时期末金融机构向境内非金融企业、个人、机关团体以贷款、票据贴现、垫款、押汇、福费廷等方式提供的外币贷款余额，金融机构和境外获得的资金支持不包括在内。外币贷款余额根据期末汇率折合人民币后计入社会融资规模存量
表外业务	委托贷款	只包括由企事业单位及个人等委托人提供资金，由金融机构(即贷款人或受托人)根据委托人确定的贷款对象、用途、金额、期限、利率等向境内实体经济代为发放、监督使用并协助收回的一般委托贷款
	信托贷款	指一定时期末信托投资公司在国家规定的范围内，运用信托投资计划吸收的资金，对信托投资计划规定的单位和项目发放的贷款余额。信托贷款是信托投资公司的表外业务
	未贴现的银行承兑汇票	银行为企业签发的全部承兑汇票(金融机构表内表外并表后的银行承兑汇票)扣减已在银行表内贴现部分
直接融资	企业债券	指一定时期末由非金融企业发行的各类债券余额，包括企业债、中期票据、短期融资券、非公开定向融资工具、中小企业集合票据、公司债、可转债和可分离可转债等
	非金融企业境内股票融资	指在本地注册的非金融企业通过境内正规金融市场进行的股票融资，包括 A 股股票首发、公开增发、现金型定向增发、配股、行权筹资以及 B 股筹资(不含金融企业的相关融资)

续表

项目	指标	含义
其他	地方政府专项债券	指地方政府为有一定收益的公益性项目发行的、约定一定期限内以公益性项目对应的政府性基金或专项收入还本付息的政府债券
	投资性房地产	指一定时期末金融机构为赚取租金或资本增值，或者两者兼有而持有的房地产存量
	保险公司赔偿	指在当地的保险公司在保险合同有效期内履行赔偿义务而提供的各项金额
	小额贷款公司、贷款公司贷款	实体经济从小额贷款公司、贷款公司等获得的资金
	存款类金融机构资产支持证券	
	贷款核销	
备注	不在社会融资规模统计的融资：融资租赁、未经过金融机构的民间直接融资（投资、借贷等），私募股权融资、股权众筹等	

2018 年 7 月起，人民银行完善社会融资规模统计方法，将"存款类金融机构资产支持证券"和"贷款核销"纳入社会融资规模统计，在"其他融资"项下反映。2018 年 9 月起，人民银行将"地方政府专项债券"纳入社会融资规模统计，地方政府专项债券按照债权债务在托管机构登记日统计。

（根据中国人民银行网站等信息整理）

2.2.4　文化金融基础设施

金融机构和金融市场，都需要一个安全、便捷的基础条件，这就是金融基础设施。从狭义角度来看，金融基础设施又称为金融市场基础设施（Financial Market Infrastructures，FMIs），也就是通常所称的一国支付清算体系。随着金融的发展，金融基础设施的范畴也不断扩大。

关于金融市场基础设施（FMIs），国际清算银行给出的定义是"交易机构间的多边系统，主要进行记录、清算、结算货币交易、证券交易、衍生品交易和其他金融交易的一系列安排"。FMIs 主要包括五大核心功能分类：即支付系统（PS）、中央证券存管（CSDs）、证券结算系统（SSS）、中央对手方清算（CCPs）以及交易数据库（TRs）。在金融市场中，FMIs 主要制定参与方共同认可的规则与程序，提供不断创新的载体设施，其设立和发展的目的主要是两个方面：一是为了减少交易成本，提升交易效率；二是为了强化风险管理和监管，增强市场信心。反过来说，一切出于上述两个目的而建立的市场设施、程序和规则都可以当作金融市场基础设施。

2020 年 3 月，中国人民银行、国家发展改革委、财政部、中国银保监会、中国证监会、国家外汇管理局联合印发了《统筹监管金融基础设施工作方案》，其中规定：我国金融基础设施统筹监管范围包括金融资产登记托管系统、清算结算系统（包括开展集中清算业务的中央对手方）、交易设施、交易报告库、重要支付系统、基础征信系统六类设施及其运营机构。

从广义来看，金融基础设施涉及的范围与金融运行环境的很多方面相关。金融基础设施是指金融运行的硬件设施和制度安排，是金融生态"软环境"的保障，凡与此相关的金融问题都可看作基础设施问题，主要包括：支付与清算体系、法律程序与法律体系、会计准则与审计体系、征信与信用体系、金融监管框架、金融标准与交易规则等。

文化金融是文化要素与金融要素的结合，是文化资源、社会资本和金融资本的融合，但其基础架构仍是金融属性的，所以也需要基础设施来保障文化金融市场运行的效率和安全。

统一的金融基础设施是文化金融市场运行的基础，文化金融基础设施首先体现的是统一的金融基础设施与文化金融服务之间的关系。例如，我国相关政策要求：进一步发挥人民银行支付清算和征信系统的作用，加快完善银行卡刷卡环境，推动文化娱乐、广播影视、新闻出版、旅游广告、艺术品交易等行业的刷卡消费，促进文化市场的繁荣发展[1]。又如，新兴电子支付工具的快速发展，使得文化消费变得更加便利，极大地推动了文化产品与服务深入大众日常生活。

文化金融市场的基础设施还有一定的特殊性[2]，主要有以下几个方面。

(1)以文化企业经营特点和资产特点为基础的文化产业信用管理体系。

(2)以无形资产为基础的文化产业无形资产评估与管理体系，其中最重要的是文化企业无形资产评估体系。

(3)以公共文化数据及文化企业文化数据为基础的文化数据资产评估及管理系统。

(4)以文化金融相关市场为基础的文化金融市场信息系统。

(5)以文化金融业务、技术及流程管理为基础的文化金融管理规范与行业标准体系。

(6)以文化产权交易市场为基础的文化生产要素市场及相关标准、规则和机制。

(7)文化金融专门政策、相关法规及监管体系等。

文化产业的构成以中小微企业为主，因此，文化产业信用体系(或文化行业信用体系)建设是极其重要的，尤其对金融机构来说，要服务文化产业，良好的文化行业信用是金融业务的最好的保障。完善的行业信用体系，应包括公共服务性质的信用信息系统(包括中国人民银行及市场监管等行业主管部门)，金融机构的文化企业信用管理和文化消费信用管理，以及社会征信和评级服务机构的文化企业信用服务体系、社会组织的相关管理和服务等。构建文化行业信用信息系统，能够满足各层次需要的信息数据库，为金融机构开展业务提供有价值的信息资源。

资产评估体系一般不属于金融基础设施范畴，但对文化金融来说却有所不同。无形资产评估不仅与文化企业会计、审计体系相关，而且直接关系到文化金融服务是否具有独特性。文化企业以无形资产为主要资产或最具竞争力的资产形态，即便是艺术品这类实物资产也因附着其上的无形的意义才成为有价值的资产。所以，有效的无形资产评估是文化企业在资本市场上能够真实体现企业价值、提高资本运营能力的基础

① 见2010年中央宣传部、中国人民银行、财政部、文化部、广电总局、新闻出版总署、中国银监会、中国证监会、中国保监会等机构联合发布的《关于金融支持文化产业振兴和发展繁荣的指导意见》。

② 参见杨涛，金巍. 中国文化金融发展报告(2018)[R]. 北京：社会科学文献出版社，2018.

保障。文化数据资产是下一代文化资产的重要类型。在新的技术条件下，数据成为生产要素之一，文化企业的资产正在大规模进行数字迁移，那么，以数据资产为对象的资产评估与管理体系将成为很重要的基础性设施。

信息系统通常也不在金融基础设施范畴内，但对文化金融来说，没有一个基础设施性质的文化金融市场信息系统是很难取得实质性发展的。文化金融市场信息系统不仅能够为政府决策和企业决策提供依据，对防范金融风险也具有重大意义。这个信息系统不仅是统计数据系统，而且是动态市场信息系统。大数据、云计算、区块链等数字技术将重构文化金融市场信息系统，使其更好地发挥基础设施作用。

在文化金融基础设施建设中，需要在政府部门的协调下建立各类机构之间的协同与分享机制。这些机构包括各商业银行、保险公司、证券公司、信托公司、证券交易所、区域性股权交易市场、文化产权交易所、其他金融机构、金融行业组织、文化产业行业组织等。

◎讨论：传统的金融体系形成于工业经济时代，已经难以适应新经济发展的需要。那么，在文化经济和文化产业发展的形势下，金融体系应做出怎样的变革？

2.2.5　文化产权交易所

产权交易所是我国从计划经济向市场经济转型过程中的特殊产物，原本是主要用于支持企业国有资产的流转和处置。以产权交易所为中心，形成了产权交易市场。经过多年发展和转型，目前全国各地各级产权交易市场，在范围上已扩展至服务于国有企业、集体企业和非公企业，而且交易产品已经覆盖了非证券化产权的绝大多数领域。

文化产权交易市场（文化产权交易所）是产权交易市场的一种行业性类型，也是我国文化产业发展进程中诞生的一种特殊市场形式。文化产权交易所（简称"文交所"）是中国的一大特色，其产生与发展源于文化经济政策及产业政策的推动。我国的文化产权交易所不是市场的自发行为，而是一种政府为了产业发展目标而"人为"的制度安排[1]。

2009 年是我国文化产权交易市场历史上的重要年份。4 月 23 日，上海文化产权交易所正式获上海市人民政府批准设立，这是全国首家文化产权交易所，是以文化版权、债权、股权、知识产权等各类文化产权为交易对象的综合性文化产权交易服务机构[2]。11 月 4 日，深圳市委、市政府决定组建深圳文化产权交易所[3]。由于在国家相关政策文件中着重提出发挥上海文化产权交易所、深圳文化产权交易所的作用，它们被认为是全国性文化产权交易场所[4]。

2010 年至 2016 年，全国各地纷纷成立文交所，不断探索新的业务模式，推出了一些带有资本市场特色的业务。如开展收藏类文化艺术品实物交易的探索，开展邮币卡电子盘竞价交易业务；又如艺术品份额化交易模式（"艺术品股票"），将艺术品拆分为均等份额

①　周正兵．我国文化产权交易所发展状况、问题与趋势［J］．深圳大学学报（人文社会科学版），2017，34（1）．
②　见上海文化产权交易所官方网站信息。
③　见深圳文化产权交易所官方网站信息。
④　2010 年 3 月，中宣部、中国人民银行、财政部、文化部、广电总局、新闻出版总署、银监会、证监会、保监会等九部委联合下发的《关于金融支持文化产业振兴和发展繁荣的指导意见》（银发〔2010〕94 号）指出："充分发挥上海文化产权交易所、深圳文化产权交易所等交易平台的作用，为文化企业的著作权交易、商标权交易和专利技术交易等文化产权交易提供专业化服务。"

并以集中竞价方式在交易所交易，涉及的品种包括书画、玉器等。邮币卡电子盘业务和艺术品份额化撬动了原本似乎完全不可能投资文化领域的一些民间资本，但投机性资本主导了市场，呈现出鱼龙混杂的局面，风险开始层层累加，最终导致了一些问题。这种交易脱离了文化生产和文化价值，从一开始就蕴藏了极大的金融风险。

2011 年 11 月 24 日，国务院发布《国务院关于清理整顿各类交易场所切实防范金融风险的决定》(简称"38 号令")；2012 年 7 月出台《国务院办公厅关于清理整顿各类交易场所的实施意见》(国办发〔2012〕37 号)。这一轮清理整顿工作，整顿范围包括文交所在内的各类交易场所，是为了规范资本市场，切实防范金融风险。2017 年以来，各地政府开始对文化产权交易所相关业务进行"回头看"监管。

顾名思义，文化产权交易所的主要交易标的是文化产权。产权是财产权利(property rights)的简称，是指法定主体对财产所拥有的各项权能的总和。文化产权是指文化资源、文化产品及相关领域的产权，包括资产所有权、经营权、收益权及相关权利。文化产权交易是指文化产权所有者将其拥有的资产所有权、经营权、收益权及相关权利全部或者部分有偿转让的一种经济活动[①]。

根据《关于贯彻落实国务院决定加强文化产权交易和艺术品交易管理的意见》(中宣发〔2011〕49 号)等相关政策文件，文化产权交易所的文化产权交易范围包括文化创意、影视制作、出版发行、印刷复制、广告、演艺娱乐、文化会展、数字内容和动漫等领域；文化产权交易所的业务活动包括政策咨询、信息发布、组织交易、产权鉴证、资金结算交割等。

文化产权交易所是我国文化金融体系中很特殊的一类机构。从更广义上看，文化产权交易所也是文化金融体系中的具有基础设施性质的场所，而且与文化金融的其他资本市场有着密切的关系。

文化产权交易所能够涉及的交易标的包括知识产权(以版权为主)、股权、物权、债权及相关经营权、收益权等各类文化产权，具有很大灵活性。文化产权交易所不能组织证券发行和转让活动[②]，但仍可以进行股权交易服务，通过文化产权交易所帮助企业进行创业融资、股权私募和转让、增资扩股、并购转让等。深圳文化产权交易所和北京文化产权交易中心在这个方面进行了有益的尝试[③]。与其他资本市场不同的是，作为一个文化产业要素市场的重要节点，围绕文化企业创业和成长需求，文化产权交易

[①] 参见 2011 年中宣部、商务部、文化部、广电总局、新闻出版总署联合下发的《关于贯彻落实国务院决定加强文化产权交易和艺术品交易管理的意见》(中宣发〔2011〕49 号)。这个文件明确了文化产权交易的定义、文化产权交易范围、文化产权交易所的主要职责、管理原则、设立文化产权交易所的基本条件、审批设立程序等，同时在文化产权交易试点、各类文化产权交易所的整顿规范、文化艺术品交易管理等方面做出了较详尽的规定。

[②] 根据中国证监会《区域性股权市场监督管理试行办法》规定，除区域性股权市场外，地方其他各类交易场所不得组织证券发行和转让活动。同时规定，各省、自治区、直辖市、计划单列市行政区域内设立的运营机构不得超过一家。因此，大多数文化产权交易所的类证券业务将受到限制，在企业股权融资方面只能提供辅助性服务，且不能以公开方式进行。

[③] 北京文化产权交易中心承担北京市的文创企业股权转让平台(文创板)的运营工作。根据《文创板企业股权融资业务操作细则(试行)》，文创板实行委托代理制，企业及投资者可以在文创板网站上公告的运营商名单中自主选择运营商，并签订委托代理合同，建立委托代理关系。根据官方解释，这个文创板是一个不同于文交所传统功能的新设想，先期作为面向专业投资者的"文创企业股权转让平台"，最终目标是成立"全国文创企业股份交易系统有限公司"。

所还可在信息、人才等其他要素的交易与流转方面有所作为。

文化产权交易所一般由政府指定进行国有文化资产交易。文化体制改革仍在进行中，对于文化产权交易所来说，文化企业国有资产交易仍是需要开展的业务类型。虽然有相关政策要求文化企业的国有资产必须在指定的交易平台交易①，但对大多数文化产权交易所来说，这并不能成为主要业务来源，需要以市场化、专业化的主体形式面对所有文化市场主体。

2.3　文化金融相关基础理论

文化金融作为一个交叉性研究领域，与经济学、金融学、文化产业管理等多门学科都有紧密的关系，这些学科的一些相关基础与应用理论也是文化金融研究的研究基础，所以，本节要介绍一些经常运用到的理论及方法。

2.3.1　金融学相关理论

前文已经提到，以"金融"为研究对象的金融理论既包括宏观视角，也包括微观视角。金融学理论浩如烟海，除了前文已经介绍的基础知识，还有产业金融、公司金融、金融风险管理、金融生态等相关理论值得注意。

一、产融结合与产业金融理论

产融结合理论，主要研究的是产业与金融如何相互融合、互动发展、共创价值，所谓的产业一般指特定的产业。产业金融是以各类产业的不同特性为基础形成的金融业态。我们可以将产业金融看作产融结合的一种形态，有时也可以将产融结合与产业金融看作一个问题的两种不同表述方式。

产业金融表现了金融与产业的一种关系，不是金融机构服务具体某个企业，而是金融资本深度介入产业链条和产业结构中形成的关系。在产业金融发展过程中，有三种发展路径：①金融资本服务于某类产业发展，这是产业金融发展的主要路径；②金融资本和产业资本相互融合、相互渗透；③产业资本金融化，即产业资本成为金融资本。当然这几种路径也不是完全孤立的，而是相互联系的。在产业金融理论中，大多数学者认为，产业金融是服务实体经济的一种金融形态，是针对产业的金融资源配置，是服务于特定产业发展的系统化、集成化的金融解决方案。产业金融的重要问题之一是如何实现产业资源的资本化问题，钱志新(2010)认为产业金融包含资源资本化、资产资本化、知识产权资本化、未来价值资本化四个方面。

文化金融研究涉及微观、中观和宏观各个层面，微观金融研究的金融市场与金融工具是文化金融的基础，但中观上的产业金融始终是文化金融研究的基本视角。文化金融已经引起产业金融研究者的关注。虽然产业金融理论似乎还未形成完备的理论体

---

① 2013 年，财政部发布《关于加强中央文化企业国有产权转让管理的通知》和《中央文化企业国有产权交易操作规则》(财文资〔2013〕6 号)，明确了中央文化企业国有产权转让的基本原则，在受理转让申请、发布转让信息、登记受让意向、组织交易签约、结算交易资金、出具交易凭证等方面做了明确规定。在地方层面，北京、山东等地也出台相应文件对文化企业国有文化资产交易做了规定。北京市制定出台了《北京市文化企业国有资产交易管理暂行办法》(京文资发〔2016〕18 号)和《北京市文化企业国有资产交易操作规则(试行)》(京文资发〔2016〕19 号)，由北京文化产权交易中心制订国有资产交易细则和严谨的配套工作流程，搭建国有文化产权交易业务体系，推进交易平台建设。

系，但仍是文化金融可靠的理论参照和源流。

二、金融风险管理理论

现代金融风险管理的真正兴起是在 20 世纪 70 年代。为避免遭受重大损失或破产倒闭，一些大型金融机构开始针对各种风险因素进行有效管理的实践和探索，在战略上保证盈利目标的实现和公司可持续发展。同一时期，现代金融理产生了很多具有奠基意义的经典理论和模型，为金融风险管理理论的发展奠定了坚实的基础，如有效市场假说(EMH)、资本资产定价模型(CAPM)，期权定价模型（OPM)等。

经济学家基于信息不对称(Information Asymmetric)和不确定性(Uncertainty)建立了一套经济分析框架。不确定性是金融风险管理的核心问题。目前，在现代金融理论对风险分析和定价的基础上，金融风险管理研究已经引入数理统计、系统工程甚至物理学等科学的研究方法，对各种金融风险进行识别、计量和调节、控制乃至监测的一系列程序和方式进行跟踪研究。

当然，从广义上看，除了微观金融风险问题，政府需要从全局和系统上对金融风险进行管理，因为系统性的金融风险与金融危机紧密相连。由此衍生出与金融危机、系统性风险防范、宏观审慎监管等相关的理论。

三、金融生态理论

金融生态理论是近十几年发展起来的理论。作为一种生态学描述，金融生态是指这样一种形态：金融系统中有自己的"空气""山水草木"，有自己的"食物链"关系，有自己的生态法则，有一套自身的循环往复的运转规律。金融生态理论是关于金融体系如何生存、如何运转的一种新的思维模式。从生态系统观的角度，金融生态系统是金融体系中所有关系的总和，是由金融主体及其赖以存在和发展的金融生态环境构成，两者之间彼此依存、相互影响、共同发展的动态平衡系统[①]。

在金融生态系统中，各类金融主体赖以生存的环境就是金融生态环境。从金融主体(总体或个体)视角上，金融生态环境是一种维系其生存的外部环境，包括经济、社会、法治、文化、习俗、规则、管理制度等内外部环境因素的总和。良好的金融生态环境体系应包括良好的社会信用体系、健全的法制保障体系、完善的金融监管体系和有效的金融自律体系[②]。

我们在本书的导论中已经讨论了文化金融作为一种金融生态系统的问题。文化金融也是一个生态系统，而且实际上是金融生态系统的一个子系统，所以，金融生态理论对文化金融生态建设也具有指导意义。

四、公司金融理论

公司金融即公司财务管理，在西方金融学体系中是微观金融理论的主要组成部分之一。公司金融学以发达的资本市场为基础，主要研究企业的融资、投资、收益分配

---

① 李扬，王国刚，刘煜辉. 中国城市金融生态环境评价[R]. 北京：人民出版社，2005.

② 在中国社会科学院金融研究所 2005 年发布的调查报告《中国城市金融生态环境评价》中，以城市为基本分析对象，选取 9 个指标对中国城市金融生态环境进行评价，按重要性排序依次是：法制环境、经济基础、金融部门独立性、企业诚信、地方金融发展、地方政府公共服务、社会诚信、中介服务和社会保障。

以及相关问题。在我国，公司金融在大学有教学课程，在实践中以企业理财、企业财务管理等形式存在。

现代公司金融理论主要包括：公司的融资问题、公司的治理结构问题、企业的投资决策问题，以及与公司融资、投资和估价相关的技术问题。从现代公司金融理论的基本框架看，从 20 世纪 30 年代欧文·费雪（Irving Fisher）的贴现现金流量方法开始，经历了哈里·马科维茨（Harry Markowitz）提出的投资组合理论、以 M&M 定理开端的资本结构理论、股利政策、资本资产定价模型、有效资本市场理论、期权定价理论、代理理论、信号理论、现代公司控制理论、金融中介理论、市场微观结构理论等十多个里程碑。此外，资本资产定价模型、期权定价模型等金融估价的理论与技术的发展，对公司金融学的发展起到了强大的推动作用。

没有企业就没有产业。文化金融作为一种产业金融，从研究上具有中观视角，但文化金融的基础仍然是微观金融，而且与公司金融有着密切的关系。文化企业投融资决策、文化企业财务分析等都具有自己的特点，在资产评估、会计实务及投融资业务中，文化企业常常会因为生产特点（如项目制等）、资产特点（如无形资产比重高）面临更多的难题。

2.3.2　经济学相关理论

一、供给管理与供给侧结构性改革

马克思主义政治经济学认为，供给与需求是商品经济的基本关系。在现代经济学中，供给与需求的关系是一个基本范畴，两者之间的动态平衡决定了经济发展历程。供给学派从供给方面考察经济现状和寻求对策，在肯定"供给创造需求"的萨伊定律的基础上，强调生产的增长决定于劳动力和资本等生产要素的供给和有效利用，在政策上主张减税、减少管制等。基于供给的宏观经济管理与需求管理相对应，称为供给管理。

在供给管理过程中，我国学者提出供给约束问题，其中直接供给约束包括行政监管、垄断等，间接供给约束包括融资成本过高、税负过高等。供给约束问题研究在文化金融领域也是有借鉴意义的。

我国提出的供给侧结构性改革，是在新的历史时期对宏观经济供需两端进行平衡管理的经济思想，主要目标是调整经济结构，使要素实现最优配置，提升经济增长的质量和数量，早期在措施上以"去产能、去库存、去杠杆、降成本、补短板"为重点，后期则同时强调寻找"新动能""稳增长"等。

二、制度创新理论

制度创新也称为制度变革或制度变迁，是新制度经济学的主要理论。制度创新理论的代表是美国经济学家罗纳德·哈里·科斯（Ronald H. Coase）和道格拉斯·诺斯（Douglass C. North）。科斯以交易成本和产权为基本分析单位，提出了制度作为经济增长内生动力的观点。

从广义上看，文化也是一种制度，文化创新和文化变迁对经济发展的动力作用一直为经济学家所关注，但因为难以量化，在研究上难以形成完美的体系。制度创新理论给文化金融的启示是：一方面，制度供给在文化产业发展中具有内生动力作用，基

于内部制度的贡献分析和外部制度的风险评估同等重要；另一方面，在专注于文化产业创新时，文化要素作为内生动力需要得到更多认同，并将其合理性加入金融分析或投资分析的框架中。

三、公共选择理论

公共选择理论又称新政治经济学或政治学的经济学(economics of politics)。公共选择理论以微观经济学的基本假设(尤其是理性人假设)、原理和方法作为分析工具，来研究公共物品的生产和分配，以及各主体的行为。

从经济学视角上，公共管理领域要供给法治秩序、政策和公共物品，前两者是后者的保障。政府为弥补市场缺陷要采取措施，既要保障市场效率，也要维护市场公平，还要稳定经济。所有目标都要政府通过一定的立法、政策等措施来实现，这都属于政府的决策活动，而决策就是在若干方案中决定选用哪一个。这样就产生了两个问题：谁来决策和怎样决策。

以詹姆斯·布坎南(James M. Buchanan)为代表的经济学家在公共选择理论研究中提出了政府决策中的低效率等问题；经济学家曼瑟尔·奥尔森(ManCur L Olson)对利益集团在公共政策中的行为选择和公共产品分配的特殊性进行研究，提出了"搭便车理论"，文化产品的特殊性也使得搭便车的现象较为严重。公共选择理论对文化经济政策及文化金融政策研究有一定的借鉴意义。

四、产业经济理论

产业经济理论以"产业"为研究对象，研究产业之间关系结构、产业内部组织结构的发展规律及其相互作用规律。产业经济理论研究内容主要包括：产业结构理论、产业关联理论、产业组织理论及产业布局理论等。产业经济理论将原本宏观经济学的考察范围深入到社会生产和再生产过程内部，通过分析各种具体生产和具体需求之间、中间需求与中间供给之间、最终需求与最终供给之间以及各部门之间的"结构"状态以寻找总量失衡的具体原因。

从经济学角度上，文化产业研究就是文化产业经济研究。从产业经济角度认识文化产业，我们可以更加清晰地认识文化产业的结构、组织，认识文化产业的内在机理。这是文化金融作为一种产业金融的学理基础之一，所以产业经济理论对文化产业金融研究有很大的帮助。

五、知识经济理论

知识经济理论是文化产业研究的重要理论渊源之一。知识经济是后工业经济时代显现的一种经济发展形态，在这种经济形态中，知识作为经济发展的内生动力得到实践和研究的验证。20世纪70年代，很多学者开始研究知识作为一种经济增长内生要素的合理性，著名经济学家保罗·罗默(Paul M. Romer)在1987年提出的"罗默模型"中论证了技术和知识作为内生动力的逻辑。经济合作与发展组织(OECD)在1996年相继发表《以知识为基础的经济》和《国家创新体系》两个报告，对知识经济及其影响做了阐述。

知识经济理论的主要内容包括：知识在经济增长中具有内生要素性；知识具有报酬(收益)递增律；知识的可测度及知识管理技术等。文化与知识一样，都是人类智力活动的产物，作为一种要素投入，文化与知识有一定的相似性，因而知识经济理论对以经济发展的文化动力为研究方向的文化经济学提供了重要的理论参考，同时对文化产业中文化价值的研究也具有极大的借鉴意义。

六、外部性理论

所谓外部性是指这样一种情况：一个经济行为主体的活动对另一经济主体的福利产生了影响效应，但这种效应（正的或负的）没有通过市场交易反映出来。保罗·萨缪尔森（Paul A. Samuelson）和威廉·诺德豪斯（William D. Norclhaus）在著名的《经济学》中如此定义："外部性（溢出效应）指的是企业或个人向市场之外的其他人所强加的成本或效益。"强加的成本就是负的外部性，也称为"外部不经济"。强加的效益就是正的外部性，也称为"外部经济"。

外部性分为生产的外部性和消费的外部性两种。经济学家马歇尔在一百多年前发现了"外部经济"问题，指的是企业的外部因素导致企业成本的减少，而福利经济学家阿瑟·赛西尔·庇古（Arthur cecil Pigou）发现了企业本身行为对企业成本的影响问题，并扩展了"外部不经济"概念。外部性产生原因的经济学解释是：社会的边际收益和边际成本与私人的边际收益和边际成本并不相等。

无论何种外部性，都可能会造成市场对资源配置效率的降低（市场失灵），于是政府的干预被认为是一种补救。在文化产业发展中，文化产品的外部性问题极为明显，很多音乐或文学作品为其他主体创造了收益但并未获得相应报酬，还有很多作品为其他主体造成损失但也没有支付成本。如果需要纠正外部性，尤其是那些负的外部性，那么主要是通过征税或补贴以及外部性的内部化。征税或补贴是政府通过征税或补贴来矫正经济当事人的私人成本。合并企业是纠正外部性的另一种方法，即使外部性问题内部化。

七、信息不对称理论

传统的经济学理论假设市场交易双方都具有完全的信息，但信息不对称理论揭示了市场经济的缺陷。20 世纪 70 年代，约瑟夫·斯蒂格利茨（Joseph E. Stiglitz）等三位美国经济学家分别从商品交易、劳动力和金融市场三个不同领域研究了信息不对称课题。简单说，经济学上的信息不对称是指交易一方对另一方缺乏充分的了解，并影响其在交易中做出正确决策。

信息不对称会导致市场失灵，即在信息不对称情况下，市场价格机制无法使资源优化配置；信息不对称会导致逆向选择和道德风险，逆向选择是在交易之前出现的信息不对称问题，道德风险是在交易之后发生的。在对企业管理中的信息不对称问题研究中，学者进一步发展出了委托代理理论。

在文化金融发展中，由于市场各个主体之间原本关联性较小，各市场主体之间信息不对称现象更为严重，例如，信贷市场中银行和文化企业之间。信息不对称使文化金融市场的信用风险更高，市场效率更低，在这种情况下，发挥政府的调控职能被认为是对市场失灵的一种补救。

2.3.3　文化经济相关理论

一、文化生产理论

文化生产是一种精神生产。精神生产是相对于物质生产的一个概念，是社会生产的一种特殊形式。马克思从生产的一般规律出发，提出了物质生产和精神生产相区分的两种生产的理论，将宗教、道德、法律、艺术等"特殊的生产方式"称为精神生产。这是我们研究文化生产的重要理论基础。

文化生产的本质是精神价值的生产[①]，是为了满足人们的精神需求，所以文化生产就是精神生产。由于文化生产的精神属性，其生产方式与社会生产的总体水平、尤其是物质生产的水平息息相关。当今社会已经进入信息化社会生产时代，文化生产方式与工业化时期以及农业时期都有较大的不同。从政治经济学范畴上，社会再生产的过程由生产、分配、交换、消费四个环节构成，与此对应，文化再生产过程可分为创作、生产、传播和消费四个环节[②]。

在经济学视野中，文化生产就是文化产品供给与需求之间的动态过程，这种过程在"二战"后的几十年间发生了形式上的重大变化。在学理上，文化生产以文化产业的表征形态形成了新命题。文化生产是否应该以工业化的形式尤其是商品生产方式生产一直都有争议。不是所有的文化生产都应以商品生产方式来进行，但完全依赖公共体系供给也是不可行的。对文化金融来说，承认以商品生产方式进行文化生产的正当性是文化金融的逻辑基础之一。

在西方社会学的文化生产理论中，文化生产的产出是一系列"符号"和"意义"系统。法国社会学家皮埃尔·布尔迪厄（Pierre Bourdieu）[③]和美国学者詹姆斯·英格利什（James English）[④]对文化生产理论研究有着深远的影响。布尔迪厄将政治经济学概念引入文化生产的研究。英格利什在布尔迪厄的文化生产理论的基础上，进一步阐发了有关文化生产关系、文化资本、象征资本的构成和运作的理论。

二、文化资源及文化资产理论

自然资源和社会资源构成人类生产生活的全部资源，文化资源是社会资源的一种形式。文化因为有价值而成为文化资源。所谓价值，即"有用性"或"意义"。文化资源是在文化生产或文化生活中可资利用的具有文化价值或经济价值的那一部分文化要素或文化形态。文化资源的价值表现在两个方面：一是文化价值，即具有历史的、社会的或研究的价值等；二是经济价值，即具有通过生产形成经济利润的功能。文化资源理论正是研究文化价值如何实现的相关理论。

文化的经济价值在文化产业时代得到了充分体现。在文化产业视角上，文化资源是通过营利性生产经营活动实现经济价值的文化要素或文化形态。与自然资源比较起来，文化资源具有可重复利用的特点。文化资源的经济价值是发展文化产业的基础，

---

①　胡惠林. 文化经济学[M]. 2版. 北京：清华大学出版社，2014.

②　参见高书生. 文化再生产论——兼论文化和经济的融合[J]. 行政管理改革，2011（7）.

③　布尔迪厄将资本分为三种类型：经济资本、社会资本、文化资本。

④　英格利什在《声誉经济：文化奖与文化价值的流通》及系列文章中进一步阐发了有关文化生产关系、文化资本、象征资本的构成和运作的理论，提出了当代文化生产的"声誉经济"（Economy of Prestige）理论。

也是文化金融的基础，文化金融正是基于文化资源的经济价值，尤其是文化资源所具有的时间价值发现特性，从而形成了与其他产业金融不同的金融形态。

在文化产业实践中，文化资源的经济价值不能仅仅是在理论上存在的价值。很多学者认为文化资源的利用首先要"资产化"，也就是形成文化资产。资产化是在资源的有用性和稀缺性的基础上进行价值计量的过程，并非所有文化资源都可以资产化。文化资源能否资产化和如何实现资产化一直都是重要的课题，会计和资产评估行业对文化资产问题具有较多的应用和实践，如无形资产评估、艺术品评估等。在投融资实践中，很突出的难点是要解决文化企业的文化资产如何估值并进入资产负债表的问题。

还有一种与此相关的理论是文化资本理论。投融资领域的文化资本是从文化资产演进而来，即所谓"文化资产可以作为资本进行股本投资"。但在经济学和社会学中，文化资本还有另一层含义。经济学意义上的"文化资本"，是指文化具有经济价值并且"文化"可以作为一种经济活动的资本投入或要素。正如人力资本理论的人力资本[1]、制度经济学的制度一样，文化资本也表现为一种经济发展的内生要素，有学者认为文化资本是经济增长的最终解释变量。从这个角度上，文化资本是以文化作为经济发展动力为视角的文化经济学研究的基础。社会学家皮埃尔·布尔迪厄(Pierre Bourdieu)的文化资本理论中的文化资本是指一种控制文化资源和获取利益的权力或能力。

三、创意产业及相关理论

从 1998 年英国提出发展"创意产业"(creative industries)以来，世界各地都在大力发展创意产业或文化创意产业。学者对创意产业的特点进行了深入的研究，如厉无畏等学者认为创意产业具有与传统产业完全不同的发展逻辑，包括：产业驱动的软性资本(知识、文化、人力资本等)，资源的反复使用，环状价值链，组织扁平化，顾客价值导向，边际收益递增等[2]。

世界各地以创意产业或文化创意产业的名义发展以"文化创意"为动力的新经济，以约翰·霍金斯(John Howkins)[3]为代表的众多学者也发展出了一系列相应的创意经济理论。创意经济是一种以文化创意(而非技术创新)为主要要素投入的新经济形态。创意产业融合了多种传统产业和新兴产业，形成了创意产业为基础的创意经济。创意经济的最主要特征是文化创意已经成为驱动经济增长的因素之一。

创意产业和文化产业有高度的相似性但也有一定的区别。文化产业是以文化为核心的，但创意产业更强调文化的创新性，通过非技术的智力性创新[4]提供产业发展动力，而这种创新几乎存在于所有的产业业态中，在这个逻辑上，创意经济是无边界的。某种意义上，创意经济是依附于物质生产的文化生产。

---

① 人力资本理论由 1979 年诺贝尔经济学奖获得者西奥多·W. 舒尔茨提出。

② 厉无畏，王慧敏. 创意产业新论[M]. 上海：东方出版中心，2008.

③ 2001 年约翰·霍金斯出版的《创意经济》被认为是世界上第一部创意经济主题的专著。霍金斯的创意经济包括四部分：版权、专利、商标和设计产业。

④ 约翰·霍金斯的创意经济范围包括科技方面的专利产业，这是与很多创意产业理论不同的独特之处。

>>> 学习重点和难点

本章与第3章是文化金融的基础，学习重点包括：金融的基本含义，现代金融体系的基本内容；金融作用于文化的作用和机制，以及文化金融的作用；文化金融相关的金融工具、机构、市场与基础设施等的基本含义。

本章的难点包括：如何理解金融的功能，以及如何理解文化金融的作用；如何理解学习文化金融需要的金融和经济学基础理论。

>>> 复习思考题

1. 现代金融体系包含哪些基本内容？
2. 结合文化金融，说明金融的微观功能是什么？
3. 文化金融工具的基本含义是什么？
4. 文化产业和文化企业如何充分利用多层次资本市场？
5. 试从文化要素市场建设角度讨论文化产权交易所的定位和发展方向。
6. 试从文化生产理论角度阐述文化金融的必要性。

>>> 参考文献及推荐书目

[1]黄达，张杰. 金融学[M]. 4版. 北京：中国人民大学出版社，2017.

[2]兹维·博迪，罗伯特·C. 默顿，戴维·L. 克利顿. 金融学[M]. 2版. 曹辉，曹音，译. 北京：中国人民大学出版社，2010.

[3]钱志新. 产业金融[M]. 南京：江苏人民出版社，2010.

[4]李扬，王国刚，刘煜辉. 中国城市金融生态环境评价[R]. 北京：人民出版社，2005.

[5]金雪涛，文化产业投融资：理论与案例[M]. 北京：经济科学出版社，2016.

[6]保罗·萨缪尔森，威廉·诺德豪斯. 经济学[M]. 19版. 萧琛，等，译. 北京：商务印书馆，2011.

[7]卢锋. 经济学原理(中国版)[M]. 北京：北京大学出版社，2002.

[8]斯科特·拉什，约翰·厄里. 符号经济与空间经济[M]. 王之光，商正，译. 北京：商务印书馆，2006.

[9]戴维-思罗斯比. 经济学与文化[M]. 王志标，张峥嵘，译. 北京：中国人民大学出版社，2011.

[10]厉无畏，王慧敏. 创意产业新论[M]. 上海：东方出版中心，2008.

[11]胡惠林. 文化经济学[M]. 2版. 北京：清华大学出版社，2014.

[12]厉以宁. 文化经济学[M]. 北京：商务印书馆，2018.

第3章 文化金融基础分析

学习目标

1. 了解风险的概念和一般分类，掌握文化产业风险的基本内容，掌握金融风险和文化金融风险的含义和特点。

2. 了解信用和信用管理的概念，掌握信用管理的基本功能，了解征信、信用评级等信用服务行业，掌握文化企业信用和文化产业信用体系的相关内容。

3. 了解无形资产评估的含义，掌握无形资产评估的几种方法。

4. 了解投资项目和文化投资项目的含义，理解文化投资项目评估基本内容，理解文化投资。

关键术语

风险　损失　风险要素　风险事件　风险暴露　风险管理　信用　信用管理　征信　信用评级　文化产业信用管理　无形资产　无形资产评估　市场法　成本法　收益法　投资项目　项目评估　财务分析

导　言

博迪和默顿的《金融学》将跨期权衡取舍分析、资产估值以及风险管理（包括资产组合理论）作为金融学的三项分析支柱。文化金融学习或实践也需要一些基础分析来解决出现的种种问题。我们在第2章的金融功能和文化金融的作用部分，已经接触了"金融的功能基于何种基础"问题，是从总体上了解和金融有关的文化产业特点，这也是文化金融基础分析的内容。

本章关于文化金融基础分析的学习将分解为四个关键词：风险、信用、无形资产、投资项目。主要内容包括：风险和风险管理的概念，文化企业面临的风险，文化金融风险及风险管理的内容；信用、信用管理，与文化金融相关的文化产业信用管理；无形资产评估，文化企业无形资产评估的主要方法；项目与文化投资项目，投资项目评估的内容和方法，项目财务分析及基本指标等。

这几方面的内容并非互不相干，而是有很大交叉，如风险分析、信用管理和投资项目分析都涉及"信用风险"和企业信用评估问题；而投资项目评估是基础分析的综合，要不同程度地利用风险、信用和无形资产相关分析方法。

3.1 风险与风险管理

3.1.1 风险的概念和分类

萨缪尔森和诺德豪斯在合著的《经济学》中说：一般来说，人们总是想要避免各种收入、消费和健康的不确定性。当我们想要避开风险时，我们就是一个"风险规避者"[①]。风险本质上是一种可能性，但并不是所有可能性都意味着风险。可能性即未来状态或结果的不确定性，结果可能是好的（如实际收益率高于期初收益率），也可能是坏的（如实际收益率低于期初收益率）。通常情况下，我们把带来损失的坏的可能性或不确定性称为风险，但在现代风险管理理论中，能够带来坏的可能性的风险有时也意味着机会。

为了更好地理解风险的含义和风险的类别，我们需要认识以下几个关于风险的基本概念。

(1)损失(Loss)：是指不在预期内的收益或经济价值的减少。在金融活动和企业经营过程中，损失主要是以收益或经济价值来衡量的，我们所说的损失不包括收益或经济价值减少以外的其他的"减少"。

(2)风险因素(Risk Factors)：能够导致损失发生或增加损失程度的条件或原因，是风险发生的必要条件。风险因素是间接的，即在事先存在的一种关系或既成事实，比如某文化公司做了银行贷款，形成了债权债务关系，这本身就是一个风险因素。

(3)风险事件(Risk Accidents)：即风险事故(或风险诱因)，是指造成损失的偶发事件，是风险发生的充分条件。风险事件是造成损失的直接原因，使损失的可能性转化为现实性。比如，上面说到的贷款的文化企业，当因为经营不善不能如期偿还贷款，就是发生了风险事件。

(4)风险暴露或风险敞口(Risk Exposure)：指经济部门在业务活动中容易受到风险因素影响的资产和负债的价值，或暴露在风险中的头寸状况。银行、保险、信托、资产管理公司、金融控股公司等机构的风险暴露性质不同，企业也有风险暴露问题，如到期未收款如果不在企业预计范围之内，即为风险暴露。

(5)风险管理(Risk Management)：是一个识别、确定和度量风险的过程，也是一个制定、选择和实施风险处理方案的过程。这个过程包括风险识别、风险测定和风险管控等一系列环节。

按照风险的成因性质(风险因素及风险事件)角度，风险可以分为自然风险、政治风险、社会风险、经济风险和技术风险等。这是风险分类的主要方式之一。我们说的"金融风险"，就属于经济风险之一，是指风险因素属于金融领域或与金融活动有关。

风险还有几种分类方式，例如：风险按照外部经济环境变化情况分为动态风险(变化)和静态风险(不变化)；按照风险影响的范围分为系统性风险和非系统性风险；按保险标的分为财产风险、人身风险、责任风险和信用风险等。

---

① 保罗·萨缪尔森，威廉·诺德豪斯. 经济学[M]. 19版. 萧琛，等，译. 北京：商务印书馆，2011.

在经济活动中，对风险进行分析，是企业、居民和政府等部门采取何种经济决策或金融决策的依据。无论风险的类型如何分类，风险首先是就特定类型的承受主体而言的，这可能是认识风险的最基本的出发点。一个风险承受主体面临的风险将是多种类型的，是来自不同领域的。对于文化企业和银行机构来说，承受的风险既有文化产业本身的风险，也有金融风险。

3.1.2　文化产业风险

文化产业风险是从事文化产业相关经济活动导致未来时期内预期收入遭受损失的可能性。文化产业和文化企业的特性决定了从事文化产业相关经济活动中要面临很多不一样的风险。

文化产业风险可以分为两大类：一是由外部环境因素与文化产业及文化企业特性相互作用导致的风险；二是由文化企业内部因素导致的风险。

从风险的成因看，文化产业风险包括政治、社会、经济、技术、自然因素变化而导致的风险。当然这些看起来是外部因素的成因，是与文化产业和文化企业的特性相互作用的。无论是文化企业，还是银行、保险等机构，都要分析这些风险，即在未来时期内因参与文化产业经济活动而带来的预期收入遭受损失的可能性。银行等信贷机构或股权投资机构在向文化企业投入资本之前，都要对文化产业相关风险进行风险评估。

(1)政治风险。政治局势变化、监管政策变化、文化制度变化等外部因素可能导致文化企业经营的损失，这种风险往往高于其他产业。大多数文化产品都具有意识形态属性，极易受到政府干预。文化企业需要时时关注政局、政策的变化以避免影响。

(2)社会风险。文化产业具有较强的社会属性，文化产品受社会思潮、宗教信仰、民族文化传统等因素的影响较大，文化企业经营受特定区域的社会道德、风俗习惯、公民教育水平等影响很大。当一个文化企业进入一个特定区域时，就需要考虑这些因素可能带来的风险，当这些因素发生较大变化时也极有可能导致文化企业经营的损失。

(3)经济风险。宏观经济形势变化可能给文化企业经营带来损失，如通货膨胀。文化产业与宏观经济的关系需要分门别类进行分析，大多数行业在宏观经济下行时期都会受到巨大影响，文化产业也是如此，只有少数行业有逆周期增长的特征。还可从资本、技术、人力资源、土地等要素市场角度细分经济风险类型。如资本市场的变化可能给文化企业带来损失，这和我们后面要讲到的金融风险有关。对文化产业来说，版权也是一种生产要素，版权市场的变化对依赖版权交易和运营的企业来说也存在较大的风险。

(4)技术风险。技术风险是因为技术过时或不适应市场导致的风险。这里的技术风险不是技术市场风险，而是指技术环境变化的外部风险。例如，一个企业采用了一项本来看起来很先进的技术，但这项技术可能马上就过时了。另一种可能是，这项技术存在无法适应市场变化的致命缺陷。文化企业购买应用新技术或文化科技企业自主开发的技术，都存在技术风险。

(5)自然风险。自然灾害如地震、风灾、火灾、洪水、天气变化等导致文化企业损失的可能性与其他行业无异，但损失程度却有较大差别。因为大多数文化企业在固定资产等方面投入较少，有形资产的损失相对较低。

从文化企业角度上，有些风险来自企业内部因素，主要包括是管理风险、财务风险，可以统称为经营风险。这些风险需要企业采用相应的风险管理措施，而银行等金融机构在为文化企业提供服务时也要针对这些风险进行评估。

管理风险主要指公司治理结构、战略规划、业务结构、绩效管理等方面的失误导致损失的可能性。由于创始人知识结构、管理水平和企业文化等原因，很多文化企业在这些管理问题上存在先天性缺陷，在资本市场上常常处于不利的地位。即便资产情况非常优质，但因为管理风险过高，很多文化企业都失去了融资机会。

财务风险是企业可能丧失偿债能力的可能性。很多文化企业（如影视、演艺等企业）以项目运营为主要方式，高收益但高风险，经营连续性较差，在财务分析中往往处于不利的地位。从财务分析中，文化企业财务风险可能来自：①在经营中缺少现金流；②债务比重过高；③收益分配过高等。文化企业的财务风险对金融机构来说可能意味着信用风险。

3.1.3 金融风险与文化金融风险

文化金融风险是金融风险在文化产业领域的具体体现，所以需要先认识什么是金融风险。

金融风险的定义常常有些争议，但无论如何，所谓金融风险必须具有一定的金融属性。一般来说，金融风险是指与金融相关的因素导致相关主体在未来时期内预期收入遭受损失的可能性。金融风险的相关主体主要是商业银行、证券公司、保险公司等金融机构，但参与金融活动的企业和居民也可以是金融风险的主体。金融风险的主要特点包括如下几方面。

（1）金融风险的风险因素是相关主体从事了金融活动或金融交易行为，或者说，金融风险因素是与金融体系各要素直接相关的；金融风险的风险事件（风险诱因）具有金融属性，即某类引起损失发生的偶然性事件是一种金融活动或行为，但也有不是金融性质的偶发事件。

（2）金融风险导致的可能的损失是与金融交易活动相关的收益或经济价值的减少，而不是其他的损失。

金融风险分为系统性风险和非系统性风险，系统性风险与我们常说的"金融危机"有很大关联。当金融领域内各要素条件发生变化而使各个经济参与者遭受损失，就有可能形成系统性风险，并由此可能引发局部或全面的金融危机。

与金融风险和金融危机相关的一个概念是金融脆弱性（financial fragility），是指金融更容易发生风险的特性。从微观上看，金融脆弱性是由于金融机构资产负债特点和金融市场风险累积的特点决定的。当经济周期处于衰退期时，往往容易引爆金融脆弱性；而金融自由化也被认为与金融脆弱性有很大相关性。

文化金融风险是相关主体在文化金融活动中发生的风险，是指文化金融要素条件变化给相关主体造成损失的可能性。文化金融风险只是金融风险的一个特殊的类型，我们可以把文化金融风险看作金融风险的一个局部，或金融风险在文化金融领域的一种投射。

　　这里所说的相关主体，包括金融机构、文化企业、居民等，金融机构是金融风险的主要相关主体。不同的主体对文化金融风险的认识是不同的。对于银行、保险公司、投资机构等来说，风险管理是其参与文化金融活动时首先要考虑的问题。文化金融领域的风险既有与整体金融风险相衔接之处（如互联网金融、资产管理等领域），也有相对独立的部分（如文化资产交易、艺术品投资等领域）。

　　从风险因素和风险事件看，金融风险主要有以下类型：市场风险（包括利率风险、汇率风险和投资风险），信用风险，流动性风险，操作风险、法律风险、策略风险和声誉风险等。结合文化金融领域特征，这里主要介绍一下市场风险、信用风险和流动性风险。

一、市场风险

　　市场风险是指由于基础资产的市场价格变化引起一系列价值变动所造成的风险。市场有很多类型，这里特指金融市场风险。价格变化指利率、汇率、证券市场、金融衍生品市场价格等价格指标的变化，所以市场风险还分为利率风险、汇率风险和投资风险（投资股票和金融衍生品等产生的风险）。

　　市场风险的关键词是"价格"。就特定的文化金融主体而言，为什么会面临市场风险？一般来说，市场风险的发生是以下两个因素共同作用的结果：

　　一是由于金融市场的基础金融变量发生变化，如利率、汇率、证券及衍生品的价格及反映市场价格变化的指数（如物价指数）。这些变量大多不是文化金融自身的，而是属于整体市场价格体系；但也有文化金融特有的价格变量，如：当我们把艺术品投资也作为一种金融产品投资类型并与其他投资品并列时，梅摩艺术指数（The Mei Moses Art Indices）[1]就具有市场价格变化的参考性。

　　二是由于文化金融参与者在金融产品交易活动中持有的风险敞口头寸，比如，持有的某类与文化产业相关的金融资产过多。如果没有及时抵补而形成的某种金融资产买入过多或卖出过多，会形成一种"风险暴露"。当基础变量发生变化，这部分头寸的价值将受到直接影响。

　　◎讨论：在文化产业，少量产品能够特别成功是一种常态，这很容易引发文化投资市场的"羊群效应"。许多投资者会在同一时段进行某类资产的投资，市场预期的狂热形成非理性投资趋势，很多资产价格被高估。请讨论这种现象与金融风险的关系。

二、信用风险[2]

　　金融学中的信用和生活中的与道义相关的那种"信用"有所不同。金融学的信用是指形成债权债务关系的借贷行为，当然这也包含了基于金融机制的信任或诚信的含义。信用风险的风险因素就是在信用活动中享有了债权。信用风险是这样一种金融风险：在债权债务关系中，当交易对手不愿意或不能全部履行其合同义务，或其信用等级下降，这些都给金融资产持有者的收益造成了不确定性。

　　信用风险的表现形式有两种：一是提前偿付风险，如在市场利率下降后债务人可

---

　　[1]　2016 年 11 月，苏富比拍卖行宣布收购"梅摩艺术品指数"（The Mei Moses Art Indices），并将其更名为"苏富比梅摩指数"（Sotheby's Mei Moses）。

　　[2]　请同时参照本章的第 3.2 节"信用与文化产业信用管理"部分。

能在预定偿还时间之前偿付债务，从而给债权人造成不确定性；二是偿付风险，指在金融参与者已经履行合同义务情况下，交易对手可能违约，从而会给金融参与者造成不确定性。

在信贷市场上，产生偿付风险的原因是：一是债务人失去偿债能力，并非主观意愿；二是因为缺乏偿债意愿，故意拖延占有他人资金。

所谓信用风险分析，就是债权方对现有的或潜在的信用风险进行的分析。在债权类文化金融业务中，文化企业可能以文化资产为抵押物做了抵押贷款融资，也可能以公司整体财务和信用等级为基础发行债券进行了融资，相应的债权方或征信机构要对这一信用活动中的信用风险做评估和分析。

专栏 3-1

逆向选择和道德风险

从经济学角度上，信息不对称也是信用风险产生的重要原因。信息不对称可能引发两种最终导致信用风险的中间现象，一是逆向选择；二是道德风险。

在交易发生前可能发生逆向选择。在信息不对称的情况下，信息优势方可能故意隐瞒信息以求获得更大利益，而对方也就是信息劣势方却可能因此受到损失。于是，在信贷市场，常发生这样一种情况：商业银行无法确切了解借款人的投资风险，认为自身是信息劣势方，有可能受损。于是，商业银行倾向于提高利率，这时，低风险的借款人退出市场，而愿意承担更高利率留下的恰恰是高风险的借款人。提高了利率反而使银行信贷的平均风险上升，这就产生了"逆向选择"。当银行从事文化产业信贷时，显然文化企业对自身的收益和风险更为了解，对文化产业的特殊性也具备更多信息优势，这时银行就处于信息的劣势方。这种情况在产业发展初期最容易出现。商业银行往往面对文化企业提高贷款利率，于是低风险客户退出，高风险客户留下，商业银行的风险反而更高了。

道德风险是交易之后由于信息不对称而发生的一种任何交易双方所做出的不道德行为。合同签订并取得贷款后，企业是否正当使用贷款往往是银行无法掌控的。企业为了利用所借的款项进行投资以获得最大的利益。在信息不对称的掩护下，有可能从事偏离银行利益而有利于自身利益的活动。借款人有可能将资金投放在高风险投资项目上，相当于借款人以借款和抵押品为最大赌注进行了"赌博"；还有些指定使用用途的资金被挪作他用，增大了偿还风险。还有一种情况是，借款人原本有能力偿还借款，但最终选择策略性地不偿还贷款的行为。这些都是在信息不对称的情况下，借款一方无视偿还义务而出现的道德风险。

（根据公开资料整理）

三、流动性风险

在资本市场，流动性意味着现金或变现能力[①]。流动性风险是指金融参与者自身现

[①] 在宏观经济分析中，经常用到"流动性过剩"这个概念，是指货币供应量问题，与资本市场的流动性问题有一定区别，但有密切的关系。

金流动性变化或证券市场流动性变化造成的不确定性。其表现形式有两种：

（1）现金流动性风险。也称为资金流动性风险，是属于风险主体或金融参与者自身的。如果一个企业说自己的"资金链断了"，那么就是发生了资金流动性风险。当金融机构或企业需要履行偿还义务或购进资产时，如果其现金流量无法满足即时支付需要，那么就是资金流动性风险。这种风险的后果，就是无法偿付形成损失，或无法购买某种资产形成损失。商业银行存在流动性风险，企业财务管理中也存在流动性风险。

（2）市场流动性风险。这种风险是从资本市场角度上，看某金融资产或某机构持有的金融资产能否以合理价格即时变现。对于商业银行来说，流动性风险也是主要风险[①]。对于一个普通企业来说，如文化企业，当它想在资本市场变现时，如果无法以合理价格出售资产以获得现金，那么也可能是遇到了市场流动性风险。市场流动性风险非常难于量化，而且会随着市场条件的变化而不断变化。

对一个文化产业投资项目进行风险分析时，要分析资金流动性风险和市场流动性风险。一个金融机构或投资者不仅需要评估该项目内部的现金流能力，同时也需要对这个项目所在的整体外部环境、行业因素等做充分分析。如果该项目中存在可能的资金流动性风险，可采取分散化投资的方法进行应对。而对其可能的市场流动性风险，也要加强市场监测，及时调整持有资产头寸。

专栏 3-2

一项关于文化产权交易市场的风险研究报告

据新华网报道，2016 年 12 月，中评信用管理（北京）有限公司（以下简称中评信用）联合相关部门在北京发布了《中国文化产权交易市场信用风险研究报告》。中评信用是独立的第三方信用服务机构，主要业务是企业征信。

《中国文化产权交易市场信用风险研究报告》从我国文化产权交易市场的现状出发，综合分析了国内文化产权交易所以及邮币卡交易中心的现状，对专项项目进行分别采样，从多个角度阐述分析我国文化产权交易市场现阶段面临的各类信用风险问题与形成原因，并针对主要信用风险进行深度研究。在这个报告中，文化产权交易市场的风险特征主要为如下四个方面。

（1）信用信息不对称严重。包括委托上市环节、上市环节、流通环节等。

（2）系统性风险高。包括监管缺失、法律缺失、经营主体资质不规范、交易规则不明确、经营主体欺诈、经营主体"跑路"等。

（3）交易市场流动性风险高。包括资金流动性、产品流动性、交易者流动性风险。

（4）市场运营管理风险高。包括经营主体风控机制缺失、保证金制度缺失等风险。

（根据公开资料整理）

---

① 在中国银保监会 2018 年 5 月发布的《商业银行流动性风险管理办法》中，对市场流动性风险是这样定义的："是指商业银行无法以合理成本及时获得充足资金，用于偿付到期债务、履行其他支付义务和满足正常业务开展的其他资金需求的风险。"

3.1.4 风险识别、评估与管控

风险管理是企业或金融机构等行为主体进行的风险识别、风险评估和风险管控等一系列过程。风险管理是金融的一项重要功能，很多金融工具正是因为风险而诞生的，如保险工具、担保工具、对冲工具等。

为了最大限度地减少因承受金融风险可能蒙受的损失，需要运用经济适用的方法，对风险进行识别、评估、控制、监控、报告等。风险管理的要素可抽象为"为什么""谁来管""管什么"和"如何管"。为什么——风险管理的目的；谁来管——风险管理的主体；管什么——风险管理的客体；如何管——风险管理的机制与方法。

一、风险识别与评估

风险识别是风险管理的重要步骤，指对不确定性因素加以辨别、区分和归类，是风险管理的基础和前提。例如，在对文化企业风险进行识别时，需要对其进行生产流程分析和财务报表分析。由于文化产业项目自身的特殊性决定了其潜在的风险，因此对于文化产业项目的合理评估至关重要。财务报表分析是对文化类企业资产负债表、损益表及其他相关资料进行分析，以识别、发现是否存在市场风险、信用风险等风险。

风险评估主要是对风险进行定量分析，即沿着损失发生的可能性（损失概率）和损失的严重程度两条线，对风险加以量化和测度。定量评估方法主要有概率评估法、数学模型计算法、指数评估法等。在文化金融领域，风险评估是要通过把握各种风险因素，并结合文化产业自身的特殊性来进行测定，计算不确定性的大小和概率。在文化产业相对发达的国家，金融机构投资任何一个文化项目都有专业的风险管理团队，对各项文化项目和文化产品进行有效的风险评估。

(1)信用风险评估。主要方法有 5C 要素分析法①、财务比率综合分析法、多变量信用风险判别模型等。

(2)市场风险评估。主要方法有敏感性分析法、波动性评估法、风险价值法(VaR)等。

(3)流动性风险评估。主要方法有财务比率法(资产流动性和负债流动性)、动态测度(缺口分析、现金流量分析和期限结构分析)、流动性压力测试(流动性覆盖率和净稳定融资率)等。

二、风险管控

风险管控又称风险控制，是风险管理方法的应用，是根据风险评估的测定结果，将不确定性控制在预先限定的、可承受的水平之内。风险管控的主要方式有：

(1)避免风险。在预测风险的情况下选择规避，如选择不投资某项目或不购买某金融产品。

(2)预防风险。预测了风险但仍然决定参与或不规避，此时可采取一定措施尽量提前防止风险的发生。如完善风险管理制度，加强风险监控，加强自律管理等。

---

① 5C 包括：借款人道德品质（Character）、经营能力（Capacity）、资本实力（Capital）、资产担保（Collateral）和经济环境（Condition）五个方面。

（3）自保风险。也称风险自保或风险自担，即指当风险损失发生时，直接将损失摊入成本或费用，或冲减利润。

（4）转移风险。即在风险发生时能够将风险转移给他人的一种方法，主要包括投保、分散化、对冲等。例如：信贷和债券市场信用风险可以通过投保信用保证保险或担保来化解，也可采用信用风险缓释工具（CRM）[①]进行信用风险管理。

3.2　信用与文化产业信用管理

前面一节我们已经在风险管理中学习了信用风险问题，这一节的内容是信用风险问题的延伸。信用不仅是与风险相关的命题，也是现代经济中的一种经济交易方式。所以，在这部分不仅涉及管理信用风险，更要立足如何扩大和发展文化产业信用市场，促进文化金融市场的发展。

3.2.1　信用与信用服务行业

一、信用与信用管理

前面已经讲到，金融学中的所谓信用就是金融借贷中的"借贷行为"，这种行为形成债权债务关系。在这个定义下，信用的要素包括授信人、受信人、付款期限、信用工具和风险等。在金融意义的信用之上，还有更广大的社会信用体系。公共信用、企业信用和个人信用是社会信用体系的三大组成部分。

我们这里指的信用，不是社会信用，也不仅指借贷中的"借贷行为"，而是指经济和金融活动中的信用行为，可以分为政府信用、企业信用和个人信用等。在经济和金融领域，信用活动不仅存在于银行类机构的信贷市场和债券交易市场，而且存在于商业贸易活动中。

信用活动的内涵正在扩展和丰富，在现代经济体系中，信用已经成为一种经济交易模式。除了简单的借贷行为，信用销售是重要的信用交易方式和商业模式，如商业中的赊销（后付款先提货）、分期付款等。基于信用关系形成的经济交易总量，称为信用规模。从信用的本质上看，信用的拥有者通过自身的信用能够取得相应的资源或拥有分配资源的能力，所以信用也是一种有价值的资产。

从微观上，信用管理是信用相关主体基于自身利益对信用活动进行的管理活动。信用首先和风险连接在一起，所以信用活动需要管理，但风险不是信用管理的唯一目标，如在信用销售中，信用管理的目标不仅是降低信用风险，同时还要力求实现信用销售最大化，最大程度提高企业效益和价值。

信用管理的主体主要指金融机构、企业（工商企业）、个人，政府部门有时也是信用管理的主体。从主体上，信用管理可以分为：金融机构的信用管理活动；企业（工商企业）的信用管理活动；个人（消费者）的信用管理活动；政府的信用管理活动等。

对银行等金融机构来说，所谓"信用管理的基本功能"，主要包括五个方面：信用

[①]　2010 年 10 月，中国银行间市场交易商协会发布《银行间市场信用风险缓释工具试点业务指引》及其配套文件，并推出了两款信用风险缓释工具，包括信用风险缓释合约（CRMA）和信用风险缓释凭证（CRMW）。2016 年 9 月 23 日，交易商协会发布修订后的《银行间市场信用风险缓释工具试点业务规则》，同时推出信用风险缓释合约（CRMA）、信用风险缓释凭证（CRMW）、信用违约互换（CDS）、信用联结票据（CLN）四份产品指引。

档案管理、授信管理、账户控制管理、商账催收管理、利用征信数据库开拓市场或推销信用支付工具。

二、信用服务行业

由于信用管理的专业性需要以及市场的信息不对称特征，市场上出现了专门从事信用调查、评估、报告、咨询以及担保等业务的机构，这就形成了信用服务行业，也称信用管理行业。信用服务行业是社会信用体系和信用服务组织体系①的重要组成部分。

在欧美国家，信用服务行业分为信用信息服务和信用管理咨询服务两大类，前者包括企业资信调查、消费者个人资信调查、资产调查、市场调查、资信评级，后者包括保理、信用保险、商账追收、信用管理咨询和票据电话查询等。我国信用服务行业狭义上指征信业和信用评级业，广义上还包括市场调查、保理、信用保险、商账管理与追收等业态。

征信业是信用服务行业的主要类型。2013年1月，国务院颁布《征信业管理条例》，将征信业务定义为："对企业、事业单位等组织的信用信息和个人的信用信息进行采集、整理、保存、加工，并向信息使用者提供的活动"。从这个定义上，征信业务分为信用信息的采集、整理、保存、加工、提供五种类型。

征信业按征信对象可以分为企业征信和个人征信两大类，在征信机构上也分为企业征信机构和个人征信机构，前者如新华信，后者如百行征信②。企业征信是指对企业的有关信用信息进行采集、整理、保存、加工、处理并向客户提供的活动。商业银行进行企业征信，是对客户所负债务能否如约偿还的能力和可信程度的评估。

信用评级业是信用服务业的另一种重要类型。根据2016年10月由中国人民银行、国家发展改革委、中国证监会发布的《信用评级业管理暂行办法（征求意见稿）》，所谓信用评级，是指"信用评级机构对影响经济主体或者债务融资工具的信用风险因素进行分析，就其偿债能力和偿债意愿做出综合评价，并通过预先定义的信用等级符号进行表示"。信用评级分为主体信用评级和债项信用评级。债项信用评级的对象包括：贷款，金融债券、非金融企业债务融资工具、企业债券、公司债券等债券，资产支持证券（ABS）等。

国际上著名的信用评级机构有穆迪、标准普尔、惠誉等机构。我国的信用评级业是20世纪80年代从债券市场的债券评级开始的，先是长期企业债券评级，后来开始增加借款企业评级、担保公司评级，以及资产支持证券（ABS）评级等。目前我国的评级机构比较著名的有中诚信、大公国际、联合资信等。

---

① 2014年6月，国务院发布《国务院关于印发社会信用体系建设规划纲要（2014—2020年）的通知》（国发〔2014〕21号）要求，培育和规范信用服务市场，逐步建立公共信用服务机构和社会信用服务机构互为补充、信用信息基础服务和增值服务相辅相成的多层次、全方位的信用服务组织体系。

② 2018年1月31日，百行征信有限公司获得中国人民银行发放的个人征信牌照。百行征信有限公司由中国互联网金融协会（36%）、芝麻信用管理有限公司（8%）、腾讯征信有限公司（8%）、深圳前海征信中心股份有限公司（8%）、鹏元征信有限公司（8%）、中诚信征信有限公司（8%）、考拉征信有限公司（8%）、中智诚征信有限公司（8%）、北京华道征信有限公司（8%）等共同出资成立。

3.2.2　文化产业信用管理

一、文化产业信用体系

由于文化产业和文化企业的特殊性，在文化金融的债权债务领域，信用及其管理问题尤其值得重视，文化产业信用管理是文化金融体系的重要支柱之一。文化产业信用体系(或文化行业信用体系)是多层次信用管理活动构成的体系，包括如下四个方面。

(1)金融监管部门、文化市场主管部门、市场监督管理部门等提供的具有公共服务性质的文化企业信用信息基础数据库及相关监管活动。

(2)商业金融机构的文化企业信用管理和文化消费信用管理活动。

(3)企业信用服务机构(征信和评级)的文化企业信用服务活动。

(4)社会组织或行业管理组织的文化企业信用管理与服务活动。

我国在文化经济政策或文化金融政策中对信用问题早有涉及。在全国性政策中，有 2010 年发布的《关于金融支持文化产业振兴和发展繁荣的指导意见》、2014 年发布的《关于深入推进文化金融合作的意见》；在地方性政策中，有 2012 年北京市《关于金融促进首都文化创意产业发展的意见》、2018 年北京市《关于促进首都文化金融发展的意见》等，均有文化产业信用管理的相关内容。但由于信用工作系统性强，关联部门较多，如果没有专门的具体执行部门和协调部门，实际成效就会大打折扣。

文化产业信用体系是建立在文化产业基础上的行业信用信息体系。我国文化产业普遍缺乏基本的信用风险控制机制和信用管理制度，缺乏信用信息的社会共享机制，相关制度也不完善，因此，建立文化产业领域的行业性信用体系势在必行。在 2014 年发布的《关于深入推进文化金融合作的意见》中，要求"加强文化企业信用体系建设，依托人民银行征信系统、文化市场监管与服务平台等，推动部行信用信息基础数据互联互通，弥补市场缺失，促进文化企业与金融机构之间的信息联通"。在《国务院关于印发社会信用体系建设规划纲要(2014—2020 年)的通知》(国发〔2014〕21 号)中，在"加快推进信用信息系统建设和应用"中要求"建立行业信用信息数据库"。在 2017 年公布的《文化部"十三五"时期文化发展改革规划》中，对信用管理也有明确规划，推动以信用管理为核心、以文化市场信用信息数据库建设为基础建立监管体系。

商业金融机构基于信贷业务需要进行的文化企业信用管理和文化消费信用管理是文化产业信用体系的重点。一般来说，所谓"文化企业信用管理"就是以商业金融机构为授信主体的文化企业信用管理问题，或者说是从金融机构角度上所关心的信用管理问题。在其他条件相同的情况下，信用评价或评级较高的企业更容易获得授信，而且能够获得的授信或融资额度更高。

文化消费信用管理，狭义上是针对文化消费中的个人消费者的信用管理活动，又称文化消费者信用管理。从消费者角度出发，与消费信用管理相关的概念是"信用消费"。消费信用的主要形式是分期付款和消费贷款，这些在个人住房装修、汽车销售、一般性助学领域较为普遍。从金融机构出发，相关的概念是消费信贷，是商业银行等金融机构针对个人消费者发放的、用于购买耐用消费品或支付其他费用的贷款方式。与企业信用管理功能稍有差别，消费者信用管理的基本功能包括：消费者信用档案管理、客户授信、账户控制、欠款催收、利用征信数据库开拓市场、投放信用工具。

专栏 3-3

国家文创实验区的文化企业信用体系建设

2016 年 8 月，全国首个文化企业信用促进会——北京市朝阳区文创实验区企业信用促进会成立。该促进会服务对象为国家文化产业创新实验区（简称"国家文创实验区"）4 万多家文创企业，职能为信用宣传、信用服务、信用监督。

2019 年 1 月，北京市朝阳区出台国家文创实验区高质量发展"政策 50 条"①，其中专门设立"信用体系建设方面"条款，支持国家文创实验区信用体系建设、文化投融资服务体系建设和"蜂鸟计划"实施，进一步完善"信用筑基、政策架桥"的文化金融服务新模式，着力优化区域营商环境。

具体内容包括：对文化企业接受国家文创实验区企业信用促进会信用管理，购买经认定的信用评级机构出具的信用报告进行补贴；对于通过国家文创实验区信用评价体系获得贷款的文化企业和认定的"蜂鸟企业"，进行贷款贴息支持；对文化企业通过信用担保方式获得贷款发生的担保费用（含评审费用）给予补贴等。

2020 年 9 月 8 日，北京市文化改革和发展领导小组办公室印发了《关于加快国家文化产业创新实验区核心区高质量发展的若干措施》，提出要"发挥文化企业信用促进机构作用，完善信用评价体系与文化资产评估体系"。

国家文创实验区将文化金融作为实验区创新的重要内容之一，抓住文化金融的"牛鼻子"，聚焦文化企业信用这个关键环节，构建了有特色的文化金融服务体系。

（根据公开资料整理）

二、文化企业信用分析与评估的基本内容

无论是金融机构对文化企业进行的信用管理，还是信用服务机构接受委托进行的文化企业信用管理，都需要在详尽资信调查的基础上进行信用分析和评估。文化企业信用分析与评估涉及主体、项目、资产等方面，从对象上可以包括三个层次：一是企业主体信用评价。对企业主体给予评价并提出报告。在银行等信贷机构对文化企业发放贷款、担保机构对文化企业进行担保等业务时，在文化企业发行企业债、公司债等债券时，要对企业主体信用进行分析与评估。二是特定文化项目信用评价。围绕特定的文化投资项目进行信用分析并提出报告。一些机构投资文化项目时，需要进行信用贷款融资或融资担保，投资项目一般有新设特定法人实体，但与其投资方有更直接的信用保证关系。三是资产信用评价。主要围绕特定的金融资产进行评估分析并提出报告。典型的是就特定的证券资产进行信用评级。如在"第一创业—文科租赁一期资产支持专项计划"中，中诚信作为信用评级机构对该资产支持证券（ABS）进行了评级。

文化企业的企业信用分析与评估是按照一定的方法和程序，在对文化企业进行全面了解、调研和分析的基础上，做出有关其信用行为的综合评价。对企业主体进行信用分析和评估，可采用信用评分和信用评级两种方式。信用评估变量包括违约概率、

---

① 即北京市《朝阳区促进国家文化产业创新实验区建设发展引导奖金管理办法》。

违约风险敞口、违约损失率、有效期限等。商业银行和一些征信机构在实践中也总结了一套固定的方法，如 5C 要素分析法、财务比率综合分析法、多变量信用风险判别模型等。

文化企业信用风险分析，通俗些说，就是分析可能影响文化企业还债能力的那些要素。进一步来看，是要在此分析基础上，决定与特定企业形成何种程度的信用关系。在分析的内容方面，要点是如下四个方面。

(1)关于经营状况的分析：经营能力、产品组合、经营风险评估等。文化企业经营因分业的不同类型呈现不同特点，内容创作生产行业经营上缺少稳定性，产品组合较少，对精品依赖性大。

(2)关于财务状况的分析：资产负债、现金流量、财务风险评估等。文化产业的特点之一就是企业资产中无形资产比重较高，在借贷活动中可用来进行担保的实物资产较少。

(3)关于担保的分析：保证担保、抵押和质押担保、担保风险分析。文化企业在融资活动中使用实物资产抵押或质押的较少，需要关注其他担保方式的风险。

(4)关于行业的分析：行业竞争、行业发展、行业风险评估等。文化产业的行业竞争激烈，产品周期短，消费者偏好变化较快，消费环境受外部环境影响较大。

3.3 无形资产评估

资产(Assets)是金融最为关注的概念之一，资产估值(Asset Valuation)被认为是微观金融学的分析基石之一。而在文化金融领域，有特色的资产估值是文化资产估值、无形资产估值、艺术品估值等。在会计和资产评估行业实践中，无形资产评估相对成熟，所以本部分学习文化企业无形资产评估的相关内容。无形资产估值是一种金融方法，而无形资产评估是以无形资产估值为核心的评估业务、体系及行业。以无形资产评估为主要内容的文化产业无形资产管理与文化产业信用管理一同构成文化金融体系的两大支柱。

3.3.1 无形资产评估概述

一、什么是无形资产

无形资产(Intangible Assets)是一种与实物资产形态不同且有价值的资产。无形资产与人们的生产、生活息息相关，每个微观主体都或多或少拥有无形资产。在知识经济时代，对于科技型企业、文化创意型企业以及服务型企业来说，无形资产是一条生命线。不仅在微观上如此，即使从宏观上，无形资产已成为国家实力的体现，无形资产投入在美国等发达国家国家经济总量或国内生产总值统计中已经得到重视[1]。

无形资产与经济学、管理学、会计、法律等领域都有密切的关系，关于无形资产的定义，各界也有不同的理解。从经济学角度上，所谓无形资产具有以下含义：

---

[1] 2013 年 7 月底，美国经济分析局(BEA)在其官方网站公布了调整后的 GDP 核算方法，以及根据新方法修订的经济数据。本次核算方法的调整将研发投入和娱乐、文学、艺术产业等项目的支出纳入统计范畴。媒体把美国 GDP 核算方法新纳入统计的项目概括为"无形资产"，将"无形资产"纳入美国的经济核算体系，被认为是美国经济对创新价值高度重视的表现。

(1)不具备实物形态；

(2)有经济价值(有用且稀缺)；

(3)可计量并有交易的可能性。

在资产评估行业，无形资产是重要的评估对象。在我国《资产评估准则——无形资产》(2001年)和《资产评估执业准则——无形资产》(2017)中是这样定义无形资产的："本准则所称无形资产，是指特定主体拥有或者控制的，不具有实物形态，能持续发挥作用并且能带来经济利益的资源。"同时，这两个文件都将无形资产分为可辨认无形资产和不可辨认无形资产，可辨认无形资产包括专利权、专有技术、商标权、著作权、土地使用权、特许权等；不可辨认无形资产是指商誉(Goodwill)。

我国2006年版《企业会计准则第6号——无形资产》中是这样定义无形资产的："无形资产是指企业拥有或者控制的没有实物形态的可辨认非货币性资产。"这里的所谓"可辨认"，该文件也有明确解释，主要是指资产的可分割、可交易并且具有合法性：

(1)"能够从企业中分离或者划分出来，并能单独或者与相关合同、资产或负债一起，用于出售、转移、授予许可、租赁或者交换"。

(2)"源自合同性权利或其他法定权利，无论这些权利是否可以从企业或其他权利和义务中转移或者分离"。

从会计行业角度上，无形资产很重要的特征是可辨认性，而"不可辨认"的商誉在我国会计准则中被作为特殊的类型处理。根据《企业会计准则第6号——无形资产》，商誉不在该准则的规范范围，企业合并中形成的商誉，适用《企业会计准则第8号——资产减值》和《企业会计准则第20号——企业合并》。一般认为，虽然商誉不具备可辨认性，但仍是一种特殊的无形资产。

◎材料分析：根据财政部印发《民间非营利组织会计制度》(财会〔2004〕7号)第四十一条，"用于展览、教育或研究等目的的历史文物、艺术品以及其他具有文化或者历史价值并作长期或者永久保存的典藏等，作为固定资产核算，但不必计提折旧。在资产负债表中，应当单列'文物文化资产'项目予以反映。"但也有人认为在会计上简单地将艺术品计入"固定资产"是不合理的。那么，请分析，艺术品是一种怎样的文化资产？如何理解艺术品和无形资产之间的关系？

在国际上的资产评估实践中，无形资产常被分为四大类：知识型无形资产，如专利权、专有技术(非专利技术)、商标权、著作权等。权利型无形资产，如特许权(特许经营权等)、商标使用权、土地使用权等。关系型无形资产，如客户关系、销售网络等。其他无形资产，即不能纳入以上三类的，主要是不可辨认无形资产即商誉(Goodwill)。

商誉作为一种特殊的无形资产，其价值一般只有在企业并购等交易中才能体现出来，即企业合并成本大于合并中取得的被购买方可辨认净资产公允价值份额的差额。通俗地说，也就是一种"溢价"，是看起来"愿意多花钱"的那一部分。

在文化企业并购或重组中，由于明星效应、创始人声誉等因素，往往存在大幅度的"商誉"溢价，一些商誉估值甚至超出并购中其他资产价值的数倍。但在并购后，如果运营不善，可能引发"商誉减值"及由此形成的一系列财务问题。

专栏 3-4

慈文传媒收购赞成科技的商誉减值

慈文传媒股份有限公司(以下称"慈文传媒")是在影视制作领域较有影响力的公司,2015 年 7 月慈文传媒借壳禾欣股份上市。慈文传媒于 2019 年 2 月 23 日发布 2018 年度业绩快报,该公报列明"商誉计提资产减值准备",预计 2018 年度对赞成科技形成的商誉计提减值准备约为 8.71 亿元。2019 年 2 月 28 日,慈文传媒又发布了《关于计提 2018 年度资产减值准备的公告》,公告称:为真实、准确反映公司截至 2018 年 12 月 31 日的财务状况、资产价值及经营成果,基于谨慎性原则,公司及下属子公司对商誉等资产进行了清查和分析,拟对公司截至 2018 年 12 月 31 日合并报表范围内全资子公司北京赞成科技发展有限公司(以下简称"赞成科技")商誉资产计提减值准备 87 148.89 万元。"

2015 年 11 月,慈文传媒斥资 11 亿元收购游戏公司赞成科技。慈文传媒年报计提的商誉减值,与当初的收购价已相当接近。由于慈文传媒在商誉减值等方面的异常,2019 年 5 月 31 日,深圳证券交易所对慈文传媒下发《关于对慈文传媒股份有限公司 2018 年年报问题的问询函》(中小板年报问询函〔2019〕第 268 号),其中对商誉减值问题做出要求:"结合经营业绩、关键参数的确定(如预测期增长率、稳定期增长率、利润率、折现率、预测期等)、未来盈利预测等,详细说明赞助科技商誉减值的测算过程,并说明商誉减值准备计提的充分性和合理性。"

2019 年 6 月 14 日,慈文传媒提交了《关于对深圳证券交易所年报问询函会计师的回复》,提交的结论为:"赞成科技受行业政策影响,未来年度营业收入将会受到较大影响;减值测试时对未来财务数据的预测基于赞成科技 2018 年经营数据、游戏研发及上线计划。商誉减值测试所采用的收益法评估测试模型合理,评估模型中有关参数的假设及其参数假设来源客观,在此基础上进行的减值测试结果是充分合理的。"

(根据公开资料整理)

二、无形资产评估

国际著名会计学家杨汝梅在 1926 年出版的《无形资产论》开篇就说道:"无形资产之性质及其处理方法,实为会计上最难解决之问题"。而在文化金融或文化产业投融资领域,文化企业的无形资产评估向来被认为是最为困难的工作之一。

在资产负债表中,资产分为流动资产和长期资产,无形资产属于长期资产。如一个文化企业在经营中购入一项商标权使用五年,要计入长期资产。但这种无形资产的交易,首先要建立在科学评估的基础上。

无形资产评估需要对无形资产提供价值尺度,也就是对价值进行评价。在资产评估业务中,价值类型包括市场价值和非市场价值两种,无形资产评估也将价值类型分为这两大类。根据国际评估准则理事会(IVSC)的《国际评估准则》,市场价值的定义为:"是自愿买方与自愿卖方在评估基准日进行正常的市场营销之后所达成的公平交易中,某项资产应当进行交易的价值估计数额,当事人双方应各自精明、谨慎行事,不受任何强迫压制"。市场价值是市场整体而不是特定投资者(或特定买方)对资产的价值判断，特定投资者的价值判断称为"投资价值"，是一种非市场价值。非市场价值还包括公允价值、在用价值、清算价值和残余价值等。

文化产业不是唯一的无形资产较为集中的产业。信息、技术、服务、生物医药等性质的行业也高度依赖无形资产。各个行业无形资产的主要类型是千差万别的，我们经常遇到的无形资产类型是专利、商标、版权等，但一些行业的重点是客户关系、合作契约等关系型无形资产，还有的是土地使用权等权利型无形资产。文化企业的无形资产的主要类型是版权（著作权），所以，文化企业的无形资产评估主要是版权资产评估。

◎提问：什么是"轻资产公司"？

无形资产因为具有独创性而成为有价值的资产，这种独创性使无形资产很少同质化，这种性质首先决定了其建立在稀缺性基础上的价值。但是因此也缺少市场可比性，在市场上很难找到替代品或类似产品。这是无形资产评估困难最为直接的原因。因此，无形资产的市场价值难以量化是正常的。

"无形"特征使得无形资产可以分离，可以在不同的时空同时使用，即"非竞争性"，这也产生了外部性。无形资产管理对于企业来说往往是不经济的，所以很多企业在无形资产登记、存证、确权等方面疏于管理，这给无形资产评估造成很大困难。而且，目前大多数的无形资产评估在程序上也不够规范，评估行业环境还需完善。

在国际上，无形资产评估领域有一些较权威的准则可以作为参考。如：国际评估准则理事会（IVSC）的《无形资产评估指南》，国际会计准则委员会（IASC）的《国际会计准则第 38 号——无形资产》等。

我国关于无形资产评估业务的主要法律法规依据包括：《中华人民共和国资产评估法》(2016)、《资产评估行业财政监督管理办法》(2017)、《资产评估基本准则》(2017)、《资产评估执业准则——无形资产》(2017)等。根据《资产评估执业准则——无形资产》(2017)，无形资产评估是指"资产评估机构及其资产评估专业人员遵守法律、行政法规和资产评估准则，根据委托对评估基准日特定目的下的无形资产价值进行评定和估算，并出具资产评估报告的专业服务行为。"

无形资产评估业务是资产评估业务的重要类型，大多数资产评估机构[①]都开展无形资产评估业务。分为两种类型，一是单项资产评估业务中的无形资产评估，二是企业价值评估业务中的无形资产评估。目前我国还没有专门的无形资产评估师类别[②]。

三、文化企业无形资产评估

文化企业是无形资产在总资产占比最高的企业类型之一。出版、电影、电视、舞台戏剧艺术、动漫游戏等企业是文化产业的典型企业，其主要资产就是各类著作权（版权）。而传播渠道、文化装备制造等企业，对技术或设备的依赖性较强，专利权、特许

[①] 根据《中华人民共和国资产评估法》等规定，设立评估机构，应当向工商行政管理部门申请办理登记，然后向有关评估行政管理部门申请资产评估机构执业证书。我国的资产评估行政管理部门是财政部及各地方财政管理部门。

[②] 根据《中华人民共和国资产评估法》，资产评估师是指通过评估师资格考试的评估专业人员，国家根据经济社会发展需要确定评估师专业类别。在我国，资产评估师职业资格考试的组织和实施工作由中国资产评估协会负责。中国资产评估协会设有无形资产评估专业委员会。

权等无形资产占比较高。

2010 年 12 月 18 日，中国资产评估协会印发了《著作权资产评估指导意见》[①]。2016年 5 月 13 日，中国资产评估协会印发《文化企业无形资产评估指导意见》，该文件的目的是规范资产评估师执行文化企业无形资产评估业务行为，维护社会公共利益和资产评估各方当事人合法权益，对文化企业无形资产评估的内容和方法做出了比较详细的规定，具有一定的指导意义。

在《文化企业无形资产评估指导意见》中，关于文化企业无形资产评估对象有这样几点需要注意。

(1)文化企业无形资产评估对象，是指文化企业无形资产的财产权益，或者特定无形资产组合的财产权益。

(2)文化企业无形资产通常包括著作权、专利权、专有技术、商标专用权、销售网络、客户关系、特许经营权、合同权益、域名和商誉等。

(3)文化企业无形资产不局限于无形资产会计科目核算的资产。符合资产评估准则关于无形资产定义的资产，均可以构成无形资产评估对象。

《文化企业无形资产评估指导意见》在如何"突出文化企业无形资产评估的特点"上有所要求，其要点如下。

(1)要了解文化企业的特殊性。资产评估师执行文化企业无形资产评估业务，应当了解文化企业是提供精神产品、传播思想信息、担负文化传承使命的特殊企业。

(2)要关注社会效益和无形资产价值之间的关系。必须始终坚持把社会效益放在首位、实现社会效益和经济效益相统一，应当关注文化企业社会效益对文化企业无形资产价值的影响。

3.3.2　文化企业无形资产评估的主要方法

在资产评估实践中，主要的资产评估标准有：①重置成本；②现行市价；③收益现值；④清算价格。根据这些评估标准，无形资产评估方法也主要可以分为成本法、市场法、收益法三种基本方法。在三种方法的基础上，还有一些经过改进的评估方法。

根据《文化企业无形资产评估指导意见》，资产评估师执行文化企业无形资产评估业务，"应当根据评估目的、评估对象、价值类型、资料收集情况等相关条件，分析收益法、市场法和成本法三种资产评估基本方法的适用性，恰当选择一种或者多种资产评估方法"。

一、成本法

购买或自创无形资产是有成本的，这是无形资产估值的最直接的价值判断依据。购买与自创，两者的成本计算有所不同。在我国 2006 版《企业会计准则第 6 号——无形资产》规定"无形资产应当按照成本进行初始计量"，可见成本法具有一定的基础性意义。

成本法分为历史成本法和重置成本法。历史成本法以研究和开发某项无形资产

---

① 2017 年，中国资产评估协会根据《资产评估基本准则》，对《著作权资产评估指导意见》进行了修订，自 2017 年 10 月 1 日起施行。

所发生的所有相关成本为基础，该方法适用于新购置、新开发的无形资产。重置成本法要先测算现实条件下被评估的无形资产全新状态的成本，然后考虑各种贬值因素(时效性陈旧贬值、功能性贬值和经济性贬值)，由此得到该项无形资产的价值。重置成本包括合理的成本、利润和相关税费等。重置成本不同于历史成本，它是一种现实成本。

重置成本法的基本公式：

$$评估价值＝重置成本×成新率$$

$$成新率＝\frac{尚可使用年限}{实际已使用年限＋尚可使用年限}×100\%$$

在这里，无形资产的"尚可使用年限"不是法定保护年限。

重置成本法比较适用于那些能被替代、可重置的无形资产的价值计算，但著作权在可替代性上较差，所以重置成本法的应用并不普遍。

一些版权的形成成本取决于创作者费用，很多版权并不需要太大成本投入，但其盈利能力却很大，如果遵循历史成本计量，会导致其账面价值和市场价值严重背离。这时，以成本作为该版权的价值判断依据显然是不合适的。

在利用成本法时，出版、影视、游戏动漫等领域成本计算有较大的差异，需要考虑不同行业特征对成本的影响。同时，还应注意结合形成无形资产所需的研发人员、管理人员、材料、设备、场地等投入要素。

二、市场法

如果有相同或相近的无形资产的成交价格可以用来参考，那么将大大提高评估的可信度，这时就可以用市场法对无形资产进行估值。市场法又称现行市价法。市场法选择一个或几个与评估对象相同或类似的无形资产作为比较对象，分析比较它们之间的成交价格和交易条件，进行对比调整，最后估算出无形资产的价值。

(1)确定可比参照物。要有与被评估对象有较强的相似性的市场参照物(一般 3 个及以上)，而且成交价格是相对近期的。

(2)选择比较因素。根据《文化企业无形资产评估指导意见》，资产评估师采用市场法评估文化企业无形资产，应当分析评估对象与可比案例在交易时间、权利种类或者形式、维护费用、贡献水平、风险程度、经济寿命期限等方面的差异，并考虑该差异因素对无形资产价值的影响。

(3)对比调整。无论如何相似或相近，可比物和评估对象在各项比较因素上总是存在差异，需要将各个因素之间的差异进行量化。然后根据量化差异，分项调整各对应因素的差额。

(4)确定估值。综合以上各项指标确定评估对象的价值。

市场法被认为是最具说服力的资产评估方法，在无形资产评估领域也比较受欢迎。但这种方法在操作中也有缺陷，如版权具有独创性和独占性的特点，同时受限于交易数量、信息公开和披露程度等因素，在市场上并不容易找到可类比的价格。

三、收益法

收益法又称收益现值法、收益还原法。收益法是通过计算某项无形资产的预期收益(未来现金流量)的折现值,来确定该项无形资产的价值。收益法分为:①许可费节省法;②超额收益法;③利润分成法等。

商誉、特许代理权等无形资产的估值经常使用这种方法。与市场法的相对估值比较起来,收益法是一种绝对估值法。收益法克服了用成本法计量无形资产的缺陷,也更符合资产的本质,但该方法的缺陷在于未来的现金流量和折现率的确定具有较大的主观性和不确定性。在版权评估方面,比较起前两种评估方法,收益法可能是最实用的方法。

就文化企业无形资产的未来收益进行预测(量化)时,需要考虑以下因素。

(1)文化企业运营模式。

(2)文化产品和文化服务的类型。

(3)文化产品和服务的价格。

(4)收入水平等需求影响因素。

(5)文化产品和服务具有高固定成本特征。

(6)文化产品和服务具有传播边际成本递减特征。

(7)无形资产获利能力具有阶段性差异等。

收益法的三个基本要素是:预期收益、折现率(资本化率)和取得预期收益的持续时间。折现率直接影响未来预期收益预测的准确性。在某一单项无形资产折现率估算时,不能采用企业的整体投资回报率。

在中国资产评估协会发布的《著作权资产评估指导意见》(2010年)中规定,注册资产评估师运用收益法进行著作权资产评估时,应当综合考虑评估基准日的利率、资本成本,以及著作权实施过程中的技术、经营、市场、生命周期等方面的风险因素,合理确定折现率。著作权资产折现率应当区别于企业整体资产或者有形资产折现率。

估算文化企业无形资产折现率,可以采用:①风险累加;②企业资产加权平均回报率法;③可比法;④统计分析法等方式。

◎延伸:文化企业的整体估值不同于对单项资产或无形资产的估值,要考虑的因素更多,但也离不开市场、成本、收益等几个重要的角度。常用的可比公司法、可比交易法、现金流折现法、资产法等,多是以成本法、市场法、收益法为基础。在私募股权投资基金市场,经常要对文化企业进行整体估值。请查阅相关资料分析文化企业估值与无形资产估值的关系。

3.4　文化投资项目评估

政府、企业或居民都可能参与到某种投资。比如,一个文化企业要投资一个电影院,而一个投资基金要投资一个游戏动漫企业。但是为什么要投资?如何判断投资是有利的?这其中的理论基础是资金的时间价值原理(或货币的时间价值原理)。资金的时间价值是指在无风险条件下由时间的流逝而带来的收益,也就是“今天的1元 钱比明天的1元钱更有价值”。投资项目评估正是基于货币资金的时间价值这一基本原理。

3.4.1　项目与文化投资项目

所谓项目(Project)是在限定的资源及限定的时间内需完成的一次性任务，可以是一项工业建设工程，也可以是一项服务、活动或研究工作等。文化项目是在文化领域(主要是文化产业领域)在限定的资源及限定的时间内需完成的一次性任务。

项目可以按不同标准进行分类。按项目的目标，分为经营性项目和非经营性项目；按其用途不同，可分为生产性项目和非生产性项目等。按项目的投资主体，分为政府投资项目和企业投资项目。政府投资项目是指使用政府性资金进行投资的项目，不使用政府性资金的投资项目统称企业投资项目。PPP(Public-Private-Partnerships)作为政府部门与社会资本的合作模式，就是一种以各参与方"双赢"或"多赢"为合作理念的现代投资模式。

文化产业中的项目，既有经营性项目，也有非经营性项目，既有生产性项目也有非生产性项目，既有政府投资项目也有企业投资项目。我们常接触到的项目是工业项目或建设项目，在文化产业也有很多建设项目，如影剧院建设项目。

从文化产业分业角度，文化项目可分为：影视项目、演艺项目、出版传媒项目、游戏动漫项目、文化会展项目、文化旅游项目等。从文化生产的性质看，文化项目还可分为如下五种。

(1)消费内容型项目：如一项图书出版计划，一部话剧演出项目，一部电影的摄制项目，内容直接用于居民文化消费。也包括成立以内容策划、制作为主的企业。这类项目资金主要用于人员和无形资产(如版权)开发。

(2)生产服务型项目：主要是创意设计服务业的相关项目，如广告设计、工业设计、建筑设计等。资金主要用于人员、软件和普通设备等支出。

(3)传播渠道型项目：如电视台、互联网传播平台。资金主要用于主设备购买、技术开发等支出。

(4)文化制造业项目。文化装备制造业和消费终端项目，生产硬件设备及物质性终端，需要建设具有固定的厂房、设备的工厂型实体。

(5)工程建设型项目：主题公园、图书馆、影剧院的建筑物及相关配套建设等，需要有较多的土地开发和建筑投资资金。

无论什么样的项目，都需要资金投入。尤其是对经营性项目而言，资金投入的主体(政府、银行、投资机构等)对项目有特别的认识角度，所谓"投资项目"就是从投资主体角度对项目的定位。

3.4.2　投资项目评估的基本内容

大多数项目都需要由项目主体或项目执行人进行外部融资，那么银行或投资方对项目要进行项目评价(Project Appraisal)，或称项目评估。从投资和金融角度上，当决策方或投资人有意愿投资某一项目的时候，投资项目管理工作就开始了，投资项目评估工作是项目管理的重要内容。

所以，从投资方角度上，所谓投资项目评估，是在投资之前由投资方(或委托第三方)对拟投资项目的必要性、合理性、经济性和效益性等方面的综合评价，评价结果最终决定是否投资、投资额度多少。有些项目的设立和开展，需要行业主管部门的审批，也需要进行用于审批的项目评估。

投资项目评估程序启动之前，项目方或融资方需要准备一些资料作为评估的必要的依据，主要是其所编制的项目可行性研究报告（自行编写或委托第三方编写），同时也可包括商业计划书（Business Plan）、项目建议书（立项申请报告）等。项目可行性研究的内容也是项目评估的主要内容，只不过由于工作的主体不同，判断的角度和立场不同。

在投资决策之前，出资方进行投资项目评估是投资活动的必要环节。项目评估能够提高项目投资的经济效益，最大限度避免投资决策失误。广义上，项目评估不仅存在于项目投资之前，也存在于项目运营过程中或项目结束后。对已经完成并开始运营的单一的项目的目的、执行过程、效益、作用和影响进行的评估与评价，称为项目后评价（Post Project Evaluation）。项目后评价广泛地被许多国家和世界银行等援助组织用于世界范围内的资助活动结果评价。

综合起来，投资项目评估的基本内容包括如下方面。

（1）项目必要性分析和项目条件分析。一般来说，在项目方的可行性研究中，对项目的必要性和条件都从项目方角度做了分析。投资方或决策方在项目评估中需要判断其可靠性，并做出最终评价。

（2）资金估算和融资方案评估。对既有法人主体和新设法人主体的分析有所不同，前者包括内部融资、新增资本金和新增债务，后者包括项目资本金和债务融资。

（3）财务费用与效益估算。财务费用与效益估算是财务分析的重要基础，其准确性与可靠度对项目财务分析影响极大。对不同行业的投资分析，其区别体现在财务费用与效益流量的识别和估算上。投资文化类企业项目，必须结合文化企业的运营模式、服务模式等特点进行相对准确的估算。主要内容包括收入、费用和利润的估计。收入的估算：销售收入或营业收入等。费用的估算：生产成本、经营成本、总成本等。利润的估算：净利润、利润总额等。

（4）财务分析。在项目财务效益与费用估算的基础上，应编制项目的现金流量表，这是项目财务分析的主要依据。财务分析是从财务角度计算项目的财务费用和效益，编制财务报表，计算财务分析指标，由此判断项目的经济性。财务分析可分为融资前分析和融资后分析两个阶段。融资前分析指在融资之前状态下的财务分析，一般只进行盈利能力分析。融资后分析指在拟定融资条件下对盈利能力、偿债能力和财务生存能力等指标进行分析。

（5）经济费用效益分析。无论是经营性还是非经营性的项目，只要对区域经济或国民经济有较大影响，还要进行经济费用效益分析，也就是经济成本效益分析（Cost Benefit Analysis，CBA）（或国民经济成本与效益分析）。这类项目主要是政府投资的项目和社会资本投资的重大项目，具有公共服务性质的文化基础设施工程也需要这方面的分析。主要指标有投资净增值率（DVR）、经济净现值、经济净现值率、经济内部收益率、经济效益费用比（RBC）等。

（6）不确定性分析与风险分析。投资项目方案考虑的很多变量实际上多属于预测和假设，具有很大的不确定性。而项目投资有时也会受到一些内外部因素的影响而形成风险，最终给投资项目造成损失。不确定性分析方法主要有盈亏平衡分析和敏感性分析，风险分析的方法主要有概率树分析、蒙特卡洛模拟等。

（7）方案经济比选。投资主体所面临的项目方案选择往往并不是单独一个项目，而是一个项目群，其追求的不是单一项目方案的局部最优，而是项目群的整体最优。系统理论认为，单独每一个项目的经济性往往不能反映整个项目群的经济性。

在投资项目评估实践中，由于项目主体、项目类型、项目目标和行业特征的不同，项目评估内容的侧重点都有不同。例如，私人投资经营性项目，以微观经济分析为主，也就是以财务评价为主，而政府投资非经营性项目以经济评价和社会评价为主，有些项目还要做环境评价。

在投资项目评估过程中，应遵循以下原则：效益与费用计算口径对应一致原则；收益与风险权衡原则；以定量分析为主，定量分析与定性分析相结合原则等。

>>> 学习重点和难点

这一章也是文化金融的最基础的部分，重点部分包括：文化企业面临的风险；文化金融风险分析；文化企业信用管理；无形资产评估的主要方法；投资项目评估的主要内容。

本章难点包括：风险的分类；无形资产评估方法；投资项目评估的财务效益评估和经济效益评估等。

>>> 复习思考题

1. 以文化产业特点为基础，分析文化企业面临的金融风险。
2. 结合信用管理的功能，分析文化产业信用管理的主要内容。
3. 简要说明文化企业无形资产评估三种方法的优缺点。
4. 文化投资项目评估有哪些主要内容？

>>> 参考文献及推荐书目

[1]保罗·萨缪尔森，威廉·诺德豪斯. 经济学[M]. 19 版. 萧琛，等，译. 北京：商务印书馆，2012.

[2]兹维·博迪，罗伯特·C. 默顿，戴维·L. 克利顿. 金融学[M]. 2 版. 曹辉，曹音译. 北京：中国人民大学出版社，2010.

[3]刘亚. 金融风险管理学[M]. 北京：中国金融出版社，2017.

[4]杨涛，金巍. 中国文化金融发展报告（2019）[R]. 北京：社会科学文献出版社，2019.

[5]吴晶妹，韩家平，等. 信用管理学[M]. 北京：高等教育出版社，2015.

[6]傅才武、熊笑忠. 文化产业与金融工具[M]. 北京：中国社会科学出版社，2016.

[7]刘晓峰. 无形资产评估：理论与实务[M]. 北京：北京大学出版社，2017.

[8]王家新，刘萍，等. 文化企业资产评估研究[M]. 北京：中国财政经济出版社，2013.

[9]向勇，等. 文化产业无形资产价值评估：理论与实务[M]. 北京：北京大学出版社，2016.

[10]成其谦. 投资项目评价[M]. 5版. 北京：中国人民大学出版社，2017.

第4章　文化产业信贷市场与机构

学习目标

1. 了解信贷和信贷市场的基本内容，了解商业银行文化产业信贷的产品创新、管理创新和组织创新方面的内容，了解政策性银行文化信贷相关内容。

2. 理解信托贷款、财务公司、小额贷款公司的基本内容。

3. 掌握文化融资租赁的类型、特点及其运行机制。

关键术语

信贷市场　贷款　信用贷款　担保贷款　文化产业信贷　信托贷款　财务公司小额贷款公司　融资租赁　文化融资租赁　直租　售后回租　版权租赁

导　言

我们在前面将文化金融分为债权类、股权类和风险管理类三大类，这是从工具—市场—中介等金融体系要素视角进行的划分。从本章开始，我们要用六章分别学习这三大类文化金融活动。本章和第5章主要学习债权类文化金融的相关内容。在文化信贷部分，主要学习信贷工具、产品及信贷市场，这是最直接体现金融与文化产业关系的部分；除了银行信贷，我们还要了解其他信贷类渠道，包括信托公司的信托贷款、小额贷款公司、企业集团财务公司。文化融资租赁本质上也是债权类融资，我们也要在本章学习。

在讨论相关文化金融工具、产品或方案时，我们要同时介绍对应的金融机构。为便于整体认识，本章在介绍机构时，也会涉及其债权类以外的其他类型业务，如银行的非信贷业务。

4.1　信贷与信贷市场

4.1.1　信贷及相关机构

信贷(Credit)与宏观上的货币政策工具有直接的关系。一般来说，宽松的货币政策会带来信贷市场规模扩大，而紧缩的货币政策则意味着信贷市场规模的萎缩，所以，信贷本身是货币政策工具的延伸。宏观货币政策中的信贷，不仅影响着货币政策传导的机制，而且代表了货币资金的流向，也就是资金的用途。

信贷也是微观市场最重要的金融工具之一，是市场经济活动中资金调剂的重要手段。从微观上看，信贷是资金或货币的所有者按约定利率、约定期限、约定数额借出资金或货币的信用活动。信贷分为短期和中长期两种市场，短期信贷属于货币市场，中长期信贷属于资本市场。中长期信贷市场、证券市场（股票和债券）及私募股权基金市场共同构成了资本市场的主体部分。

信贷活动的主体中，一方为信贷资金的供给方，另一方为信贷资金的需求者，在金融及财务活动中称为贷款人和借款人。

商业银行基本的业务就是通过资金的存贷交易赚取存贷差（息差），贷款是商业银行最主要的资产业务。

在信贷市场上，商业银行不是唯一的经营贷款业务的机构。我国信贷市场的供给方主要包括如下方面。

（1）商业银行和政策性银行。这是我国文化产业信贷资金最大的来源。我国的商业银行包括国有商业银行、股份制商业银行、城市商业银行、农村商业银行等。除此以外，还有民营银行①、直销银行等特殊类型。具体而言，我国从事文化产业信贷的典型代表主要有中国工商银行、中国银行、中国民生银行、北京银行、杭州银行、华夏银行等。国家开发银行和中国进出口银行作为政策性银行对文化产业也有较大力度的投入。

（2）信用社、财务公司等其他银行业存款类机构。我国的文化企业规模普遍较小，但也有一些相对较大的文化企业集团成立了财务公司，为企业成员单位提供存款、贷款、融资租赁、融资担保等服务。如 2014 年成立的湖南出版投资控股集团财务有限公司，2016 年成立的江苏凤凰出版传媒集团财务有限公司。

（3）银行业非存款类机构。包括信托公司、金融资产管理公司、金融租赁公司、汽车金融公司、贷款公司、货币经纪公司等。其中信托公司和金融租赁公司也是我国文化产业债权融资的重要服务机构。

在信贷市场上，除了依法经营贷款业务的金融机构，企业和私人也可以作为信贷活动的直接供给方，这就是民间借贷活动。民间借贷被认为是影子银行②的主要形式之一。

4.1.2　贷款的分类

根据不同的标准，贷款可以分为不同种类。贷款可以按资金来源、风险保障方式、贷款期限三种方式进行分类。③

1. 根据贷款资金来源分为：自营贷款、委托贷款和特定贷款

自营贷款，系指贷款人以合法方式筹集的资金自主发放的贷款，其风险由贷款人承担，并由贷款人收回本金和利息。银行贷款主要为自营贷款。

委托贷款，系指由政府部门、企事业单位及个人等委托人提供资金，由贷款人（即受托人）根据委托人确定的贷款对象、用途、金额期限、利率等代为发放、监督使用并

---

① 截至 2020 年年底，我国共有 19 家民营银行成立。

② 影子银行一般指不受金融监管的信用中介体系，也就是不受监管的信贷市场。不仅是所谓金融机构以外的社会资本、民间的个人有这方面的信用行为，传统金融机构尤其是银行也是影子银行的主要参与者，如发行银行理财产品，就隐含不受监管的借贷行为。

③ 参见 1996 年中国人民银行公布实施的《贷款通则》。

协助收回的贷款。贷款人(受托人)只收取手续费,不承担贷款风险。商业银行有委托贷款业务,按我国相关规定,商业银行应严格隔离委托贷款业务与自营业务的风险[①]。

特定贷款,系指经国务院批准并对贷款可能造成的损失采取相应补救措施后责成国有独资商业银行发放的贷款。

2. 按照贷款风险保障方式分为:信用贷款、担保贷款、票据贴现贷款

信用贷款,系指依借款人的信誉发放的贷款,是无须担保(保证、抵押和质押)的贷款。信用贷款风险较高,一般只面对能够确认其资信具备还款能力的借款人。对于中小微企业来说,信用贷款一直都是难解的困局。由于文化产业中小企业众多,一些专门针对中小企业的信用贷款产品或方案也适用于文化企业,如"信易贷"[②]。

担保贷款,系指由借款人或第三方依法提供担保而发放的贷款。担保贷款包括保证贷款、抵押贷款、质押贷款。担保贷款是信贷市场最常见的贷款方式,提供担保的除了借款人关联方,还有专门的融资担保机构。抵押贷款要求借款方提供一定的抵押品,如房屋、土地等不动产作为贷款的担保,以保证贷款的到期偿还。质押贷款指贷款人以借款人或第三人的动产或权利为质押物发放的贷款,可作为质押的质押物包括债券、股票等有价证券。

票据贴现贷款,系指贷款人以购买借款人未到期商业票据的方式发放的贷款。

专栏 4.1

杭州银行为电视剧《人民的名义》提供纯信用项目贷款

2017 年,以反腐为主题的电视剧《人民的名义》取得了收视上的巨大成功,而且取得了较好的社会效益。该片在拍摄过程中取得了杭州银行的支持,杭州银行通过尽调为其提供了一笔无抵押的纯信用贷款。

该片的第一出品人——嘉会文化是一家刚成立不久的新企业,无收入、无历史业绩,仅有亏损;按照商业银行传统的信贷运作模式,这类企业没有可能获得贷款。但杭州银行对《人民的名义》出品单位和制作团队开展了详细的尽调,认为《人民的名义》获得最高人民检察院和党政部门多方支持,内容符合社会主义核心价值观;总制片人在过往业绩和经营理念上具有说服力;该剧演员阵容强大,演员片酬结构合理,是一部商业前景看好的优秀作品。

基于以上判断,杭州银行按照其已经制定的单独的准入政策、单独审批流程,及时为项目提供了 1 000 万元的纯信用贷款支持。

(根据公开资料整理)

---

① 见中国银行业监督管理委员会 2018 年 1 月 5 日印发的《商业银行委托贷款管理办法》(银监发〔2018〕2 号文)。

② 参见 2019 年 9 月 20 日国家发展改革委、中国银保监会发布的《关于深入开展"信易贷"支持中小微企业融资的通知》。

3. 根据贷款期限还可分为：短期贷款(1 年以下)、中期贷款(1～5 年)和长期贷款(5 年以上)

在中国人民银行每年公布的"金融机构本外币信贷收支表"和"存款类金融机构本外币信贷收支表"中，按照区域性将贷款分为境内贷款、境外贷款；按照贷款主体，分为住户贷款和非金融企业及机关团体贷款。住户贷款中，分为消费贷款和经营贷款。

在不同的种类下，贷款以不同产品形式存在于商业信贷活动中。根据商业银行贷款在申贷条件、利率以及借款金额上的不同特征，分为不同的贷款产品设计。

根据贷款用途，银行等机构的基础贷款主要包括流动资金贷款、固定资产贷款等。流动资金贷款是向企事业法人或其他经济组织发放的用于其正常生产经营周转或临时性资金需要的本外币贷款。固定资产贷款是向企事业法人提供的主要用于与固定资产项目投资相关的基本建设、设备购置、技术改造及其相应配套设施建设的中长期本外币贷款。

按项目运作方式和还款来源不同，固定资产贷款分为项目贷款和一般固定资产贷款。项目贷款以贷款项目专门成立的项目法人为借款人，以项目现金流和收益为主要还款来源；一般固定资产贷款是指以既有法人为借款人，以借款人全部现金流和收益为综合还款来源而提供的贷款。

并购贷款[①]是一种应用于并购这一特殊用途的贷款形式，是商业银行向并购方企业或并购方控股子公司发放的，用于支付并购股权对价款项的本外币贷款。

专栏 4-2

中国银行江西分行向江西省出版集团公司发放并购贷款

2010 年 4 月，中国银行江西分行向江西省出版集团公司成功发放首笔并购贷款 1.5 亿元人民币，该笔并购贷款是中行系统内第一笔向文化产业投放的并购贷款。

江西出版集团公司作为江西省文化产业的龙头企业，是一家拥有 30 多家全资或控股企事业单位的综合性大型出版集团。中国银行江西省分行在获知该公司需要利用银行的并购贷款资金完成借壳上市这一重要信息后，充分利用中国银行集团子公司——中银国际证券作为公司此次并购重组的独立财务顾问的优势，强力介入，经过多方的沟通和交流，中银集团服务优势、业务优势和优质服务得到客户的充分认可。

作为可用于支持股本权益性融资的信贷类产品，并购贷款有其独到特色：不依赖并购方现有信贷信用、以并购目标的未来收益作为还款来源、可用未来取得的并购目标股权和资产以及浮动资产作担保。对有一定实力并有扩张需求的企业而言，并购贷款能够帮助其更快完成兼并重组和行业整合。

(根据公开资料整理)

---

① 并购贷款在我国原本受到严格限制。1996 年，中国人民银行发布的《贷款通则》不允许商业银行提供并购贷款。2008 年，国务院召开国务院常务会议，会议提出了 9 条促进经济增长的政策措施("金融国九条")，其中第五条明确提出"通过并购贷款等多种形式拓宽企业融资渠道"，随后中国银监会印发《商业银行并购贷款风险管理指引》(银监发〔2008〕84 号)，自此，我国并购贷款呈现快速发展趋势。2015 年 2 月 10 日，中国银监会印发《商业银行并购贷款风险管理指引》(银监发〔2015〕5 号)，同时 2008 年版《指引》废止。

银团贷款是一种多家信贷机构组成"银团"通过代理行向同一借款人提供贷款或授信的模式，又称"辛迪加贷款"①。银团贷款一般适用于项目融资、债务重组、兼并收购等大型融资活动。联合贷款是一种与银团贷款相似的贷款方式，也是由两家或数家银行一起对同一借款人提供贷款。不同的是，联合贷款规模小，组织形式简单，由不同功能和性质的贷款机构进行合作共同提供贷款，如商业银行和有资质的网络借贷机构合作的互联网联合贷款。

4.2 银行文化信贷产品与服务

服务于文化产业和文化企业的信贷服务形成的信贷市场可称为文化信贷市场，或称为文化产业信贷市场。在我国，中国人民银行总行、分行或中国银行业协会间断有文化信贷方面的相关统计发布，主要指标包括"文化产业本外币贷款余额"或"文化产业贷款余额"等。

商业银行是文化信贷市场的主要服务机构。政策性银行对文化产业也有信贷业务开展，主要是国家开发银行和中国进出口银行②。

4.2.1 商业银行文化信贷：产品、管理与组织创新

大多数内容生产类文化企业具有企业规模小、实物资产少、生产非标准化、盈利模式不稳定的特点，尤其是其资产结构的特点往往使商业银行望而却步。银行界普遍认为给文化企业贷款风险更高。但是，没有抵押担保并不是不可逾越的障碍，也有大量的实践案例证明，对于那些"轻资产运营③"非常成功的公司，商业银行依旧趋之若鹜。

文化产业信贷服务需要结合文化企业的特点。文化信贷特点和创新处主要体现在信贷产品创新，信贷管理与机制创新、组织创新以及综合服务创新等。

一、信贷产品创新

银行在对文化企业提供的信贷产品需要在原有的产品基础上再设计或进行创新。在政策推动下，一些大中型银行很早在文化信贷产品创新方面进行了探索。如 2010 年，中国银行浙江分行基于横店影视产业集群优势和融资需要推出"影视通宝"产品，给予优质影视企业流动资金贷款为主的短期授信，同时创新采用版权质押和应收账款质押相结合的方式，其服务范围还包括影视剧产业链的其他企业，如影视道具、影视器材制作及租赁、影视院线、专业后期制作等。

根据中国银行业协会 2018 年的一项调查：在调研的 111 家银行中，45 家银行开发了文化产业信贷创新产品，占比为 40.54%。45 家银行发行的 76 款文化信贷创新产品的主要种类有：文创贷、影视贷、文化贷、大师贷、知识产权质押贷款、版权质押贷

---

① 根据中国银监会 2011 年印发的《银团贷款业务指引》的定义，"银团贷款是指由两家或两家以上银行基于相同贷款条件，依据同一贷款合同，按约定时间和比例，通过代理行向借款人提供的本外币贷款或授信业务"。

② 据中国银行业协会发布的《银行业支持文化产业发展报告（2018）》显示，截至 2017 年年末，包括政策性银行、大型商业银行、邮储银行和股份制商业银行在内的 21 家主要银行的文化产业贷款余额达 7 260.12 亿元。

③ 所谓轻资产运营，就是企业有意将主要资本和精力投于管理、营销、品牌、无形资产等环节，而不是固定资产等方面，以此来获取更高的市场价值。

款、商标权质押贷款、艺术品质押贷款、股权质押贷款等[①]。

在文化产业信贷产品创新方面较为典型的银行有中国工商银行、中国银行、北京银行、杭州银行、华夏银行、南京银行、青岛银行等(见表 4-1)。

表 4-1　部分商业银行的文化信贷产品

银行名称	文化信贷产品名称
中国银行浙江分行	"影视通宝"
中国银行江西分行	文化企业并购贷款
中国建设银行湖南分行	版权质押贷款、注册商标权质押贷款、股权质押贷款;电影制作权、著作权、版权等无形资产质押贷款;设备抵押、仓单质押、应收账款质押、文化企业联保贷款模式
中国工商银行	影视通、版权质押贷款;贷款+基金直投
北京银行	创意贷、创业贷、文创信保贷、文创普惠贷、软件贷、智权贷等
杭州银行	夹层贷款、"游戏工厂模式"等;订单贷、连锁贷、毕昇贷等
青岛银行	影视演艺贷、文化旅游贷、创意版权贷、文创小镇(园区)贷、"一带一路"文化贸易贷
华夏银行	文创贷
南京银行	"鑫动文化":演艺贷、出版贷、影视贷、动漫贷、广告贷、设计贷、文教贷、旅游贷
成都银行	文创通
交通银行江苏省分行	文化征信贷
中国建设银行深圳中心支行	文创商会贷
中国农业银行北京分行	影视动漫贷款

注:本表中所列产品通过公开资料整理,由于条件所限,未及一一核实每个产品的落实情况。

从实践看,文化产业信贷是具有极强的产业金融特性的金融业务,其产品创新必须结合文化产业和文化企业的特点。综合来说,文化产业信贷产品创新主要可以分为以下几个方面。

(1)以文化资产为基础设计产品。以文化资产作为担保方式的担保贷款是文化企业贷款中最具文化金融特点的贷款方式。如版权质押贷款、商标权质押贷款、艺术品质押贷款等。版权质押融资是知识产权质押融资的组成部分,是我国政府大力鼓励和支持的融资模式[②]。在实践中,版权质押往往不是独立使用的,要和其他抵押方式结合在一起进行多种增信。

[①]　参见中国银行业协会《银行业支持文化产业发展报告(2018)》。

[②]　参考:2012 年国家知识产权局、国家发展改革委等部委印发的《关于加快培育和发展知识产权服务业的指导意见》;2013 年原中国银监会会同国家知识产权局、原工商总局、国家版权局联合印发的《关于商业银行知识产权质押贷款业务的指导意见》(银监发〔2013〕6 号);2019 年 8 月中国银保监会联合国家知识产权局、国家版权局发布了《关于进一步加强知识产权质押融资工作的通知》(银保监发〔2019〕34 号)等。

(2)以收益权、所有权等为担保的贷款产品设计。如文化企业的特许经营权的收益权质押融资、应收款质押融资、仓单质押融资；旅游景区、主题公园的门票等收费权质押融资。

(3)以企业信用为基础设计贷款产品。结合文化企业信用情况设计的产品或服务方案，一般无需抵押和担保，只适用于特定的文化企业主体，有专门的准入和评审标准。如博纳影业集团从北京银行获得的信用贷款超过8亿元，用于《龙门飞甲》《楚汉传奇》《窃听风云》《红海行动》等二十余部电影的拍摄制作。也可以文化企业主要创作人为信用评估主体设计的信用贷款产品。

(4)结合文化企业生命周期设计的文化信贷产品。如北京银行针对文化企业初创时期的信贷产品是"创业贷""文创信保贷""文创普惠贷"等。

二、信贷管理与机制创新

在服务文化企业时，银行面临的问题都比较新，需要新的制度安排来保证金融产品的服务质量。杭州银行在文化金融方面创新了一套特别的服务机制，其中比较有特点的是"五项单独"政策：单独的客户准入机制、单独的授信审批机制、单独的风险容忍政策、单独的业务协同政策和单独的薪酬考核政策。这些创新设计可以降低文创类中小企业银行融资的准入门槛和融资成本，提高文创企业的融资效率。另外，北京银行的"四专四单"、南京银行文化信贷五个"专"工程等，都是在服务机制上的创新。

商业银行信贷内部管理流程和机制方面创新的主要内容和环节包括如下内容。

(1)差异化客户准入。商业银行对贷款或授信客户一般具有一定的准入规定，包括对象、条件及相应的权限。金融机构不仅不应对文化企业设置歧视性条件和标准，而且还应根据文化企业特点进行相应的倾斜。

(2)差异化信用评级。商业银行对文化企业进行的信用分析与评价，包括银行内部评级和外部评级。在确定内部评级要素、设计内部评级指标体系、评级模型和计分标准的过程中，应充分考虑文化企业的特点。由于文化企业较少拥有传统意义的担保物，扩大依靠信用的信用贷款比例应是文化信贷服务的重要发展方向。所以，采取何种信用评估方式是文化信贷管理创新的重点。

(3)信贷资源配置倾斜。信贷资源配置主要是指信贷资金在不同产业、不同区域等方面不同比例的配置。商业银行应以服务实体经济为主要任务，在服务实体经济过程中应在考虑效率的同时，对具有国家战略意义的文化产业有所倾斜。

(4)灵活的贷款利率及期限。贷款利率包括基本价格和利率浮动幅度，银行基于客户信用、产业政策等确定贷款利率。根据相关政策，金融机构可根据不同文化企业的实际情况，建立符合监管要求的灵活的差别化定价机制；针对部分文化产业项目周期特点和风险特征，可根据项目周期的资金需求和现金流分布状况，科学合理确定贷款期限。

(5)差异化不良贷款容忍度。出于政策要求或银行自身利益需要，银行会对不同的行业或某种类型的企业设置不良贷款比例的容忍标准。事实上，文化产业信贷的不良率并不高。根据中国银行业协会2018年发布的调查数据，在文化产业信贷创新产品中，加权不良贷款率为0.32%，远远低于银行业同期1.74%的不良贷款率。

(6)创新风险管理手段。除了一般的风险防范措施，商业银行根据文化信贷的特点进行风险防范，如艺术品质押贷款中如何解决艺术品变现的问题。

(7)创新业务流程。对文化企业来说，"融资慢"也是一个大问题。很多银行宣称会给予文化企业贷款专门的"绿色通道"。北京银行创新了一种"文创信贷工厂"模式，用以缩短时间，提高审批效率。

商业银行信贷业务的外部机制创新需要与其他金融机构合作，如供应链金融服务。商业银行的文化信贷在文化企业供应链服务中居于核心地位。在文化生产供应链金融服务中，商业银行需要联合保险公司、商业保理公司、融资担保机构、小额贷款公司等金融机构共同提供服务。文化生产供应链中包括供应商、制造商、分销商、零售商等，其中的核心企业是供应链金融的纽带，一般要拥有该供应链关键资源和能力，对其供应链上下游企业有较大影响和支配能力的企业。

商业银行的信贷创新也需要外部机制的补充和辅助。由于文化企业的确存在高风险特征，创新贷款风险补偿机制鼓励银行扶持文化产业是比较有效的方式。这种方式的基本内容就是由财政资金(文化产业发展风险补偿专项资金等)对银行业金融机构因文化企业不良贷款形成的损失给予适当补偿。我国政府在 2010 年就开始鼓励探索设立文化企业贷款风险补偿基金，合理分散承贷银行的信贷风险[①]，此后，一些地方政府建立了这类风险补偿基金[②]。

三、组织创新

由于机会成本的考量，由银行的普通业务部门兼营文化产业信贷业务的效果并不明显。一些银行开始设立专门或一定程度上专门服务于文化产业信贷的机构，这种组织创新的要点是如下方面。

(1)组织的治理结构和法律关系。组织创新的基础是明确经过变革或新设组织的性质，尤其金融机构中组织的变化涉及监管部门授权或审批事项。在此基础上，还要明确组织的职责、目标、结构及发展战略。

(2)在明确组织治理结构和法律关系的基础上，重点进行几个方面的机制设计：进行业务限制性或鼓励性规定，设定对文化产业的信贷资金配置的比例；差异化组合考评机制，建立专门针对文化产业金融服务的考评体系，重视支持企业的数量、贷款投放量等指标；对责任人实行尽职者免责、失职者问责机制，鼓励服务文化企业的积极性。

商业银行服务文化产业的组织创新主要形式包括设立专门的事业部，设立特色支行、专营支行等，还有些银行在总部层面成立文化金融业务的协调机构。

①文化金融事业部。即在总行层面成立相应的专门的文化产业贷款业务管理部门，如中国民生银行早期曾经成立的文化产业金融事业部，北京银行成立的文创金融事业

---

① 见 2010 年《关于金融支持文化产业振兴和发展繁荣的指导意见》(银发〔2010〕94 号)。

② 如 2015 年，云南省财政厅与云南省信用再担保有限责任公司合作建立了文化企业融资担保风险补偿机制，制定了《云南省文化企业贷款担保风险补偿基金实施方案》，委托省信用再担保有限责任公司进行专户核算、封闭运行、滚动管理。2015—2017 年，省级财政累计投入 6 000 万元用于建立文化企业贷款担保风险补偿基金，按照简易可行、风险可控、提高效率的原则，不断推进该基金具体实施工作，扩大受益面。

总部，华夏银行设立的文创产业管理部等。能够真正单独经营、单独核算的事业部才具有专营化特点。

②文化产业专营行。一般在支行层面设置，是目前在组织创新中最具专营性质的组织类型。文创专营支行在监管部门进行更名备案，由于在申请时对经营业务有一定的可行性研究和"承诺"，具有一定的约束性，形成了专门的经营管理机制。但目前我国出现的专营支行还不是严格意义上的"只能从事特许的专营业务、不得经营其他业务"的"专营机构"①。一些专营行与科技金融业务合并共同开展，如南京银行南京分行科技文化支行(后更名为南京银行南京分行科技文化金融服务中心)。

③文化产业特色行。一些银行指定一些基层支行作为文化产业金融服务的重点机构，这些支行以服务文化产业和文化企业作为特色业务或重点培育业务，对其业务和管理上较少特别强制要求。虽然这些机构的专营化程度较低，但具有一定的示范意义。

专栏 4-3

北京银行的文化金融组织创新

北京银行一直将服务文化产业作为重点方向，已经形成文化金融特色品牌。截至2020年12月末，北京银行已经累计为超过9 300家文创企业提供贷款支持超过3 400亿元，文化金融贷款余额700亿元。北京银行先后荣获中国人民银行"文化金融服务先进单位""文化金融产品创新先进单位"等荣誉。

北京银行在文化产业信贷方面的成绩得益于在文化金融的组织创新。他们在总行层面成立了文化金融领导小组和文创金融事业总部，在分行层面成立文化金融小组，并组建文化金融服务团队。在支行层面，北京银行成立了19家文创特色支行和两家文创专营支行，专营支行为雍和文创支行、大望路文创支行。对于专营支行，北京银行制定了"四专四单"配套规则，"四专"为专营组织架构、专项指标考核、专属业务范围、专职人员配备，"四单"为单独绩效考核、单独权限设立、单独审批通道、单独额度匹配。在特色支行方面也有文化产业业务比例等方面的相应要求。

(根据公开资料整理)

四、综合服务创新

除了普通的信贷服务以外，银行还会根据文化企业的需要提供其他融资服务。

1. 结合文化企业多样化融资需求，提供综合性融资服务

银行不仅能够提供贷款这种间接融资服务，如作为具有主承销商资格的金融机构，银行可以为包括文化企业在内的非金融企业客户在境内银行间市场发行债务融资工具提供代销、包销等服务。除此以外，银行还可以提供包含股权融资工具、可转债融资

---

① 根据2012年12月27日中国银行业监督管理委员会印发的《中资商业银行专营机构监管指引》："专营机构是指中资商业银行针对本行某一特定领域业务所设立的、有别于传统分支行的机构；专营机构只能从事特许的专营业务，不得经营其他业务"。根据这个规定，如果成立文化金融专营机构，则应不得从事文化产业金融服务以外的其他金融业务。

工具等在内的综合性融资服务①。

中国银行参与设立了中国文化产业投资基金，中国建设银行设立了建银国际文化产业股权投资基金。虽然"投贷联动"②还未形成内部联动机制，更多是通过外部联动，但银行间接参与直接投资的趋势是明显的。

2. 结合文化企业融资中的生态问题，提供附加服务

除了帮助直投融资，银行还能做得更多，这些领域包括：保险、担保、保理、理财、信用评级、无形资产评估等。例如，北京银行的"文化 IP 通"可在版权评估、登记、维权和交易方面提供附加服务。针对影视制作、动漫游戏这些内容产业领域的资产特点，北京银行推出"文化 IP 通"金融服务方案，包括 IP 融资通、投资通、服务通三大系列，除了 IP 孵化贷、IP 开发贷和 IP 产融通、IP 投贷通以外，还有 IP 信息一站通、IP 评估一站通、IP 登记一站通、IP 维权一站通、IP 交易一站通等附加服务。

3. 结合政府、行业或园区特定战略需要，为文化企业提供授信或专门服务

一些银行与国家相关部委、地方省委宣传部及地方政府等主管部门合作，为主管部门推荐的项目或企业进行授信。在"2018 陕西文化与金融创新合作恳谈会"上，国家开发银行、中国建设银行、长安银行、西安银行、上海浦发银行、中国农业银行 6 家银行分别为陕西省委宣传部推荐的文化产业项目授信共计 100 亿元。又如，2017 年 12 月，北京银行与北京市东城区政府签署战略合作协议，承诺为东城区的"国家文化与金融合作示范区"建设提供不少于 100 亿元的人民币意向性授信。

4. 结合文化企业国际化经营需求，提供相关金融服务

一些大型文化企业从事跨境业务和国际文化贸易，银行可以为其提供跨界资金池业务、贸易融资业务等服务，这方面比较有代表性的是上海银行。

跨境资金池即跨境双向人民币资金池，银行作为结算银行要与主办企业签订办理跨境双向人民币资金池业务协议。这一业务适用于跨国文化企业集团，属于企业集团内部的经营性融资活动。贸易融资是基于商品交易中的存货、预付款、应收账款等资产的一种融资方式。在国际贸易中，银行能提供的贸易融资产品包括"福费廷"（Forfaiting，即票据买断）、保理、应收账款质押融资、信保融资、订单融资、货押融资等。

---

① 我国很多银行为客户提供一种称为"结构化融资"的服务。结构化融资是银行基于融资方的需求设计的包含多种融资工具的一种特殊融资方案，如平安银行将结构化融资业务定义为"使用两种或两种以上的融资工具（包括但不限于股权融资工具、债务融资工具、可转债融资工具等），帮助企业设计、实施的结构化融资方案。其产品中所包含的金融工具包括上市融资（IPO）、股权私募（PE）、信托融资、资产证券化、融资租赁、贷款、票据、理财、债券、可转债、担保、信用增级等"。中信银行的结构化融资"指为满足中信银行公司客户多元化融资需求，充分利用中信集团的综合化金融产业平台，联合证券公司、信托公司、资产管理公司及基金子公司等机构，通过投资资管计划、信托计划、资产受益权等金融产品，为融资人提供项目融资、流动资金周转、并购融资、资本金融资等融资服务的产品。"

② 2016 年 4 月 21 日，银监会、科技部与中国人民银行联合出台了《关于支持银行业金融机构加大创新力度开展科创企业投贷联动试点的指导意见》，意见中将投贷联动的定义界定为：银行业金融机构以"信贷投放"与本集团设立的具有投资功能的子公司"股权投资"相结合的方式，通过相关制度安排，由投资收益抵补信贷风险，实现科创企业信贷风险和收益的匹配，为科创企业提供持续资金支持的融资模式。

4.2.2 政策性银行的文化信贷

政策性银行是以贯彻国家经济政策为目标在特定领域开展金融业务的专业性金融机构。政策性银行由政府成立，开展业务不以盈利为目的，主要的任务就是配合政府政策从事直接或间接的金融活动，从而发挥政策引导功能。政策性银行在一些具有国家战略意义但市场效益在短期内不明显的产业领域承担着重要的资金供给方角色。一般来说，国家开发银行、中国进出口银行、中国农业发展银行被认为是我国三大政策性银行，都对文化产业有所支持，其中国家开发银行、中国进出口银行在支持文化产业方面有较大的投入。

国家开发银行成立于1994年[①]，是较早支持文化产业发展的银行之一。2009年9月，国家开发银行与上海市签订相关合作备忘录，在五年时间内以信贷和投资方式提供300亿元融资规模，重点推动上海市重点文化企业整合并购、上市以及文化产业投资基金的建设等。2012年3月23日，国家开发银行与文化部签署了《支持文化产业发展合作备忘录》，承诺在"十二五"期间投资于文化产业的资金规模达到2 000亿元；2012年8月3日，国家开发银行与新闻出版总署签署《支持新闻出版产业发展合作备忘录》。

除了一般贷款以外，国家开发银行还可通过银团贷款方式支持文化产业并购。国家开发银行提供的贷款利率较低，以投资形式投放资金在周期上一般较长，这些都很适合文化企业。但国家开发银行对支持项目要求比一般商业性信贷项目要求也更高。文化企业或项目一般要符合国家战略政策方向，具有一定的区域影响力，文化旅游融合、文化科技融合项目也是国家开发银行关注的重点。

中国进出口银行的主要信贷业务是经批准办理配合国家对外贸易和"走出去"领域的短期、中期和长期贷款，含出口信贷、进口信贷、对外承包工程贷款、境外投资贷款、中国政府援外优惠贷款和优惠出口买方信贷等[②]。中国进出口银行很早就开始在文化贸易及文化产业国际合作方面支持文化产业发展。2008年3月19日，中国人民银行等机构印发《关于金融支持服务业加快发展的若干意见》（银发〔2008〕90号），这个文件中关于文化产业方面的内容是专门指向文化出口的，具体内容为：大力鼓励政策性金融机构对列入《文化产品和服务出口指导目录》的出口项目或企业，按规定给予贷款支持，推动文化产品和服务出口。

2009年5月，中国进出口银行联合商务部、文化部、国家广电总局、新闻出版总署等部委出台了《关于金融支持文化出口的指导意见》（商服贸发〔2009〕191号）。这是我国第一个全国性文化金融专门政策文件。在金融服务方面主要包括：融资、结算、对外担保、财务顾问等；股权、债权、知识产权质押等多种担保方式；信息和各项规避市场风险的服务等。支持范围包括出口类企业和项目、进口类企业和项目、固定资产投资类企业和项目三个方面。

---

① 国家开发银行是国务院直属政策性金融机构，2008年改制为股份制银行，股东为中华人民共和国财政部、中央汇金投资有限责任公司、梧桐树投资平台有限责任公司和全国社会保障基金理事会。2015年3月20日，国务院批复国家开发银行深化改革方案，明确国开行定位为开发性金融机构。

② 参见中国进出口银行官方网站。

出口类企业和项目是中国进出口银行支持的主要领域。商务部等部门 2012 年重新修订并发布了《文化产品和服务出口指导目录》，这是中国进出口银行支持文化贸易的重要依据。2010 年 8 月，中国进出口银行与国家广电总局签订战略合作协议，在五年的合作期内，中国进出口银行将为广播影视企业"文化走出去"项目和企业提供多种信贷产品和综合金融服务，并提供不低于 200 亿元人民币或等值外汇融资支持。

中国进出口银行提供的服务主要包括文化产品和服务出口卖方信贷业务、进口信贷流动资金贷款、进口信贷固定资产贷款、境外投资贷款、出口基地建设贷款等。

专栏 4-4

2019 年全国优选文化和旅游投融资项目推荐遴选工作

2019 年 4 月，文化和旅游部、国家开发银行、中国进出口银行、中国农业发展银行、中国工商银行、中国银行、中国光大银行决定联合开展"2019 年全国优选文化和旅游投融资项目推荐遴选工作"[1]，优先支持文化和旅游民营、中小微企业融资和深度贫困地区、集中连片特殊困难地区及革命老区的产业项目，以及支持带动贫困地区发展、贫困人口脱贫致富的产业项目、文化和旅游部"一带一路"文化产业和旅游产业国际合作重点项目。经过优选，符合要求的项目将入选"2019 年全国优选文化和旅游投融资项目名录"，相关银行等金融机构根据"2019 年全国优选文化和旅游投融资项目名录"，进一步选择符合条件的项目提供综合性金融服务。

三大政策性银行都参与了本次项目推荐遴选工作。文化和旅游产业主管部门、政策性银行及商业银行之间进行深入合作不是第一次，这种合作对文化产业信贷市场具有很强的政策引导作用，在特定时期有利于国家战略的实施，有利于文化和旅游产业的健康发展。

（根据公开资料整理）

4.3　文化产业信贷融资其他渠道及相关机构

除了商业银行和政策性银行以外，信用社、财务公司等其他银行业存款类机构，以及信托公司、小额贷款公司等也是信贷资金的重要供给方。

4.3.1　信托机构文化信托贷款[2]

通过接受委托，信托业集聚了大量以资金为主的资产，这些资产需要通过有效的管理方式进行增值。作为受托人，必须按委托人的要求或其指定的具体项目，发放贷款或进行投资，为委托人或受益人谋利。所以，信托通过聚集资金并投放市场实现资金融通的功能。对于实体经济而言，通过信托机构进行融资也是重要方式之一，也就是"信托融资"。

---

[1]　见文化和旅游部产业公共服务平台《文化和旅游部办公厅等 7 家单位关于 2019 年全国优选文化和旅游投融资项目的通知》。

[2]　根据金融监管要求和发展趋势，信托贷款已经不是信托公司的重点业务。信托与资产管理业务有较强的关系，我们将在第 8 章专门学习文化信托与资产管理的相关知识。

资金信托是文化产业的重要融资渠道和来源之一。经过数年发展，信托机构已经发行了较多的资金信托计划，募集资金以信托贷款、股权投资形式投向文化产业，这些信托产品主要涵盖艺术品投资、文化旅游类、影视娱乐相关领域等[①]。

资金信托分为单一资金信托（或单独资金信托）和集合资金信托。在文化产业信托领域，应用较多的是集合资金信托。我国文化产业资金信托计划募集资金使用的形式是信托贷款、股权投资或两种的组合运用。我们经常可以看到中国人民银行发布的"社会融资规模"这一指标，其中就包含了信托贷款。

信托贷款是指一定时期信托机构在国家规定的范围内，运用信托投资计划吸收的资金，对信托投资计划规定的单位和项目发放的贷款。信托贷款分为增量贷款和存量贷款两个指标。信托贷款是信托机构的表外业务。

简单说，信托贷款就是来自信托机构的贷款。我们从 2017 年发行的部分文化产业信托产品中可以看到，信托贷款是文化产业信托资金的主要使用方式（见表 4-2）。

表 4-2　2017 年我国文化产业信托产品发行情况

序号	产品名称	发行机构	发行时间	产品期限（月）	发行规模（万元）	投资门槛（万元）	使用方式	预期年收益率（%）
1	金鹤 293 号松桃九龙民族文化旅游开发有限公司贷款集合资金信托计划	中江信托	20170121	36	20 000	100	信托贷款	7.7～8
2	汉锦 42 号太白山文化旅游项目贷款集合资金信托计划	陕西国投	20170121	24	17 000	100	信托贷款	6.5～6.8
3	影视基金 5 号集合资金信托计划	万向信托	20170417	24	11 000	100	信托贷款	——
4	至信 271 号华谊兄弟盒饭 TV 集合资金信托计划	民生信托	20170527	24	14 200	100	组合运用	6.5～6.6
5	影视基金 6 号集合资金信托计划	万向信托	20170629	24	15 000	100	信托贷款	——
6	至信 345 号华谊艺术股权投资集合资金信托计划	民生信托	20170712	12	40 000	100	股权投资	6.9～7.2

---

① 相关数据显示，2017 年 9 月底，信托资金投向文化、体育、娱乐业的余额为 1 164.47 亿元，同比增长 24.14%，占信托行业资产余额的比重为 0.48%，总体仍然偏低；但较 2016 年年底增加了 218.82 亿元，是近三年增幅最大的一年。

续表

序号	产品名称	发行机构	发行时间	产品期限（月）	发行规模（万元）	投资门槛（万元）	使用方式	预期年收益率（%）
7	星辉影视股权收益权投资集合资金信托计划	四川信托	20170821	24	5 490	100	股权投资	7.2～7.3
8	嘉惠 2 号影视投资集合资金信托计划	国民信托	20171206	18	3 200	100	信托贷款	—

（资料来源：《中国文化金融发展报告 2018》）

信托贷款采用较多的增信方式包括：连带担保、保证担保、资金监管，也有部分公司采用应收账款质押、资金分散化使用、行使影视作品联合出品署名权等方式实现信用增级。

专栏 4-5

中投—宝石流霞集合资金信托计划与信托贷款

2009 年 1 月，中投信托有限责任公司发行"中投·杭州市文化创意产业小企业债权投资之宝石流霞集合资金信托计划"。根据该计划书，其主要包括如下内容。

通过本信托计划的实施，由受托人将全体委托人的信托资金集合起来，向注册在杭州市八城区的文化创意产业小企业发放信托贷款，在严格控制风险的前提下，为受益人获得相对稳定的收益。同时积极发挥信托优势，缓解文化创意产业小企业融资难困境，扶持文化创意产业小企业的健康发展。

本信托计划资金规模为人民币陆仟万元（￥60 000 000）整。本信托计划项下每 1 元人民币信托资金可购买 1 个信托单位。本信托计划的委托人为三家机构，分别为杭州银行股份有限公司、杭州市财开投资集团有限公司及浙江三生石创业投资有限公司，将分别交付信托资金 4 700 万元、1 000 万元及 300 万元。

本信托计划项下的信托为自益信托，委托人与受益人是同一人。受益人分为优先受益人、次级受益人及劣后受益人，分别为：优先受益人为杭州银行股份有限公司；次级受益人为杭州市财开投资集团有限公司；劣后受益人为浙江三生石创业投资有限公司。

信托计划资金将用于向注册在杭州市八城区内的文化创意产业小企业（由杭州市文化创意产业办公室负责认定）发放信托贷款。

（资料来源：《中投·杭州市文化创意产业小企业债权投资之宝石流霞集合资金信托计划说明书》）

4.3.2　文化小额贷款及机构

在我国金融机构体系中，小额贷款公司属于"其他类"。2008 年 5 月，中国银行业监督管理委员会、中国人民银行联合印发《关于小额贷款公司试点的指导意见》（银监发

〔2008〕23 号）。按照这个文件的定义，所谓小额贷款公司是指"由自然人、企业法人与其他社会组织投资设立，不吸收公众存款，经营小额贷款业务的有限责任公司或股份有限公司"。根据规定，小额贷款公司的主要资金来源为股东缴纳的资本金、捐赠资金，以及银行业金融机构的融入资金[①]。

我国的小额贷款公司自 2008 年开始试点，至 2015 年是快速增长时期，全国各地成立了大量的小额贷款公司，对"三农"和小微企业的发展起到了很大的推动作用。小额贷款公司是组织和集聚民间资本进行规范放贷的良好形式，是信贷市场的有益补充，但在监管和相关立法方面还有缺陷[②]。自 2016 年以来，由于金融监管环境和经济形势的影响，小额贷款公司数量和从业人数呈现连年下降趋势。根据中国人民银行数据显示，截至 2020 年年末，全国共有小额贷款公司 7 168 家。贷款余额 8 887.54 亿元。（见表 4-3）。

表 4-3　2010—2020 年全国小额贷款公司基本情况

年份	机构数量	从业人数（人）	实收资本（亿元）	贷款余额（亿元）
2010	2 614	27 884	1 780.93	1 975.05
2011	4 282	47 088	3 318.66	3 914.74
2012	6 080	70 343	5 146.97	5 921.38
2013	7 839	95 136	7 133.39	8 191.27
2014	8 791	109 948	8 283.06	9 420.38
2015	8 910	117 344	8 459.29	9 411.51
2016	8 673	108 881	8 233.9	9 272.8
2017	8 551	103 988	8 270.33	9 799.49
2018	8 133	90 839	8 363.20	9 550.44
2019	7 551	80 846	8 097.51	9 108.78
2020	7 118	72 172	8 201.89	8 887.54

（资料来源：根据中国人民银行公布数据整理）

我国以服务文化企业为主要业务方向的小额贷款公司不多，主要有：南京市金陵文化科技小额贷款有限公司[③]、北京市文化科技小额贷款股份有限公司、黑龙江文化产业小额贷款有限公司、陕西文化产业小额贷款有限公司等。这些公司也已经推出了文

---

①　根据现行规定，提供融入资金的银行业金融机构不超过两个，小额贷款公司从银行业金融机构获得融入资金的余额，不得超过资本净额的 50%。

②　从 2015 年开始，我国就小额贷款公司等"非存款类放贷组织"进行立法工作。2015 年 8 月，国务院法制办发布《非存款类放贷组织条例（征求意见稿）》。2018 年 3 月 14 日，国务院办公厅发布"关于印发国务院 2018 年立法工作计划的通知"，《非存款类放贷组织条例》《处置非法集资条例》等被列进"提请全国人大常委会审议"的立法项目。

③　根据官方网站资料，南京市金陵文化科技小额贷款有限公司创立于 2013 年年初，注册资本金 3 亿元，是以支持文化、科技型中小企业发展为目标，由南京市文化投资控股集团有限责任公司作为主发起人，联合爱涛文化集团有限公司、南京弘安房地产开发有限公司、江苏省广播电视集团有限公司、玄武区国有资产投资管理控股（集团）有限公司等多家国企和民营股东共同组建的南京市首家文化科技小额贷款公司。

化创意贷、文化影视贷等一些产品。这些机构多由当地国有文化投资集团发起成立，主要目的是服务中小微文化企业，促进当地文化产业发展。但由于文化产业和文化企业信贷难度大、规模难以提升，所以，一些公司在经营中常常要兼营其他产业的业务。

4.3.3　文化企业集团财务公司

一些大型企业在运营中需要成立金融类的机构为其自身服务，这就产生了财务公司这种特殊的金融机构，有"企业内部银行"之称。在美国等国家，企业财务公司主要附属于大型零售企业和大型制造企业，为产品流通提供服务。我国在 20 世纪 80 年代开始出现企业财务公司，截至 2018 年年底，已有财务公司 253 家，全行业表内外资产总额 9.50 万亿元。财务公司在促进我国产融结合方面起到了很大的作用，也是大型企业运用金融工具服务企业经营的重要途径之一。

根据 2004 年中国银监会发布的《企业集团财务公司管理办法》，所谓财务公司是"指以加强企业集团资金集中管理和提高企业集团资金使用效率为目的，为企业集团成员单位提供财务管理服务的非银行金融机构"。根据相关规定，虽然企业财务公司的服务范围较小，只能限制在企业内部，但其业务内容范围非常广泛，有银行信贷、保险代理、融资租赁、融资担保、清算结算、发行债券、承销债券、证券投资、股权投资等，基本包含了金融业的大部分业务，其中通过信贷为内部成员服务是企业财务公司最重要的业务。

财务公司归属中国银行保险业监督管理委员会监管，中国财务公司协会①是我国企业集团财务公司的行业自律性组织。

我国文化产业发展起步较晚，大型企业较少，所以文化企业集团财务公司出现的较晚，主要有：湖南出版投资控股集团财务有限公司、江苏凤凰出版传媒集团财务有限公司、上海文化广播影视集团财务有限公司等。

我国的文化产业还处于发展的初级阶段，为数不多的大型文化企业在业务结构、产业链布局和企业经营能力上都存在很多问题。我国政府一直鼓励文化企业集约化、规模化和专业化发展，为了培育"文化企业航母"，成立企业集团财务公司是比较有效的一种方式。

设立财务公司有利于归集文化企业集团各成员的资金，在降低企业使用资金成本的同时，能够在集团内部进行更有效率的资源配置。这是财务公司最基本的功能。

设立财务公司有利于统一对外进行金融合作，强化融资能力，为企业成员经营提供金融服务。企业财务公司比外部金融机构更了解内部成员，在融入外部资金时能够进行更好的风控，同时，能够更多考虑企业成员实际状况，提供灵活的融资服务。

财务公司作为从事非货币银行业务的金融机构，是产融结合的典型形式。企业通过财务公司可以深度介入金融领域，通过金融手段实现企业兼并重组，促进产融结合，扩大企业规模。

---

① 中国财务公司协会于 1994 年经中国人民银行批准成立，是企业集团财务公司的行业自律性组织，是全国性、非营利性的社会团体法人。

4.4 文化融资租赁

4.4.1 融资租赁与文化融资租赁运作方式

融资租赁原本是大型设备销售方案中的一种附属条款，是为了推动销售而设计的一种关于提高资金使用效率的方式，现在已经成为非常重要的独立的金融工具。融资租赁与一般的经营租赁业务不同，本质上是一种融资业务，是一种间接融资活动。融资租赁是一种与租赁物的租赁业务绑定在一起的具有金融性质的业务，其形成的经济关系形式上是租赁关系，但本质上是债权债务关系。在美国、欧洲、日本等地，融资租赁已经成为仅次于银行信贷的第二大融资方式，与银行、证券、保险、信托共同构成金融市场的五大支柱[①]。

我国融资租赁企业的类型分为金融租赁公司[②]和融资租赁公司，融资租赁公司原属商务部监管。后虽然统一由金融监管部门监管，但仍然适用不同的监管法规[③]。根据中国银监会 2014 年《金融租赁公司管理办法》[④]，融资租赁"是指出租人根据承租人对租赁物和供货人的选择或认可，将其从供货人处取得的租赁物按合同约定出租给承租人占有、使用，向承租人收取租金的交易活动"。

文化融资租赁，或称文化产业融资租赁，是指文化企业通过融资租赁渠道实现融资需求的一种方式。融资租赁方式尤其适合于需要技术设备的文化科技类企业，但一些无形资产（著作权、专利权、商标权）、收益权等也可以作为租赁物，这是文化产业融资租赁的最重要的特点。在政策上，以无形资产作为租赁物的方式也是允许的[⑤]。

融资租赁的租赁物在财务上不属于固定资产，文化企业通过融资租赁业务可以将实物资产或无形资产变为资金，提高资产流动性，优化债务结构。

从业务运作方式看，文化产业融资租赁与一般融资租赁的方式基本相同，主要有直租方式、转租赁、售后回租、委托租赁、风险租赁等方式。这里介绍最常见的两种方式：直租和售后回租。

1. 直租

直租即由融资租赁公司根据承租人需要直接从市场上采购并租赁给承租人的方式，这是融资租赁的基本业务方式。设备等固定资产作为租赁物，比较适合直租这种融资

---

①　据统计，从全球租赁成交额来看，1993 年至 2015 年总体保持平稳增长，1993 年租赁成交额 3 096 亿美元，2015 年为 10 053 亿美元，年均复合增长率 5.50%。美国、英国、德国、日本等发达国家的融资租赁业务发展相对成熟，固定资产渗透率（租赁交易总额占固定资产投资总额比例）也较高。世界发达国家融资租赁渗透率在 10%～40%。

②　根据中国银监会 2014 年 3 月 13 日发布的《金融租赁公司管理办法》："本办法所称金融租赁公司，是指经银监会批准，以经营融资租赁业务为主的非银行金融机构"。

③　金融租赁公司、融资租赁公司在管理上分别适用银监会《金融租赁公司管理办法》、商务部《融资租赁企业监督管理办法》和《外商投资租赁业管理办法》。2018 年起，根据金融改革的需要，融资租赁公司的监管职责划归了金融监管部门，实现了融资租赁行业的统一管理。针对融资租赁公司的监管，中国银保监会于 2020 年 5 月印发了《融资租赁公司监督管理暂行办法》。

④　2014 年 3 月 13 日中国银监会令 2014 年第 3 号公布，2007 年版废止。

⑤　如 2015 年 9 月 13 日，商务部和北京市政府共同发布《北京市服务业扩大开放综合试点实施方案》，文件明确提出著作权、专利权、商标权等无形文化资产可融资租赁。

租赁方式。

采用直租方式的，比较适用于价值较高的设备，如影视多媒体设备、影院级投影仪、服务器、舞台灯光音响等。对一些中小文化企业来说，一次性支付购买这些设备会占用大量资金，减少企业流动资金，因此，比较适合采用融资租赁方式购买。直租的基本方式是：租赁公司购买文化企业指定的设备，再租给文化企业，收取企业租金。直租交易结构图如图 4-1 所示。

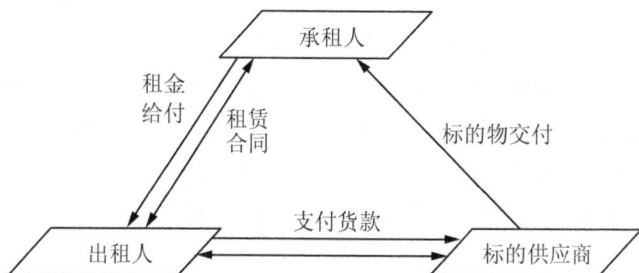

图 4-1　直租的交易结构图

在文化产业中，对设备需求较大的企业有影视机构、演艺机构和文化科技类企业等。一些文化产业园区在建设中对某些固定资产的需要较大。例如，北京文化科技融资租赁股份有限公司[①]（以下简称"北京文化租赁"）在北京电影学院文创园建设时，与园区签订融资租赁协议，在建设阶段，为园区提供了 2 亿元的融资额度，用于园区的综合楼、众创空间、影棚等相关设备的建设。

2. 售后回租

从实践上，文化企业以无形资产（自有版权、商标权、专利权等）为标的的融资租赁，一般采取售后回租模式进行融资。售后回租的基本方式是：文化企业将自有资产或外购资产出售给租赁公司（转移所有权），租赁公司再将其回租于文化企业收取租金。在售后回租方式中，往往需要承租人提供附带担保。而从出租人这方面，也往往有银行、信托公司等资金提供方提供资金用于购买承租人资产。售后回租交易结构图如图 4-2 所示。

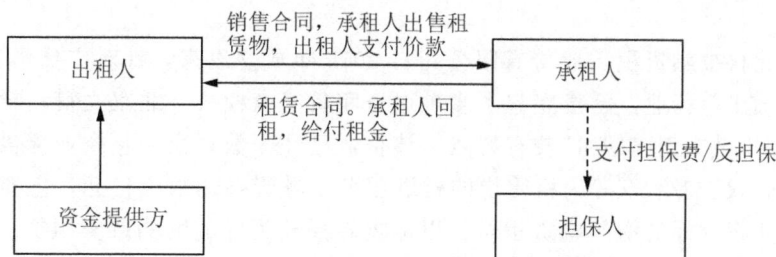

图 4-2　售后回租的交易结构图

融资租赁业务需要以专门的融资租赁合同形式确认。在现实经济活动与实践中，因主体不具备资质等原因，有些合同关系并不真正构成融资租赁的法律关系，因而不

---

① 2014 年，北京文化科技融资租赁股份有限公司由北京市国有文化资产监督管理办公室联合中国恒天集团等单位共同成立，注册资本 19.6 亿元。

受相关法律的保护。

专栏 4-6

广发租赁—万燕传媒投影设备及部分著作权融资租赁

广州万燕文化传媒股份有限公司（万燕传媒）成立于 2010 年，注册资本为 9075 万元，已于 2016 年在新三板挂牌。主营业务为活动与会议服务、市场调查与调研、设计及制作，同时将文艺演出、影视制作等作为新业务领域。

2018 年，广发融资租赁（广东）有限公司（简称"广发租赁"）与万燕传媒签订融资租赁协议。该协议的融资需求背景为：承租人与广州塔携手合作在广州塔区域打造"广州塔演艺中心"，制作融合现代高科技与高雅舞台艺术为一体、高度展现岭南文化的旅游演出《穿粤传奇》；承租人还与凤凰网、深圳卫视合作制作新形态户外文化综艺节目《一路书香》。

项目选取的租赁物分为两部分，有形动产方面为承租人所拥有的《穿粤传奇》项目专用投影设备等；无形资产方面选取的整合营销板块相关 12 项软件著作权。方式为售后回租，融资金额为 1 800 万元人民币，期限为 1.5 年。

（根据公开资料整理）

4.4.2 我国文化融资租赁发展情况

据统计，截至 2020 年 12 月底，全国融资租赁企业为 12 156 家，其中已经获批开业的金融租赁企业为 71 家，全国内资融资租赁企业总数为 414 家，外资租赁共 11 671 家。全国融资租赁合同余额（业务总量）约为 65 040 亿元[①]。

文化融资租赁业务在总体市场规模中有多大比例，目前还难以取得准确的数据。从公开资料来看，我国从事文化产业融资租赁业务的机构还比较少，全国以文化产业融资为主营业务的机构只有北京文化科技融资租赁股份有限公司、文投国际融资租赁有限公司等寥寥几家，而与文化产业融资租赁相关或有过类似业务的机构，也不过几十家。

北京文化科技融资租赁股份有限公司自 2015 年成立以来，针对广播影视、动漫、游戏、文艺演出等行业，已建立起了多种融资租赁经营模式。北京文科租赁推出的特色产品——"小微文创速易租"较有特点。该企业已经为数百家文化企业提供了以影视剧版权、著作权、专利权等为租赁物的融资服务，融资额达数十亿元。主要的类型包括：以播放版权为标的物的融资租赁；以电视转播权为标的物的融资租赁；以商标权为标的物的融资租赁等。

传统的融资租赁公司也开展了一些文化产业融资租赁业务。例如，2015 年 10 月，南京国际租赁有限公司与幸福蓝海院线合作，以直租方式采购放映设备提供融资服务。又如，2017 年 8 月，平安国际融资租赁（天津）有限公司与北京时代光影文化传媒股份

---

① 中国租赁联盟、联合租赁研发中心和天津滨海融资租赁研究院编写，《2020 年中国租赁业发展报告》，2021 年 1 月发布。

有限公司、西安曲江春天融和影视文化有限责任公司合作，借助天津东疆保税港区租赁综合创新服务平台，落地了天津首批两单文化类无形资产（电视剧本及电视剧的版权）融资租赁创新业务。该业务为售后回租形式，项目金额合计人民币 5 390 万元。

>>> 学习重点和难点

本章以债权类文化金融为主线，介绍了银行文化信贷、信托贷款、财务公司、小额贷款公司以及文化融资租赁方面的相关知识。本章的重点包括：文化产业信贷产品的基本类型、文化产业信贷创新的基本内容；文化融资租赁的类型、特点、运行机制。

本章的难点是：银行机构服务文化产业如何进行创新；对融资租赁的本质的理解。

>>> 复习思考题

1. 文化产业信贷产品的基本类型有哪些？
2. 商业银行在文化信贷创新上有哪些方向？
3. 商业银行在文化产业领域能提供哪些综合服务？
4. 结合案例，分析文化融资租赁业务的类型和特点。

>>> 参考文献及推荐书目

[1]张亦春，郑振龙，林海. 金融市场学[M]. 5 版. 北京：高等教育出版社，2017.

[2]王广谦. 金融中介学[M]. 3 版. 北京：高等教育出版社，2016.

[3]戴小平. 商业银行学[M]. 3 版. 上海：复旦大学出版社，2018.

[4]杨福明. 民间资本与小额贷款公司可持续发展的相关性研究[M]. 北京：经济科学出版社，2016.

[5]马丽娟. 信托与融资租赁[M]. 3 版. 北京：首都经贸大学出版社，2016.

[6]刘辉群，韦颜秋，王进军. 融资租赁导论[M]. 北京：电子工业出版社，2018.

第5章 文化产业债券与资产证券化

学习目标

1. 了解债券定义和基本分类，理解债券市场的含义。

2. 掌握文化产业债券的基本类型，掌握文化产业专项债券的含义。

3. 理解资产证券化的含义，掌握文化产业资产证券化的特点，掌握知识产权证券化和版权证券化的内容。

关键术语

债券　利率债　信用债　企业债券　公司债券　文化产业债券　文化产业专项债券　资产证券化　基础资产　破产隔离　资产支持证券（ABS）　知识产权证券化　版权证券化

导　言

债券是主要的债权类金融工具之一，但与信贷不同的是，债券是一种直接融资工具。近年来，文化企业利用发行企业债券进行直接融资取得一定进展。本章要涉及的内容包括：债券的含义和一般分类，我国的几种有特点的债券类型，债券市场的相关知识；文化产业债券的主要类型和特点，文化产业专项债券的相关内容。

资产证券化是正在兴起的一种直接融资形式。资产支持证券（ABS）是以特定资产作为信用基础、具有一定债券性质的特殊金融工具。与一般债券工具不同，资产证券化是比较复杂的结构化金融设计，是文化产业需要特别关注的领域。本章要学习资产证券化概念、流程及分类，以及文化产业资产证券化中的基础资产、交易结构、信用增级等内容。

5.1　债券产品与债券市场

5.1.1　什么是债券

一、债券的定义和一般分类

简单地说，债券（Bond）很像民间的"借据"，只不过这是由政府等具有一定公信力的机构向不特定人开具的标准化的"借据"，上面说明了借钱的目的和承诺的利息，而不特定人只需要根据借据上的信息判断收益然后"购买"这种借据即可。

据记载，公元前4世纪的古希腊和古罗马就有了政府向商人、高利贷者和寺院借债的情况，借债的凭证便是公债券。政府发行的债券在大航海时期、第一次工业革命时期都得到了发展。19 世纪末 20 世纪初的垄断资本主义时期，股份公司发行了大量的公司债券。现代金融体系中，债券已经发展为一种要素相当规范并具有严谨行为规则的金融工具。

债券是由发行方向投资者发行的债权债务凭证，发行方需要承诺按照一定利率支付利息，并按照约定条件偿还本金。债券是政府、金融机构、工商企业直接向社会借债筹措资金的重要方式。在债券的经济关系中，债券发行人是债务人，而购买或持有债券的人是债权人。

债券是一种债权债务凭证，是债务人的负债；而对于购买债券和持有债券的人来说，债券是债权凭证，是一种资产。债券是一种有价证券，能够在资本市场上流通，对于投资者来说是一种重要的投资工具。

债券有多种分类方式。按发行主体，债券可以分为政府债券和公司债券。政府债券分为国家公债和地方政府债券，地方政府债券又称为市政债券（Municipal Bonds）；公司债券分为金融机构债券和非金融机构债券。金融机构债券是由银行、证券公司、保险公司等金融机构发行的债券。在英国、美国等国家，金融机构债券属于公司债券的一种，而在我国，金融机构债券与公司债券分属不同种类，金融机构发行的债券称为金融债券。

我国发行的政府债券包括中央政府债券（国债）和地方政府债券。国债主要有国库券、国家经济建设债券、国家重点建设债券等，早期的国债就是国库券[①]。我国的地方政府发行债券可由中央政府代理发行，也可"自发自还"。地方政府债券又分为一般债券和专项债券。

在我国，企业债券是广义的概念，包括公司债券和狭义的企业债券。按照《中华人民共和国公司法》第 154 条规定："本法所称公司债券，是指公司依照法定程序发行、约定在一定期限还本付息的有价证券。"所以，公司债券专指股份公司及有限责任公司发行的企业债券，发行主体主要为上市公司或非上市公众公司，由证券监管部门管理。公司债券主要在证券交易所发行流通。

狭义的企业债券是指除了公司债以外的其他合法发行的企业债券。这部分债券发行的门槛比较高，主要由中央政府部门所属机构、国有独资企业或国有控股企业发行。企业债可以在证券交易所和银行间市场发行流通。

我国的企业债始发于 20 世纪 80 年代[②]，当时主要由产业债和平台债构成。产业债是非政府融资平台公司（各类企业）发行的债券，产业债发行主体不限；平台债是指政府融资平台发行的债券，如城投债等，在地方政府债券发行受限时期，政府融资主要通过平台债。

债券的种类是动态的，世界各国的债券类型也不尽相同。我国的债券种类可参考表 5-1。

---

① 1981 年，国务院发布《中华人民共和国国库券条例》，决定自 1981 年起恢复发行国库券。

② 1985 年，沈阳市房地产开发公司向社会公开发行 5 年期企业债券，这是改革开放后发行的第一只企业债券。1987 年，国务院颁布《企业债券管理暂行条例》，企业债券发行规模快速扩大。1993 年，国务院颁布《企业债券管理条例》，《企业债券管理暂行条例》同时废止。

表 5-1　我国的债券种类

债券类别			债券名称	发行主体	交易场所	监管机构	托管场所
政府债券			国债	中央政府	银行间债券市场/证券交易所/商业银行柜台	财政部	中央国债登记结算有限责任公司
			地方政府债	地方政府	银行间债券市场/证券交易所		
中央银行票据			中央银行票据	中国人民银行	银行间债券市场	中国人民银行	
政府支持机构债券			铁道债券	中国铁路总公司		国家发展改革委	
			中央汇金债券	中央汇金投资有限责任公司			
金融债券	政策性金融债券			国开行、政策性银行		中国人民银行	
	商业银行债券		一般金融债券	商业银行法人			
			小微企业贷款专项债券				
			"三农"专项金融债券				
			次级债券				
			二级资本工具				
	非银行金融债券			非银行金融机构法人			
企业信用债券	企业债券		中小企业集合债券	多个中小企业所构成的集合	银行间债券市场/证券交易所	证监会	中央国债登记结算有限责任公司
			项目收益债券	项目实施主体或实际控制人			
			可续期债券	非金融企业	银行间债券市场		
	非金融企业债务融资工具		短期融资券	具有法人资格的非金融企业	银行间债券市场	银行间市场交易商协会	银行间市场清算所股份有限公司（上清所）
			超短期融资券				
			中期票据				
			永续中期票据				
			中小企业集合票据				
			非公开定向债务融资工具				
			资产支持票据				
	公司债券		公募债券	上市公司或非上市公众公司	证券交易所		中国证券登记结算有限公司
			私募债券				
			可转换公司债券	上市公司	证券交易所		
资产支持证券	信贷资产支持证券			信托公司	银行间债券市场/交易所	证监会	中央国债登记结算有限责任公司
	企业资产支持证券			券商	证券交易所		中国证券登记结算有限公司

续表

债券类别	债券名称	发行主体	交易场所	监管机构	托管场所
国际债券	熊猫债券	境外机构	银行间债券市场	中国人民银行、财政部	中央国债登记结算有限责任公司/上清所

（资料来源：根据中信期货研究部资料修正）

需要特别注意的是在银行间市场发行的非金融企业债务融资工具[1]，这类工具有招标发行、簿记建档发行和非公开发行三种方式。主要类型包括：超短期融资券、短期融资券、中期票据、中小企业集合票据、非公开定向债务融资工具（PPN）和经有关监管机构批准的其他非金融企业债务融资工具创新产品。

按照信用程度不同，债券可分为利率债和信用债。利率债包括国债、地方债、央票、政策银行债等，分为固定利率债券和浮动利率债券。信用债是企业和公司发行的债券。信用债企业根据其财务和经营状况，由评级公司给出信用评级之后在债券市场所发行，主要类型是：企业债、公司债；普通金融债；次级债，混合资本债；短期融资券、中期票据等。

按照债券的发行方式，分为公募债券和私募债券。公募债券需要通过公开方式发行，以不特定投资者为募资对象；私募债券以特定少数投资者为募集对象、以非公开方式发行和转让。各国在公募债券和私募债券的区分标准上有很大不同[2]。我国债券的公募发行的主要方式有簿记建档和公开招标两种。私募债券一般由上海证券交易所、深圳证券交易所管理发行和转让[3]，其他交易市场按规定也可发行和交易。

按照债券付息方式，债券可分为贴现债券、附息债券和息票累积债券三种。贴现债券是低于债券票面额发行；付息债券按规定时间（一般为每年）付息；而息票累积债券是到期一并支付利息和票面金额本金。

专栏 5-1

债券内在价值与收益率

从投资者角度上，债券与股票、不动产、黄金、艺术品等一样，也是资产配置（Asset Allocation）中最重要的资产之一。债券的内在价值和债券收益率是投资人是否投资债券的重要依据之一。

---

① 2008 年，中国人民银行公布了《银行间债券市场非金融企业债务融资工具管理办法》（中国人民银行令〔2008〕第 1 号）。2011 年 4 月 29 日，中国银行间市场交易商协会发布《银行间债券市场非金融企业债务融资工具非公开定向发行规则》。

② 根据我国相关规定，私募债券的投资者合计不得超过 200 人。日本证券法规定，凡投资者超过 50 人的债券为公募债券，反之则为私募债券。

③ 上海证券交易所和深圳证券交易所于 2012 年 5 月 22 日分别发布实施《上海证券交易所中小企业私募债券业务试点办法》和《深圳证券交易所中小企业私募债券业务试点办法》，根据办法，合格投资者可通过上交所固定收益证券综合电子平台、深交所综合协议交易平台或证券公司进行私募债券转让。私募债券以现货及沪深交易所认可的其他方式转让。采取其他方式转让的，需报经中国证监会批准。通过证券公司转让的，转让达成后，证券公司须向交易所申报，并经交易所确认后生效。

债券内在价值是一种理论价格，是未来各期利息支付额的现值（Present Value）加到期偿还本金的现值之和。当债券的内在价值高于它的市价时，投资人倾向于购入，反之，该债券就会被视为不理想的债券。

在计算内在价值时，涉及的重要指标是债券收益率。债券收益率是投资于债券每年产生的收益总额与投资本金总量之间的比率。在具体计算中，又可以分为当期收益率、到期收益率和提前赎回收益率三种。

按照债券付息方式，债券可分为三种：贴现债券、附息债券（固定利率债券和浮动利率债券）、息票累积债券（债券到期时一次性获得本息）。

贴现债券又称"贴息债券"，投资者债券发行时以低于面额的价格购买，发行人到期按债券面额兑付而不另付利息。

内在价值公式：

$$V = \frac{A}{(1+y)^T}$$

式中，V 是内在价值，A 是债券面值，y 是债券预期收益率，T 是债券到期时间。

浮动利率债券是指发行时规定债券利率随市场利率定期浮动的债券，浮动利率债券往往是中长期债券。

固定利率债券，又称定息债券或直接债券（Level-coupon Bond），按照票面金额计算利息，票面上可附有作为定期支付利息凭证的息票，也可不附息票。

$$V = \frac{c}{(1+y)} + \frac{c}{(1+y)^2} + \frac{c}{(1+y)^3} + \cdots + \frac{c}{(1+y)^T} + \frac{A}{(1+y)^T}$$

式中，V 是内在价值；c 代表每期支付利息（面值×票面利率）；A 代表面值；y 是该债券的预期收益率；T 是债券到期时间。

按债券的到期期限分类，债券可分为短期债券、中期债券和长期债券。1 年以下为短期债券，1～10 年为中期债券，10 年以上为长期债券。长期债券的期限弹性也较大，甚至有政府或企业发行的"百年债券"。

永续债是一种没有明确到期期限的债券，即"可续期债券"，由企业或银行发行。永续债是一种具有股权功能的债权融资工具，所以本质上是一种混合型债券。永续债约定债券到期发行人可以行使续期的权利，从而满足会计准则要求，计入权益而不是负债[①]。

很多债券在发行时规定相关主体附有选择权，属于含选择权债券，主要有可赎回债券、可转换债券（Convertible Bond）、可回售债券（卖回债券）、附认股权证债券（可分离债券）等。在可转换债中，还有一种特殊类型是可交换债券（Exchangeable Bond）。

二、与文化产业关系密切的几种债券

中小企业集合债券、小微企业增信集合债券、私募可转换债券、创新创业公司债券、PPP 项目专项债券是我国债券市场实践中比较有特色的几种债券，有较强的政策性，而且与文化产业关系密切。

---

① 2014 年 3 月，财政部发布《金融负债与权益工具的区分及相关会计处理规定》中明确，若发行人对于金融工具不存在支付本息的义务，那么金融工具可计入权益，否则计入负债。2017 年 12 月 20 日，上交所和深交所分别发布了《上海证券交易所公司债券预审核指南（四）特定品种——可续期公司债券》和《深圳证券交易所公司债券业务办理指南第 3 号——可续期公司债券业务》。

1. 中小企业集合债券

中小企业集合债券是一种企业债。这种债券通过牵头人组织，以多个中小企业所构成的集合为发债主体，特点是"统一冠名、分别负债、统一担保、集合发行"。中小企业集合债券属国家发展改革委管理。我国政府曾于 2013 年明确鼓励发行中小企业集合债券，鼓励逐步扩大中小企业集合债券发行规模[①]。但因为中小企业集合债的主体涉及较多，风险易发程度高，监管部门在发行条件上也相对严格，所以一直处于进退维谷的困境。

2. 小微企业增信集合债券

小微企业增信集合债券（简称"小微债"）是由国家发展改革委监管的一种企业债券，是为了解决小微企业融资难问题而推出的。其原理是由特定企业发行，募集资金后，通过商业银行以委托贷款形式投资小微企业。这种债券的发行主体一般为符合条件的国有企业和地方政府投融资平台。

在实践中，小微企业增信集合债券的风险较高，因而我国政府鼓励地方政府出台财政配套措施，采取政府风险缓释基金、债券贴息等方式支持小微企业增信集合债券[②]。我国政府对小微企业增信集合债券的发行管理有严格的规定，主要内容包括委贷银行、委贷对象、委托贷款集中度[③]、委贷资金监管等方面。

3. 私募可转换债券

我国政府为了加快培育和发展战略性新兴产业，鼓励"积极探索开发低信用等级高收益债券和私募可转债等金融产品"[④]。其中的私募可转债是一种私募债券，是以非公开方式发行和转让的可转换为股票的企业债券。一般又称为"非公开发行可转换公司债券"，发行的主体原为创新创业公司，后扩展到非上市公司。

我国的私募可转债可以在证券交易所、区域性股权交易市场发行。在区域性股权市场能够进行私募可转债发行和转让，对文化产业来说是一个很好的融资渠道。2017年，我国政府和监管部门明确了区域股权市场可以发行私募可转债的政策，全国各地区域股权交易中心开始探索发行私募可转债[⑤]。

[①] 见 2013 年 7 月 23 日国家发展改革委发布的《国家发展改革委关于加强小微企业融资服务支持小微企业发展的指导意见》（发改财金〔2013〕1410 号）。

[②] 见 2013 年 7 月 23 日国家发展改革委发布的《国家发展改革委关于加强小微企业融资服务支持小微企业发展的指导意见》（发改财金〔2013〕1410 号）。

[③] 根据 2015 年《国家发展改革委办公厅关于简化企业债券审报程序加强风险防范和改革监管方式的意见》（发改办财金〔2015〕3127 号）附件《小微企业增信集合债发行管理规定》，在对单个委托贷款对象发放的委托贷款资金累计余额不得超过 1 000 万元且不得超过小微债募集资金规模的 3％。2017 年国家发展改革委印发《社会领域产业专项债券发行指引》中"对小微债募集资金委托贷款集中度的要求"规定：以小微企业增信集合债券形式发行社会领域产业专项债券，可将委托贷款集中度的要求放宽为"对单个委贷对象发放的委贷资金累计余额不得超过 5 000 万元且不得超过小微债募集资金规模的 10％"。

[④] 见 2010 年国务院发布的《国务院关于加快培育和发展战略性新兴产业的决定》（国发〔2010〕32 号）。

[⑤] 根据国务院办公厅在 2017 年 1 月印发《国务院办公厅关于规范发展区域性股权市场的通知》（国办发〔2017〕11 号），区域性股权市场可以发行或者转让证券："在区域性股权市场发行或转让证券的，限于股票、可转换为股票的公司债券以及国务院有关部门按程序认可的其他证券，不得违规发行或转让私募债券"。2017 年 5 月中国证监会发布的《区域性股权市场监督管理试行办法》（第 132 号令）中指出，企业可在区域性股权市场非公开发行可转换为股票的公司债券。

专栏 5-2

五行时代发布非公开发行私募可转债方案

河南五行时代文化传播股份有限公司（证券简称：五行时代，证券代码：871804）于2017年8月16日在新三板挂牌。公司的主要产品有公共关系服务、广告代理服务、演艺承运服务等。2018年7月12日，五行时代（871804）发布关于非公开发行私募可转债方案的公告。

公告显示，为拓宽公司融资渠道，补充经营发展所需资金，五行时代拟在中原股权交易中心以非公开方式发行私募可转债。认购主体为河南省中原科创风险投资基金，本次非公开发行私募可转债票面总额不超过人民币1 000万元。本期私募可转债期限为18个月，自发行成功之日起算，票面利率及付息方式为固定利率，按年计息，不计复利。

（根据公开资料整理）

4. 创新创业公司债

创新创业公司债简称"双创债"，是为了满足创新创业企业融资需求而推出的一种新兴的公司债券品种。根据2017年7月中国证监会发布《中国证监会关于开展创新创业公司债券试点的指导意见》，创新创业公司债"是指符合条件的创新创业公司、创业投资公司，依照《中华人民共和国公司法》《中华人民共和国证券法》《公司债券发行与交易管理办法》和其他法律法规及部门规章发行的公司债券"。创新创业债发行主体范围包括创新创业公司、募集资金专项投资于创新创业公司的公司制创业投资基金和创业投资基金管理机构。

双创债属于新兴产品，其形式类似于美国20世纪80年代的高收益债，高收益债是信用评级较低但其票面收益率高于投资等级的债券[1]，收益率通常比高评级债券和国债更高。

专栏 5-3

传视影视发行双创债

苏州传视影视传媒股份有限公司（新三板证券代码832455，简称"传视影视"）于2016年试点非公开发行公司债券（双创债——16传视S1）。根据《苏州传视影视传媒股份公司2016年非公开发行创新创业公司债券发行结果公告》，该公司发行创新创业公司债券总额为2 000万元，每张票面金额为100元，按面值平价发行。债券发行期限为3年，附第2年投资者回售选择权。此次债券以非公开方式通过深圳证券交易所发行，发行工作于2016年11月2日结束，实际发行规模为2 000万元，票面利率7%。募集资金用途为补充公司运营资金。

"16传视S1"是深圳证券交易所债券市场首单双创债。影视传媒行业属轻资产公司，为此，传视影视的股东苏州传影投资咨询中心（有限合伙）向苏州市聚创科技小额

---

① 一般穆迪评级低于Baa，标准普尔评级低于BBB级。由于信用评级较低，高收益债也称为"垃圾债"。

贷款有限公司质押 250 万股，为此次发行双创债提供反担保。

（根据公开资料整理）

5. PPP 项目专项债券

PPP 项目专项债券全称为"政府和社会资本合作（PPP）项目专项债券"。根据 2017 年 5 月国家发展改革委印发的《政府和社会资本合作（PPP）项目专项债券发行指引》，PPP 项目专项债券是"由 PPP 项目公司或社会资本方发行，募集资金主要用于以特许经营、购买服务等 PPP 形式开展项目建设、运营的企业债券"。PPP 项目专项债券的支持重点除了能源、交通运输、水利、环境保护、农业等领域，还包含文化领域的传统基础设施和公共服务领域的项目。对参与或从事文化类 PPP 项目的企业来说，PPP 项目专项债券是较好的债权融资方式之一。

5.1.2　债券市场

债券市场是金融市场的重要组成部分。债券市场的参与者包括发行主体、交易场所、监管机构、结算托管机构和投资者等。

债券市场可以分为发行市场和流通市场。债券发行市场是一级市场，是初次出售新债券的市场。在一级市场，政府、金融机构或工商企业等将债券分散发行到投资者手中。债券流通市场又称二级市场，是针对已发行债券进行投资交易的市场。债券一经发行认购，供需双方即确立了债权债务关系。作为一种流通性较强的金融工具，债券及相关权益可通过二级市场进行转让。

我国债券市场基本信息如表 5-2 所示。

表 5-2　我国债券市场基本信息

国家	中国
货币	人民币（CNY）
格林威治时间	＋8 小时（北京时间，东八时区）
主权信用评级	大公国际 AA＋（本币）/AAA（外币），展望稳定 穆迪 Aa3，展望下调 惠誉 A＋，展望稳定 标普 AA－（长期）/A－1＋（短期），展望下调
主要交易场所	银行间债券市场 交易所债券市场 商业银行柜台市场
债券品种	政府债券 中央银行票据 政府支持机构债券 金融机构债券 企业信用债券 资产支持证券 熊猫债券

续表

国家	中国
交易时间	银行间债券市场 9:00—17:00 交易所债券市场 9:30—11:30，13:00—15:00 商业银行柜台市场 9:00—17:00
结算机制	全额结算；净额结算
债券托管机构	中央国债登记结算有限责任公司（简称中央结算公司） 中国证券登记结算有限责任公司（简称中证登） 银行间市场清算所股份有限公司（简称上清所）
政府相关部门	中华人民共和国国家发展和改革委员会（简称国家发展改革委） 中华人民共和国财政部（简称财政部） 中国人民银行（简称人民银行） 中国证券监督管理委员会（简称证监会） 中国银行保险监督管理委员会（简称银保监会） 中国外汇管理局（简称外管局）

（资料来源：根据中央国债登记结算有限责任公司发布的《中国债券市场概览 2016》改编整理）

我国债券市场有三大托管机构，即中央国债登记结算有限责任公司（简称中央结算公司）、中国证券登记结算有限责任公司（简称中国结算公司，原简称中证登）和银行间市场清算所股份有限公司（简称上清所）。根据中央结算公司《2018 年债券市场统计分析报告》，2018 年全市场登记发行债券 226 000.59 亿元，其中在中央结算公司登记 136 678.28 亿元，上清所登记 57 147.67 亿元，中国结算公司登记 32 174.64 亿元。

我国债券市场主要分为交易所债券市场、银行间债券市场、商业银行柜台交易市场等。债券交易分为债券现券交易、债券回购交易、债券期货交易等方式。

交易所债券市场是以非银行金融机构和个人为主体的场内市场，采用竞价方式交易和做市商制度。交易所市场的债券托管与结算都在中国证券登记结算有限责任公司。银行间债券市场是在交易所债券市场之后建立的交易场所[1]，是商业银行等金融机构进行债券买卖和回购的市场。银行间债券市场主要发行和交易金融债券，符合一定条件的企业债券也可以进入银行间债券市场。从债券交易量上看，银行间债券市场在我国债券市场中占主要地位。商业银行柜台交易市场是银行间市场的延伸，属于零售市场[2]，也是一种债券交易市场的场外市场。

---

[1] 1990 年 12 月，上海证券交易所成立，开始接受实物债券的托管，从此形成了场内和场外交易并存的市场格局。1995 年，因"国债 327"事件影响，国家正式停止一切场外债券市场，证券交易所成为我国唯一合法的债券市场。1997 年上半年，中国人民银行决定商业银行全部退出上海和深圳交易所的债券市场，同时建立了银行间债券市场，我国债券市场自此形成两市分立的状态。

[2] 引自中央国债登记结算有限责任公司发布的年度白皮书《中国债券市场概览 2016》。

除了以上市场，我国的全国中小企业股份转让系统（新三板）可以作为公开发行公司债券和非公开发行公司债券的发行和流通场所；全国中小企业股份转让系统、证券公司柜台可以作为非公开发行公司债券的发行和流通场所①。在我国的区域性股权交易市场可以发行和转让私募可转债。

5.2   文化产业债券

5.2.1   文化产业债券主要类型

不同于信贷融资，债券融资是一种直接融资方式，具有一定的优势，如融资成本较低，大多数的债券利率都低于商业银行贷款利率，而且融资的周期更长，但发行债券的程序和条件更加复杂。

不同于股权融资，债券融资是一种债权融资。债券融资成本是基本确定的，一般来说投资方不会稀释企业的股权，也不分享企业其他收益，不影响企业控制权。但发行债券也可以在股权融资和债权融资上进行变通，如可转换债券，根据一定的条件转换成公司股票，所以发行债券的灵活性较大。

我国政府鼓励和支持文化企业通过发行企业债券（含公司债）进行融资，在很多文化金融专门政策中都有相关的条款。如在 2010 年《关于金融支持文化产业振兴和发展繁荣的指导意见》中有专门的要求：支持文化企业通过债券市场融资。支持符合条件的文化企业通过发行企业债、集合债和公司债等方式融资。积极发挥中债信用增进投资股份有限公司等专业机构的作用，为中小文化企业通过发行短期融资券、中期票据、集合票据等方式融资提供便利。对符合国家政策规定的中小文化企业发行直接债务融资工具的，鼓励中介机构适当降低收费，减轻文化企业的融资成本负担。对于运作比较成熟、未来现金流比较稳定的文化产业项目，可以以优质文化资产的未来现金流、收益权等为基础，探索开展文化产业项目的资产证券化试点。

我们把所有与文化产业有关的债券统称为"文化产业债券"。其中包括一般意义的企业债券、公司债券及其他债券形式进行融资的方式，还包括政府鼓励支持的"文化产业专项债券"（也是一种企业债）。文化产业债券的主要形式为如下四种。

(1)企业债。由文化企业发行，含中小企业集合债、项目收益债券、文化产业专项债券等。

(2)公司债。由文化产业的上市公司或非上市公众公司发行，含公募债券和私募债券。

(3)直接债务融资工具。各类文化企业均可发行，包括超短期融资券、短期融资券、中期票据、中小企业集合票据、非公开定向债务融资工具(PPN)等。

(4)资产支持证券(ABS)，一种特殊的直接融资工具。

按目前中国证监会行业分类标准，与文化产业相关的非金融行业信用债的行业类别为"传播与文化产业"，分为出版、声像、广播电影电视、艺术、信息传播业 5 个大类。这些行业的企业发行的债券可称为狭义的文化产业债券。相应地，我们可以按照

① 见 2021 年《公司债券发行与交易管理办法》（中国证券监督管理委员会令第 180 号）。

国家统计局关于"文化及相关产业"的分类标准，将这个范畴的企业发行的债券都纳入文化产业债券。

我国债券市场的发债主体主要是国有企业和大型民营企业，中小微企业一般很难通过发债方式解决融资问题。我国文化企业大都规模较小，发展历史也较短，适合发债或者有发债资格的企业主体寥寥无几。目前在债券市场发债的文化企业多为国有大型文化企业、上市文化公司等。2007年，中国电影集团公司发行企业债券，是我国第一个发行企业债的文化类企业。

专栏 5-4

2007 年中国电影集团公司企业债券

2007 年 12 月，中国电影集团发行 5 亿元的企业债券，是国内首家获准发行企业债券的文化传媒企业。据介绍，中影集团本期债券募集资金将全部用于投资建设国家电影数字制作基地工程（中影集团电影生产基地）、发展数字院线、新建及改造影院等项目。

根据《2007 年中国电影集团公司企业债募集说明书摘要》，本期债券的基本要素为：

1. 债券名称：2007 年中国电影集团公司企业债券。

2. 债券总额：人民币伍亿元整（RMB 500 000 000）。

3. 债券期限：7 年期，自 2007 年 12 月 13 日起至 2014 年 12 月 12 日止。

4. 债券期限和利率：本期债券为 7 年期固定利率债券，票面年利率为 6.1%，在债券存续期内固定不变。本期债券每年付息一次，采用单利按年计息，不计复利，逾期不另计利息。

5. 发行范围及对象：本期债券通过承销团成员设置的发行网点公开发行。境内机构投资者（国家法律、法规另有规定的除外）均可购买。

6. 还本付息方式：每年付息一次，到期一次还本，最后一期利息随本金的兑付一起支付。

7. 信用评级：经大公国际资信评估有限公司综合评定，本期债券信用等级为 AAA 级，长期主体信用等级为 AA。

8. 债券担保：由中国建设银行股份有限公司授权其北京市分行提供全额无条件不可撤销的连带责任保证担保。

9. 发行期限：自 2007 年 12 月 13 日起至 2007 年 12 月 19 日止。

（根据公开资料整理）

从近年来我国文化产业发行债券的实践看，文化企业发行的债券类型呈现多样化特征。从企业看，一些上市文化公司开始利用多样化债券工具。例如，2016 年蓝色光标先后发行了一般公司债、短期融资券和定向工具 3 支债券，陕西文化产业投资公司先后发行了中期票据、定向工具、超短期融资债券 3 支债券。2016 年，华谊兄弟发行了 4 期债券，其中超短期融资券 1 期（16 华谊兄弟 SCP001），一般短期融资券 2 期（16 华谊兄弟 CP001、CP002），一般中期票据 1 期（16 华谊兄弟 MTN001），见表 5-3。

表 5-3　华谊兄弟 2016 年发行的债券

债券简称	发行日期	发行面额(亿元)	利率	期限(年)	债券类型
16 华谊兄弟 CP001	2016-01-22	6.00	3.45%	1	一般短期融资券
16 华谊兄弟 MTN001	2016-01-28	22.00	4.28%	3	一般中期票据
16 华谊兄弟 CP002	2016-05-04	7.00	3.73%	1	一般短期融资券
16 华谊兄弟 SCP001	2016-09-01	10.00	3.17%	0.74	超短期融资债券

(资料来源：Wind 资讯)

从债券类型来看，文化企业发行的短期品种债占据主要地位，一定程度上反映了金融机构对高流动性、低风险短期资产的偏好。根据 Wind 资讯，在 2016 年发行的 62 支债券中，超短期融资债券 14 支，定向工具 7 支，可转债 2 支，私募债 9 支，一般短期融资券 10 支，一般公司债 6 支，一般中期票据 12 支，证监会主管 ABS 共 2 支。2018 年文化企业发行债券 49 支，其中，超短期融资债券占比 32%(18 支)，一般短期融资券占比 7%(2 支)。中长期债券共 29 支，包括一般中期票据 10 支，一般公司债 8 支，私募债 5 支，可转换债 3 支，可交换债 1 支以及证监会主管资产支持证券 2 支。2018 年文化产业企业发行的债券类型见表 5-4。

表 5-4　2018 年文化产业企业发行的债券类型

债券类型	发行支数	发行金额(亿元)	金额占比(%)	加权平均利率(%)	加权平均期限(年)
超短期融资债券	18	87.20	0.32	4.64	0.62
一般短期融资券	2	19.00	0.07	5.44	1.00
一般中期票据	10	68.00	0.25	5.27	3.24
一般公司债	8	53.09	0.20	5.09	4.66
私募债	5	7.70	0.03	7.79	3.00
可交换债	1	6.20	0.02	1.80	5.00
可转债	3	25.46	0.09	0.51	5.99
证监会主管 ABS	2	5.55	0.02	6.24	17.82
合计	49	272.20	1.00	4.61	3.11

(资料来源：根据 Wind 数据资料统计整理)

虽然我国文化产业发债总体规模增长较快，但在整体债券市场的比例很低。根据 Wind 资讯数据，2018 年我国文化产业企业(证监会行业分类-传播与文化产业)共发行债券 49 支，发行支数占全年债券发行数量的 0.13%。发行金额 272.20 亿元，较 2017 年增加 46%，占全年债券发行总额的 0.08%。以上数据表明，文化产业相关债券规模在债券市场中所占的体量仍然偏小。

5.2.2　文化产业专项债券

所谓专项债券，只是相对一般债券的一种概念，具有很大的灵活性。在我国的财政部门和国家发展改革委两个债券监管和发审系统存在着不同性质的专项债券①。财政部门主要的"地方政府专项债券"属于利率债,可以利用这类债券为具有一定公益性的文化领域重大项目融资。

产业专项债券是由国家发展改革委主管的债券类型之一,属于信用债。产业专项债券是一种与产业发展相关的专项债券,主要是针对相关行业和产业发展特点、在企业债券制度框架内设计的企业债券品种。

2017年8月,国家发展改革委印发《社会领域产业专项债券发行指引》(以下简称《指引》),其中的"文化产业专项债券",主要用于新闻出版发行、广播电视电影、文化艺术服务、文化创意和设计服务等文化产品生产项目,以及直接为文化产品生产服务的文化产业园区等项目。在《指引》中还有"旅游产业专项债券",主要用于旅游基础设施建设、旅游产品和服务开发等项目。由于我国政府部门推动文化和旅游融合发展,这两类产业专项债券往往可以放在一起研究和规划。

发行文化产业专项债券相关规则体现了文化产业的特点,具有积极的意义。如:文化产业专项债券中可以无形资产提供抵质押担保。项目建成后形成商标权、专利权等无形资产的,经中介机构评估后,可将无形资产为债券发行提供抵质押担保。

从实践中看,发行文化产业专项债券的操作性难度较大,有很多难题需要解决。一是文化资产评估和无形资产评估这个基础性难题需要尽快解决;二是文化产业专项债券是企业债,企业发行债券的门槛比较高,需要整合政府融资平台等信用主体,力争扩大债券整体规模;三是需要专门在发债指标、资产负债率要求、募资资金占总投资比、发债期限等方面做全面细化,使其更适应文化生产,更具操作性。

专栏 5-5

文化和旅游部 2019 年文化和旅游产业专项债券项目推荐条件

文化部与国家发展改革委自 2017 年 11 月起开始组织"文化产业专项债券及产业基金融资对接交流活动",文化和旅游部组建后,2019 年改为"文化和旅游产业专项债券及投资基金融资对接交流活动",该活动通过在全国各地进行的预选、遴选活动选择一些符合条件的项目,并在项目推介、入选项目平台、深圳文交所挂牌等方面提供服务。

根据文化和旅游部产业发展司《关于推荐文化和旅游项目参加 2019 年文化和旅游产业专项债券及投资基金融资对接交流活动的通知》,文化和旅游产业专项债券项目推荐基本条件如下:

(一)发行主体

境内注册的非金融类企业法人;

---

① 由财政部主管的地方政府债券中,分为一般债券和专项债券。无收益公益性项目主要通过地方政府一般债券解决;有一定收益的公益性项目要通过地方政府专项债券、PPP 等方式解决。根据财政部相关文件,所谓"地方政府专项债券"是指省、自治区、直辖市政府(含经省级政府批准自办债券发行的计划单列市政府)为有一定收益的公益性项目发行的、约定一定期限内以公益性项目对应的政府性基金或专项收入还本付息的政府债券。从这个定义我们可以看出地方政府专项债券的特征:一是为专门的项目而发行;二是收益债券。地方政府专项债券属于利率债。

成立时间满三年；最近三年无重大违法违规行为；发行人前一次公开发行债券已募足、债务未处于违约或者延迟支付本息状态、未擅自改变前次企业债券募集资金用途；发行人主体评级不低于 AA－，债项评级不低于 AA。

（二）募投项目

募投项目符合国家文化和旅游产业政策规划和行业发展方向；项目资本金比例符合国家规定，使用债券资金不超过项目总投资 70％；项目有经营性收入，不支持公益性项目（没有收益，或项目收益主要来自土地出让、政府回购、政府补贴等）。

（三）财务

净资产：净资产不低于 3 000 万元人民币；

债券余额：公开发行债券余额不超过最近一个会计年度净资产的 40％；非公开发行债券余额不超过最近一个会计年度净资产的 60％（非公开发行项目收益债券除外）。

资产负债率：对于一般产业类企业，主体评级 AA 及以下的，不超过 75％；主体评级 AA＋及以上的，可申请放宽要求。

净利润：发行企业债券前连续 3 年盈利；最近 3 年平均净利润足够支付本次债券一年利息。

政府应收款占比：对于债项评级 AA 及以下的，政府类应收款占净资产的比例原则上不超过 60％；对于债项评级 AA＋及以上的，比例不受限制。

补贴收入比例：财政补贴与营业收入比例不超过 3∶7。

（资料来源：根据文化和旅游部产业发展司《关于推荐文化和旅游项目参加 2019 年文化和旅游产业专项债券及投资基金融资对接交流活动的通知》等整理）

5.3　文化产业资产证券化

5.3.1　资产证券化概念、流程及分类

资产证券化（Securitization）是一种特殊的直接融资方式，虽然是一种债券，但具有结构化金融产品特点。资产证券化的原理是以一些流动性差但具有稳定现金流的资产作为基础资产，设计并向投资者发行一种可交易的凭证来进行融资。在这个过程中，所谓可交易的凭证形成了一种金融工具，即资产支持证券（Asset-backed Securities，ABS），其中一年内短期偿付的产品称为资产支持票据（ABN）。

1970 年，首款抵押贷款支持证券（MBS）产生于美国，是资产证券化的开端，后证券化形式逐步推广到全世界，出现了很多资产证券化类型。资产证券化曾经在 2008 年美国发生的"次贷危机"中广受质疑。

资产证券化的基础是能够进行证券化的"资产"，更进一步说，是预期有稳定的现金流的资产。按照资产性质划分，可以分为债权类资产、收益类资产、权益类资产等。按照资产归属部门划分，可以分为银行机构资产、非银行金融机构资产和一般工商企业资产。银行资产主要是信贷资产，信贷资产证券化是资产证券化的主要形式，进行证券化可增加流动性。工商企业的资产进行证券化，能够盘活企业现有流动性较差的资产而获得融资。

基础资产还可分为金融资产（信贷资产等）和实体资产（包括实物资产和无形资产）。

资产证券化基本流程包括：选定或重组基础资产、设立特殊目的实体（或"特殊目的载体"，即 SPV）、信用增级、发售证券、支付本金和收益等（具体见表 5-5）。

表 5-5 资产证券化的基本流程描述

流程内容	说明
发起人（原始权益人）选定基础资产。单项资产，或将其能产生稳定现金流的资产进行重新组合，设立资产池	债权类资产、收益类资产、权益类资产等
设立特殊目的实体（Special Purpose Vehicle，SPV），将基础资产"真实出售"给 SPV，形成破产隔离机制	
SPV 通过信用增级（Credit Enhancement），提升该资产的信用级别，并维持在一定投资级别水平	
SPV 以该资产为基础向投资人发行证券，募集资金	这一部分一般要通过证券承销商完成
SPV 用发行证券筹集的资金，支付原始权益人（发起人）作为转让出售资产的对价，发起人完成融资	
SPV 按约定用受让资产产生的收入向投资人支付本金和收益，直至资产证券化产品到期	

资产证券化的基本要素包括四个方面。

（1）基础资产。如何确定基础资产是证券化能否顺利进行的基础，根据不同的监管要求、不同的市场情况，基础资产选择都是不同的。一般来说，不同类型且缺乏相关性的资产不宜进行组合。我国实行"资产证券化业务基础资产负面清单"管理制度[1]。

（2）现金流。由于现金流是偿付基础，具有稳定现金流是资产证券化的基础条件。现金流包括基础资产现有合同（如债权合同）的现金流，还有未来预期现金流，后者具有较大的风险。

（3）特殊目的实体（SPV），即所谓的结构化设计。有些资产证券化设计"双 SPV"结构。在我国的双 SPV 设计实践中，SPV1 通常为信托，SPV2 为"资产支持专项计划"。

（4）信用增级。内部增信机制包括优先/次级分层、超额现金流覆盖和支付保证金等；外部增信主要是第三方提供的信用担保、资产抵质押、差额支付承诺[2]等。

---

[1] 2015 年，中国证券基金业协会发布《资产证券化业务基础资产负面清单指引》，开始实行"资产证券化业务基础资产负面清单"管理制度，负面清单列明不适宜采用资产证券化业务形式、或不符合资产证券化业务监管要求的基础资产。

[2] 差额支付承诺是一种保证，当基础资产（资金池）中的部分债权到期后，如果现金流的回款不足以偿付本息，则由第三方差额支付义务人负责支付差额。

　　我国在 20 世纪 90 年代开始探索资产证券化。根据监管部门及监管政策①以及交易场所的不同，目前我国资产证券化可分为三种模式。

　　(1)中国银保监会主管的信贷资产证券化，发起主体是银行业金融机构，交易场所为银行间交易市场。我国政府鼓励"推进符合条件的文化信贷项目资产证券化，释放信贷资源，缓解金融机构资本充足率压力②"。

　　(2)中国证监会和中国证券投资基金协会主管的企业资产证券化，企业资产证券化的发起主体是工商企业。根据中国证券业基金会相关文件及解释，资产支持证券(ABS)可以在证券交易所、全国中小企业股份转让系统、机构间私募产品报价与服务系统、证券公司柜台市场以及中国证监会认可的其他证券交易场所进行挂牌、转让③。这是文化企业需要重点关注的模式。我国的企业资产证券化始于 2005 年④。

　　(3)银行间市场交易商协会主管的资产支持票据(ABN)，发起主体包括金融机构和工商企业，发行和交易场所为银行间交易市场。

　　与普通的企业债券比较起来，资产证券化产品最大的特点是形成了破产隔离机制。资产证券化是基于特定资产的。资产证券化设计时由于发起人将基础资产"真实出售"给了另一个法律实体，即 SPV，即便是发起人有破产风险，也不会将该资产纳入破产清算范围，因而也不会影响到该证券的持有者的利益。这种基于法律逻辑的机制设计，使资产证券化形成了一种破产隔离机制。

　　由于发起资产证券化是结合资产端的融资设计，使用的是资产信用，而发行普通的企业债券使用的是企业信用，并不与特定资产相结合，是一种纯粹的负债。所以事实上资产证券化机制分离了债务风险，能够优化企业负债结构。

5.3.2　文化产业资产证券化

一、基础资产的选择和资产池的设计

　　文化产业资产证券化很重要的特点是其基础资产与文化企业或文化资产有高度的关联性。资产证券化的基础资产可以分为收益权类、债权类和权益类(不动产类)，还有衍生的一种信托受益权资产。按照这个分类，文化产业的资产证券化也可以从这几个方面来认识，见表 5-6。

---

　　① 目前，我国关于资产证券化的主要法律法规有：银行业金融机构信贷资产证券化方面的《信贷资产证券化试点管理办法》(中国人民银行、中国银行业监督管理委员会公告〔2005〕第 7 号)；《金融机构信贷资产证券化试点监督管理办法》(中国银行业监督管理委员会令第 3 号)；企业资产证券化方面的《证券公司及基金管理公司子公司资产证券化业务管理规定》(证监会公告〔2014〕49 号)；《银行间债券市场非金融企业债务融资工具管理办法》(中国人民银行令〔2008〕第 1 号)等。

　　② 见 2014 年发布的《关于深入推进文化金融合作的意见》中(十二)"创新文化资产管理方式"：推进符合条件的文化信贷项目资产证券化，释放信贷资源，缓解金融机构资本充足率压力，盘活存量资产，形成文化财富管理。鼓励资产管理机构和金融机构市场化处置改制文化企业资产。提高文化类不良资产的处置效率。

　　③ 见中国证券投资基金业协会 2014 年发布的《资产支持专项计划备案管理办法》。

　　④ 2005 年 8 月，中国联通 CDMA 网络租赁费收益权资产证券化项目成立，这是证监会批准的第一个企业资产证券化试点项目。

表 5-6　文化产业资产证券化可选基础资产类型

大类	类别	内容
基础类型	债权类基础资产	主要指与文化企业相关的各种应收款、融资租赁债权(融资租赁公司发行ABS)等,一般由银行业金融机构发起 • 文科租赁 3 期资产支持证券 • 第一创业－文科租赁一期资产支持专项计划
	收益类基础资产	主要指各类收入,如公共事业收入、企业经营收入等,其中最重要的一类是收费收益权,是资产证券化中最常见的基础资产类型。文化领域适合做基础资产的包括:音乐版权收入、电影版权收入、院线电影票房收入、旅游景区门票收入、广告经营收费等。付费的文化数据版权(数据资产)具有可预测现金流,也可作为资产证券化的基础资产。 典型案例: • 鲍伊债券 • "梦工厂"电影资产证券化 • 欢乐谷主题公园入园凭证专项资产管理计划
	权益类基础资产	主要指物业等不动产
衍生类型	信托受益权基础资产	基于以上资产设立信托计划形成信托受益权,以信托受益权为基础资产再进行资产证券化[1]。案例: • "银河金汇－今典 17.5 影院信托受益权资产支持专项计划"(今典院线) • 星美国际影院信托受益权资产支持专项计划
其他类型	PPP 项目基础资产	在项目运营阶段,项目公司作为发起人(原始权益人),可以按照使用者付费、政府付费、可行性缺口补助等不同类型,以能够给项目带来现金流的收益权、合同债权作为基础资产,发行资产证券化产品[2]

债权类和权益类比较,债权类风险低,更安全。基础资产可以是单项财产权利或者财产,也可以是多项财产权利或者财产构成的资产组合。出于风险管理的考虑,文化企业的资产证券化的基础资产一般需要更有层次的资产结构,如电影必须要用电影集合的形式形成资产池。

二、交易结构设计、SPV 及信用增级

企业资产证券化交易结构的主体主要包括:发起人(原始权益人)、原始债务人、特殊目的实体 SPV(一般为发行人)、投资人(一般为银行等机构投资者)、托管银行、证券承销商、信用增级机构、信用评级机构以及登记结算、交易场所等基础服务机构。

---

① 根据中国证监会《资产证券化监管问答(一)》:以单一信托受益权为基础资产,基础资产除必须满足现金流独立、持续、稳定、可预测的要求之外,还应当依据穿透原则对应和锁定底层资产的现金流来源,同时现金流应当具备风险分散的特征。无底层现金流锁定作为还款来源的单笔或少笔信托受益权不得作为基础资产。见中国证监会网站。

② 2017 年 6 月 7 日,财政部、中国人民银行、中国证监会《关于规范开展政府和社会资本合作项目资产证券化有关事宜的通知》(财金〔2017〕55 号)。

交易结构见图 5-1。

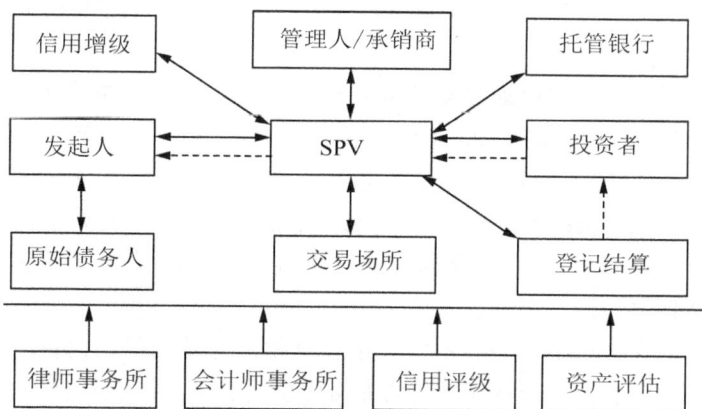

图 5-1　资产证券化一般交易结构

在我国，企业资产证券化的 SPV 也称为"资产支持专项计划"，按规定，企业资产证券化也可以其他实体作为 SPV。在我国的资产证券化实践中，还有管理人角色。按照《证券公司及基金管理公司子公司资产证券化业务管理规定》（证监会公告〔2014〕49号）定义，"管理人是指为资产支持证券持有人之利益，对专项计划进行管理及履行其他法定及约定职责的证券公司、基金管理公司子公司"。管理人不得让渡管理责任、开展"通道"类业务①。

SPV 有信托型、公司型等形式，与金融资产证券化不同，我国证监会要求企业资产证券化的 SPV 为"资产支持专项计划"。一些产品还可采取"双 SPV"模式，如"银河金汇－今典 17.5 影院信托受益权资产支持专项计划"。除了 SPV，需要特别注意律师事务所、会计师事务所、信用评级机构的选择，这些机构应对文化企业特点尤其对知识产权相对熟悉并有经验。

文化企业应能够合理进行信用增级（或信用增进）。信用增级决定信用评级，是风险评价的依据，是资产证券化设计的核心问题。对于文化企业来说，要么企业规模小，要么没有重资产可用来抵押，因而信用增级尤其困难。即使设计了资产证券化产品，如果在信用评级上没有优势，发行产品也有较大难度。以集合的方式将不同的中小企业的资产设计到一个资产池的产品虽然有利于增信，但需要对资产主体分别进行主体信用评估。

一些大型国有文化企业因具有较好的资源背景，可以通过外部来进行信用增级，主要是通过第三方的信用担保、资产抵质押、差额支付承诺等。

三、知识产权证券化和版权证券化

版权证券化是知识产权证券化的主要类型之一。在知识产权证券化交易结构中，发起人（原始权益人）将具有可预期现金流的知识产权作为基础资产，转移给一个特殊目的实体（SPV），由 SPV 向投资者发行一种基于该基础资产的证券产品，由此达到融

---

① 2018 年 12 月 24 日，证监会发布《资产证券化监管问答（二）》：证券公司、基金管理公司子公司等开展资产证券化业务，应当严格按照《证券公司及基金管理公司子公司资产证券化业务管理规定》等法律法规要求，建立健全内控机制，切实履行管理人职责，依规独立进行尽职调查和存续期管理。

资的目的。用于证券化的基础资产包括版权、专利权、商标权等。虽然我国高科技产业发展较早，科技金融服务体系相对文化金融更为完善，但在专利权资产证券化方面仍然也只是探索。

从世界范围看，知识产权证券化是从版权证券化开始的。在国际上，文化产业领域的资产证券化产生于20世纪90年代，发展相对成熟。1997年，鲍伊债券（Bowie Bond）、1997年美国"梦工厂"公司发行的电影影片票房ABS、英国蚕蛹音乐集团案等都是比较经典的案例。蚕蛹音乐集团以其英国发行公司所拥有的音乐作品版权收益为支撑，发行债券规模高达6 000万英镑，发行期限为15年，是迄今为止欧美最大的音乐版权证券化案例之一。

美国的鲍伊债券（Bowie Bond）是以音乐版权收入为基础资产的资产支持证券，不仅开创了版权证券化和知识产权证券化的先河，也是整个资产证券化领域的经典之作。1997年，美国"梦工厂"发行的电影影片票房ABS等都是受到鲍伊债券的影响。"梦工厂"以14部电影作为基础资产发行资产支持证券，后来又在资产池中加入24部电影，发行了总额约5.56亿美元的资产支持证券；2002年，继1997年和2000年之后进行了第3次证券发行，共募集资金10亿美元[①]。

在美国的知识产权证券化初始阶段的前几年，以音乐版权、电影版权等为基础资产的版权证券化占了知识产权证券化的大部分。鲍伊债券之后，金融业对资产证券化产品的认识大大拓宽，专利权证券化、商标权证券化产品也被开发出来。

专栏 5-6

开创知识产权证券化先河的鲍伊债券

大卫·鲍伊（David Bowie, 1947—2016）是摇滚音乐人，成名于20世纪70年代。1997年，大卫·鲍伊为了摆脱融资困境，与法内斯托克公司的投资银行家大卫·普尔曼（David Pullman）合作，推出了此后非常著名的债券类型——"鲍伊债券"。鲍伊债券以鲍伊25张音乐专辑作为基础资产私募发行资产支持证券，融资总规模为5500万美元。债券的最终发行利率为7.9%。

鲍伊债券的发行人（原始权益人）为琼斯/丁托列托娱乐公司（Jones/Tintoretto Entertainment Corp），将鲍伊委托的1990年以前录制的25张音乐专辑作为基础资产出售给SPV，SPV支付购买价格。SPV采取私募发行方式发行债券，该债券由保德信保险（Prudential Insurance）的子公司保德信证券投资信托公司全额认购。鲍伊的唱片经销商百代唱片公司（EMI Group）为该债券作了担保，成为这一资产证券化产品的增信方式。百代唱片同时作为鲍伊唱片的销售商为SPV提供现金流。著名信用评级机构穆迪对鲍伊债券十分认可，给了该债券A3级的较高级别评价，该债券也是穆迪首次对音乐版权证券化产品进行评级。

鲍伊债券被认为是文化产业资产证券化的开端。2008年金融危机爆发之后，一些

---

① 钟基立. 文创与高新产业融资——知识产权价值挖掘的交易设计与风险管理[M]. 北京：北京大学出版社，2015.

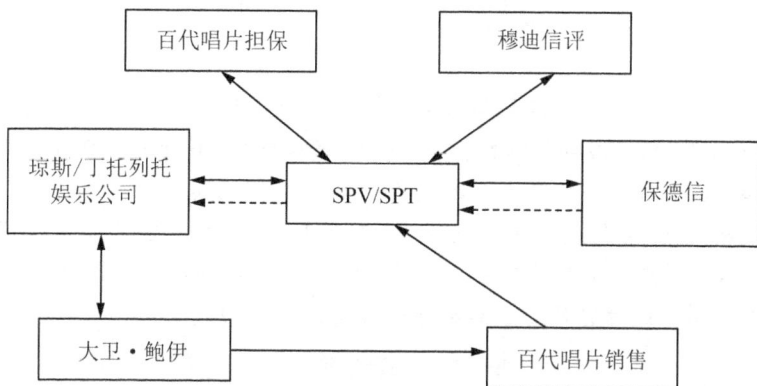

图 5-2　鲍伊债券交易结构

媒体曾指责鲍伊是"资产证券化泛滥的始作俑者"，但这并不影响鲍伊债券在金融产品创新史上的地位。

（根据公开资料整理）

在所有资产证券化的类型中，围绕与版权相关的基础资产进行的资产证券化更能体现文化产业融资的特点。在文化产业界，电影版权、音乐版权等都是较为适合进行证券化的资产。

版权与专利权不同，取得专利权的初衷多数为防御型诉求，是为了不被侵权，在专利的收益方面并不明确，而且大多数专利权的收益都混合于产品体系当中，难以单独计量，除非通过授权获得利益。版权则不同，版权的收益往往是清晰的，无论是通过播出、演出还是复制获得的收益都可以计量在特定版权产品之上。因为在收益上的特点，版权被认为是最适合进行资产证券化的无形资产类型，这也是为什么在知识产权证券化发展初期的案例多数产生于版权领域。

我国在版权证券化方面也有一定的探索。在北京市文化科技融资租赁股份有限公司发行的"文科租赁 3 期资产支持证券""第一创业－文科租赁一期资产支持专项计划"中，资产池中的资产有一部分为影视、文学等版权。2018 年 12 月，在上海证券交易所成功获批发行的"奇艺世纪知识产权供应链金融资产支持专项计划"中，基础资产为电视剧版权交易形成的应收账债权。

国际上比较成功的版权资产证券化案例多以版权相关收益权本身为直接的基础资产，而且资产池中的资产性质具有同一性特点，较容易进行资产评估和现金流预测。但在我国目前出现的与版权相关的案例中，都不是与版权相关收益权本身直接相关的，而是将其设计为债权资产（如租赁债权）或与其他资产"混搭"为一个资产池的方式。

另外，国际上成功的版权证券化资产池中，已经出现了将未来资产纳入的情况，但我国必须用既有资产才能获得认可。前者如将来计划拍摄的电影版权，后者如已经上映的电影版权。之所以有此不同，应与我国知识产权保护环境、信用环境以及资产评估能力等有直接关系。

专栏 5-7

文科租赁 3 期资产支持证券

2018 年 3 月 12 日，由华菁证券担任计划管理人的"文科租赁 3 期资产支持证券"于中证机构间私募报价系统成功发行。本次专项计划发行规模 8.39 亿元，优先级资产支持证券的总规模为 7.97 亿元，其中优先 A 级为 3.93 亿元，AAA 评级；优先 B 级为 2.65 亿元，AAA 评级；优先 A3 级为 1.39 亿元，AAA 评级；次级为 0.42 亿元，由北京市文化科技融资租赁股份有限公司全额认购（见表 5-7）。

表 5-7　产品资产池概况

反映基本情况的指标	金额/数量
未偿本金余额（元）	44 829 771 758
承租人数量	38
租赁合同笔数	34
合同本金总额（元）	501 767 200.00
单笔租赁合同最高本金余额（元）	80 000 000.00
单笔租赁合同平均本金余额（元）	14 757 858.82
集中度	比例
本金余额最高的前五名承租人集中度（%）	57.44

专项计划的一大特点是基础资产对应的租赁物主要为专利权、商标权、文字作品和计算机软件著作权等无形资产。

本项目的基础资产为北京市文化科技融资租赁股份有限公司对承租人享有的租金请求权和其他权利及其附属担保权益。从租赁标的来看，本次产品的基础资产涉及 34 笔租赁合同，其中 17 笔以无形资产为租赁标的物，涵盖剧本著作权、软件著作权、设计专利权等。

（根据公开资料整理）

四、影院票房和入园凭证 ABS

文化设施和项目门票收入等收益权也是文化产业资产证券化的基础资产选项。我国在实践中曾推出了一些电影院线票房 ABS 和景区、主题公园等入园凭证 ABS，但也遇到了很多问题，被监管部门严格限制[①]。

影院票房资产证券化不同于电影版权证券化，后者是以制片方和发行方的版权中的放映权让渡为基础的票房分账为基础，与资产池中每一部具体的电影作品有关。影院票房与具体的电影作品无关，是指特定数量的影院在特定时间内的所有票房收入。这类资产证券化的典型案例是 2016 年 5 月由今典集团发行的"银河金汇—今典 17.5 影

---

① 2019 年 4 月 19 日，中国证监会公司债券监管部发布《资产证券化监管问答（三）》。其中：对于电影票款、不具有垄断性和排他性的入园凭证等未来经营性收入，不得作为资产证券化产品的基础资产现金流来源。

院信托受益权资产支持专项计划"（今典院线）。这一案例中，由平安信托向借款人今典集团发放金额 10 亿元的信托贷款，今典集团承诺以其拥有的 78 家票房收入出质影院未来特定期间内（2016 年至 2020 年每年 7 月 1 日至 12 月 31 日）的票房收入作为偿还来源。

具有文化特色的景区、主题公园、游乐园等是文化旅游产业的重要组成部分，这些项目的入园凭证（门票收益权）资产证券化在近年受到业界青睐。2012 年，华侨城发行"欢乐谷主题公园入园凭证专项资产管理计划"，被认为是首个入园凭证 ABS，此后陆陆续续发行了数十个类似项目，如：2015 年，北京八达岭索道有限公司发行的"北京八达岭索道乘坐凭证资产支持专项计划"；2018 年，平遥古城景区管理有限公司发行的"交银施罗德－平遥古城资产支持专项计划"等。

>>> 学习重点和难点

债券是最重要的债权类金融工具之一。本章的重点包括：文化产业专项债等文化产业特色债券产品相关知识；文化产业资产证券化、版权证券化的基本知识。

本章的难点是：企业债券作为信用债的特点；资产证券化的特点；版权证券化的特点。

>>> 复习思考题

1. 文化产业债券主要有哪些类型？有什么特点？
2. 文化产业领域资产证券化的基础资产有哪些？
3. 结合案例，分析院线票房 ABS、入园凭证 ABS 的利弊。

>>> 参考文献及推荐书目

[1] 张亦春，郑振龙，林海. 金融市场学 [M]. 5 版. 北京：高等教育出版社，2017.

[2] 王国刚. 资本市场导论 [M]. 北京：社会科学文献出版社，2014.

[3] 吴庆念. 债券融资——破解科技型中小企业融资难题 [M]. 杭州：浙江工商大学出版社，2015.

[4] 周沅帆. 中小企业私募债：中国式高收益债券 [M]. 北京：中信出版社，2013.

[5] [美] 弗兰克·J. 法博齐，[美] 维诺德·科塞瑞. 资产证券化导论 [M]. 宋光辉，刘璟，朱开屹，译. 北京：机械工业出版社，2014.

[6] 钟基立. 文创与高新产业融资——知识产权价值挖掘的交易设计与风险管理 [M]. 北京：北京大学出版社，2015.

[7] 杨延超. 知识产权资本化 [M]. 北京：法律出版社，2008.

第6章 文化企业上市融资与股权交易市场

学习目标

1. 理解并掌握股权、股票、证券等基本概念。

2. 了解证券交易市场相关概念和基础知识，了解我国文化企业发行股票和上市的情况。

3. 了解全国中小企业股份转让系统(新三板)基本知识，理解文化企业与新三板的关系。

4. 了解我国区域性股权交易市场发展历程、特点和运行方式，理解区域性股权交易市场与文化产业的关系。

关键术语

股权　股票　证券　证券交易　首次公开募股　上市公司　注册制　投资银行　新三板　做市商　区域性股权交易市场

导　言

股票市场和股权交易市场都是特指具有特定交易机制和组织形式的交易场所，可以分为场内交易市场和场外交易市场(OTC)。在这一章，我们将学习证券交易市场的主板市场、科创板、创业板(二板市场)、全国中小企业股份转让系统(新三板)和区域性股权交易市场(四板市场)的相关基础知识。

本章与第7章的股权投资基金市场，同是股权类文化金融活动的内容。通过学习，可以基本了解股权资本市场与文化产业的关系，了解文化企业如何通过股权资本市场进行融资活动。

6.1 股票市场与上市文化企业

在股票市场上市是很多文化企业的梦想。在资本金融时代，能够以公众公司的身份在资本市场上取得一席之地，不仅是融资的问题，其中还包含更多的意义。

6.1.1 股票市场及企业上市

一、股权、股票和证券

股权是有限责任公司或者股份公司的股东享有的获得经济利益并参与公司经营管理的一种权利。在资本市场，股权是一种可以流通的权益，所以股权工具是重要的金融工具。

　　在狭义的金融工具角度上，股权工具指所有权凭证，一般指股票，即股份有限公司发行的用以证明投资者的权益的有价证券。股票一般分为普通股和优先股；还可分为可流通股票和不可流通股票，记名股票和不记名股票等。

　　股票是证券的一种。证券(Security)的含义经过了多次变迁，现在所谓"证券"，一般特指证券交易场所交易的证券产品，包括股权类证券、债权类证券和衍生证券。在我国的证券交易所，交易的证券品种包括：股票、债券、基金份额、衍生品工具。

　　股票是一种股权工具(权益工具)，但不是唯一的股权形式。广义的股权除了股票，还有未公开发行股票的股份公司的股份、有限公司的股权等，因而股权的流通(投资或交易股权)还有非证券化的方式。股票和股权的交易，可以分为三种类型：一是股票市场；二是场外股权交易市场；三是其他股权交易方式(以私募股权投资市场为主)。

二、股票和股票发行

　　在证券交易所发行或交易股票，需要经过一定的程序。根据自身法律背景及证券市场成熟程度，当今世界各国和地区对股票的发行实施监管的方式有审批制、核准制和注册制等类型。

　　审批制的核心是额度和指标。在审批制下，由证券发行主管部门制定额度，然后将指标分配给各地方或行业主管部门，由地方政府或行业主管部门采用行政和计划的办法根据指标推荐企业发行股票。我国曾经使用审批制，是证券市场发展初期的产物。

　　核准制即所谓的实质管理原则，是以"实质条件"为核心依据进行审核，也称作实质审核，欧洲主要国家都采用核准制。我国从 2001 年开始实行核准制，目前仍主要实行核准制，而在科创板①中实行注册制。依照核准制的要求，股票的发行不仅要以真实状况的充分公开为条件，而且必须符合证券管理机构制定的若干适于发行的实质条件。这一制度的目的在于禁止质量差的证券公开发行。我国的核准制分为"通道制"和"保荐制"两个阶段。

　　注册制是比前两者更具灵活性和自由度的一种发行机制。在注册制下，证券发行审核机构只对注册文件进行形式审查，不进行实质判断。注册制也可称作形式审核。证券发行申请人依法将与证券发行有关的一切信息和资料公开，制成法律文件，送交主管机构审查，主管机构只负责审查发行申请人提供的信息和资料是否履行了信息披露义务，但对发行人申请人(企业)的投资价值和可持续性不做优劣判断。注册制以美国联邦证券法为代表，我国也正在全面推行注册制②。

　　我们经常接触的一个与股票发行关系非常紧密的词汇是 IPO。IPO 即首次公开发行股票，也称首次公开募股(英文为 Initial Public Offerings，IPO)。一般来说，IPO 就意味着上市，按照我国《首次公开发行股票并上市管理办法》，IPO 和上市是同时申请

---

　　① 2018 年 11 月起，上海证券交易所正式开始筹备"科创板"。2019 年 1 月 28 日，中国证监会公布《关于在上海证券交易所设立科创板并试点注册制的实施意见》。2019 年 3 月 1 日，中国证监会公布《科创板首次公开发行股票注册管理办法(试行)》和《科创板上市公司持续监管办法(试行)》。

　　② 根据 2020 年 3 月 1 日开始实施的新的《中华人民共和国证券法》第九条：公开发行证券，必须符合法律、行政法规规定的条件，并依法报经国务院证券监督管理机构或者国务院授权的部门注册。未经依法注册，任何单位和个人不得公开发行证券。证券发行注册制的具体范围、实施步骤，由国务院规定。

的，"IPO 但不上市"属于极特殊的情况①。除了通过 IPO 直接上市，公司还可通过借壳或资产重组的方式间接上市。

三、证券交易所及交易所市场

我们可以将证券交易场所分为证券交易所和其他交易场所。证券交易所是证券交易的主要场所，起源于 17 世纪的荷兰，兴盛于 20 世纪的欧美。当今世界主要的证券交易所包括纽约证券交易所、伦敦证券交易所、东京证券交易所、阿姆斯特丹证券交易所、香港联合交易所等，拥有上市公司近十万家。

我国在民国时期就设立有证券交易所②，短短一百年之间，证券交易所的发展可谓一波三折。1949 年我国大陆地区取消了证券交易所，改革开放后又重新设立。目前我国大陆的证券交易所有上海证券交易所、深圳证券交易所和北京证券交易所。

上海证券交易所和深圳证券交易所的主板市场（Main-Board Market）是证券发行、上市及交易的主要场所。深圳证券交易所主板市场曾一度细分出中小板市场③。同时，深圳证券交易所的创业板又称为"二板市场"，其作用是扶持创业型的中小型企业，尤其是高成长性企业。创业板的设立，拓宽了创业型企业的融资渠道，同时为致力于投资创新创业型企业的风险投资（VC）建立了新的退出通道。科创板是上海证券交易所为科技创新企业开设的交易板块，主要特点是率先实行了注册制，为我国资本市场的注册制改革开创了先河。北京证券交易所于 2021 年 9 月 3 日注册成立，是经国务院批准设立的公司制证券交易所。

在公司上市的条件方面，各级市场有所不同，公司在上市时需要谨慎选择。主板一般适合发展成熟的大中型企业。创业板主要针对创新型、成长型的企业融资，上市条件更宽松。科创板比较适合科技创新企业④，因为注册制对上市前是否盈利没有特殊要求。我国相关政策也鼓励符合条件的文化企业登陆科创板⑤。北京证券交易所主要服务于创新型中小企业，特别是"专精特新"中小企业，也适合文化企业上市选择。

在证券交易场所进行证券交易（证券流通）所形成的市场称为"二级市场"。相对应的，所谓证券市场的一级市场（Primary Market / New Issue Market）是公司或政府机构将其新发行的股票和债券等证券销售给最初购买者的金融市场。一级市场是二级市场的基础。

---

① 我国于 2006 年发布《首次公开发行股票并上市管理办法》，后于 2015 年和 2018 年经过两次修正。根据《首次公开发行股票并上市管理办法》，在中华人民共和国境内，首次公开发行股票且不上市的管理办法，由中国证监会另行规定。

② 1914 年，北洋政府颁布《证券交易所法》；1918 年，北京证券交易所成立。

③ 2004 年 5 月，经国务院批准，中国证监会批复同意深圳证券交易所在主板市场内设立中小企业板块。2021 年 4 月，深圳证券交易所宣布中小板与主板市场合并。

④ 根据上海证券交易所发布的《上海证券交易所科创板企业上市推荐指引》要求，保荐机构在明确科创板定位要求的前提下，优先推荐的企业有符合国家战略、突破关键核心技术、市场认可度高的科技创新企业；属于新一代信息技术、高端装备、新材料、新能源、节能环保以及生物医药等高新技术产业和战略性新兴产业的科技创新企业；互联网、大数据、云计算、人工智能和制造业深度融合的科技创新企业。

⑤ 2018 年 12 月 25 日，国务院办公厅发布《关于印发文化体制改革中经营性文化事业单位转制为企业和进一步支持文化企业发展两个规定的通知》（国办发〔2018〕124 号）指出，鼓励符合条件的文化企业进入中小企业板、创业板、新三板、科创板等融资。

　　证券交易所是证券交易的场所，是证券市场的主要组成部分，也是证券的"场内交易"的唯一场所。这种场内交易市场也称为证券交易所市场。在证券交易所以外或由交易所代办的其他证券交易，称为"场外交易"①。我国早期启动的"代办股份转让系统"（即俗称的"三板"）就是一种场外交易。后来成立的"新三板"正是对应这个"三板"而得名的。

四、证券公司的投资银行业务

　　在我国的资本市场中，证券公司就是投资银行（Investment Banks）。投资银行这一概念既指一类机构，也指一种特殊的金融业务。投资银行业务是与资本市场尤其是股权投资市场关系密切的金融业务。

　　投资银行是美国和欧洲大陆的称谓，英国称之为商人银行，在日本则指证券公司。我国的投资银行业务主要在证券公司。

　　从投资银行的兴起历程看，投资银行一开始的业务主要是债券的承销，是被作为商业银行的另类金融业务，很多大型商业银行同时也是投资银行，如 JP 摩根。JP 摩根与摩根士丹利（Morgan Stanley）的分野是投资银行历史上的标志性事件。1933 年，美国遭遇经济大萧条，美国国会通过《格拉斯－斯蒂格尔法》（*Glass-Steagall Act*），禁止公司同时提供商业银行与投资银行服务，JP 摩根首当其冲。投资银行摩根士丹利于 1935 年 9 月 5 日分离出来，而 JP 摩根则转为一家纯商业银行。

　　在我国，投资银行也经历了与商业银行分离的过程。投资银行业务最初是在商业银行的证券业务体系中，随着 20 世纪 80 年代证券业务和商业银行业务分离，投资银行业务在证券公司的证券发行与交易的发展中兴盛起来，所以在我国，证券公司是投资银行业务的主体②。

　　证券公司是指依照《中华人民共和国公司法》和《中华人民共和国证券法》设立并经国务院证券监督管理机构审查批准而成立的专门经营证券业务，具有独立法人地位的有限责任公司或者股份有限公司。根据《中华人民共和国证券法》，证券公司的业务包括：证券经纪，证券投资咨询，与证券交易、证券投资活动有关的财务顾问，证券承销与保荐，证券融资融券，证券做市交易，证券自营，其他证券业务。

　　关于投资银行业务的内容，学界没有统一的界定。广义上，投资银行业务几乎包含了商业银行信贷业务以外的所有金融业务，包括股权类和债权类业务。由于我国的证券公司的业务范围可以分为一级市场业务和二级市场业务，从狭义上，投资银行业务就是指证券公司的一级市场业务③。

　　2018 年 3 月，中国证监会发布了《证券公司投资银行类业务内部控制指引》，根据该"指引"，证券公司投资银行类业务是指如下五类。

　　（1）承销与保荐。

　　（2）上市公司并购重组、财务顾问。

---

　　① 在我国，场内交易与场外交易的边界如何确定还有一些争议。
　　② 中国国际金融股份有限公司（中金公司）被认为是首家中外合资的投资银行。
　　③ 刘纪鹏. 资本金融学[M]. 北京：中信出版社，2016.

（3）公司债券受托管理。

（4）非上市公众公司推荐。

（5）资产证券化等其他具有投资银行特性的业务。

经过几十年的发展，我国证券公司投资银行业务已经形成了巨大的市场规模。但随着投资银行类业务快速发展，发展质量良莠不齐、风险管控不力等现象也凸显出来。

6.1.2 我国文化企业上市情况

文化产业（"文化及相关产业"）已经有相应的统计框架、标准和定义，但在上市文化企业（或文化类上市企业）的界定上，仍然是没有统一的定义和分类标准的。

根据中国证监会 2012 年发布的《上市公司行业分类指引》，"文化、体育和娱乐业"（代码 R）是上市公司基本行业 19 个门类之一。"文化、体育和娱乐业"包括：新闻和出版业，广播、电视、电影和影视录音制作业，文化艺术业，体育，娱乐业共 5个大类。根据这个标准，截至 2018 年年底，共有 58 家"文化、体育和娱乐业"企业在 A股上市。

根据 Wind 资讯的行业分类标准，"文化传媒"这一大类被细分为四类子行业，分别为：出版业、有线和卫星电视业、电影与娱乐业和广告业。根据这个标准，截至 2017年年底，共有 90 家 A 股上市文化企业。但 Wind 的行业分类标准并未完全考虑互联网、移动媒体等新媒体企业以及创意设计等行业的企业。如果考虑了这些企业，文化企业上市数量已经超过 200 家。

文化类上市公司数量相对较少，市值规模相对较小，大多数文化企业的市值在百亿元的数量级。近年来，随着数字文化产业的发展，开始有一些巨型上市公司出现，如 2017 年阅文集团在我国香港联交所主板上市，市值一度接近 1000 亿港元。由于文化生产与意识形态领域关系密切，文化企业上市虽然受到政府的鼓励，但在上市审核和上市后监管方面却非常严格。

专栏 6-1

阅文集团市值是否被高估了？

阅文集团在我国香港上市是 2017 年文化产业资本市场的大事件。

根据《财经》杂志报道：在线付费是阅文最主要的收入来源。2016 年阅文集团在线阅读收入为 19.7 亿元，占总收入的 77.1%。2017 年上半年，在线阅读收入占比上升至 84.9%。此外，8.1% 的收入来自于版权运营，纸质图书收入占比为 4.9%，包括网络游戏与广告在内的其他收入占比为 2.1%。根据阅文集团最新的业绩数据，截至2017 年 6 月 30 日，阅文集团实现营收为 19.24 亿元，其中用户在线阅读付费业务贡献为 16.34 亿元，占比超过 80%。其利润为 2.21 亿元，去年同期亏损为 238.1 万元。

2017 年 11 月 8 日，阅文集团（00772.HK）在我国香港上市。上市当日，开市不足半小时，阅文股价即突破 100 港元，盘中一度达到 110 港元，较招股价高出 90% 以上。2017 年 11 月 9 日，阅文集团市值接近千亿，达 958.99 亿港元，成为当时国内市值最高的文化类公司。

但是阅文集团的价值一直受到质疑。有部分基金经理与港股研究员认为，阅文集团股价被高估了，尽管目前阅文的营收和利润都在增长，但以目前的业绩来看并不足以支撑起接近千亿港元的市值，甚至不足以支撑起 500 亿港元的市值。2018 年 8 月 15 日，阅文集团股价降至 51 港元，市值低于 500 亿港元；2019 年 4 月 4 日，阅文集团股价降至 38.1 港元，市值低于 390 亿港元。

（根据公开资料整理）

文化企业上市后，如果进行再融资或股权投资，需要接受严格的监管。上市公司的再融资工具有债权融资、股权融资、混合融资等类型。债权融资主要指金融机构信贷、发行公司债券。另外，还可发行资产支持证券（ABS），是一种特殊的债权性质的结构化工具。股权融资主要指定向增发新股①及配股。混合融资主要指发行可转换债券及优先股。

上市公司为了扩大与自身业务直接相关的生产，可设立子公司进行项目投资，这是上市公司的一般投资方式。除此以外，上市公司还参与资本市场的投资，主要方式有上市公司主体直接投资、成立专门的投资公司进行投资、成立全资基金管理公司、参股其他的基金管理公司以及投资其他公司发行的产业基金和并购基金等。

6.1.3 文化企业上市需要注意的问题

文化企业在上市过程中有一些需要特别注意的地方，主要包括上市的地点、途径、方式、主体、合作机构选择等。

1. 文化企业上市地点的选择

我国文化企业在境内上市有上海证券交易所和深圳证券交易所两种选择；在境外上市主要是在我国香港上市和在美国上市，有个别企业选择在日本或欧洲的证券交易所上市。比较起来，境内境外上市各具有自身的优缺点，上市条件不同并常有变化，文化企业需要根据自身情况谨慎选择。如：在境内上市一般审批时间较长，受业绩影响，而在境外上市较短，一般不受业绩影响，但这种情况在境内实施注册制之后将有改观；在境内上市募资投向有较为严格的规定，在文化领域尤其受到严格监管；在境外上市受外汇政策影响较大等。

2. 文化企业上市途径的选择

目前，文化企业在境内上市主要通过两种路径，分别为：直接上市，即 IPO 并上市；间接上市，即借壳上市和重组上市。除了直接上市和间接上市途径，还有一种比较特殊的形式，即监管部门特批的形式。就直接上市和间接上市两种比较，直接上市适合大多数业绩好并在细分市场中具有竞争优势的企业，但上市操作时间较长。如果一些企业在市场上表现较好但不具备 IPO 的条件，可以选择通过借壳或重组的方式实现上市。间接上市只要在运作方面比较规范，上市时间都比较快，但需要良好的时机和条件。由于间接上市是在与其他企业进行谈判的过程中实现的，在债权债务、控股权等方面存在很多隐患，需要文化企业特别注意。

---

① 定向增发是一种非公开发行股票方式。2006 年《上市公司证券发行管理办法》（证监会令第 30 号）规定的非公开发行股票，是指上市公司采用非公开方式，向特定对象发行股票的行为。

3. 文化企业上市主体的选择

企业上市需要确定上市主体。可以选择以整体上市，也可以分拆上市（分别独立上市）。在境内上市，合适的上市主体应符合中国证监会《首次公开发行股票并上市管理办法》规定的发行条件。文化是一个相对较特殊的行业，不仅要考虑一般企业所要具备的上市条件，还需要满足行业监管的特定政策要求。

从公司自身的角度来看，选择整体上市有利于解决上市公司独立性，避免非公允关联交易和上市公司资金被占用等一系列不规范的问题。整体上市时，需要对有较强相似或相关性的业务进行重组整合。整体上市也有些弊端，如部分业务盈利能力较差可能影响到公司整体的盈利能力、强化一股独大问题、关联交易额增大、辅业资产（非主业资产）的生存等问题。

但一些文化企业无法整体上市。由于监管的原因，部分文化资产是无法纳入上市资产范围的，如广电行业需要采取"制播分离"方式，将播出/新闻类资产划为不可改制范围；报纸行业需要将采编与经营分离等。文化企业受限于行业监管，确实无法将相关或相似业务纳入上市公司范围而影响到整体上市的，需向证券监管部门说明依据和合理性。

4. 文化企业上市的合作机构选择

企业上市的合作机构主要指中介机构，包括保荐机构、会计师事务所和律师事务所，构成合作机构的"一核两翼"。保荐机构即有保荐资格的证券公司，是企业上市的"总策划人"，是合作机构中的核心。保荐机构对企业上市过程有核查、督导、协调的法定职责。文化企业上市具有一定的特殊性，应尽量选择规模和实力比较靠前的券商作为保荐人。

会计师事务所和律师事务所是企业上市过程中最重要的合作伙伴。会计师事务所协助企业审核可能的财务、税务问题，改善企业财务管理、会计核算和内控制度并出具审计报告和验资报告等；律师事务所协助准备上市所需的各项法律文件，出具法律意见书和律师工作报告等。一些设立有无形资产评估部门的会计师事务所和设立文化法律事务部门（或娱乐法务部门）的律师事务所具有更多的经验，文化企业在选择时需多加注意。

上市过程中，企业可以根据自身决定是否有必要引进私募投资机构来补足业务或财务上的短板，但在引进财务投资者时，企业应避免签署可能带来较大风险的对赌协议。

专栏 6-2

新丽传媒 IPO 因何屡战屡败

新丽传媒是一家以影视剧内容及其衍生产品的投资、制作和运营为主营业务的文化公司，主要业务可细分为电视剧和电影两大业务板块，在影视领域具有多年的运营经验。据公开资料显示，自 2012 年新丽传媒就开始申请 IPO，进入初审环节，2014 年 1 月，公司宣布中止 IPO；2015 年 12 月，公司再度申请 IPO 失败；2017 年 6 月，第三次向证监会提出上市申请，后又撤回申请。根据《国际金融报》等媒体的报道，新丽传媒上市过程中存在股东代持、同业竞争等问题。

公司上市发起人中有一名股东 2011 年以 500 万元受让当时的二股东 0.204% 的股权。该股东生于 1938 年，年近 80 岁高龄，存在股份代持的嫌疑。另外，与该股东一同进行股权转让的还有两人同样于 2011 年分别以 500 万元和 300 万元的价格受让当时的二股东 0.204% 与 0.122 4% 的股份。2014 年 12 月，3 人将其所持股份全部转让给新丽传媒实控人。

新丽传媒的业务重点在电视剧领域，第二大股东光线传媒的业务重心为电影领域，但是两家公司已经出现了明显的竞争关系。在招股书中，新丽传媒在提及行业内竞争对手时，也明确提到了第二大股东光线传媒。另外，新丽传媒与光线传媒曾有大量关联交易，这在招股说明书也有体现。

2018 年 3 月 12 日，光线传媒发布公告称：2018 年 3 月 10 日公司与林芝腾讯科技有限公司签署了《股份转让协议》，公司以人民币 33.170 4 亿元的对价将持有的新丽传媒 27.642% 的股份出售给林芝腾讯科技有限公司。本次交易后，光线传媒将不再持有新丽传媒的股份。

（根据公开资料整理）

6.2　新三板与文化企业

6.2.1　新三板发展历程及相关制度

新三板即全国中小企业股份转让系统（National Equities Exchange and Quotations，NEEQ），简称"全国股份转让系统"。"新三板"是全国中小企业股份转让系统的俗称[①]。根据我国的官方口径，"新三板"是经国务院批准、依据《证券法》设立的"全国性证券交易场所"。

新三板起源于 2001 年启动的"代办股份转让系统"（即俗称的"三板"），2006 年中国证监会在中关村科技园区试点"非上市股份有限公司股份报价转让系统"[②]，由于这一部分业务的范围和规则与原有股份转让系统业务有所区别，因而被称为"新三板"。2012 年 8 月，经国务院批准，非上市股份公司股份转让试点扩大到全国几个高新技术开发区，设立"全国中小企业股份转让系统"，后又将新三板挂牌企业范围扩展至全国，结束了多阶段试点工作，进入面向全国的全面运营阶段。

2015 年 11 月 16 日，中国证监会发布《关于进一步推进全国中小企业股份转让系统发展的若干意见》，指出研究推出股转系统向创业板转板的试点，建立股转系统与区域性股权市场的合作对接机制，将新三板和上下两个层级的资本市场进行了机制性安排，试图破除资本市场之间的壁垒，形成较为完整的多层次资本市场。2016 年是新三板挂牌企业数量增加最多的一年。新三板从 2017 年开始进入调整期，当年的实际新增只有

---

①　为了表述简洁，在不影响严谨性的情况下，我们在本书和本章使用"新三板"代替全国中小企业股份转让系统。

②　2006 年中国证券业协会发布《证券公司代办股份转让系统中关村科技园区非上市股份有限公司股份报价转让试点办法》及配套规则、相关文本。2009 年，中国证券业协会修订《证券公司代办股份转让系统中关村科技园区非上市股份有限公司股份报价转让试点办法（暂行）》，自 2009 年 7 月 6 日起施行。

1 000 多家，2018 年挂牌公司数量出现负增长，从 2017 年的 11 630 家降为 10 691 家。到 2020 年，新三板挂牌企业数量降至 8 187 家，其中，新三板精选层、创新层、基础层公司数量分别为 41 家、1 138 家、7 008 家，占比分别为 0.5%、13.9%、85.6%。

根据相关规定，新三板的挂牌公司是纳入中国证监会监管的"非上市公众公司"[①]，而非"上市公司"。新三板的监管机构是中国证监会，运营机构是全国中小企业股份转让系统有限责任公司[②]（以下简称全国股转公司）。

就新三板的监管和运行，主管部门和全国中小企业股份转让系统有限公司出台了数十项专门的管理类文件，如《非上市公众公司监督管理办法》（2012 年公布，2013 年、2019 年两次修改）、《全国中小企业股份转让系统业务规则（试行）》（自 2013 年 2 月 8 日起施行，2013 年 12 月 30 日修改）等，形成的制度主要有：主办券商制度、挂牌公司分层管理制度[③]、股票发行业务制度、股票转让业务制度[④]、投资者适当性管理制度[⑤]等。

2019 年 10 月，中国证监会宣布启动全面深化新三板改革。改革的重点包括五个方面的内容：优化发行融资制度、完善市场分层、建立挂牌公司转板上市机制、加强监督管理、健全市场退出机制等。2020 年 7 月，新三板精选层正式设立并开始交易。2021 年 9 月，北京证券交易所设立，精选层挂牌公司全部转为北交所上市公司。

6.2.2 文化企业与新三板

2015—2016 年，文化企业挂牌新三板进入高潮，此后逐步下降。按照新三板公司的行业分布标准，与文化企业分类相近的是"文化、体育和娱乐业"，至 2018 年年末，挂牌企业为 240 家，占比为 2.24%[⑥]。按照宽泛的定义，在新三板分类中的"信息传输、软件和信息技术服务业"等其他类别中也有大量文化类企业。2009 年至 2017 年挂牌文化企业中，文化信息传输服务企业占比 28.82%，其次是文化创意和设计服务企业，数量占比为 26.14%。[⑦]

对于文化企业来说，挂牌新三板至少有两大方面的益处：一方面，挂牌新三板能够缓解文化企业融资难的问题。新三板建立伊始便是为解决中小企业融资难问题设计

---

① 我国有关于非上市公众公司监管的专门法规，即由中国证监会发布于 2013 年 1 月 1 日开始实施的《非上市公众公司监督管理办法》。根据文件，非上市公众公司为股东人数超过 200 人或股票公开转让的公司。由于"新三板"的设立并正式运营，所谓非上市公众公司的"股票公开转让"，文件中规定非上市公众公司公开转让股票应当在全国中小企业股份转让系统（新三板）进行，公开转让的非上市公众公司股票应当在中国证券登记结算公司集中登记存管。

② 2013 年 1 月 18 日，中国证监会公布《全国中小企业股份转让系统有限责任公司管理暂行办法》，对全国中小企业股份转让系统有限公司的职能、组织结构、自律监管、监督管理等做出了明确规定。此办法后又经修订，2017 年 12 月 7 日发布并实施。

③ 2017 年 12 月 22 日发布的《全国中小企业股份转让系统挂牌公司分层管理办法》，将新三板挂牌公司分为"基础层"和"创新层"。在 2019 年新三板改革中，又增设了"精选层"。

④ 股票转让即发行挂牌后的交易流转。挂牌企业的股票可以采取做市转让方式、协议转让方式、竞价转让方式进行转让。因收购、股份权益变动或引进战略投资者等原因导致的股票转让，可以申请进行特定事项协议转让。竞价转让分为集合竞价和连续竞价方式，目前新三板约 90% 的挂牌公司实行集合竞价方式。

⑤ 见 2013 年《全国中小企业股份转让系统投资者适当性管理细则》。

⑥ 来源于全国中小企业股份转让系统《全国中小企业股份转让系统 2018 年市场统计快报》。

⑦ 根据新元文智－中国文化产业投融资数据平台统计。这一平台关于文化企业的统计口径与新三板分类有所不同。

的，而文化类中小企业正是最需要融资的企业之一。另一方面，文化企业挂牌新三板，能够提高文化企业的公信力和竞争力。新三板在提高规范治理能力、扩大品牌效应、增加银行授信、便利股权融资、确认企业价值、提前转板准备等各方面为挂牌企业提供帮助。

随着注册制改革的推进，文化企业通过上市融资将更加便利，但对大多数中小文化企业来说，新三板仍是最好的选择。从文化产业本身和文化企业的特点来看，文化企业和新三板的契合性较高，主要原因有如下几点。

一是服务对象契合。文化产业中小微企业比例较大，适合在全国中小企业股份转让系统进行挂牌和股权转让。

二是准入条件契合。新三板准入门槛较低，不受股东所有制性质的限制，也不限于高新技术企业和制造业等。

三是符合国家政策。我国政府鼓励和支持文化企业参与多层次资产市场，自 2014 后凡涉及文化产业投融资的政策文件[①]，基本都包含支持文化企业在新三板挂牌的内容。

四是符合文化产业多层次资本市场建设趋势。文化企业在新三板挂牌，可享受直接转板北京证券交易所的便利，与区域性股权资本市场等真正构成了文化产业多层次资本市场。

专栏 6-3

三多堂传媒挂牌新三板

北京三多堂传媒股份有限公司（Beijing SDT Media Co.，Ltd，简称：三多堂传媒）是国内领先的专业纪录片制作公司。其前身为北京三多堂传媒科技有限公司，成立于 2007 年 4 月，2013 年 9 月进行了股份制改制，注册资本为人民币 2 000 万元，股本总额为 2 000 万股。三多堂旗下拥有数位具有国际市场影响力的制作人，一直致力于人文类纪录片的策划、投资和制作，节目发行网络可以覆盖大陆 100 余家电视台。

2014 年 3 月，三多堂传媒挂牌新三板，主办券商为中原证券股份有限公司。2015 年，三多堂传媒通过定向增发募集资金 400 万元人民币。通过在新三板挂牌，三多堂传媒不仅获得了更好的融资渠道，而且完善了公司管理制度，提升了公司治理能力，经营状况有很大的改善。

2017 年三多堂传媒财务报告显示，2017 年营业收入为 5 938.45 万元，较上年同期增长 102.14%；归属于挂牌公司股东的净利润为 715.22 万元，较上年同期增长 197.54%；基本每股收益为 0.34 元，较上年同期增长 209.09%。资产总计为 7 574.92 万元，较上年期末增长 19.78%。营业利润较上年同期增长 444.12%。

（根据新三板官方网站等公开资料整理）

---

① 2014 年 3 月文化部、财政部、中国人民银行发布的《关于深入推进文化金融合作的意见》（文产发〔2014〕14 号）；2014 年 7 月文化部、工业和信息化部、财政部发布的《关于大力支持小微文化企业发展的实施意见》（文产发〔2014〕27 号）；2018 年 12 月 25 日，国务院办公厅发布《关于印发文化体制改革中经营性文化事业单位转制为企业和进一步支持文化企业发展两个规定的通知》（国办发〔2018〕124 号）等。

文化企业在新三板挂牌后还要继续进行投资或融资，其投资方式包括设立子公司、股权投资、并购和发起投资基金等方式，融资方式主要包括定向发行股票（定增）、发行优先股和发行债券等方式，与证券交易所上市公司的投融资方式没有很大区别。

定向发行股票是新三板挂牌文化企业的主要融资方式，占融资比重的绝大部分。挂牌公司定向发行股票的发行对象需要符合监管部门的合格投资者标准，可以是公司股东，也可以是公司高层及核心员工，以及符合投资者适当性管理规定的自然人投资者、法人投资者及其他经济组织。

优先股是相对于普通股而言的，优先股持有者能够优先分配公司利润，但参与公司决策管理等权利受到限制。根据中国证监会发布的《优先股试点管理办法》（2014年3月21日证监会令第97号）："上市公司可以发行优先股，非上市公众公司可以非公开发行优先股。"自2015年起，新三板挂牌公司可以进行优先股融资。2016年4月21日，海南中视文化传播股份有限公司发布《优先股发行情况报告书》，是挂牌新三板文化企业优先股发行第一例。

在新三板挂牌的文化企业可发行公司债和企业债进行融资。新三板也是债券交易和转让市场，除了普通的公司债，还可发行私募可转债（非公开发行可转债）。

专栏 6-4

华强方特定向增发募资

华强方特文化科技集团股份有限公司（FANTAWILD，简称：华强方特）成立于2006年，下辖40多家专业公司，先后投资建设了"方特梦幻王国""方特欢乐世界""方特水上乐园""方特东方神画"等主题乐园（截至2019年5月共计23家主题乐园）。华强方特于2015年登陆新三板（证券代码为834793）。

2016年4月，华强方特通过定向增发直接募集资金12.35亿元人民币，此次增发对象包括中国文化产业投资基金、中国—比利时直接股权投资基金和歌斐资产等在内的多家有政府背景的文化产业投资基金，另外还有新华网也对其注资7 540万元人民币。此次定增募集的资金主要用于公司主题公园布局、相关产业并购或业务拓展，归还贷款，补充营运资金等。2017年10月，华强方特通过定向增发直接募集资金14.62亿元人民币，此次所募资金将用于项目建设投资、品牌宣传及推广、项目研发及偿还银行贷款。

（根据公开资料整理）

6.3 区域性股权交易市场

6.3.1 发展状况及主要特点

区域性股权交易市场又称区域性股权市场，是针对特定区域内资本市场需求而设置的证券交易场所，提供证券交易和其他融资服务。区域性股权交易市场是证券市场的场外交易市场（OTC），是我国多层次资本市场的重要组成部分。

区域性股权交易市场由专门的法人机构运营，一般称为"股权交易中心""股权托管交易中心"等。在经营和管理上比较有特色的主要有上海股权托管交易中心、广东股权交易中心、北京股权交易中心、深圳前海股权交易中心、山东齐鲁股权交易中心、浙江股权交易中心、江苏股权交易中心、天津滨海柜台交易市场（天津 OTC）等。

2008 年，天津股权交易所①成立，是我国首家区域性股权交易市场，此后全国各省大多都成立了股权交易市场。2011 年，国务院启动清理整顿各类交易所工作②，加强了市场监管，我国区域性股权交易市场的定位、职能开始重新界定，区域性股权交易市场被定位为"多层次资本市场的重要组成部分"③。

2017 年 1 月，国务院办公厅发布的《国务院办公厅关于规范发展区域性股权市场的通知》（国办发〔2017〕11 号），对区域性股权市场的定位做了更为明确的规定：区域性股权市场是主要服务于所在省级行政区域内中小微企业的私募股权市场，是多层次资本市场体系的重要组成部分，是地方人民政府扶持中小微企业政策措施的综合运用平台。

2017 年 5 月 3 日，中国证监会发布《区域性股权市场监督管理试行办法》（简称《办法》），这是我国区域性股权市场最主要的规范性部门法规。《办法》规定，我国区域性股权交易市场的主管部门是中国证券监督管理委员会、省级人民政府及其指定金融监管部门④。根据证监会数据显示，截至 2018 年 6 月底，全国共有 37 家区域性股权市场，基本形成"一省一市场"的格局，挂牌企业超过两万家。

《区域性股权市场监督管理试行办法》在证券发行与转让、账户管理与登记结算、中介服务、市场自律等方面做了规定。根据这个行政法规及其他相关法规性文件规定，区域性股权交易市场的主要特点可以总结为如下方面。

（1）服务范围区域性。与全国性证券交易场所不同，区域性股权交易市场只能服务于本区域内企业，是区域性场外市场。区域性股权市场不得为其所在省级行政区域外企业证券的发行、转让或者登记存管提供服务。

（2）机构唯一性。各省、自治区、直辖市、计划单列市行政区域内设立的运营机构不得超过一家。

（3）业务排他性。除区域性股权市场外，地方其他各类交易场所不得组织证券发行和转让活动。

（4）服务于中小微企业。区域性股权市场应当作为地方人民政府扶持中小微企业政策措施的综合运用平台，为地方人民政府市场化运用贴息、投资等资金扶持中小微企业发展提供服务。同时，区域性股权市场还可为小微企业提供空间载体（孵化器）、管理咨询、政策补贴、中介服务等服务。

---

① 2019 年 1 月 23 日，天津股权交易所与天津滨海柜台交易市场（天津 OTC）完成资产重组，正式成为天津 OTC 全资子公司。

② 期间先后出台《国务院关于清理整顿各类交易场所切实防范金融风险的决定》（国发〔2011〕38 号）、《国务院办公厅关于清理整顿各类交易场所的实施意见》（国办发〔2012〕37 号）等文件。

③ 见 2012 年中国证监会印发的《关于规范证券公司参与区域性股权交易市场的指导意见（试行）》（证监会公告〔2012〕20 号）。该文件已经在 2017 年 5 月 3 日证监会发布《区域性股权市场监督管理试行办法》之后废止。

④ 根据中国证监会《区域性股权市场监督管理试行办法》第五条、第六条规定：省级人民政府指定地方金融监管部门承担对区域性股权市场的日常监督管理职责，依法查处违法违规行为，组织开展风险防范、处置工作。中国证券监督管理委员会及其派出机构对地方金融监管部门的区域性股权市场监督管理工作进行指导、协调和监督，对市场规范运作情况进行监督检查，对市场风险进行预警提示和处置督导。

(5)证券发行私募性。私募即非公开发行，区域性股权市场是为企业证券非公开发行、转让及相关活动提供设施与服务的场所。在区域性股权市场发行证券，应当向合格投资者发行。单支证券持有人数量累计一般不得超过200人。

(6)证券类型限制。区域性股权市场能够发行的证券是股票和可转换为股票的公司债券(可转债)。

(7)证券转让限制。在区域性股权市场转让证券的，不得采取集中竞价、连续竞价、做市商等集中交易方式。投资者在区域性股权市场买入后卖出或者卖出后买入同一证券的时间间隔不得少于5个交易日(T＋5)。

(8)"四板市场"定位。根据相关规定，区域性股权市场作为多层次资本市场的组成部分，应具有与其他资本市场有机对接的机制，符合中国证监会规定条件的运营机构，可以开展新三板的推荐业务试点。

区域性股权交易中心一般设有股权转让板块和(或)股权报价板块。上海股权托管交易中心设有两个板块：E板(非上市公司股份转让)，主要为股份公司提供股份转让、债券融资、股权融资等融资功能；Q板(中小企业股权报价系统)，挂牌企业可以通过该系统进行线上报价，但交易、融资均在线下完成。

我国各地的股权交易市场在发展中也体现了各自的特色，例如：北京股权交易中心是北京市政府补贴受理审核的初审平台，意在对接政府和市场合作，在规范发展方面居全国前列。山东齐鲁股权交易中心设立了山东省政府引导基金，专门投资进场的四板企业。上海股权托管交易中心则凭借上海的国际金融中心地位呈现较高的交易活跃度。

在实践中，什么样的企业能够进入股权交易市场进行交易是困扰相关部门的难题。从世界范围内的资本交易市场形成的历史经验看，交易市场应保证交易本身的高质量(真实性和合规性)，而不是挂牌企业本身的高质量。作为区域性股权交易市场，是否需要为企业进入市场设置更高的门槛，是需要审慎考虑的问题。

欧美发达市场经济国家的股权资本市场交易挂牌行为是市场自发行为。我国的区域性股权交易市场被纳入证券监管部门管辖范围，使区域性股权交易市场的运行方式具有一定的规范性和科学性，与多层次资本市场的其他层级形成互为补充的关系。但是，由于其管理体制和利益分割等历史遗留问题，区域性股权交易市场还未真正起到资本市场"基层底座"的作用。

6.3.2 区域性股权交易市场与文化产业

区域性股权市场是一种典型的场外市场，为文化产业的中小企业融资提供了一个不错的渠道。

一方面，虽然区域性股权交易市场门槛较低，但仍有一定的程序性及合规性要求，具有一定的公开性和透明度。经过一定程序进场的文化企业，实际上实现了某种增信，无论是金融机构还是民间借贷都更有意愿投资透明度更高的企业。

另一方面，文化企业通过区域性股权市场，是向社会释放融资信号的过程，是充分了解市场信息的过程，也是调整企业财务战略、提高金融能力的过程，有利于加强与金融机构的合作。有研究表明，区域性股权交易市场能够帮助文化企业和借贷机构从不合作走向合作，对解决信息不对称、帮助小微文创企业走出融资困境具有重要意义[①]。

我国一直鼓励文化企业利用多层次资本市场进行融资活动，相关政策为中小微文化企业利用区域股权交易市场提供了必要的指引。如在 2014 年文化部、工业和信息化部、财政部发布的《关于大力支持小微文化企业发展的实施意见》（文产发〔2014〕27 号）中，将区域性股权交易市场与文化企业直接联系在一起，鼓励符合条件的小微文化企业通过全国中小企业股份转让系统和区域性股权交易市场进行股权融资。

北京、江苏、广东、浙江等省市的区域性股权市场已经与相关机构合作探索设立专门的独立交易板块，为文化企业提供服务。主要有：2016 年 11 月，北京股权交易中心与国家文创实验区管委会合作设立文创板块；2017 年 7 月，江苏股权交易中心与江苏省文化产权交易所签署战略合作协议，成立"文创板"；2017 年 12 月，广州股权交易中心"文创板"设立[②]；2018 年 1 月，宁波文创板在宁波股权交易中心正式开板，93 家文创企业成功挂牌；2018 年 12 月，浙江省股权交易中心的文创板开板，省内 30 家优质文创类中小企业首批上板。

还有一些区域股权中心开设了"文旅板"，如安徽省股权托管交易中心、山西股权交易中心等。

设立文创板块主要有三种模式：股权交易中心和文化产业主管部门合作；或与国有文化投资机构合作；或是与本地文化产权交易所合作。文创板块的主要特点是在股交中心交易规则基础上针对文化创意企业进行特殊设计。

区域性股权交易市场在文化企业融资方面的作用有待进一步观察，但创新实践正在提供一些基本思路。

(1)提供综合性的金融服务。不仅是股权登记、转让和融资服务，一些机构正在联合银行、融资租赁、信托、券商、保险、担保、产业投资基金等机构共同提供综合金融服务。

(2)与上级资本市场进行有效对接。一些文创板借鉴服务科技型公司的经验，正提供与新三板、创业板、主板市场衔接的转板服务。

(3)一些文创板设立专门的实体机构提供文创板综合服务。

专栏 6-5

中证报价系统设立文化创意金融综合服务平台

与区域性股权交易市场不同，中证机构间私募产品报价与服务系统（以下简称"中证报价系统"）是一个全国性场外市场。中证报价系统由中国证监会授权中国证券业协会管理、由中证机构间报价系统股份有限公司管理运营，经营范围包括提供证券公司柜台市场、区域性股权交易市场等私募市场的信息和交易联网服务，并开展相关业务合作，管理和公布机构间私募产品报价与服务系统相关信息，提供私募市场的监测、

---

① 张苏秋，顾江. 文化产业区域性股权市场与小微文化创意企业融资分析[J]. 南京社会科学，2015(08).
② 2018 年月，与广东金融高新区股权交易中心合并，组建广东股权交易中心。

统计分析服务等①。

2018 年 5 月,长沙市天心区政府与中证报价系统签署战略合作协议,在中证报价系统设立"文化创意金融综合服务平台"。据公开报道,这一平台的设立,旨在充分发挥中证报价系统服务企业融资的职能,帮助文创企业对接资本市场,实现文创企业与资本市场的面对面交流,以解决中小企业的融资难题。2018 年 8 月 16 日,湖南金贝中匠文化产业发展有限公司在中证报价系统文化创意金融综合服务平台成功挂牌(企业代码:E01733);2018 年 11 月 20 日,湖南亚文传媒股份有限公司正式登录中证报价系统文化创意金融综合服务平台(企业代码为 E01757)。

(根据公开资料整理)

>>> 学习重点和难点

本章的重点是各层次的交易市场的基本特点,本章的难点:各类交易市场与文化产业的关系;文化企业以何种形式参与多层次资本市场。

>>> 复习思考题

1. 什么是证券交易市场?文化企业上市需要注意哪些问题?

2. 新三板有何特点?请结合案例分析文化企业是否适合通过新三板融资,有何利弊。

3. 区域性股权交易市场对文化企业融资有何意义?

>>> 参考文献及推荐书目

[1]王国刚. 建立多层次资本市场体系研究[M]. 北京:人民出版社,2006.

[2]张亦春,郑振龙,林海. 金融市场学[M]. 5 版. 北京:高等教育出版社,2017.

[3]刘德良,等. 2018 年股权类文化金融发展报告[A]. 选自杨涛,金巍. 中国文化金融发展报告(2017)[R]. 北京:社会科学文献出版社,2017.

[4]梁化军. 文化传媒企业上市策略与操作实务[A]. 选自张洪生,金巍. 中国文化金融合作与创新[M]. 北京:中国传媒大学出版社,2015.

[5]谢庚,徐明. 新三板研究:全国股转系统课题成果选编 2019[M]. 北京:中国金融出版社,2020.

[6]高松. 中国区域性股权市场研究[M]. 北京:中国经济出版社,2019.

---

① 根据公开资料及中证机构间私募产品报价与服务系统官网。

第7章　文化投资基金与私募股权投资市场

学习目标

1. 了解投资基金的类型，理解私募基金的相关内容；掌握私募股权基金的概念、特点。
2. 掌握文化产业投资基金的内涵、特点和类型。
3. 理解私募股权基金运作的一般流程以及投资原则和投资策略。

关键术语

股权投资　投资基金　私募股权基金　产业投资基金　政府引导基金　文化投资基金　尽职调查　估值调整条款　投后管理　投资原则　投资策略　分散化投资

导　言

文化产业投资具有高收益、高风险的特征，这种特征更适合股权投资。私募股权投资基金是股权投资市场中最重要的力量，私募股权基金市场是最接近产业、最为敏感的资本市场，在金融体系中具有非常重要的地位。本章与上一章共同构成股权类文化金融的主要内容。

本章要重点学习私募投资基金及相关概念和含义，学习私募股权基金市场、文化产业投资基金的相关概念和基本含义。其中，一些与文化产业投资相关的非股权投资基金也有所涉及，如艺术品投资基金。同时，我们要结合文化产业投资的特点，介绍私募股权投资基金募资、投资、投后管理、退出等运作的一般流程以及投资原则、策略等。

7.1　投资基金与文化投资基金

有别于具有特定场所和交易机制的股票交易及股权交易市场，"非正式"的民间、私人股权投资市场更具灵活性。在这个市场，金融机构、投资公司、企业和个人都可以参与，这里要介绍的是已经纳入金融监管的私募股权投资基金以及私募股权投资市场。

7.1.1　投资基金与私募股权投资基金

一、投资基金及分类

基金（Fund）①狭义上就是指投资基金（Investment Funds）。

---

① 基金的本义是"集合一定数量资金用于特定目的"，而所谓特定目的不仅限于投资、理财的目的。广义上的基金还包括保险基金、退休基金、公益基金会的公益基金等。

投资基金是指通过发售基金份额募集资金并进行投资的一种组织形式和资本集合。投资基金由基金托管人托管，由基金管理人管理和运用资金，以基金份额持有人的利益为核心，遵守利益共享、风险共担的原则。投资基金是现代资本市场发展成熟起来的一种投资制度，与个人投资比较而言，具有机构化、专业化、便利化等特点。

按照资金募集方式和对象的不同，一般将投资基金分为公募基金与私募基金。公募基金是向公开不特定的公众募集资金。私募基金（非公开募集基金）以非公开方式向特定对象募集，一般具有特定的资格限制。根据《中华人民共和国证券投资基金法》规定，非公开募集基金应当向合格投资者募集，合格投资者累计不得超过200人。

按照基金的投资对象（领域）的不同，投资基金分为证券投资基金、股权投资基金（私人股权投资基金）、金融衍生品投资基金和另类投资基金等，具体可分为：股票基金、债券基金、货币基金、股权基金、期货基金、房地产基金、艺术品基金等。[①]

按照基金的运作方式分为封闭式基金（Closed-end Funds）和开放式基金（Open-end Funds）。封闭式基金的基金份额总额在基金合同期限内固定不变，基金份额持有人不得申请赎回；开放式基金设立时不设定基金份额总额，基金管理人随时发售基金份额，投资者可以在基金合同约定的时间和场所随时申购，也可随时赎回。

按照出资币种可分为人民币基金和外币基金。外币基金主要指美元基金。我国一些基金管理公司或投资人在境外发起出资货币为美元资产的基金，并投资中国企业。美元基金投资中国企业受《外商投资产业指导目录（2017年修订）》等外商投资相关政策法规的限制。

按照设立方式或组织形式，投资基金主要分为公司型、有限合伙型、契约型。在我国，广义的契约型基金还包括信托计划和资产管理计划。

所谓"买基金"是指购买公募基金的基金份额。对于普通的居民来说，由于基本没有投资人资格限制，所以是很理想的一种理财工具。购买的基金份额表现为一种金融产品，一种金融资产。基金份额和债券、股票一样，都是重要的投资工具。

不论公募还是私募，证券投资基金与文化产业的关系是比较密切的。我国有200多家文化类上市公司，上市后在融资过程中有很多证券投资基金参与投资文化企业股票，是文化企业融资的重要来源之一。我们可以从华谊兄弟在特定时段内的股东持股情况看到证券投资基金在文化企业投资中的重要地位，如表7-1所示。

表7-1　华谊兄弟2019年中期财报－前10名无限售条件股东持股情况

前十大流通股东累计持有：79 786.39万股，累计占流通股比：36.08%，较上期变化：1 352.40万股

名称	持有数量（万股）	占总股本比例（%）	增减情况（万股）
深圳市腾讯计算机系统有限公司	22 036.35	9.96	不变
王忠军	14 455.85	6.54	不变

---

① 在传统的金融市场学当中，广义上的另类投资指除了货币、股票和债券投资以外的所有其他投资。

续表

名称	持有数量 （万股）	占总股本 比例（%）	增减情况 （万股）
杭州阿里创业投资有限公司	12 395.93	5.61	不变
马云	9 978.28	4.51	不变
上海豫园旅游商城股份有限公司	5 591.00	2.53	699.22
王忠磊	4 198.25	1.90	不变
中国工商银行股份有限公司－易方达创业板 交易型开放式指数证券投资基金	3 234.18	1.46	302.32
鲁伟鼎	2 798.83	1.27	不变
中国平安人寿保险股份有限公司－传统－普通保险产品	2 748.60	1.24	不变
中国农业银行股份有限公司－中证 500 交易 型开放式指数证券投资基金	2 349.12	1.06	新进
较上个报告期退出前十大股东有			
中国建设银行股份有限公司－华安创业板 50 交易型开放式指数证券投资基金	1 998.26	0.90	退出

（资料来源：同花顺财报）

二、私募基金与私募股权投资基金

如果说公募基金是大众投资的工具，那么只能向合格投资者发行的私募基金就是少数人的投资工具。

与公募基金不同，私募基金的发起人和募资人，在发起设立基金时只向少数特定人募集资金，因为这类资金的投资方向多为高风险、高收益领域，所以对投资人的要求较高。私募投资基金简称私募基金，是以非公开方式募集资金进行证券、股权或其他产品投资的资本集合。监管部门和市场对这类资本集合在各个阶段有不同的名称和定义。

2007 年，修订后的《中华人民共和国合伙企业法》开始实施，我国大批合伙型股权投资基金成立，原从事公募基金的基金经理纷纷转投私募基金领域，行业不断壮大。2012 年 12 月修订的《中华人民共和国证券投资基金法》（2013 年 6 月 1 日起施行）①将"非公开募集基金"纳入法律调整和金融主管部门监管的范围。2014 年 8 月 21 日，中国证监会发布《私募投资基金监督管理暂行办法》（证监会令〔105〕号）。2017 年 8 月，国务院法制办发布《私募投资基金管理暂行条例（征求意见稿）》。在这两个行政法规文件中基本确定了私募投资基金的含义、组织形式、投资范围和监管规则。

私募投资基金的投资范围包括买卖股票、股权、债券、期货、期权、基金份额和其他投资标的，可归纳为四类：证券、股权、金融衍生品和另类投资品。相应地，基

---

① 《中华人民共和国证券投资基金法》于 2015 年 4 月经第十二届全国人民代表大会常务委员会第十四次会议修正。

金也可分为私募证券投资基金、私募股权投资基金和其他私募投资基金等。

专栏 7-1

私募基金的类型

结合中国证券投资基金协会发布的《有关私募投资基金"业务类型/基金类型"和"产品类型"的说明》，按照三类基金管理人分类（或四类）[①]及基金类型分类，这里将私募基金做详细的分类和说明（表7-2）。

表 7-2　私募基金的类型及说明

机构类型	基金类型	产品类型	说明/定义	相关类型和名称
私募证券投资基金管理人	私募证券投资基金	权益类基金、固收类基金、混合类基金、期货类及其他衍生品类基金、其他类证券投资基金	主要投资于公开交易的股份有限公司股票、债券、期货、期权、基金份额以及中国证监会规定的其他证券及其衍生品种	阳光私募
	私募证券投资类FOF基金		主要投向证券类私募基金、信托计划、券商资管、基金专户等资产管理计划的私募基金	
私募股权投资基金管理人	私募股权投资基金	并购基金、房地产基金、基础设施基金、上市公司定增基金、其他类股权投资基金	主要直接投资于非公开交易的企业股权	发展基金、产业投资基金、成长基金（定增型）
	私募股权投资类FOF基金		主要投向私募基金、信托计划、券商资管、基金专户等资产管理计划的私募基金	
创业投资基金管理人	创业投资基金		主要向处于创业各阶段的未上市成长性企业进行股权投资的基金	天使投资基金、成长基金（创业型）、新三板基金
	创业投资类FOF基金		主要投向创投类私募基金、信托计划、券商资管、基金专户等资产管理计划的私募基金	

---

① 2018年8月29日，基金业协会发布了《私募基金登记备案相关问题解答（十五）》。在以前的私募证券类、私募股权类/创业投资基金、其他类私募基金管理人等三类管理人的基础之上，增加了第四类——私募资产配置基金管理人。

续表

机构类型	基金类型	产品类型	说明/定义	相关类型和名称
其他私募投资基金管理人	其他私募投资基金	红酒、艺术品等商品基金、其他类基金	投资除证券及其衍生品和股权以外的其他领域的基金	艺术品投资基金
	其他私募投资类FOF基金		主要投向其他类私募基金、信托计划、券商资管、基金专户等资产管理计划的私募基金	
私募资产配置基金管理人	私募资产配置基金		80%以上的已投基金资产应当投资于已备案的私募基金、公募基金或者其他依法设立的资产管理产品	

（参考中国金融出版社《股权投资基金》等）

表 7-2 中，私募股权投资基金与创业投资基金虽然分属两类，但本质上都是私募股权投资基金。每类基金都包含了母基金(FOF)，包括私募证券投资母基金、私募股权投资母基金、私募创业投资母基金和其他投资母基金。母基金一般只投资其他投资基金，较少参与直接投资；在参与直接投资时一般和投资基金联合投资。

根据我国相关法规文件并结合市场实践，理解私募股权投资基金的含义需要注意以下几个方面。

第一，私募股权投资基金是投资非公众企业股权的基金，也就是投资"私人股权"。在国际市场上，股权投资基金既有私募，也有公募。在我国，这类股权投资基金都是私募类型，所以，私募股权投资基金的准确含义是"私募类私人股权投资基金"[1]。一般来说，私募股权投资基金就是 PE，这两个概念现在看是同一的，但其关系和渊源是变化的。PE 是来源于美国的概念[2]，即 Private Equity(私人股权)，而 PE 基金的原意为"私人股权投资基金"，这里的"私人股权"，包括未上市企业和上市企业非公开发行和交易的普通股、依法可转换为普通股的优先股和可转换债券。

第二，注意私募股权投资基金和创业投资基金、风险投资基金的关系。我们常说的 PE(Private Equity)就是私募股权投资基金，而 VC(Venture Capital,)指的是风险投资基金，也就是创业投资基金。目前在我国和国外，风险投资和创业投资基本是同一个含义[3]。广义

---

① 中国证券投资基金业协会. 股权投资基金基础知识要点与法律法规汇编[M]. 北京：中国金融出版社，2016.

② 2007 年，美国主要大型并购基金的管理机构脱离美国创业投资协会，发起设立了美国私人股权投资协会(PEC)，投资于成熟企业的股权并购，区别于投资成长型中小企业股权。

③ 《中共中央、国务院关于加强技术创新，发展高科技，实现产业化的决定》(中发〔1999〕14 号)中提出"要培育有利于高新技术产业发展的资本市场，逐步建立风险投资机制"。1999 年 11 月，科技部等七部委发布《关于建立风险投资机制的若干意见》关于风险投资的定义是：风险投资(又称创业投资)是指向主要属于科技型的高成长性创业企业提供股权资本，并为其提供经营管理和咨询服务，以期在被投资企业发展成熟后，通过股权转让获取中长期资本增值收益的投资行为。关于"风险投资基金"的定义是：风险投资基金是专门从事风险投资以促进科技型中小企业发展的一种投资基金。

上，PE 包含 VC；狭义上两者是互相独立的。创业投资基金是股权投资基金的一种，是指向处于创建或重建过程中的未上市成长性企业进行股权投资，通过股权转让获得资本增值收益的私募股权投资基金。

第三，在非上市企业发展阶段上，何时投入资本，私募股权投资基金有不同的偏好，并由此形成了不同的基金概念。包括天使投资基金、新三板基金①、成长基金、并购基金、Pre-IPO 资本（如 Bridge Finance）、定增基金等。

在私募股权投资基金市场相关指标中，需要区别以下几个概念。

（1）基金管理规模。也称基金规模，一般指特定时点（如年末）上基金实际募集并正在管理的资金规模（实缴规模）。此外，还有一种计划募集规模（认缴规模）。如：根据中国证券投资基金业协会相关数据，我国私募基金管理规模在 2018 年年底已经超过 12 万亿元，其中私募股权投资基金管理规模超过 10 万亿元②。

（2）募资规模（募资金额）。即基金机构在一定时期内（一般为 1 年）新增加的募资金额，这反映了市场每年投资需求的高低。如：根据清科研究中心数据，2018 年我国股权投资市场募资金额为 13 371.41 亿元。

（3）投资规模（投资金额）。即基金机构在一定时期内（一般为 1 年）向投资对象投放的资金总额。这反映了机构投资信心和实体经济的景气程度。如：根据清科研究中心数据，2018 年我国股权投资市场投资金额为 10 788.06 亿元（其中外币投资 4 568.07 亿元），投资案例数 10 021 起。

三、产业投资基金与政府投资基金

我们经常会看到一些基金自称为"产业投资基金"，究其原因，要么这个基金的名称本身就是带有产业投资基金字样，要么这个基金是以特定产业为投资方向的。产业投资基金也是一种私募股权投资基金，我们可以将它理解为是一种基于特定产业投资目的而设立的私募股权投资基金。某种意义上说，这一概念是产业政策的产物。

1996 年，我国相关部门提出借鉴国外的创业投资基金的运作形式设立"产业投资基金"。这是在当时经济体制改革背景下推出的，具有浓厚的政府引导性质和产业政策性质，特点是发起人多为国有企业和金融机构，投资方向上也以推动国家产业政策为主要目的。

产业投资基金往往由带有国资背景的资金发起，具有一定的引导功能。为了鼓励社会投资，国家也鼓励民间资本设立投资于特定产业或领域的产业投资基金。2014 年印发的《国务院关于创新重点领域投融资机制鼓励社会投资的指导意见》（国发〔2014〕60 号）提出："大力发展股权投资基金和创业投资基金，鼓励民间资本采取私募等方式发起设立主要投资于公共服务、生态环保、基础设施、区域开发、战略性新兴产业、先进制造业等领域的产业投资基金。"

---

① 根据中国证券投资基金业协会的数据，截至 2017 年 12 月，名字中带有"新三板"字样的私募基金产品、证券公司私募产品、证券公司直投产品、基金专户产品、期货资管计划加起来总共有 1 060 只。

② 根据中国证券投资基金业协会数据，截至 2018 年年底，协会已登记私募基金管理人 24 448 家，同比增长 8.92%；已备案私募基金 74 642 只，同比增长 12.38%；管理基金规模 12.78 万亿元，同比增长 15.12%；私募基金管理人员工总人数 24.57 万人，同比增长 3.12%。其中：私募股权投资基金 27 176 只，基金规模 7.71 万亿元；创业投资基金 6 508 只，基金规模 0.89 万亿元；其他私募投资基金 5 270 只，基金规模 1.94 万亿元。

在经济新常态下，产业政策依旧具有至关重要的作用，政府出资的创业投资基金、产业投资基金和基础设施投资基金总规模为数万亿元[1]。政府部门积极推动财政资金在产业引导使用上的改革，就"政府投资基金"或"政府出资产业投资基金"出台了相应的制度设计[2]，主要的特点是发挥财政资金的杠杆放大效应，政府引导，市场化运作。

我们可以将政府引导基金看作政府投资基金的一种类型。目前，我国的政府引导基金主要投资领域包括创业投资、战略性新兴产业和重点产业投资、基础设施及公共服务投资等。政府引导基金以参股、跟进投资、融资担保方式引导社会资本进入相关投资领域，采用市场化运营方式，受基金业行业监管。但有些政府引导基金比较特殊，因为是一种政策性背景，很多所谓的"引导基金"并未纳入到基金业监管范围，实际上是一笔集中使用的以基金为名的财政专项资金安排。

四、股权投资基金管理人/机构及行业监管

在股权投资基金的基本结构中，要注意以下几个参与主体。

(1)基金投资人。也称基金份额持有人。即按照基金合同和招募说明书持有基金份额的自然人和法人，是基金的投资人、基金资产的所有者和基金投资回报的受益人。

(2)基金管理人。股权投资基金管理人是基金资产的管理和运用者。根据相关规定，基金管理人由依法设立的公司或者合伙企业担任，一个机构要成为股权投资基金管理人需要经过登记程序。基金管理人按照实收资本总额的一定比例收取管理费，管理费率一般为 2% 左右。在一定的条件下基金管理人有权获得业绩报酬(carry)。

(3)基金托管人。也称基金保管人。基金托管人是按照基金管理人指示进行具体资金运作的基金当事人。基金托管人一般是指依法设立并取得基金托管资格的商业银行或其他金融机构[3]。基金托管人与基金管理人签订托管协议，在托管协议规定的范围内履行资金保管、清算、核算等职责并收取一定的报酬。

公募基金和私募基金都需要专业的基金管理人来管理。基金管理人在不同国家(地区)有不同的名称，如美国称基金管理公司，日本称投资信托公司。

我国的私募股权基金由"私募基金管理人"进行管理。根据《私募投资基金监督管理暂行办法》(证监会令 105 号)规定，各类私募基金管理人应当根据中国证券投资基金业协会的规定，向中国证券投资基金业协会申请登记。我们经常看到的带有"基金管理""投资管理""资产管理""股权投资""创业投资"字样且经营范围与投资相关的企业，这些企业直接或间接从事着与股权投资相关的业务，它们经过正常的登记程序，取得私募基金的股权投资类基金管理人资格，可以成为"股权投资基金管理人"。

从金融监管角度看，当资本通过募集的形式由专门的机构管理，并形成一定的机

---

① 根据清科研究中心统计，截至 2017 年年底，政府投资基金(包括创业投资基金、产业投资基金、基础设施基金等)共设立达 1 501 支，总目标规模超过 9.5 万亿元，已到位资金约为 3.5 万亿元。其中：股权投资类政府投资基金(包括创业投资基金、产业投资基金等)共计 1 297 支，总目标规模为 6.3 亿元，已到位资金为 2.3 万亿元；基础设施类政府投资基金共设立 204 支，总目标规模为 3.2 万亿元，已到位资金为 1.2 万亿元。

② 2008 年国家发展改革委、财政部、商务部三部门出台《关于创业投资引导基金规范设立与运作的指导意见》，是关于引导基金较早的规范性文件。2015 年 11 月 12 日，财政部发布《政府投资基金暂行管理办法》；2017 年 1 月 13 日，国家发展改革委发布《政府出资产业投资基金管理暂行办法》。

③ 见中国证监会、中国银保监会于 2020 年 7 月公布的《证券投资基金托管业务管理办法》。

制和规则，就具有了金融活动的属性，一般就需要纳入金融监管范围。2013 年起，我国政府正式将私募股权基金纳入监管范围，监督管理机构是中国证监会①。根据《私募投资基金监督管理暂行办法》，中国证券投资基金业协会对私募基金业开展行业自律，协调行业关系，提供行业服务，促进行业发展。

7.1.2 文化投资基金

投资于文化产业的各类私募投资基金可统称为"文化投资基金"或"文化产业投资基金"。严格地说，文化投资基金不是一个基金类型，它只是各类与文化产业投资有关的私募投资基金的泛称，包括投资私人股权的股权投资基金，也包括投资艺术品的艺术品投资基金等。

一、文化产业股权投资基金

在欧美发达国家的文化产业领域，尤其是在影视投资领域，一直都活跃着私募股权投资基金的身影。2009 年之后，随着私募股权基金行业发展和我国振兴文化产业政策的出台，我国投资文化产业的股权投资基金也日渐活跃，文化产业通过私募基金的融资规模处于快速增长时期。在文化产业投资领域比较活跃的基金包括：腾讯产业共赢基金、真格基金、IDG 资本、洪泰基金、红杉资本、华人文化产业基金、经纬中国、云锋基金、君联资本、微影资本等。

我国文化产业股权投资基金的管理规模、募资规模、投资规模等都有极大的增长。截至 2017 年 11 月，在中国基金业协会备案的与文化相关的私募股权投资基金已经超过 500 个，管理基金规模接近 8 000 亿元。2017 年之后，由于监管趋严等多种因素影响，我国文化产业投资基金市场出现较大波动，在文化产业中的投资规模也有较大程度的下降。根据清科私募通数据，2016 年私募股权投资基金在文化产业的投资额达到高峰，为 1 049.94 亿元，而 2018 年下降到了"冰点"，为 529.80 亿元，2019 年有所回升。

按照出资主体划分，文化产业股权投资基金为三种类型：

(1)政府单独或参与出资的文化产业投资基金。这类基金是政府投资基金和政府出资产业投资基金，由政府财政直接出资主导、其他资本共同出资，在投资时有鲜明的政策导向性，关注的产业投资类型也多以国家战略发展为宗旨。如 2011 年设立的中国文化产业投资基金、2013 年设立的北京市文化创意产业投资基金、2015 年设立的北京市文化中心建设发展基金②、2015 年设立的四川文化产业股权投资基金等。这里也包括政府引导基金，如 2009 年设立的北京市文化创意产业创业投资引导基金③，一般都是母基金(FOF)，不直接投资在企业或项目上。

---

① 2013 年 6 月，中央编办印发《关于私募股权基金管理职责分工的通知》(简称《通知》)。《通知》明确，中国证监会负责私募股权基金的监督管理，实行适度监管，保护投资者权益；国家发展改革委负责组织拟订促进私募股权基金发展的政策措施，会同有关部门研究制定政府对私募股权基金出资的标准和规范；两部门要建立协调配合机制，实现信息共享。

② 2015 年，北京市文化中心建设发展基金设立，基金总规模 1000 亿元。根据首都文化中心的建设目标，投资于北京市文化产业功能区配套建设项目、京津冀文化要素市场建设项目、北京市市属国有文化企业并购重组项目以及优秀的市场化股权投资项目。

③ 2009 年，北京市文化创意产业领导小组办公室发布《北京市文化创意产业创业投资引导基金管理暂行办法》。

（2）由国有金融机构或企业单独或参与出资的文化产业投资基金。这类基金多为响应政策而发起，发起方和出资方为国有传媒集团、国有金融机构和国有投资机构等。如 2009 年设立的华人文化产业投资基金，2011 年设立的建银文化产业投资基金，2012 年设立的上海文化产业股权投资基金，2017 年设立的广州文化产业投资基金等。

（3）民营资本或创投机构出资设立的私募股权投资基金。这类基金市场化和专业化程度较高，数量也较多，以中小规模为主，灵活性强，是文化产业投资市场的中坚力量。例如：2010 年由达晨创投设立的达晨文化旅游产业投资基金、2013 年由华盖资本设立的华盖文化基金等。

实际上，大多数的文化产业投资基金的出资方性质不是单一的，而是具有一定的混合资本性质。

专栏 7-2

中国文化产业投资基金

中国文化产业投资基金是应政策要求[1]由财政部、中银国际控股有限公司、中国国际电视总公司及深圳国际文化产业博览交易会有限公司等联合发起的基金，首期募集资金为 41 亿元。中国文化产业投资基金管理有限公司是中国文化产业投资基金的管理人，负责基金运营管理和投资决策。该基金前 5 年为投资期，后 5 年为退出期。

中国文化产业投资基金首期募集资金基本已完成投资，从 2017 年开始进入退出周期。中国文化产业投资基金投资的企业或项目包括人民网、新华网、中国出版传媒股份、万方数据、雅昌文化、丝路数字视觉、开心麻花等。开心麻花被认为是其投资比较成功的案例。2013 年 8 月，中国文化产业基金投资开心麻花 4500 万元，占比 15%，投资时点估值 3 亿元。2015 年 12 月 29 日，开心麻花挂牌新三板，市值达到了 52 亿元。截至 2019 年 9 月 3 日，中国文化产业投资基金在北京产权交易所挂牌转让的开心麻花共计 11.33% 的股份，转让底价为 5.3 亿元[2]。

（根据公开资料整理）

按照在文化产业投资的范围和广度，文化产业投资基金可分为综合性产业投资基金、专项文化产业投资基金。前者将文化产业或"大文化产业"全行业作为投资领域，如前面介绍的中国文化产业投资基金、华人文化产业投资基金等；后者投资方向比较集中，一般集中于影视、传媒等某个专门的行业。专注投资某些行业的基金并不一定以主投行业命名，在投资的行业选择上也有很大的灵活性。我国的文化产业专项投资基金主要分布在以下几个领域。

（1）影视产业。主要投资电影、电视节目制作、宣发以及院线或影视版权（IP）等。如早期的一壹影视文化股权投资基金、星空大地文化传媒投资基金；2016 年设立的海南阿里巴巴影业文化产业基金；2018 年设立的文投京视影视产业投资基金等。

---

[1]　2009 年 7 月，国务院印发《文化产业振兴规划》，明确要求由中央财政注资引导，吸收国有骨干文化企业，大型国有企业和金融机构认购，设立中国文化产业投资基金。

[2]　见北京产权交易所网站。

（2）传媒产业。以传媒产业为投资方向的私募基金较多，投资范围包括图书、报刊、杂志、电视、广播等传统媒体业，也包括新兴的数字出版、移动资讯等新媒体，目前传统媒体和新兴媒体的融合趋势加快。如 2017 年设立的上海众源母基金，2018 年设立的东方明珠传媒产业股权投资基金等。新媒体方面如 2014 年设立的 825 新媒体产业基金。

（3）演艺产业。包括音乐会、歌舞、戏剧、杂技、曲艺演出等。由于演艺产业规模较小，专门投资演艺产业的基金较少。这类基金如 2017 年设立的钜影新湃演艺私募投资基金、2017 年设立的成都音乐产业投资基金等。

（4）游戏动漫产业。这个领域吸引了很多巨型资本背景的基金的关注，如腾讯公司通过腾讯产业共赢基金投资了众多网络游戏企业和动漫企业。也有一些专门的投资基金，如动漫龙头企业奥飞动漫设立了广东奥飞动漫文化产业投资基金。

除了内容产业方面，还有些基金专门投资互联网文娱企业、文化科技型企业等具有技术背景的文娱企业，如以文化大数据、网络游戏、网络音乐网站、网络视频直播网站等为主营业务的企业。还有一些与文化产业相关的特殊的股权投资基金，如版权产业投资基金。

二、艺术品投资基金

与股权投资不同，通过投资文化资产并经过运营而获得盈利是另一种基金模式。这种模式类似于货币基金等金融资产投资基金，只不过将文化资产当作了一种可增值的类金融资产。

一些基金投资于版权等文化资产，是文化产业投资基金的一种新类型。这种投资，是通过扶助版权开发、购买有价值潜力的版权（如 IP）、促进版权生产力转化，最终通过版权的升值实现投资收益。在国际市场有些基金专门投资版权，即版权投资基金，具有很强的文化产业代表性，我国也有类似的基金发起或设立。

艺术品投资基金（或艺术品基金）是另一种非股权投资类的文化产业投资基金，是一种投资商品（物品）的另类私募基金。艺术品投资基金募集资金，由专门的管理人员进行运作，通过多种艺术品类组合的投资，最终实现收益的目的。

根据中国证监会发布的《私募投资基金监督管理暂行办法》以及随后发布的相关文件，我国将艺术品为投资对象的私募基金纳入了监管范围。这一类在中国证券投资基金业协会登记备案的私募基金称为艺术品投资基金，但不包含投资于艺术品的一些资管计划或理财计划。

1904 年创办的法国"熊皮基金"和 1974—1999 年的英国铁路养老基金是全球较为成功的早期艺术品基金。21 世纪之后，艺术品基金取得了进一步的发展。我国在 2005 年之后开始有基金类型的资金投资艺术品，借助 2010—2011 年我国艺术市场发展高潮期，很多艺术品基金实现了较高的收益。2012 年，我国的艺术品市场出现大幅下滑，艺术品基金也进入不景气时期。

艺术品有保值增值的功能，所以艺术品被当作一种"类金融资产"。人们投资艺术品，既可以认为是一种投资工具，有时也是风险管理工具，与其他资产投资进行对冲以规避投资风险。另外，一些艺术品基金在经营中，为了对投资风险进行管理，也利用了对冲方式。

对冲（Hedge）也称套利交易。对冲是为降低某一项特定的投资产品的风险而采取的投资策略，一般就是投资另一种行情相关、数量相当但盈亏判断相反的工具或产品。对冲一般用于外汇市场、股票市场、期货市场等，一类不对普通大众开放的营利性基金即对冲基金（Hedge Fund）自 20 世纪 90 年代起风行投资界，世界著名的对冲基金有量子基金（Quantum Fund）、桥水基金（Bridgewater）、英仕曼（Man Group）等。对冲基金通过对冲工具为客户服务，使组合投资在低风险的情况下有获取中高利润的可能。

这种纯粹金融衍生品市场的工具，看起来与文化产业和文化企业似乎没有什么关系，但实际上已经开始应用于文化投融资相关领域。

专栏 7-3

艺术品对冲基金

2007 年，英国美术投资咨询公司（Artistic Investment Advisers）推出艺术品对冲基金——艺术交易基金（Art Trading Fund）。基金通过收购签约艺术家作品和一般艺术品来实现收益，其最大特色还在于它采用对冲的方式来规避艺术品投资风险。

据公开资料介绍，艺术交易基金从证券市场上选择那些与艺术品市场关系密切的股票，例如，苏富比公司（Sotheby's）或者历峰集团（Richemont）之类的奢侈品公司，并买下这些股票的看跌期权（Put Options）。这样的话，如果艺术品市场下跌，这些股票也会下跌，艺术交易基金则可以将这些股票以期权限定的价格卖出，从而使艺术品跌价的风险得到对冲。

虽然这种做法还算不上真正的对冲基金，因为苏富比拍卖公司的股票走势并非完全与艺术品市场走势同步。苏富比拍卖公司股票价格的下跌很可能是由于非艺术品市场因素，例如，整个证券市场的下跌或者苏富比拍卖公司本身的经营问题。但不管怎样，艺术交易基金通过对冲交易规避艺术品投资风险的思路，确实让人耳目一新。

（资料来源：阿尔法工场网站）

7.2　私募股权基金的设立与投资流程

7.2.1　私募股权基金的设立

自 2014 年 2 月 7 日起，中国证券投资基金业协会正式开展私募基金管理人登记、私募基金备案和自律管理工作。为规范私募投资基金活动，中国证监会于 2014 年 8 月 21 日公布了《私募投资基金监督管理暂行办法》（证监会令〔105〕号），从登记备案、合格投资者、资金募集、投资运作、行业自律、监督管理等方面对私募投资基金的运作进行了规范。

中国证券投资基金业协会相继发布了《私募投资基金管理人登记和基金备案办法

（试行）》、《私募投资基金募集行为管理办法》等一系列管理办法及指引文件[1]，明确了私募投资基金管理人管理和运作私募基金的相应程序和要求，对私募投资基金业务活动进行行业自律管理。

私募股权投资基金不同于一般的投资人，其模式是通过投入、回收、再投入这一循环往复的资本运作来实现盈利。运作一般分为"募、投、管、退"四个基本阶段，即募资、投资、投后管理和退出。

所谓募资，即私募股权投资基金以非公开方式从机构投资者和个人投资者手中募集资金并成立基金的过程。募资有自行募集和委托销售机构募集两种方式。基金管理人可自行担当募资机构，也可委托基金销售机构募资。

根据我国法规，私募股权投资基金的募资对象为具有风险识别能力和风险承担能力的合格投资者，而且单支基金的投资者人数累计不得超过法规规定的特定数量。目前我国私募股权投资基金的投资者主要是机构投资者和高净值个体人群。机构主要包括：金融机构、工商企业、母基金、政府引导基金、社保基金、基金会等。在实践过程中，发起人和基金管理人常要在法律允许的框架下对基金投资人进行结构上的分级设计，以满足投资人的不同风险偏好和投资需求。[2]

根据 2016 年发布的《私募投资基金募集行为管理办法》，私募基金的募集需履行的程序包括：①特定对象确定；②投资者适当性匹配；③基金风险揭示；④合格投资者确认；⑤投资冷静期；⑥回访确认（非强制）等。

按照我国的相关规定，私募股权基金设立的基本组织形式有三种，即公司型、有限合伙型和契约型，基金管理人可自主选择基金组织形式。当然，在实践中，组织形式在不违反国家相关法律法规的前提下，在这三种基本形式基础上，还有很多经过创新的组织形式。

（1）公司型基金。公司型基金是投资人依据《中华人民共和国公司法》（以下简称《公司法》）注册成立，由公司法人实体自行管理或委托专业基金管理人进行管理的股权投资基金。公司型基金是一个独立的法人实体，主要采取有限责任公司形式。投资人作为股东，以其出资额为限，对公司债务承担有限责任。按照《公司法》，公司型基金需设有股东会、董事会（执行董事）、监事会（监事）。公司型基金一般在董事会下内设"投资决策委员会"决定项目投资事项。当公司型基金自行聘任管理团队管理基金时，按照规定，公司型基金除了自身作为基金进行备案外，还需作为基金管理人进行登记。

（2）有限合伙型基金。是投资人依据《中华人民共和国合伙企业法》，由有限合伙人和无限合伙人共同发起设立的一种基金组织形式。有限合伙人（Limited Partner，LP）为有限合伙企业的实际出资人，以其认缴出资额为限对合伙企业债务承担责任，一般不参与投资决策。LP 既可以是个人，也可以是机构，大型机构作 LP 已成为趋势。无限合伙人又称为普通合伙人（General Partner，GP），负责企业的经营运作管理和投资决

---

[1]　另外，还有《私募投资基金服务业务管理办法（试行）》《私募投资基金信息披露管理办法》《私募投资基金管理人内部控制指引》等。

[2]　一般分为优先级和劣后级。在有限合伙型私募基金中，优先级有限合伙人（LP）拥有优先分配、优先退出等权利，当然收益也比劣后级有限合伙人（LP）低。介于优先和劣后的，还有夹层投资。

策，对合伙企业债务承担无限连带责任。有限合伙基金也要由基金管理人进行备案，按照我国的实践，一般是由基金管理人担任普通合伙人。合伙企业设有合伙人会议，有些合伙企业设有投资顾问委员会或咨询委员会。有限合伙基金结构如图 7-1 所示。

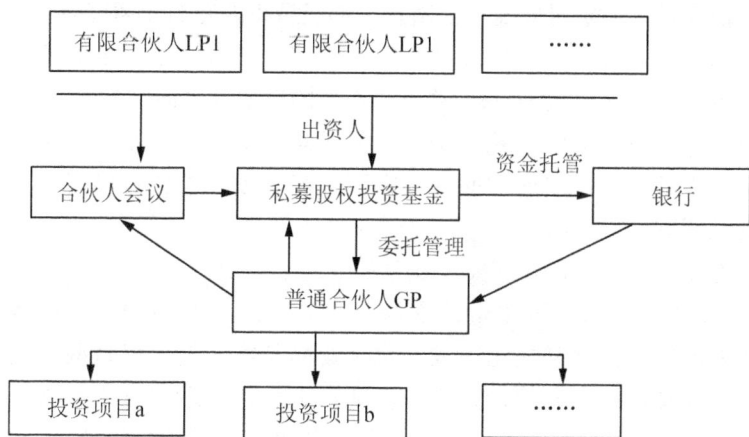

图 7-1　有限合伙型私募股权投资基金结构

（3）契约型基金。即"信托型基金"，一般指信托公司、基金管理公司作为受托人（基金管理人）通过与委托人（投资人）签订契约设立，将募集的资金按照契约内容的约定进行投资和管理的基金形式。契约型基金的投资决策权归基金管理人。契约型基金是通过合同形式设立的，不涉及工商登记程序，也就不具有法律实体地位，只需要在合法有效的合同下成立并到管理部门备案。我国很多信托机构、基金管理机构通过募集资金设立的"信托计划"或"资产管理计划"本质上就是契约型基金。

7.2.2　私募股权基金投资、投后管理和退出

私募股权基金都有一定的存续期，一般不少于 5 年（投资期 3 年加退出期 2 年，即 3＋2），很多是 7 年（即 5＋2）。从募资开始基本要经过"募、投、管、退"四个环节。在实践中，很多基金管理人经常抱怨在文化产业不仅募资难，同时也存在投资难、投后管理难，退出也难的问题。由于文化产业特性和政策环境等方面的影响，投资基金在投资过程中通常会遇到不同于其他产业投资的特殊情况。

一、投资意向

在股权投资市场，非上市公司进行股权安排时，一般有增资扩股[①]、股权转让两种方式，可以单独使用，也可以混合使用。私募股权投资基金进行股权投资时也是按照以上方式介入，所以需要提前了解融资方希望采用的股权安排方式。

投资意向是在初步接触之后投资方就投资事项表达的意愿和倾向性，这种意向需要通过会谈、考察和一般性磋商后形成。大多数文化企业缺乏投融资经验，可以聘请投资银行或顾问公司作为融资顾问，共同处理融资事项。融资顾问可以帮助企业寻找到更多投资意向方，也能够筛选出更优质的投资方。

---

① 增资扩股是以增加企业资本金和扩大股本总额为形式，吸引企业内部或外部的投资人新的投资的方式。增资扩股使企业而不是某个股东获得新的资金，会引起企业资本金总额的变化和股权结构的变化。

在投资意向阶段，投资方会简单了解融资方的基本情况，就是否继续"看项目"进行判断。这个阶段，文化企业提供的务实而专业的商业计划书是很好的开端。一些信息可能导致投资方直接中断接触，如：与政策环境相抵触且无法预测风险；企业的资产权属关系不清晰且无法短时间梳理清晰；内部经营不规范且不可逆等。

在投资意向阶段，投资方可以就投资事项形成投资意向书、投资备忘录或投资条款清单(Term Sheet，TS)，这是一种约束力不强的框架性书面文本，又称"框架协议"。内容通常涉及估值、投资方式、投资金额、尽职调查等方面。签署框架协议，一般就意味着投融资双方承诺在一定的时间内进行下一步程序，投资方已经立项，融资方也不再寻找其他投资方。

在文化产业投资意向阶段，还需要注意如下两个方面。

(1)融资方要理解，从私募基金的立场上，盈利是基本的目标。虽然保持文化的"纯洁性"和人格的独立性都是文化人或文化企业的基本需要，但这些与资本的介入并无根本性冲突。要理解投资人的投资基本原则和理念，要理解资本在文化发展中的正向驱动作用。同时，文化企业需要注意的是，天使投资、风险投资和PE等各类私募股权投资基金有不同的投资需求，战略投资者、财务投资者在投资原则上也有很大差别。

(2)投资方要理解，从文化企业的立场上，文化的独立性和文化价值需要获得足够的尊重。在初步接触过程中，投资人要全面了解文化产业的特性，理解其文化和经济的双重属性，要注意文化产业投资的特点。投资人应充分理解文化企业团队在企业文化和企业运营的观念上的独特性并做出判断。要认识到文化作为资源具有边际报酬递增的特点，文化产品不同于其他产品的生产和消费，盈利模式也大不相同。文化企业价值结构也有很大不同，尤其是文化企业的资产结构，对其中的文化资产、无形资产部分需要采用专业的评估方式和方法。

二、尽职调查

尽职调查(简称"尽调")可能会决定投资者最终是否投资。红杉资本全球执行合伙人沈南鹏说在考虑是否投资时，主要考虑三个方面：一是创始团队是否优秀；二是市场空间是否足够大；三是商业模式是否具有吸引力。实际上很多投资人都要考虑类似以上这些"指标或参数"，这些甚至可能在投资意向阶段就有了初步判断，但是，规范的投资决策会在尽调阶段落实这些判断。

尽职调查是投资至关重要的环节。这一阶段将在法律和财务方面进行详尽的调查，投资方会聘请律师和审计团队介入，以确保尽调结果的真实性和准确性。融资方在这一阶段需要提供尽可能翔实、准确的资料。

确定最后的估值是这一阶段最重要的任务，所以尽调的核心内容是商业尽职调查。这个内容一般由股权投资基金的投资经理组成团队来负责，或者委托专业性的咨询公司来完成。在商业尽调中，主要的内容包括如下四个方面。

(1)团队评估。无论融资方处于何种融资阶段，团队都是最为重要的考量因素，在融资阶段越早期越重要。文化企业团队的创新能力、组织能力、管理能力等都是投资方较为重视的因素。

(2)商业模式评估。商业模式的核心是盈利模式，文化企业的盈利模式基于文化产品的特点、技术平台的应用和消费者利益。

（3）市场规模及环境。市场需求、消费水平、技术水平等决定了市场空间及未来增长可能性。市场环境分析，包括企业发展的历史、竞争环境、政策环境等方面。

（4）对标分析。就是以相同或相似的标杆性企业作为"标杆"和基准，获得可参考的对标值。在商业尽调和投资决策中，主要是估值对标及参考早期的一个或几个项目估值，当然对当时的估值因素也要对标分析。

三、投资协议

尽调之后，一般就会进入投资协议的起草、谈判和签署的阶段。投资协议又称股权认购协议（SPA），有时还需要补充签署股东协议（SHA）。这个阶段并不是简单的签字，而可能是相当漫长的博弈过程，这个过程涉及的内容就是投资协议的主要内容。

在投资协议中，一些标准条款需要先行确定下来，如投资方式、投资价格、支付方式、交割程序等。同时，还要对在尽调中未能落实或其他可能影响交易的因素，在投资协议中作相应的约定。

在实践中，投资协议中经常会有涉及双方重大利益变化的特别条款，这些特别条款主要包括如下内容。

（1）关于公司治理的条款：这部分主要涉及董事会构成、财务管理主管人员等。可能涉及的事项是投资方的股份是否具有"一票否决"的权利及一些优先权等。"一票否决"权利在"同股同权"的股份公司治理结构和有限公司治理结构下具有不同的处理方式。

（2）关于股权稀释的条款（Anti-Dilution Term）：这是一项投资方的自我保护条款。在企业发展中，如果需要增资扩股，本轮投资方希望保有优先认购的权利，同时，在新一轮融资中希望确保本轮的融资价格最低。

（3）优先出售权条款：在企业发展中，控股股东将股份出售给第三方时，可能存在企业价值贬值的情况。这时，投资方希望优先于控股股东或者按其与控股股东之间的持股比例，将其持有的相应数量的股权售出给拟购买待售股权的第三方。

（4）估值调整机制（Valuation Adjustment Mechanism，VAM）。这一条款常被称为"对赌协议"。投资方往往要求融资方提供经营指标的承诺，在指标未达到既定目标时，投资方将对投资价格进行调整，而融资方需要给予一定程度的补偿（股权份额或现金补偿）。在实践中，投资方还会对其他非财务指标提出要求，如 IPO、新三板挂牌或实现增值的并购。另外，丧失业务资质等重大事项的出现将影响企业市值，投资方也可能提出承诺要求。补偿方式包括股份转让、股份回购、现金补偿等，甚至获得融资方的控制权等。

专栏 7-4

建银文化基金投资小马奔腾中的"对赌协议"

2011 年 3 月，国内知名的影视文化公司北京小马奔腾文化传媒股份有限公司（下称"小马奔腾"）开启新一轮融资，引入建银文化产业股权投资基金（天津）有限公司（以下简称"建银文化")等多家投资机构，其中，建银文化以投资 4.5 亿元人民币的规模占小马奔腾 15% 的股份，公司估值 30 亿元。小马奔腾公司与建银文化以 2013 年 12 月 31 日前 IPO 并上市为条件，签下"对赌协议"，如不能完成，公司或控股股东将全额回购股份。

2012 年 10 月至 2014 年 1 月，我国证券市场暂定 IPO 空窗期长达 15 个月。小马奔腾不仅未能在 2013 年年底前 IPO 并上市，且 2014 年年初公司创始人身故。2014 年 10 月 31 日，建银文化向中国国际经济贸易仲裁委员会申请仲裁，要求公司创始团队及创始人财产继承人履行回购义务。由此，小马奔腾公司和相关家族发生了一系列变故。中国国际经济贸易仲裁委员会裁决：小马奔腾相关人员承担无限连带责任和有限责任，付给建银文化股权转让款 6.35 亿元。同时，建银文化还对相关人员提出了法律诉讼。2017 年 10 月，小马奔腾被公开拍卖，估值仅为 3.8 亿元，接盘者是冉腾（上海）投资咨询有限公司。

近年，在我国私募股权投资市场出现了很多私募股权投资基金与融资企业之间金额巨大的对赌协议案例[①]。2012 年，曾在最高人民法院"海富投资诉甘肃世恒对赌协议案"做出的判决，对此类案件来说具有一定的指导意义。2019 年 8 月，最高人民法院在发布的《全国法院民商事审判工作会议纪要（征求意见稿）》中，首次提出对赌协议的效力及对赌纠纷的审判原则。

四、投后管理

投后管理并不是所有投资者都必需的流程环节，如财务投资者并不需要投后管理。十几年来，具有战略意识和管理专长的投资者对投后管理越来越重视，在基金筹建时，基金的管理人和管理团队不仅要具有以合理估值进入的能力，是否具有投后管理能力也成为重要的考虑因素。

在特定的卖方市场上，投后管理是私募股权基金的核心竞争力。如果一个融资方在发展中自认存在某种缺陷，那么往往需要在融资时寄望于投资方能够带来除了资金以外的其他专业能力。所以，在筛选投资方的时候，对基金是否具有投后管理能力有很强的需求。

投后管理的目的主要有两个方面：一是风险监控；二是企业增值。根本上，投后管理就是通过参与企业管理实现企业增值的过程。投后管理除了一般性的走访、协调和汇总企业信息，其重要的内容包括如下几个方面。

（1）团队建设和公司治理。初创期的团队往往需要更多的补充力量，而在公司治理方面也有缺陷。能够派驻董事或其他经营管理人员的投资方，在这个方面具有更大的话语权。

（2）财务管理。投后管理中，对企业财务状况进行简单汇总只是初级的任务。有必要的话，投资者要进行详尽的财务分析，并对企业经营问题提出风险预警和相关建议。以上两个部分一般会在投资协议中就有明确的约定，在投后管理中需要落实。

---

① 如蒙牛乳业与摩根士丹利、鼎晖投资、英联投资的对赌协议，永乐电器与摩根士丹利、鼎晖投资的对赌协议，中国动向与摩根士丹利的对赌协议，太子奶与英联、摩根士丹利、高盛的对赌协议等。

（3）商业模式优化。商业模式在尽调时期就是被投资方所认可的，但需要在不同的发展阶段进行优化。这时，作为投资方一般要提出一些改进意见，以便减少试错成本。

（4）产业链增值服务。大多数企业尤其是初创企业在整体竞争力方面往往存在明显的短板，如客户资源、销售渠道、供应链服务商等。一个在产业链上导入优质资源的投资方能够迅速提升企业的价值。

（5）战略融资。企业发展进入快速增长阶段，往往不仅需要更多的资本投入，而且需要新的投资方进入以符合未来战略布局和发展的要求。先期进入的投资者在投后管理中，需要将这一需求作为企业发展的重点任务并协助完成。

投资方在标的公司的股份份额决定了投后管理的深度和广度。同时，各轮次的投后管理重点不同。在天使轮至 B 轮融资阶段，团队和商业模式优化是投后管理的重点；在 B 轮至 D 轮（或 F 轮），财务管理、产业链价值整合等是投后管理的重点；而在 Pre－IPO 前，战略融资和进行全新的战略布局是投后管理的重点。

五、股权退出

就私募股权投资基金来说，最大的收益不是获取股权分红，而是通过将其持有的权益出售收回投资并实现投资收益，这就是股权退出，简称"退出"。当然，并不是每一次退出都是因此可以盈利，有些退出是为了"止损"，所以，退出是一套为保障投资者权益的机制安排。

股权退出一般有四种渠道：一是通过在二级市场（或证券交易场所）退出；二是通过一级市场的股权转让或并购；三是协议约定的管理层收购（MBO）或股东回购等渠道；四是特殊情况下的清算。

进一步再细分下来，在我国常见的股权退出方式主要有如下几种。

（1）IPO 上市后退出。实现企业上市，一般意味着企业的较大增值，股权退出的盈利也最为丰厚。

（2）间接上市后退出。借壳上市或重组上市是间接上市，与 IPO 退出的吸引力相同，但其一般时间较短，在对投资时限要求很严格的股权投资基金看来，如果有更短的上市渠道，就会推动选择这一方式。

（3）新三板挂牌退出。在新三板挂牌的企业，可以通过做市转让、协议转让和竞价转让方式转让股份，随着新三板交易的日益活跃，这一方式的退出也开始受到股权投资基金的欢迎。

（4）一级市场并购退出。如果对上市或挂牌没有把握，而同时企业的业绩增长和发展都非常良好，私募股权基金也会寻求购并的机会。在并购中，股权结构需要较大的变化。

（5）一级市场股权转让。股权转让是上市前任何阶段都可以采用的快速退出方式。转让方式包括协议转让、区域股权交易中心挂牌转让等。

（6）MBO 收购或回购。这一方式一般是在投资协议中约定的内容，是指管理层和股东回购私募股权基金的股份。收购或回购的价格因为约定的事项不同而不同。比较常见的回购是"对赌协议"下的回购，是私募股权基金在对其他退出方式无望的情况的自保措施。

（7）清算退出。企业破产或其他原因关闭、倒闭，需要进行资产清算。这是所有投资人都不希望看到的一种退出方式。

7.3 投资原则及策略

7.3.1 投资原则

作为投资人，文化投资基金一定要了解和理解文化产业和文化企业的特点，以及由此形成的文化产业投资的特点，这其中包含收益的特点、风险的特点等。

作为融资方，文化企业需要了解股权投资者和机构的投资行为的一般规律，包括奉行的原则、理念，也要了解投资的一般流程，以便能够在合作中平等并顺畅地沟通。

在经年累月的实践中，私募股权基金渐渐形成了一些投资原则和投资理念，这些原则和理念反映了投资者的共同需求。当然就每个投资人或投资机构而言，投什么样的项目，在哪个阶段（轮次）投资，每个机构或投资人都有一定的投资偏好。成功的投资机构，如 IDG、红杉资本、深创投、君联资本等，在投资方面都有自己不同的风格。

很多金融机构将收益性、安全性、流动性这三者作为重点考虑的方面，商业银行奉行所谓"三性原则"即指这三个方面。实际上，所有的金融机构，其原则无论如何变化，通常都是要在收益性、安全性、流动性这三个方面寻找平衡，只不过各类机构在这三个原则上的侧重点和重要性排序是不同的。

首先，收益性原则。私募股权基金一般将收益性作为首要的原则。风险承担意愿取决于投资者的风险厌恶程度（也即风险方面的容忍度），私募股权投资不同于债权类资本，与商业银行的风险厌恶程度是有很大不同的。私募股权投资人通过自己独特的视角或方法发现投资收益空间，虽然通常很多高收益的项目风险也比较高，但私募股权基金投资人愿意冒险。

其次，流动性原则（也称为流通性，本质上是资产变现的能力）。投资人希望所有投资项目都具有较好的流动性，至少在投资项目组合中要保持其中一些项目具有较强的流动性，如在证券市场上，股票的流动性要优于债券。在私募股权投资市场上，虽然面对的资产相对来说流动性较低，需要通过股权转让等方式才能退出，但所投企业的资产流动性好，仍然意味着可以随时变现应对"不时之需"，也意味着投资风险相对较低。

最后，安全性原则。该原则经常被私募股权基金放在最后，但不意味着投资人会轻视风险，他们只是乐于寻求收益/风险比最高的投资项目而已。为了降低风险，他们往往在事前的尽调、投资协议及事中的投后管理中充分利用已有的经验及专业技能，尽可能在保障较高收益的同时防范风险的发生。在做出最终投资决策之前，投资人一般都会反复考察、评估投资项目，而且会在投资协议中设置有利于及时止损的条款，在投后管理中也会采取各种手段监控和评估风险。

专栏 7-5

价值投资理念

价值投资理念源于证券领域投资，是由经济学家格雷厄姆在《证券分析》中提出的，由著名投资家巴菲特发扬光大。价值投资理念的主要内容是：首先要关注企业的内在价值，也就是企业未来的成长性和未来获利能力；其次是关注安全边际问题，即保证基本收益的评估；最后就是认为市场是非理性的，无需盲目跟风，需要引导市场。

在私募股权投资领域，因为基金投资时限要求，在长短期投资选择上比证券投资的回旋余地小得多，但价值投资理念依旧为大多数投资家所认同。在实践中，价值投资奉行者会坚持长期投资策略，保持相对长期持有并在此期间坚持为企业进行价值附加，将不断提升企业的市场价值作为退出盈利的基础，而不是单纯依靠偶然的增值机会。这对文化产业投资来说尤其重要，因为大多数的文化类项目都具有投资周期长的特点，所以，价值投资可看作文化产业投资基金的重要理念之一。

（根据公开资料整理）

7.3.2　文化产业股权投资策略

投资机构或投资人都有自己的一套投资策略。仅就投资文化产业或文化产业股权投资基金而言，一些策略值得借鉴，如产业链投资、赛道投资、跟随投资、政策导向投资等。

（1）产业链投资。即在文化产业、文创产业或泛文娱产业的产业链上下游进行深度布局，使投资项目之间具有互补优势和交易成本优势。产业链投资有时是为了构建一个商业生态。腾讯在文化产业的投资都是典型的产业链投资。

（2）赛道投资。红杉资本中国基金十几年来在创投领域的赛道投资模式取得了巨大成功，为投资界所认可。这一投资策略的核心是在认定某一行业的投资前景的前提下，投资同一领域的相同产品或服务项目，不排斥同质化，多点站位，深耕赛道。其逻辑是假定这个赛道必赢，那么，你在这个赛道的投资项目越多，赢的概率就越高。对于文化产业来说，所谓赛道可以理解为其中的一个行业或独特的领域，如短视频、新媒体、知识付费等。

（3）政策导向投资。一些私募基金并不专门投资文化产业的某一特定行业，他们的投资标准是看项目的文化产业政策吻合度以及能否在短期内享受到政策红利。

（4）跟随投资。有一些私募股权投资基金并不致力于投资研究，投资方向由"近邻"的行家决定。能够跟投的基金，一般是处于风险隔离的具有某种近亲关系的资金另行成立的基金，一些能够接近投资圈层核心的小型基金也常常采取跟投策略。

7.3.3　基于风险管理的分散化投资

在进行项目投资时，如果在当前时刻，只能获悉未来投资项目收益的期望值，而具体的实现值是不确定的，那么该项目便是一项"有风险的投资项目"。对于有风险的投资项目，需要进行一定的风险管理，而分散化投资就是其中的管理方式之一。

分散化策略被广泛应用于证券投资领域。当市场上存在多种可以交易的金融资产时，投资者可以进行单一金融资产的投资，也可选择两种或多种金融资产进行组合投资。正所谓"不要把所有鸡蛋放在同一个篮子里"，如果投资者为了防范风险，将资金投资于多个金融资产，就称之为"分散化"投资。

现代资产组合理论（MPT）的提出就是为了化解投资风险的可能性。该理论认为，分散化投资可以减少个别风险或非系统性风险（Unique risk or Unsystematic risk），但不能规避系统性风险。非系统风险与个别企业自身的经营特性紧密相关，常常是由企业的管理效率、技术力量、项目开发能力、行业属性及产品特点等个性化因素所决定的。分散化投资给投资者带来的最大好处是可以降低整个投资组合的风险。

分散化投资无法消除的风险，称之为系统性风险。在实际投资中，组合分散化策略也只能规避单个金融资产暴涨暴跌所形成的风险，而当经济整体走弱时，投资组合仍会受到相应的损失，其原因就在于系统性风险是无法通过分散化而消除的。在投资市场风险分析中，α系数表示非系统性风险，β系数表示系统性风险程度，那么就是说分散化投资能够追求"α收益"，但不能追求"β收益"。

证券投资中的投资组合可以有上百种，但私募股权投资领域却无法做到数量较大的组合，而且私募市场信息不对称现象严重，所以有人认为分散化策略并不适用于私募股权投资领域。但是，作为一种投资思维，分散化仍被很多私募股权投资基金所应用，通过对不同阶段的项目、不同产业项目的投资来分散风险。而在文化产业投资中，一些私募基金利用分散化策略尽可能小额投资多个项目，使自己的投资在有风险保障的前提下，取得接近或高于产业平均收益的收益。前文所谈到的"赛道投资"模式，也具有在一个同质化项目群中进行分散投资的逻辑。

好莱坞影视行业常有经典的分散投资案例。如2004年后，私募股权投资机构沙丘娱乐（Dune Entertainment）与福克斯电影公司先后两次签订协议，投资8.9亿美元，投资福克斯制作的80多部电影，其中就包括《阿凡达》。《阿凡达》按后发收益计算，私募基金获得了超过10倍的收益。我国的一些投资基金开始效仿好莱坞模式，将资金投入到由多部电影组成的电影投资计划项目中，这些电影项目也往往是由同一个受到认可的主体或关联体发起的。

虽然分散化投资、对冲工具（或对冲基金）与文化产业投资的关系还似乎不十分明显，但却隐含在股权投融资行为的方方面面。我们需要关注其可能带来的未来意义：很多文化投资者学习利用分散化策略或对冲工具，使自己的文化产业投资风险更小而收益更大。

>>> 学习重点和难点

本章的重点包括：文化产业投资基金的相关知识的含义和分类，私募股权基金投资文化企业或项目时所需要的基本流程等。

本章的难点包括：投资基金、私募投资基金、私募股权投资基金这些概念的区别；注意分清私募基金和私募基金管理人的区别；从私募股权基金和文化企业两个视角上如何理解文化产业投资的特点；私募股权投资与文化企业融资方之间投资协议中的特别条款等。

>>> 复习思考题

1. 私募股权投资基金的类别有哪些？各有哪些特点？

2. 什么是文化产业投资基金？包含哪些类型？

3. 私募股权投资基金在文化产业投资中需要考虑哪些因素？

4. 艺术品投资基金与股权投资基金有何区别？

5. 在文化项目投资流程中，文化企业和私募基金应分别重点关注哪些事项？为
什么？

>>> 参考文献及推荐书目

[1]刘纪鹏. 资本金融学[M]. 2 版. 北京：中信出版社，2016.

[2]张亦春，郑振龙，林海. 金融市场学[M]. 5 版. 北京：高等教育出版社，2017.

[3]中国证券投资基金业协会编. 证券投资基金（上、下册）[M]. 2 版. 北京：中
国金融出版社，2017.

[4]中国证券投资基金业协会编. 股权投资基金[M]. 北京：中国金融出版社，2017.

[5][美]杰拉尔德·E. 平托，等. 股权估值：原理、方法与案例[M]. 3 版. 刘醒
云，译. 北京：机械工业出版社，2018.

[6][美]哈里·M. 马克维茨. 资产组合选择：投资的有效分散化[M]. 2 版. 张扬，
译. 北京：人民邮电出版社，2017.

[7][美]布赖恩·伯勒，约翰·希利亚尔. 门口的野蛮人[M]. 张振华，译. 北京：
机械工业出版社，2004.

[8]王妮娜，全球文化产业基金发展探秘——模式、因素研究及对我国的启示[M].
北京：中国金融出版社，2015.

第8章 文化信托与资产管理

学习目标

1. 理解信托和信托产品的基本含义，了解信托业务的基本分类；掌握文化产业信托的基本内容。

2. 了解资产管理的含义、类型及相关机构；理解文化产业与资产管理的关系。

关键术语

信托　信托产品　信托业务　资金信托　信托融资　事务管理信托　文化信托　艺术品投资信托　知识产权信托　版权信托　资产管理　财富管理

导　言

在我国当代金融市场格局下，信托行业与资产管理行业是不容忽视的力量，而且两者之间具有非常紧密的关系：信托是依据信托法律关系的资产管理业务，而资产管理又是银行、证券、保险等金融机构从事的具有信托性质的金融业务。

信托业和资产管理业管理着巨大的资产规模，是实体经济的重要的资金来源，是间接融资市场和直接融资市场的重要力量，这就是为什么学习文化金融时也要关注这一领域的原因。

信托既有债权类业务，也有股权类业务，甚至和财产的风险管理有一定关系，因为信托有财产隔离功能。本章要学习的内容包括：信托、信托产品和信托市场的基本含义；文化产业信托发展情况，艺术品投资信托，版权信托等。资产管理业务是实体经济从金融机构取得融资的最重要的渠道。所以，我们要在这一章同时学习资产管理的相关内容，包括资产管理的概念、业务、产品分类及涉的相关机构，以及文化产业投资与资产管理的关系。

这一章可以与第7章联系起来一起学习，因为从本质上，募集资金进行投资的信托计划和资产管理计划可以看作一种契约型基金。

8.1　文化信托

8.1.1　信托、信托产品与信托市场

一、信托的概念和含义

信托（Trust），从字面上看就是"基于信任的托付"。在人们的生活中，经常可以遇到具有信托性质的行为，托付的事务包括财物、某种义务或某种权利等。不同于一般

的民间托付行为，在经济领域，信托是一种基于契约关系的经济行为。

作为一种财产管理制度的信托起源于英国的"尤斯制"（Use），是教徒为了对其死后的土地进行处置而设计的一种制度①，体现了英美法系下财产委托管理的法律关系。至今，一些关于信托的理解仍与遗产委托直接相关。

从作为金融业务的信托业发展史看，美国比英国更早开办专业信托投资公司，使信托成为一种"受人之托、代人理财"的金融业务。1822 年在美国成立的纽约农业火险放款公司②，是世界上第一家信托投资公司。作为金融业务，信托在发达国家是独立的业务类型，但大多数是由银行等机构兼营。

我国的信托业始于 20 世纪初的上海③，新中国成立后一度停滞。1979 年 10 月，中国国际信托投资公司的成立标志着我国信托业正式恢复，此后几经波折，数次整顿。2001 年，《中华人民共和国信托法》颁布，标志着我国信托事业正式步入法制化发展的轨道④。这部法律规范的信托行为既有营业信托（商事信托），也有非营业性的民事信托和公益信托行为。

根据《中华人民共和国信托法》，所谓的信托，是指"委托人基于对受托人的信任，将其财产权委托给受托人，由受托人按委托人的意愿以自己的名义，为受益人的利益或者特定目的，进行管理或者处分的行为。"

在这一定义中，我们要特别注意财产权的含义，委托人、受托人和受益人等关系人形成的法律关系，以及"管理"和"处分"的含义。

（1）委托的是一种财产权而不是其他。

（2）信托财产的所有权、管理权和受益权是分离的，委托人享有所有权，受托人享有管理权，受益人享有受益权。

（3）信托关系成立后，信托财产便从委托人手中独立出来，成为与其他财产隔离的受到法律保护的财产，这就是信托制度独有的财产隔离功能。

（4）信托财产不仅指信托关系成立时转移的财产，也包括经过管理或处分后取得的财产收益。信托财产既包括有形财产，如股票、债券、物品、土地、房屋和银行存款等；又包括无形财产，如保险单，专利权、商标、著作权、信誉等。

（5）信托关系中的受托人，应按委托人的意愿管理或处分委托的财产。所谓管理，是一种不改变目的物或者权利的性质而进行保存、利用或者改良的行为；所谓处分，是指改变目的物或者权利的性质并进行转移或者设定担保权等的行为。

（6）受益人与委托人可以是同一人，但法律上仍是两种主体。从受益人的角度对信托进行划分，可以将信托分为四类：自益信托、他益信托、私益信托、公益信托。

◎讨论：在信托关系中，文化企业的角色可能是什么？

---

① 英国"尤斯制"（Use）是信托制度的前身。由于国王对宗教徒捐赠土地给教会的限制，教徒们在对其死后的土地进行处置时，在遗嘱中首先把土地赠与第三者所有，同时，规定教会有土地的实际使用权和收益权，这样便形成了一种信托关系。

② 后更名为农民放款信托投资公司。

③ 1921 年 8 月，在上海成立了第一家专业信托投资机构——中国通商信托公司。

④ 《中华人民共和国信托法》与随后公布的《信托投资公司管理办法》（中国人民银行令〔2002〕第 5 号）、《信托投资公司资金信托管理暂行办法》（中国人民银行令〔2002〕第 7 号）曾被合称为信托"一法两规"。

二、信托公司、信托业务与信托产品

当人们将资金等财产委托给受托人，目的是通过管理和处分实现资产保值增值等经济目的，那么，这种信托就是一种金融业务。作为金融机构的信托公司，开展信托业务，在具有金融资产管理和理财性质的经济关系中一直充当着中介和协调人的角色。

2007年，中国银行业监督管理委员会公布了《信托公司管理办法》和《信托公司集合资金信托计划管理办法》（被称为"信托新两规"），信托机构和信托市场的管理和运营得到了完善，信托业务也开始回归信托的本源。

根据《信托公司管理办法》，信托公司是指依法设立的主要经营信托业务的金融机构；所谓信托业务，是指信托公司以营业和收取报酬为目的，以受托人身份承诺信托和处理信托事务的经营行为。根据信托财产性质的不同，信托公司的信托业务主要包括：资金信托、动产信托、不动产信托、有价证券信托、其他财产或财产权信托。

按照中国银监会相关文件，信托公司信托业务可以按信托功能（或资金运营）分为融资类信托、投资类信托和事务管理类（通道类）信托三大类，见表8-1。

表 8-1　融资类、投资类和事务管理类信托的资产占比（2020）

按功能分类的信托资产		总额：204 890.37 亿元
融资类	余额	485 736 755.40
	占比	23.71%
投资类	余额	644 495 729.30
	占比	31.46%
事务管理类	余额	918 671 685.31
	占比	44.84%

（资料来源：《2020年4季度末信托公司主要业务数据》，中国信托业协会网站）

融资类信托是基于融资方资金需求设立的信托，一般有明确的融资方和融资项目。包括但不限于信托贷款、受让信托或票据资产、股权投资附加回购或回购选择权、股票质押融资、以融资为目的的财产与财产权信托（准资产证券化）、各类收益权信托等业务。设有预期收益率是融资类信托业务的主要特征，所以，融资类信托表现为债权债务关系。融资类信托曾经是我国信托公司的主要业务类型。

投资类信托是基于投资人的投资需要和具体方向设立的信托，常表现为一种理财或资产管理工具。投资类信托业务主要包括证券投资、非公开市场金融产品投资和非上市公司股权投资。投资类信托特征是不设有预期收益率。

事务管理类信托即通道类信托业务。委托人自行负责前期尽职调查及存续期信托财产管理，自愿承担信托投资风险；受托人仅负责账户管理、清算分配及提供或出具必要文件以配合委托人管理信托财产等事务，不承担积极主动管理职责。

从金融监管角度上，如何对信托业务进行分类涉及监管效率。监管当局曾有"八大业务"的分类方法，包括：债权信托、股权信托、标品信托、同业信托、财产信托、资产证券化信托、公益信托及事务信托①，这种分类基本是从信托产品及功能出发的。从信托公司的财产运用裁量权的角度，可以将信托分为主动管理型信托和被动管理型信托两大类型。

什么是信托产品？从金融监管视角上，信托产品就是"信托业务品种"。根据中国银监会2007年公布的《信托公司管理办法》，信托公司可以根据市场需要，按照信托目的、信托财产的种类或者对信托财产管理方式的不同设置信托业务品种。

根据2017年中国银监会公布的《信托登记管理办法》，信托产品应进行信托登记，即中国信托登记有限责任公司（简称"中国信登"）对信托机构的信托产品及其收益权信息、国务院银行业监督管理机构规定的其他信息及其变动情况予以记录。信托登记信息包括信托产品名称、信托类别、信托目的、信托期限、信托当事人、信托财产、信托利益分配等信托产品及其受益权信息和变动情况。

三、资金信托与信托融资

信托是实体经济获得融资的重要渠道，也就是常说的"信托融资"。从文化产业如何进行信托融资的角度上，我们需要重点关注的是资金信托。

资金信托的信托财产是资金，是指委托人将自己的资金委托信托公司按照约定的条件和目的进行管理或者处分的信托行为。资金信托分为单一资金信托（或单独资金信托）和集合资金信托（见表8-2）。

表8-2　单一资金信托、集合资金信托和管理财产信托的资产占比（2020）

按来源分类的信托		总额：204 890.37 亿元	
资金信托	集合资金信托	余额	1 017 200 450.28
		占比	49.65％
	单一资金信托	余额	613 438 209.44
		占比	29.94％
管理财产信托		余额	418 265 510.29
		占比	20.41％

（资料来源：《2020年4季度末信托公司主要业务数据》，中国信托业协会网站）

在资金信托业务中，资金的运用方式主要有：贷款、交易性金融资产投资、可供出售及持有至到期投资、长期股权投资、租赁等。主要的投向包括：基础产业、房地产、证券市场（股票、基金、债券）等。

融资方通过信托渠道进行融资的方式就是信托融资，主要有两种方式：一是通过贷款信托的债务融资，主要方式是信托公司根据企业的实际需要设立信托计划募集资

---

① 见2017年4月中旬中国银监会下发的《信托业务监管分类试点工作实施方案》以及《信托业务监管分类说明》（试行）。但在2018年《关于规范金融机构资产管理业务的指导意见》（银发〔2018〕106号）（即"资管新规"）出台后，信托业务分类体系也在继续调整和完善中。根据媒体报道，信托监管机构计划调整和完善信托业务分类体系，按照信托活动形式、法规适用范围、具体业务属性三个层次，将信托业务划分为：①资金信托（资金融通信托、资金配置信托）；②服务信托（证券投资运营服务信托、资产证券化信托、家族信托、其他服务信托）；③公益信托（公益、慈善信托）。

金，然后放贷给融资方；二是通过股权投资信托的股权融资。股权投资信托是指信托公司将通过信托计划募集的资金对企业或项目进行股权投资（增资、收购、新设等），以股息、红利所得以及到期转让股权方式作为信托收益。

8.1.2　文化产业信托

一、我国文化产业信托发展

与文化产业相关的信托业务可称为文化信托、文化产业信托或文化信托业务。其中最重要的部分是文化产业资金信托，即以信托方式募集资金，以债权、股权以及其他形式投向文化产业。

2008 年至 2011 年，银行通过信托公司投放贷款的"银信合作"业务爆发式增长，加上金融危机爆发，货币政策大幅宽松，信托行业资产规模迅速扩张。这一时期，文化金融专门政策的出台也推动了文化产业信托业务发展，信托投资文化产业的规模有所增长。2012 年至 2015 年，监管部门针对基金公司、保险公司、证券公司等金融机构的资管业务制定出台了一系列文件，减少了资管业务限制，市场迎来所谓"大资管时代"。这一时期，信托业资产规模虽保持了两位数以上增速，但也受到一定挤压，投向文化产业的信托资金规模出现了负增长。

2016 年，信托业资产规模增速回升，券商、基金子公司的通道业务受到挤压。文化产业相关政策继续加深社会资本与文化产业间融合，信托资产规模在调整中上升，2017 年、2018 年流向文化产业的资金也有较大提升[①]，如图 8-1 所示。

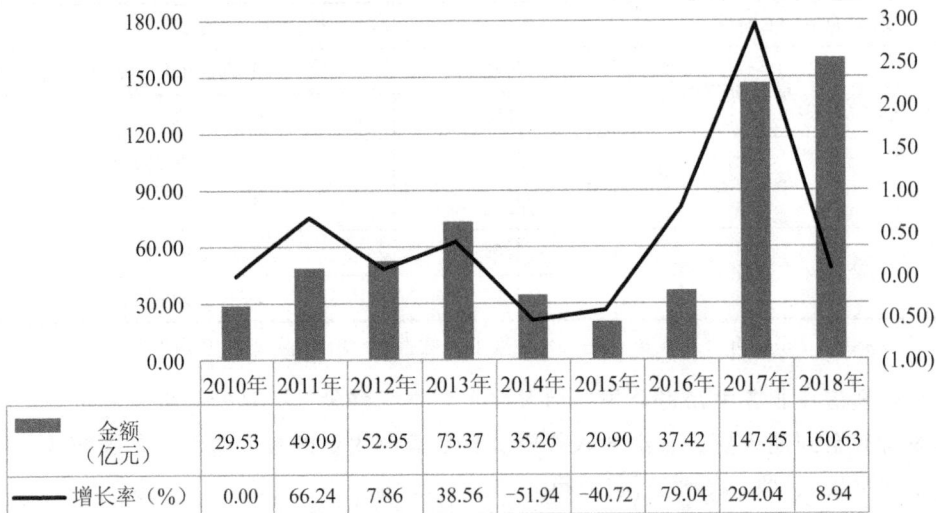

	2010年	2011年	2012年	2013年	2014年	2015年	2016年	2017年	2018年
金额（亿元）	29.53	49.09	52.95	73.37	35.26	20.90	37.42	147.45	160.63
增长率（%）	0.00	66.24	7.86	38.56	−51.94	−40.72	79.04	294.04	8.94

图 8-1　2010—2018 年文化产业信托资金流入情况

进入 2018 年，投向文化产业的信托资金规模增速明显降了下来，主要影响因素是金融严监管的压力，信托公司政信合作、房地产信托、同业业务受到监管约束，银信合作在"去通道"要求下进一步收缩。2018 年，中国人民银行等四部门联合发布《关于规

---

① 资料来自新元文智文化产业投融资数据平台，参见《中国文化金融发展报告（2019）》，杨涛，金巍主编，社会科学文献出版社 2019 年出版。

范金融机构资产管理业务的指导意见》(银发〔2018〕106 号文)及相关细则,明确了打破刚兑、穿透监管等要求,信托业在金融监管下整体面临转型压力。

从行业流向上,影视产业、传媒、艺术品、文化旅游等是信托资金的主要投资方向。从资金使用形式上,投向文化产业的资金信托计划募集资金使用的形式是信托贷款、权益投资(含股权投资)、组合投资等。我们在前面的信贷市场部分已经涉及了信托贷款部分。总体上,文化信托在总体信托市场中的比例较低。根据中国信登的发行公告信息显示,投向与文化产业相关的信托产品数量不足 0.7％①。

股权投资是资金信托的主要使用方式之一,是指信托公司运用信托资金进行未上市公司股权投资,以股息、红利所得以及到期转让股权所得作为信托收益。在股权投资信托中,受托人以信托资金投资所取得的公司股权,其所有权自然地登记在受托人的名下,信托财产则由最初的资金形态形成股权形态。股权投资信托的核心目标是投资回报,而不是对目标公司进行控制。但由于股权投资信托关系中信托公司承担的风险较大,所以,一般仍要制定相应的规避风险管理措施。

有些信托计划属于债权和股权投资组合形式。如在 2013 年发行的"五矿信托影视投资基金集合资金信托计划"。该产品采用结构化设计,分别为优先、中间、次级三层,信托资金通过股权和债权的形式投入投资平台公司当中,再由平台公司投入具体影视项目。

专栏 8-1

中国民生信托—至信 271 号华谊兄弟盒饭 TV 集合资金信托计划

根据民生控股股份有限公司于 2017 年 8 月 30 日披露《关于拟投资民生信托·至信 271 号华谊兄弟盒饭 TV 集合资金信托计划的关联交易公告》(公告编号 2017-29)以及 2017 年 9 月 14 日发布的《关于拟投资民生信托·至信 271 号华谊兄弟盒饭 TV 集合资金信托计划的补充公告》:

受托人:中国民生信托有限公司

委托人/受益人:民生控股股份有限公司

项目公司/借款人:天津星影聚合互联网科技有限公司

发行规模:人民币 14 200 万元

产品期限:24 个月,到期日 2019 年 1 月 20 日。

预期年化收益率:100 万(含)～300 万元(不含),6.5％/年;300 万(含)元以上,6.6％/年。

分配方式:按自然季度分配委托人收益,到期时一次性支付本金和剩余收益。

星影聚合运营模式为:盒饭 TV 粉丝经济平台主要通过运营在线直播、主题俱乐部、在线商城以及个人中心四大板块充分利用粉丝效应。

信托计划担保措施:王忠军先生及其配偶、王忠磊先生及其配偶分别为北京传奇

---

① 至 2019 年 6 月 5 日,在中国信登编码登记信托产品超过 10 460 家,但其中投向"文化、体育和娱乐"的信托产品只有不足 70 支,占比不足 0.7％。

创世信息技术有限公司（以下简称"传奇创世"）履行《股权收购协议》项下全部义务提供连带责任保证担保，具体保证事宜以《保证合同》约定为准。王忠军先生及其配偶、王忠磊先生及其配偶分别为传奇创世履行《债权转让协议》项下全部义务提供连带责任保证担保，具体保证事宜以《保证合同》约定为准。

信托计划回收模式及赎回期限：

信托计划以信托资金不超过450万元对星影聚合进行增资，同时使用不超过14 550万元的信托资金用于向星影聚合提供信托贷款，星影聚合承诺按照《信托贷款合同》的约定还本付息。根据民生信托与星影聚合签署的《信托贷款合同》，贷款一笔或分笔发放，各笔贷款的贷款期限分别为其对应的贷款发放日起至首个贷款发放日起届满24个月之日。星影聚合应于各笔贷款的贷款到期日一次性偿还全部贷款本金和利息。

根据民生信托与传奇创世、星影聚合签署的编号为2016—MSJH—123—4的《股权收购协议》第1条的约定，传奇创世承担收购民生信托持有的星影聚合60%股权的义务，收购价款为450万元。根据合同第3.1条的约定，传奇创世应自星影聚合实际收到民生信托支付的全部增资款之日起满2年之日一次性足额向民生信托无条件支付股权转让价款。

（根据公开资料整理）

二、艺术品投资信托

艺术品投资信托是以艺术品为投资对象的资金信托，可简称艺术品信托。艺术品投资信托关系中，信托公司根据投资顾问的指令购买艺术品，待艺术品升值之后，再以低买高卖的方式赚取利润[1]。艺术品投资信托计划是由信托公司发行信托计划募集资金，将资金用于投资艺术品，然后通过艺术品升值为资金委托人获取收益的信托产品。艺术品投资信托计划也是一种契约型基金。

我国信托公司从2007年开始在艺术品投资信托领域进行探索，陆续发行了多支艺术品投资信托产品。2011年，我国艺术品信托产品发行量达到一个高峰期，共有45支产品发行，发行规模达到55亿元。2012年后，随着信托行业的整体下滑，艺术品信托业发展规模开始大幅缩减。

专栏8-2

国投信托的两个艺术品投资信托计划

2009年6月，国投信托有限公司（2015年变更为国投泰康信托有限公司）推出"国投信托·盛世宝藏1号保利艺术品投资集合资金信托计划"。该信托计划共获得44位自然人的有效认购，募集资金计4 650万元人民币，期限为18个月，资金用于购买知名画作的收益权。这个计划的需求来源于藏家的融资需求。藏家的书画藏品在资产负债表中无法体现，无法在银行获得贷款，信托公司通过结构化设计做成金融产品为藏家提供融资服务。这款产品采取了藏家回购的模式来保障投资人的利益，即藏家按照

---

① 刘双舟，刘琛. 艺术品金融与投资[M]. 北京：经济管理出版社，2016.

约定的收益条件回购藏品，被认为实质上仍是融资信托产品。

2016 年 9 月，国投泰康信托的国投飞龙艺术品基金——保利 4 号集合资金信托计划（以下简称"保利 4 号"）宣布顺利收官。该计划启动于 2010 年，被认为是国内首支艺术品投资型信托计划。在经历 5 年的封闭期后，该信托计划年化投资收益率近 17%，扣除各项费用和浮动业绩报酬后，投资人年化收益率达 13.16%。

根据该项目的负责人分析，投资类艺术品信托有三大要点：一是严格甄选投资标的，秉持精、珍、稀的原则，着重选择在艺术史上具有重要地位、传承有序的作品；二是分散投资品类，不能过于集中在某一类艺术品上，如分散投资书画、青铜、瓷器、玉器等；三是选择适当的合作伙伴，这样就能精准把控市场以及进行专业的风险管理。

（根据公开资料整理）

无论是信托机构还是委托人，在艺术品投资信托计划中，需要关注的有以下几点。

（1）艺术品投资不能保本承诺。作为一种投资行为，信托计划要依靠艺术品自身的升值为投资者带来收益，按照新的资产管理业务相关规定，这种投资不能提供保本承诺。

（2）保障艺术品的价值。信托公司常与拍卖行等专业机构进行合作，引入艺术品投资顾问团队进行购买艺术品决策，以规避真伪风险和价值评估风险。在估值中，数学模型和大数据技术正被广泛利用，但没有哪一种模型和技术是完美的，因为艺术品是独特的。

（3）尽可能长的计划期限设计。艺术品市场波动较大，如果信托产品的期限设定较短，如只有一两年，那么，在这一时期内艺术品很难获取预期的收益。

（4）注意艺术品的资产变现风险。艺术品是流动性较差的资产。艺术品信托投资收益的实现需要将所投资的艺术品变现，但艺术品信托退出路径不顺畅，存在较大的变现风险。

在欧美国家，由于资本主义市场经济发展较早，出现了很多积累了巨额财富的家族。这些家族或家族企业通过设立信托，将家族财产委托给信托机构，形成了独特的家族信托模式。与家族信托关系密切的是信托公司推出的"家族办公室"（Family Office）服务，这是为特定家族提供的更高级的专门化信托服务。

在家族信托的委托财产中，除了有价证券等金融资产、房地产等不动产，还有专利权、版权等无形资产以及艺术品。家族信托可以在很大程度上避免去世、婚变等引发的财产争端，帮助客户实现家族财富的保值增值、代际传承和企业的基业长青。我国的一些信托公司也推出了家族信托服务，但大多数还停留在单一资金信托的简单模式上。

与艺术品投资信托不同，如果将艺术品作为一种财产单独委托给信托机构管理，那么就属于管理财产信托。信托机构受托管理艺术家或藏家的艺术品，按照委托人的指令进行管理处分，包括对其进行专业化运作提升作品的价值并最终通过出售获利退出。

三、知识产权信托与版权信托

前面已经了解到，无形资产可以作为一种信托财产。知识产权信托就是委托人将知识产权委托给信托机构，由信托机构以自己的名义进行管理或者处分，以实现知识产权的价值。版权是知识产权的一个类型，所以，版权信托也是知识产权信托的一种类型。

在知识产权信托中，信托财产是知识产权中的财产权，包括：知识产权的许可使用权、受益权、管理权和处分权等。知识产权的最大特点是其无形性，在资产形态上是一种非标准化资产，在资产运用中评估难、转化难。在这样的情形下，以知识产权为信托财产，业务更加复杂，需要更加特殊的运作体系。

由于知识产权所有人在管理时间、精力、经验等方面的局限性，将知识产权委托给专业机构进行管理成为一种必要的手段。信托机构能够发挥科学理财、专家理财的作用，使之集中化、制度化、专业化，以实现知识产权利益最大化；反过来，这种利益的实现又能够促进权利人再创造。因此，信托是知识产权实现其经济价值和创造价值的重要方式。①

20世纪50年代以来，知识产权信托开始兴起。美国的 Alexander Arrow 认为，知识产权与19世纪的金融资产非常类似，具有保护成本较高和市场转化难两个显著特征。为了发展适用于知识产权交易的市场，Alexander Arrow 提出可以对知识产权资产进行信托。与技术信托相比，版权信托则更多受益于文化产业的发展②。《中华人民共和国信托法》等法律法规都明确了版权等知识产权可以作为信托财产，这使得版权等知识产权信托有了法律上的依据。

版权信托法律关系的主体主要包括委托人(版权人)、受托人和受益人，受托人在从事具体信托业务时还会涉及第三人、投资人等主体。版权人将作品版权委托给受托人管理，受托人负责具体运营版权，版权人获得运营收益，同时向受托人支付信托报酬。根据学者研究，版权信托中，受托人运营版权方式③主要包括如下三种。

(1)受托人转让版权或版权的一部分(如作品出版权)而获取收益。

(2)受托人通过许可他人使用版权而收取许可使用费。这部分以版权集体管理④的民事信托为主。

(3)受托人有权向侵权者提起诉讼或者申请仲裁，并主张侵权损害赔偿；受托人所获赔偿亦可作为信托收益。

8.2 文化产业与资产管理

8.2.1 资产管理业务

一、资产管理业务及产品

前面已经讲到，在资产管理监管宽松时期，我国的信托业务曾经受到很大冲击，

---

① 朱雪忠. 知识产权管理[M]. 北京：高等教育出版社，2010.
② 杨延超. 版权信托制度研究[J]. 知识产权，2018(2).
③ 杨延超. 版权信托制度研究[J]. 知识产权，2018(2).
④ 即著作权集体管理，是指著作权集体管理组织经权利人授权，集中行使权利人的著作权或者与著作权有关的权利并以自己的名义进行的下列活动：与使用者订立著作权或者与著作权有关的权利许可使用合同；向使用者收取使用费；向权利人转付使用费；进行涉及著作权或者与著作权有关的权利的诉讼、仲裁等。如果著作权集体管理组织从事营利性经营活动的，工商行政管理部门可以依法予以取缔，没收违法所得。

这是因为信托业务和资产管理业务呈现了高度同质化趋势。从我国的资产管理实践看，资产管理业务基本是指金融机构的非信贷类投融资业务，包括银行的理财业务、证券机构的客户资产管理业务、保险资管机构的保险资管业务、期货公司的资管业务、基金公司的基金管理业务等，这些资产管理业务的范畴比信托业的业务范畴更宽泛。

自从我国开始规范金融机构的资产管理业务以来，资产管理（Asset Management Business）已经具有相对明确的含义。根据《关于规范金融机构资产管理业务的指导意见》（银发〔2018〕106 号）（以下简称"资管新规"），所谓资产管理业务"是指银行、信托、证券、基金、期货、保险资产管理机构、金融资产投资公司等金融机构接受投资者委托，对受托的投资者财产进行投资和管理的金融服务"。简单说，资产管理是指委托人将自己的资产交给受托人、由受托人为委托人提供理财服务的金融活动。我们可以看到金融监管部门定义下"资产管理"的特点有如下几点。

（1）资产管理是具有信托性质的投资理财业务，是一种金融活动。委托人财产主要为货币等金融资产，委托人包括企业和居民个人。作为金融业务的资产管理，不是管理自己的资产，而是"管理委托人的资产"，所以，资产管理具有信托业务的一些特征，但在法律关系上这种不是信托公司业务的资产管理适应何种法律还是需要明确。

（2）资产管理业务的核心是资产管理产品，金融机构通过发行资产管理产品接受投资人委托。与资产管理概念相近的概念是财富管理，但财富管理的核心是客户需求，泛指为客户提供私人财富管理的业务。

（3）资产管理属于金融行业，非金融机构不得从事资产管理业务。在我国进行资产管理业务的金融机构类型很多，除了信托公司以外，银行、保险、券商、期货、基金等机构都可进行资产管理业务，包括开发资管产品或资管计划。

◎讨论：资产管理业务与信托业务有什么异同？资管业务与理财业务有何异同？资产管理与财富管理在含义上有何区别？

根据"资管新规"，资产管理产品"包括但不限于人民币或外币形式的银行非保本理财产品，资金信托，证券公司、证券公司子公司、基金管理公司、基金管理子公司、期货公司、期货公司子公司、保险资产管理机构、金融资产投资公司发行的资产管理产品等"。

按照募集方式的不同，资产管理产品分为公募产品和私募产品。公募产品通过公开方式面向不特定社会公众发行，公开发行的认定标准依照《中华人民共和国证券法》执行。私募产品面向合格投资者通过非公开方式发行。

根据"资管新规"，资产管理产品按照投资性质和投资方向的不同分为固定收益类产品、权益类产品、商品及金融衍生品类产品和混合类产品。

（1）固定收益类产品，是投资于存款、债券等债权类资产，且比例不低于 80％的资管产品。这类产品主要投资于在交易所、银行间市场发行的债券。

（2）权益类产品，是投资于股票、未上市企业股权等权益类资产，且比例不低于 80％的资本产品。这类产品主要投资于证券交易所、新三板、四板的企业股权。在新三板，资管计划是三大类合格投资者之一①。

（3）商品及金融衍生品类产品，是投资于商品及金融衍生品，且比例不低于80％的资管产品。艺术品投资资管计划属于商品类资管计划。

（4）混合类产品，是投资于债权、权益、商品及金融衍生品类资产且任一资产的投资比例未达到前三类产品标准的资管产品。

专栏 8-3

资产配置与"资产荒"

资产配置（Asset Allocation）是投资领域尤其是金融资产投资领域常用的概念，是指一种包含了一定选择策略的投资行为。资产配置中的"资产"是指投资对象，这个对象会在资产负债表中形成"资产"。资产配置是资产组合理论的一种应用，资产管理人要根据投资需求将资金在不同资产类别（境内外、工具、行业等）之间进行分配。所谓全球资产配置，就是在境内外进行配置。在工具之间配置时，可以在不同工具间配置，也可在同类工具但不同特点的工具之间配置，如在低风险、低收益证券与高风险、高收益证券之间进行资产分配。

2015年之后，我国资产管理市场出现所谓"资产荒"，通俗地说就是缺少好的投资对象，这对资产管理业务的资产配置提出了巨大挑战。这一个阶段，在负债端，流动性宽松导致资金较为充沛，而在资产端却出现了优质资产稀缺的状况，或者说是投资者认为风险—收益相匹配的资产比较少。

"资产荒"的直接表现是实体经济缺少融资需求，需求缺少导致了可配置资产的减少，形成供不应求的状态。融资需求的降低是有多种原因的，根本原因还是实体经济回报率下降，而融资成本却居高不下。

二、资产管理机构及监管

所有依法从事资产管理业务的机构都可以称为资产管理机构，我国的银行、信托、证券、保险、期货、基金等金融机构大多在内部设置相应的资管部门或成立相应子公司进行资管业务。资管机构及资管业务见表8-3。

表 8-3　资产管理机构和资产管理业务

资管机构	资管业务	备注
信托公司	资金信托	
银行理财部门及理财子公司	银行理财	
证券公司及其资管子公司	集合资产管理计划、定向资管计划	含大集合资产管理计划
期货公司及其子公司	期货资产管理业务	立足期货市场

---

① 2013年《全国中小企业股份转让系统投资者适当性管理细则》规定：集合信托计划、证券投资基金、银行理财产品、证券公司资产管理计划，以及由金融机构或者相关监管部门认可的其他机构管理的金融产品或资产，可以申请参与挂牌公司股票公开转让。

续表

资管机构	资管业务	备注
保险资产管理公司	企业年金、保险资管计划、第三方保险资管计划、投资连结保险账户管理	以固定收益类产品投资为主
金融资产投资公司	发行私募资产管理产品支持实施债转股	银行债权转股权及相关配套业务
基金管理公司及子公司	公募基金和各类非公募资产管理计划	

根据《关于规范金融机构资产管理业务的指导意见》规定：

私募投资基金适用私募投资基金专门法律、行政法规，私募投资基金专门法律、行政法规中没有明确规定的适用本意见，创业投资基金、政府出资产业投资基金的相关规定另行制定。

依据金融管理部门颁布规则开展的资产证券化业务和依据人力资源社会保障部门颁布规则发行的养老金产品，不适用本意见

我国的商业银行原本是通过设立理财部门进行理财业务（即资管业务），后按照"资管新规"要求设立理财子公司进行理财业务。2018 年 12 月，中国银保监会发布了《商业银行理财子公司管理办法》，此后，中国银保监会批准工银理财有限责任公司、建信理财有限责任公司开业。根据 2018 年 9 月中国银保监会发布的《商业银行理财业务监督管理办法》，所谓商业银行理财业务，"是指商业银行接受投资者委托，按照与投资者事先约定的投资策略、风险承担和收益分配方式，对受托的投资者财产进行投资和管理的金融服务"。理财产品"是指商业银行按照约定条件和实际投资收益情况向投资者支付收益、不保证本金支付和收益水平的非保本理财产品"。

证券公司通过资管部门或成立资管子公司来经营资产管理业务。我国证券体系的资管子公司主要包括国泰君安资管、广发资管、华泰资管、中泰资管、招商资管、海通资管、财通资管、浙商资管、长江资管、银河金汇、渤海汇金、东证融汇、光大资管、兴证资管等。随着"资管新规"发布，证券公司资管资金来源从银行表外、同业资金为主转向面向居民、企业等实体经济主体的委托财产。

保险业集聚了大量的社会资金[①]。保险资产管理公司是管理保险资金的最主要的主体。保险资管管理母公司的保险资金，也可以接受第三方委托，管理保险资金以外的其他资产，也就是第三方资管业务。我国目前成立有数十家保险资管公司，主要有新华资产管理股份有限公司、中国人寿资产管理有限公司、华泰资产管理有限公司、中国人保资产管理有限公司、光大永明资产管理股份有限公司等。

在我国，"金融资产投资公司"是新的一类金融机构[②]，主要业务是"以债转股为目的收购银行对企业的债权，将债权转为股权并对股权进行管理"。根据中国银保监会于 2018 年 6 月 29 日公布的《金融资产投资公司管理办法（试行）》，金融资产投资公司可以"依法依规面向合格投资者募集资金，发行私募资产管理产品支持实施债转股"。

[①]　据统计，2019 年 6 月，我国的保险资金运用余额为 173 672 亿元。这些资金要进行增值性投资业务，大部分投向银行存款、债券等标准化资产，投资于非标资产的比例小于 30%。

[②]　截至 2019 年 8 月，我国已经有中银金融资产投资有限公司、农银金融资产投资有限公司、工银金融资产投资有限公司、建信金融资产投资有限公司等机构被批准开业。

在资产管理市场上，作为中介机构的理财顾问公司发挥着很重要的作用。理财顾问公司不是金融机构，不开发设计资管产品，也不是资产委托机构（投资人），所以也称"第三方理财"。第三方理财主要为投资人客户提供理财规划服务，根据客户的需要分析判断投资何种资管产品或理财产品。

发展资产管理行业对我国宏观经济发展、企业融资和居民财富管理都具有积极的意义。2012 年开始，由于资产管理行业监管相对宽松，各类金融机构和非金融机构都推出资管或理财计划，行业创新产品不断涌现，竞争日趋激烈，进入了所谓"大资管"时代，资产管理规模也迅速扩大。但是，由于混业经营中监管的缺失，也出现了很多风险隐患。资管业"脱实向虚"等现象引起监管层关注，资产管理势必要进入规范化周期。2015 年开始，金融监管部门开始对资管行业加强了监管力度，先后出台了多个政策监管文件。如：2015 年 3 月中国证监会发布《证券期货经营机构落实资产管理业务"八条底线"禁止行为细则》、2016 年 7 月中国证监会发布《证券期货经营机构私募资产管理业务运作管理暂行规定》等。

2018 年 4 月 27 日，"资管新规"正式发布。"资管新规"特别指出，我国资产管理行业"存在部分业务发展不规范、多层嵌套、刚性兑付、规避金融监管和宏观调控等问题"。"资管新规"提出了规范总原则，包括：坚持严控风险的底线思维；坚持服务实体经济的根本目标；坚持宏观审慎管理与微观审慎监管相结合、机构监管与功能监管相结合的监管理念；坚持有的放矢的问题导向；坚持积极稳妥审慎推进。"资源新规"还提出了四条执行实施原则，包括机构监管与功能监管相结合、实施穿透式监管、强化宏观审慎管理、实时监管等。

专栏 8-4

"资管新规"中的主要规范性要求

《关于规范金融机构资产管理业务的指导意见》（即"资管新规"）针对已经发生及可能发生的风险，提出了具体的规范性要求，以下为整理后的主要内容：

（1）按照产品类型统一监管标准，从募集方式和投资性质两个维度对资产管理产品进行分类，分别统一投资范围、杠杆约束、信息披露等要求。——金融机构在发行资产管理产品时，应当按照分类标准向投资者明示资产管理产品的类型，并按照确定的产品性质进行投资。

（2）坚持产品和投资者匹配原则，加强投资者适当性管理，加强投资者教育，强化金融机构的勤勉尽责和信息披露义务。——禁止欺诈或者误导投资者购买与其风险承担能力不匹配的资产管理产品。金融机构不得通过拆分资产管理产品的方式，向风险识别能力和风险承担能力低于产品风险等级的投资者销售资产管理产品。

（3）严格资产管理产品投资要求，限制非标准化债权类资产投资。——金融机构发行资产管理产品投资于非标准化债权类资产的，应当遵守金融监督管理部门制定的有关限额管理、流动性管理等监管标准。金融机构不得为资产管理产品投资的非标准化债权类资产或者股权类资产提供任何直接或间接、显性或隐性的担保、回购等代为承担风险的承诺。

（4）加强对期限错配的流动性风险管理，强化资产管理产品久期管理。禁止资金池业务。——不得开展或者参与具有滚动发行、集合运作、分离定价特征的资金池业务。

（5）转变预期收益率模式，强化产品净值化管理。明确金融机构开展资产管理业务时不得承诺保本保收益，打破刚性兑付。

（6）抑制通道业务；消除多层嵌套。——资产管理产品可以再投资一层资产管理产品，但所投资的资产管理产品不得再投资公募证券投资基金以外的资产管理产品。

（根据《关于规范金融机构资产管理业务的指导意见》整理）

8.2.2　文化产业与资产管理

一、资产管理行业资本如何流入文化产业

我国资产管理行业管理的资金规模已经超过一百万亿元。资产管理或财富管理，目的是财产的保值增值，但这个目的建立在什么逻辑上？一个基本关系是，实体经济从资产管理行业获得资金（债权性质或股权性质），而资产管理行业从实体经济获得回报并回馈给最初的委托人。文化产业与资产管理业务的关系也是如此（如图 8-2）。

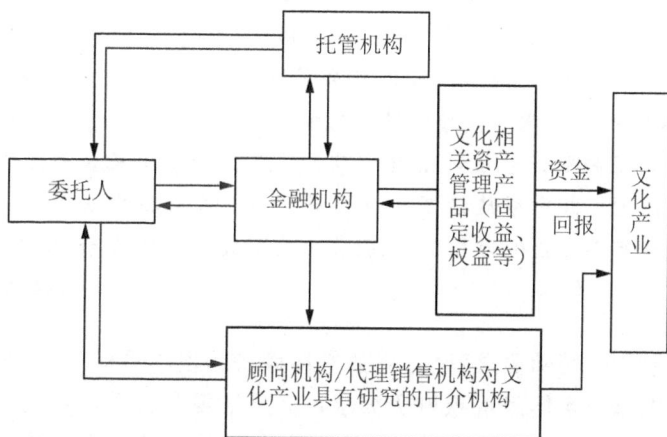

图 8-2　资产管理业务与文化产业关系示意图

作为实体经济的一部分，文化产业要依靠资产管理行业获得资金，同时，文化产业发展也为资产管理行业发展提供了良好的机遇。我国文化产业迅速发展，已经在国民经济体系中占有了重要地位；而按目前统计口径，我国的泛文化产业（含文化产业、旅游产业、体育产业）的规模更加巨大，已经超过我国 GDP 的 10%。巨大的产业规模及发展前景为资产管理业务提供了良好的投资基础。2015 年之后，资产管理业与文化产业之间开始形成较为密切的关系，与文化产业关系密切的旅游、体育和教育等行业也受资管投资的重视，文化类 PPP（政府和社会资本合作）对固定收益和权益类资管产品来说都具有很大的吸引力。

资管资金流入文化产业的几种方式和途径主要包括如下内容。

（1）投资文化产业或文化企业债券。由于风险性特征，债券等固定收益类产品被当作资管产品投资方向的首选。发行与文化产业有关的企业债券、资产支持证券（ABS），能够有效吸引银行理财等机构的资管资金。

（2）投资上市公司股票。根据资产管理行业发展趋势，权益类投资的比例会有较大提升，文化产业股权投资也是重要投资方向。通过设立资产管理计划募集资金，资管计划可直接投资上市文化企业股票，如定向资产管理计划。

（3）投资未上市文化企业股权。资管计划也可以参与设立或投资股权投资基金、创业投资基金、夹层基金、并购基金，进行文化产业的股权投资。

（4）投资艺术品、版权等文化资产。艺术品和版权等不仅具有文化价值，更具有经济价值。一些资产管理机构或第三方理财顾问公司对艺术品、版权等具有投资经验，在资产配置中对此有一定比例的倾斜。

专栏 8-5

控股股东设立定向资产管理计划增持浙数文化股份[1]

媒体报道：2017 年 7 月 3 日晚间，上海证券交易所上市公司浙报数字文化集团股份有限公司（证券简称：浙数文化，证券代码 600633）发布公告称，该公司的控股股东浙报传媒控股集团有限公司（简称"浙报控股"）通过浙江浙商证券资产管理有限公司设立"浙商聚金浙数文化 1 号定向资产管理计划"（简称"定向资产管理计划"），于 7 月 3 日在上海证券交易所交易系统增持了 28 万股公司股份，并计划在未来六个月内（自首次增持之日起算）继续以集中竞价方式增持公司股份。

公告显示，该定向资产管理计划存续期为 2 年，初始受托金额为 1 亿元，受托金额上限不超过 2 亿元，本次增持前不持有公司股份。截至公告发布日，浙报控股及其一致行动人合计持有公司股份为 6.11 亿股，占公司股份总额的 46.93%。

（根据公开资料整理）

在"资管新规"中，明确要求"坚持服务实体经济的根本目标"：既充分发挥资产管理业务功能，切实服务实体经济投融资需求，又严格规范引导，避免资金"脱实向虚"在金融体系内部自我循环，防止产品过于复杂，加剧风险跨行业、跨市场、跨区域传递。文化及相关产业也是实体经济的一部分，国家软实力提升也是重大国家战略，因而，如何服务于文化、经济建设也是资产管理行业改革的应有之义。资产管理行业和文化产业两者是资本的供给和需求两端的关系，但从实践上看，两者的直接关系还不十分明显。

资产管理能够实现资产增值或财富增值，但这是建立在为实体经济实现资金融通的基本功能基础上的。没有资金融通，就没有财富增值，资产管理的基本职能是要为实体经济服务。很多资管计划的资金只是在名义上服务实体经济。有时，一些资本在金融体系内自我循环；一部分即使流入实体经济，但实体经济利用资本的效率已经大大降低，融资成本也居高不下。

在新形势下，文化产业资产管理面临的问题就是如何更好地为文化实体经济服务。资产管理行业需要切实强化服务文化产业的能力，很多资管机构对文化经济领域也表

---

[1] 来源于中国证券网，作者为黄鹏。

现了极大的兴趣。资管机构的资管计划需要在不同资产类型中进行组合，进行全球配置、工具配置和行业配置。如果需要将文化产业项目作为资产配置和组合的选择，就需要深入产业端，更多了解文化产业的特点。

资产管理行业服务文化产业需要克服一些固有的障碍。如与文化产业之间还存在着严重的信息不对称，沟通成本也比较高；很多资管机构对了解实体经济中的实际利益诉求方面的能力还有所不足，也较少进行文化产业方面的专门研究。文化产业领域也还缺乏专业精神、产业思路，僵化保守思维严重，这些都可能导致投资文化产业存在较高的风险。

二、艺术品与财富管理

在国际上，将艺术品作为投资标的已经是比较常见的一种资产管理或财富管理方式，而且越来越得到财富管理行业的认可。根据德勤等机构联合发布的《2016 年艺术与金融行业报告》，2016 年，78％的财富管理人相信艺术品或收藏品应该纳入财富管理服务，比 2014 年的 55％的比例有了 23 个点的增长。目前在我国，越来越多的机构也认识到艺术品在财富管理中的重要性，并积极向投资人（委托人）推荐与艺术品投资相关的理财计划。

国外和国内的大中型商业银行，很多都设立了私人银行服务，专门为高净值人群提供财富管理服务。中国民生银行私人银行部门于 2007 年 7 月开始销售"非凡理财—艺术品投资计划 1 号"产品，期限为 2 年[①]。2009 年，中国民生银行私人银行部推出"非凡资产管理—艺术品投资计划 2 号"产品，其中优先级产品面向民生银行的私人银行客户销售，劣后级产品由艺术品投资顾问公司进行认购。

很多信托公司则在家族信托和家族办公室中将艺术品作为重要的财富管理内容。由于艺术品在家族财富传承中具有精神和经济双重价值，在私人银行、家族信托及家族办公室的服务中，投资艺术品也是重要的选项。

专栏 8-6

财富管理是艺术品金融的基础性机制[②]

艺术品一直是文化产业金融研究关注的重要领域。我们将艺术品金融（或艺术金融）作为艺术品产业金融的一部分来看待。我们主要还是从服务于艺术行业发展的角度看待艺术品与金融的关系。将艺术品作为财富管理的重要选项在国际财富管理领域是比较成熟的，也是我国艺术品金融发展的重要发展方向之一。

第一，财富管理与艺术品的关系，体现在从需求端形成的艺术品市场基础。

财富管理作为一种概念、观念或模式引入我国以来，人们对私人财富的认识有了质的变化，就是财富的积累不仅源于劳动，而且源于管理。当然这种管理主要是通过委托金融机构或专业顾问机构的，比如，私人银行和家族办公室。财富管理以全新模式升华了个人理财并区别于个人理财。

---

① 2009 年 7 月该理财产品到期，到期年化收益率为 12.75％，绝对收益率为 25.5％。
② 根据《财富管理是艺术品金融的基础性机制》整理，资料来源于经济日报—中国经济网，作者为金巍。

艺术品以一种另类投资方式进入企业或私人财富管理计划中。现在看，艺术品是一种低流动性的资产，一般配置权重不会太高，但其良好的收益率刺激了需求。这种需求在财富管理层面形成了规模化、标准化需求生成机制，由此形成了市场基础。私人财富管理从需求端反馈了市场信号，对供给端进行了引导。所以，这是一种基础性的机制。

第二，财富管理模式贡献了理性的市场基因，有利于艺术品金融的良性发展。

财富管理发展历史较长，理论和实践都比较丰富，发达国家将艺术品纳入财富管理的历史也很久远。没有理性的、相对标准化的管理体系，是难以抵御投资风险的。金融机构提供的财富管理服务，如私人银行服务中的艺术品投资服务，是基于一套严谨的逻辑进行运维的，是基于金融专家、艺术品专家和客户多方智慧的，这对提高收益、化解风险具有很高的保障性。

在我国，艺术品作为财富管理内容的历史还不长。以往，非理性投资充斥了整个市场，艺术品市场如何转型一直是个难题。行业管理部门有行业管理部门该做的，市场有市场该做的。艺术品财富管理就是市场行为，而且是一种相对理性的市场行为，这对整体艺术品市场已经开始产生影响，并将推动一个理性的、规范的艺术品市场的形成。

第三，财富管理模式顺应了我国文化和经济发展形势，丰富了正在转型中的金融市场。

我国经济发展水平已经在发展中国家中处于遥遥领先的地位，也开始进入中等收入水平国家行列，居民的可支配收入逐年增加，家庭财富积累已经达到非常可观的程度，这直接促成了高净值人口的快速增长。同时，人们的审美和艺术鉴赏水平也在提高。艺术品财富管理把艺术品的文化属性与经济属性极好地结合在了一起，其发展具有前景是有逻辑基础的。

投资能够具有多元化选择永远都是一种良好的趋势，中国人需要一个丰富的菜单，而不是只能做单项选择题。我们正在向发达国家学习如何将艺术品作为财富管理的内容。在财富管理视角下理性投资艺术品，有利于文化金融市场的发展，也有利于整体金融市场的发展。

>>> 学习重点和难点

本章在学习信托的同时，扩展开来又学习了资产管理业务。本章的重点包括：文化产业信托、艺术品投资信托、版权信托的基本内容；资产管理业务、产品和相关机构；资产管理资金流向文化产业的路径。

本章的难点是：信托的法律关系和功能；资产管理业务与信托业务、投资基金业务的联系和区别；资产管理业务与实体经济以及文化产业之间的关系等。

>>> 复习思考题

1. 信托业务有哪些类型？与文化产业相关的主要是哪些？

2. 什么是艺术品投资信托？什么是版权信托？

3. 什么是资产管理业务？资产管理行业如何服务文化产业？

4. 试结合 2018 年"资管新规"的内容，分析资产管理行业服务文化产业时需要注意的问题。

5. 艺术品财富管理有哪些趋势？

> > > **参考文献及推荐书目**

[1]蒲坚，张继胜，等. 论信托[M]. 北京：中信出版社，2014.

[2]华淑蕊，鲁长瑜. 文化产业信托服务模式创新与风险分析[A]. 见张洪生，金巍. 中国文化金融合作与创新[M]. 北京：中国传媒大学出版社，2015.

[3]中建投信托博士后工作站、中国社会科学院金融研究所博士后流动站. 中国信托行业研究报告[R]. 北京：社会科学文献出版社，2020.

[4]杨涛，金巍. 中国文化金融发展报告（2019）[R]. 北京：社会科学文献出版社，2019.

[5]巴曙松，杨倞，周冠南. 2020 年中国资产管理行业发展报告[R]. 北京：北京联合出版公司，2020.

[6]黄隽. 艺术品金融：从微观到宏观[M]. 北京：中国金融出版社，2015.

[7]刘双舟，刘琛. 艺术品金融与投资[M]. 北京：经济管理出版社，2016.

[8]杨延超. 知识产权资本化[M]. 北京：法律出版社，2008.

第9章 文化产业保险与文化融资担保

学习目标

1. 了解保险和保险市场的相关概念、保险的功能，了解保险市场、机构及监管。

2. 了解文化产业保险发展和政策的基本情况，掌握文化产业保险相关险种的具体内容，掌握知识产权保险、版权保险等具有文化产业特点的保险类型。

3. 理解担保和融资担保的相关概念，掌握文化融资担保的主要类型和文化企业利用担保工具的要点。

关键术语

保险　财产保险　人身保险　责任保险　信用保证保险　出口信用保险　保险市场　文化保险　文化产业保险　知识产权保险　版权保险　融资担保　文化融资担保　完片担保　增信

导　言

风险管理类文化金融可以分为三部分：保险具有风险分担和经济补偿的保障功能；融资担保是一种以保证为基本方式来应对债权风险的工具，负责融资的安全；应对投资风险的风险管理的方式主要是利用分散化投资和对冲工具。最后一类风险管理工具我们在前面已经接触过，本章重点学习文化保险和文化担保的相关内容。

保险业是金融业的重要组成部分，文化产业保险正在成为一个专门领域。本章首先要学习关于保险的基础知识，然后重点学习文化产业保险的相关知识，包括：文化保险及文化保险产品的概念及分类；艺术品保险、电影保险、知识产权保险及版权保险等几种典型的文化保险领域；文化保险机构和文化保险市场等。我们需要注意的是保险的融资保障功能，即信用保证保险。这部分和融资担保有较强的关联性。

在文化融资担保部分，我们要学习：担保、融资担保等相关概念；文化产业担保发展的基本内容；几种有特色的文化融资担保形式；文化企业如何利用融资担保等。

9.1　文化产业保险

9.1.1　什么是保险

一、概念和一般分类

因为有风险，所以有保险。风险是保险作为一种行业或业务形式存在的前提条件。风险是一种不确定性，在各个领域都会发生，如自然风险、社会风险、经济风险和政治风险等。

但不是所有风险都可以"保险"。从保险角度上，风险是能够被管理的风险，即"可保风险"。所以，风险是引致损失的事件发生的一种可能性，是可以被感知和认识的客观存在，无论从微观角度还是宏观角度都可以对其进行判断和估计，从而对其进行管理[1]。而保险（Insurance）就是这样一种风险管理行为或工具。保险的风险管理机制是：集合多数具有同类风险的主体，合理计算分担费用，当其中的少数主体因风险发生产生经济损失时对其进行经济补偿。

《中华人民共和国保险法》[2]关于保险的定义为：本法所称保险，是指投保人根据合同约定，向保险人支付保险费，保险人对于合同约定的可能发生的事故因其发生所造成的财产损失承担赔偿保险金责任，或者当被保险人死亡、伤残、疾病或者达到合同约定的年龄、期限等条件时承担给付保险金责任的商业保险行为。

从定义上看，《中华人民共和国保险法》是一部商业保险法。保险可分为营利性保险（商业保险）和非营利性保险。我国的社会保险由《中华人民共和国社会保险法》规范。政策保险是以商业保险形式出现的政府推动的非营利性保险。相互保险也是一种非营利性保险[3]。

按照保险的承保方式，保险分为原保险、再保险、共同保险和重复保险。

按照保险的对象分类，风险分为财产风险、人身风险、责任风险和信用风险[4]。据此，保险形态或保险业务一般也可以分为四大类，即：财产保险、责任保险、人身保险和信用保证保险。

1. 财产保险（Property Insurance）

财产保险的保险标的是财产及有关利益，保险人承担赔偿保险金责任。广义的财产保险是人身保险以外的所有保险[5]，包括财产损失保险、责任保险、信用保险、保证保险等保险业务。狭义的财产保险指"有形财产损失保险"，是指以有形财产和有关利益为保险标的的保险。财产保险具体包括火灾保险、运输保险、汽车保险、工程保险、农业保险等。

文化产业保险中，相关的财产保险包括演艺活动财产保险、艺术品综合保险等。

2. 人身保险（Personal Insurance）

人身保险是以人的生命或身体为保险标的的保险。与财产保险不同，人身保险业务中保险人承担的主要是给付责任而不是赔偿责任。人身保险分为人寿保险、伤害保险和健康保险等。随着经济的发展，保险市场出现了一些保障和投资融合性的新型险种。

在文化产业保险中，相关的人身保险包括演艺人员意外和健康保险、动漫游戏企

---

① 魏华林，林宝清. 保险学[M]. 4 版. 高等教育出版社，2017.

② 《中华人民共和国保险法》于 1995 年 6 月 30 日第八届全国人民代表大会常务委员会第 14 次会议通过。后经 2002 年、2009 年、2014 年、2015 年四次修订。

③ 2015 年 1 月，中国保监会出台《相互保险组织监管试行办法》。

④ 参见本书第 3 章"金融风险"部分。

⑤ 根据《中华人民共和国保险法》第九十五条"保险公司的业务范围"，财产保险业务包括财产损失保险、责任保险、信用保险、保证保险等保险业务。

业关键人员意外和健康保险等。

3. 责任保险(Liability Insurance)

责任保险保障的是责任风险。当被保险人因为意外或偶然事件对第三者形成财产损失或人身伤害，即可适用责任保险。责任保险的保险标的是被保险人应负的民事损害赔偿责任或经过特别约定的合同责任。责任保险主要包括：公众责任保险、产品责任保险、雇主责任保险、职业责任保险和第三者责任保险等。

在文化产业保险领域中，相关的险种有演艺活动公众责任保险、展览会综合责任保险等。

4. 信用保证保险(Credit Guarantee Insurance)

信用风险是一种金融风险，信用保证保险承保的正是信用风险。信用保证保险业务(简称信保业务)的原理是把债务人的保证责任转移给保险人，当债务人不能履行其义务时，由保险人承担赔偿责任，其主要功能是保障应收账款的安全。信用保证保险分为信用保险和保证保险。根据中国银保监会 2020 年印发的《信用保险和保证保险业务监管办法》，信用保险和保证保险是指以履约信用风险为保险标的的保险。信用保险的投保人、被保险人为权利人；保证保险的投保人为义务人，被保险人为权利人。在文化产业保险中，相关的险种是文化企业信用保证保险。在实践中，小额贷款保证保险也适用于文化产业。

信用保证保险业务分为融资性和非融资性两大类。融资性信用保证保险是随着借贷业务而兴起的，是一种与融资相关的保险工具。由于这种为融资提供保障的特殊的功能，保险与信贷市场、融资租赁市场及债券市场的关系变得越来越紧密。对于资金方，信保业务是一种风险管理工具，而对于企业等融资方来说，利用信保业务，是一种外部增信措施和手段。

信用保证保险在保险体系中一直是小险种，但近年来开始得到市场的重视，也出现了专营化信用保证保险机构①。

◎注意：一些学者认为，保证保险不符合保险的基本原理，应属于担保业务。待学习完融资担保和文化担保，请分析信用保证保险和融资担保的共同点和区别。

二、出口信用保险

出口信用保险是出口商在经营出口业务时投保的一种保险，承保的是因进口商的商业风险或进口国的政治风险而遭受的损失。出口信用保险分为商业性出口信用保险和政策性出口信用保险。政策性保险是政策通过保险手段实现一定公众利益的方式，分为社会政策保险和经济政策保险，政策性出口信用保险属于经济政策保险。

国家为了推动本国的出口贸易发展，保障出口企业的收汇安全，一般会制定出口信用保险政策，由国家财政提供保险准备金，这部分就是政策性出口信用保险。我国的出口信用保险由中国出口信用保险公司承办运营。中国出口信用保险公司也是 2010 年确定的三家文化产业保险试点单位之一。

---

① 2016 年，阳光渝融信用保证保险股份有限公司成立，是我国首家信用保证保险公司。2017 年，该公司更名为阳光信用保证保险股份有限公司。

2006 年，电影《夜宴》在海外发行的过程中购买了中国出口信用保险公司提供的"出口信用保险＋担保"业务。这被认为是影视作品海外发行与政策性出口信用保险的首次合作案例。《夜宴》还以保单为质押获得了深圳发展银行 5 000 万元的贷款，是中国内地金融机构首次为单个电影投资项目提供授信的案例。

在 2010 年中央宣传部、中国人民银行、财政部、文化部等九部门联合发布的《关于金融支持文化产业振兴和发展繁荣的指导意见》中，对利用出口信用保险服务文化产业有明确要求：进一步加强和完善针对文化出口企业的保险服务，对于符合《文化产品和服务出口指导目录》条件，特别是列入《国家文化出口重点企业目录》和《国家文化出口重点项目目录》的文化出口企业和项目，保险机构应积极提供出口信用保险服务，鼓励和促进文化企业积极参与国际竞争。

三、强制保险

保险可分为自愿保险和法定保险两种。自愿保险实行自愿原则，如商业保险、相互保险等。法定保险又称为强制保险，是政府对影响范围较广、事关重大公众利益的对象规定必须投保的一种保险。强制保险的保险关系是基于法律而不是保险合同，是特定范围内主体必须参加的保险形式，如机动车交通事故责任强制保险（即"交强险"）。在经济发达国家，文化领域一些涉及公众利益的对象如公共场合的影视拍摄等，往往会通过法律上的规定要求强制性投保，从而使得投保某些文化险种成为一种法律义务。

目前我国的文化产业相关保险都是自愿保险。由于文化生产领域很多事项都关系到公共利益，借鉴国际经验尝试推行相关强制险是一种必然趋势。如在我国的大部分地区，公众责任险是举办会展等大型活动时的选投险种，虽然每年各地举办上万项大型活动，但是只有 10％的活动会选择投保公共责任险。由于大型活动涉及公众利益，需要社会各方面都加强对于大型活动风险管理、保险意识的宣导，并且在全国范围内试行大型活动强制公众责任险。

四、保险的功能

关于保险具有何种功能，在理论界一直都有争议。按照传统的观点，保险的功能就是风险分担和经济补偿。但随着现代市场经济和现代金融业的发展，保险和保险机构在金融市场承担的角色的确开始多元化，因而，很多人认为保险功能有多元化的趋势。所以，一般来说，保险的基本功能是保障功能，即风险分担和经济补偿。保险的功能较多，主要有风险分担功能、经济补偿功能、资金融通功能和社会管理功能等。

1. 风险分担功能

风险意味着可能的损失。这些可能的损失需要谁来承担？保险公司作为保险人承担赔偿损失的给付责任，表面上这个风险由保险公司承担了，但保险公司并不是最终的承担者。保险公司通过收取保费的保险运行机制将风险分摊给了所有被保险人，所以风险的最终的承担者是"人人"，由"人人"来分担某一人或特定人的风险。这种机制将风险的损害在空间和时间上进行转移并分散，实现了风险分担，是风险保障的第一步。

2. 经济补偿功能

我们通常都需要给自己的财产上个保险，如果发生财产损失，保险公司会赔偿给我们，自己承担的损失就少多了，这是我们对保险最直接的认识，这也就是保险具有的经济补偿功能，是保障功能的第二步。"人人为我，我为人人"，即保险体现的社会"互济性"，是保险经济补偿的基础，而依靠大数法则和概率论技术，保险公司保证了通过保险来经营风险的科学性。

3. 资金融通功能

保险资金经过积累，形成规模巨大的保险基金。为了保险资金不至于贬值，保险机构将保险资金投入到社会再生产过程中，这样，保险资金就成为产业融资重要的来源之一，保险也就具有了资金融通的作用。在 2010 年发布的《关于金融支持文化产业振兴和发展繁荣的指导意见》中，对文化产业利用保险的融资功能予以了关注：发挥保险公司机构投资者作用和保险资金融资功能，在风险可控的前提下，鼓励保险公司投资文化企业的债权和股权，引导符合条件的保险公司参与文化产业投资基金。

4. 社会管理功能

保险的社会管理功能是在保险业逐步发展中衍生出来的一项功能。作为"社会的减震器"，保险降低了社会不稳定因素，是保持社会稳定的重要条件；由于保险机构在风险管理方面积累了大量的经验和数据，可以配合有关部门做好防灾防损，为社会管理提供间接的支撑。保险通过保险内在的运行机制，促进经济社会的协调以及社会各领域的正常运转和有序发展。

五、保险市场、机构及监管

所谓保险市场，首先可以理解为一种固定的交易场所，即保险产品（尤其是金融型保险产品）的交易场所。2016 年 6 月 12 日，上海保险交易所正式揭牌，为保险、再保险、保险资产管理及相关产品的交易提供场所、设施和服务。

保险市场更一般的理解是保险产品供需双方交易关系的集合，可以是无形的交易市场。在保险市场中，保险产品的供给方（卖方）、需求方（买方）和中介方是三个主要市场主体。其中，供给方是提供各类保险产品的保险人，如保险公司；需求方就是对保险产品具有购买意愿和购买力的消费者；保险中介方是将供给和需求两端建立保险合同关系的媒介，是保险市场专业化程度较高之后出现的独立主体，通常指保险代理人和保险经纪人。保险市场的第三方专业服务机构有时也归类为中介方。

保险公司是保险产品供给最重要的主体，而且是金融市场的重要主体，在我国被归类为非银行金融机构。根据我国相关法律法规，设立保险公司应当经国务院保险监督管理机构批准；保险公司在中华人民共和国境内设立分支机构，应当经保险监督管理机构批准；保险公司应当聘用专业人员，建立精算报告制度和合规报告制度。

保险市场的客体是具体的交易对象——各类保险产品或商品。保险作为一种商品，是一种无形的商品，是一种"非渴求商品"。同时保险市场还有一个重要特点，就是保险商品具有灾难的联想性，正因如此，保险机构拓展市场时极度依赖主动推销的方式。保险深度和保险密度是衡量一个地区保险市场和保险行业发展水平的两个重要指标。

保险市场的功能也就是保险的功能。保险不仅通过保险产品发挥着风险管理的功能，而且在资金融通等方面也有巨大的作用，它将大量的闲置资金以债权或股权形式投向市场。

我国保险行业和保险市场的监管机构是中国银行保险监督管理委员会。

9.1.2　文化产业保险产品

一、文化保险和文化产业保险

所谓文化保险，就是要通过风险分担和经济补偿功能帮助文化领域的企业或居民应对和管理各种风险，同时利用保险的资金融通功能为文化领域投融资提供服务。

我们可以初步给文化保险一个定义：文化保险是保险业服务于文化生产过程所提供的产品、服务以及相关活动的总和。由于文化生产包括文化产业和公共文化服务两部分的产品供给和消费系统，我们把服务于文化产业的这部分保险称为"文化产业保险"。

文化产业保险是从应用角度界定的新概念，是保险功能在文化产业中的具体实现。一种观点认为，文化产业保险只是普通保险产品在文化领域和文化产业之中的运用，并不因文化产业特殊性而有服务上的特殊改变。但是，实践已经表明，从古老的艺术品保险到当代网络世界的虚拟财产保险，这一领域的文化产业特性越来越明显，文化产业保险已经开始成为一种独特的保险业务领域。

文化产业的风险属于特殊风险领域，需要特殊的保险产品，特殊的运营管理流程、风险管理技能和专业人才配备。从这点看，文化产业保险是一种独特的保险业务。近些年来我国保险机构在服务文化产业的探索中形成了我国文化产业保险的雏形。

2010 年起，在自上而下的文化金融专门政策推动下，文化产业保险作为一类保险业务概念已经走入人们视野。2014 年 8 月，国务院印发《国务院关于加快发展现代保险服务业的若干意见》(国发〔2014〕29 号)，这是关于保险业发展的顶层规划文件，其中提出要"积极发展文化产业保险、物流保险，探索演艺、会展责任险等新兴保险业务，促进第三产业发展"。这一提法进一步强化了"文化产业保险"作为专门保险业务领域的地位。

发达国家在艺术品保险、电影保险等领域的研究比较成熟，我国学界在艺术品保险、电影保险方面也有较多的研究。我国学界已经对文化产业保险的特点进行了总结，对保险如何服务于文化产业的研究也有较多的积累。

从服务对象上看，文化产业保险的特点主要包括：

(1)文化保险是服务于文化生产的，从产品本身到文化产品生产过程，再到文化场景，都是文化生产的组成部分。所以，文化产业保险覆盖的不仅是文化产品本身，而且覆盖文化产品的生产过程，反映的是保险与一个特定社会生产范畴的关系。

(2)文化生产场景化特征明显。有些文化产品生产过程发生在一个封闭空间，有些文化产品的生产活动和消费活动是同步的，在一个消费者参与的"场景"之中，文化生产活动得以完成。在影剧院、露天广场、体育场等空间进行的文艺演出、电影放映等活动，都需要保险的参与。

(3)在文化产业中，由于存在无形资产、文化资产及文化资源的共性，所以，文化产业保险的产品体系中的保险产品具有鲜明的共性，这也是其区别于其他产业保险的主要特征之一。

(4)共性明显，差异性也很突出。由于文化生产中的过程、场景的不同，文化产业保险在艺术品、电影、演艺演出等行业有一定的特殊性，文化保险产品的差异性也较大。

二、文化产业保险政策

2010年，中宣部、中国人民银行、财政部、文化部等九部门印发《关于金融支持文化产业振兴和发展繁荣的指导意见》（银发〔2010〕94号）。在文化产业保险方面的内容主要涵盖了保险服务、保险工具、保险市场、保险配套机制等方面。

2010年12月，中国保监会与文化部联合发布了《关于保险业支持文化产业发展有关工作的通知》（保监发〔2010〕109号），提出了文化产业保险工作的具体要求，内容涉及文化产业保险市场、文化保险产品、文化保险服务、保险融资功能、文化保险配套机制五个方面。文件确定了中国人保财险、太平洋财险、中国出口信用保险三个试点公司以及11个试点险种。险种包括：演艺活动财产保险、演艺活动公众责任保险、演艺活动取消保险、演艺人员意外和健康保险、展览会综合责任保险、艺术品综合保险、动漫游戏企业关键人员意外和健康保险、动漫游戏企业关键人员无法从业保险、文化企业信用保证保险、文化企业知识产权侵权保险、文化活动公共安全综合保险。

在地方政策层面，文化产业保险是文化金融专项政策的重要内容，如：2010年上海市发布的《上海市金融支持文化产业发展繁荣的实施意见》、2011年江苏省发布的《关于金融支持文化产业发展的若干意见》等，其中都将保险作为重要的内容之一。

总结历年来我国的文化产业保险政策文件相关内容，主要涉及如下几个方面。

（1）文化产业保险产品。鼓励开发适合文化企业特点和文化产业需要的保险产品，创新文化产业保险新险种。上海市鼓励结合文化信贷，支持金融机构与保险公司加强合作，试点开展履约保证保险、信用保险等产品；鼓励探索建立适合上海电影产业发展现状和特点的影视完工保险等创新业务模式。

（2）文化产业保险服务。提供承保和理赔的便捷通道；鼓励"签订一揽子保险计划"，合理确定保险费率，提供完善、优惠的风险管理与服务；保险支持文化出口，为文化出口企业和项目提供出口信用保险服务。

（3）文化保险组织创新。鼓励文化企业和保险公司采用保险中介服务，支持设立专门为文化企业服务的保险中介机构，支持现有保险中介机构经营文化产业保险产品；支持专业、权威的文化产业评估、鉴定服务机构，为文化产业保险市场发展提供服务。

（4）文化保险市场机制。提高保险服务于文化产业的融合度，提高保险业务在文化产业中的覆盖面和渗透度，分散文化产业的项目运作风险。

（5）保险支持文化产业发展的融资功能。鼓励保险公司投资文化企业发行的债券，支持符合条件的保险公司投资符合条件的文化产业投资基金。北京市鼓励在文化创意产业基础设施建设中，积极探索引入保险资金，支持文化创意产业投资基金引入保险资金。

（6）财政政策配套。主要是保费补贴政策，是政府通过财政资金推动文化产业保险发展的措施。在财政部下发及重新修订的《文化产业发展专项资金管理暂行办法》[①]中，都明确了对文化产业保险给予保费补贴。

（7）其他配套机制。主要包括：政策和数据信息沟通机制；文化产业项目推介工

[①] 《文化产业发展专项资金管理暂行办法》2010年由财政部印发，2012年重新修订印发。2016年在专项资金扶持方向分为"重大项目方面"和"市场化配置方面"。

作；开发文化产业保险业务的网络受理系统；文化产业保险试点情况的统计和监测分析等。

专栏 9-1

"文化金融 94 号文"中的文化产业保险相关内容

2010 年《关于金融支持文化产业振兴和发展繁荣的指导意见》（简称"文化金融 94 号文"）中提出要"积极培育和发展文化产业保险市场"，主要内容分为两个方面（原文）：

（十二）进一步加强和完善保险服务。

在现有工作基础上，各保险机构应根据文化企业的特点，积极开发适合文化企业需要的保险产品，并按照收益覆盖风险的原则合理确定保险费率。

对于宣传文化部门重点扶持的文化企业和文化产业项目，应建立承保和理赔的便捷通道，对于信誉好、风险低的，可适当降低费率。

加快培育和完善文化产业保险市场，提高保险在文化产业中的覆盖面和渗透度，有效分散文化产业的项目运作风险。

（十三）推动保险产品和服务方式创新。

各保险机构应在现有保险产品的基础上，探索开展知识产权侵权险，演艺、会展、动漫、游戏、各类出版物的印刷、复制、发行和广播影视产品完工险、损失险，团体意外伤害保险等适合文化企业特点和需要的新型险种和各种保险业务。

鼓励保险公司探索开展信用保险业务，弥补现行信用担保体制在支持服务业融资方面的不足。进一步加强和完善针对文化出口企业的保险服务，对于符合《文化产品和服务出口指导目录》条件，特别是列入《国家文化出口重点企业目录》和《国家文化出口重点项目目录》的文化出口企业和项目，保险机构应积极提供出口信用保险服务，鼓励和促进文化企业积极参与国际竞争。

（资料来源：《关于金融支持文化产业振兴和发展繁荣的指导意见》）

三、文化保险业务和产品分类

2010 年 12 月，中国保监会与文化部联合发布的《关于保险业支持文化产业发展有关工作的通知》（保监发〔2010〕109 号）中，就保险产品专属化和试点工作做了部署。文件确定了 3 家试点公司及第一批 11 个试点险种，试点险种包括演艺活动财产保险、演艺活动公众责任保险、演艺活动取消保险等。

除了 11 个试点险种，在政策推动和机构努力下，我国的文化保险产品的创新开发已经取得了一定进展。从 2010 年之后，针对演艺、动漫、影视、艺术品、会展等细分行业的特定风险，保险公司正在试图搭建细分客户综合保障产品体系，为文化企业提供专属、灵活、全方位的保险保障，开发的很多文化保险产品体现了文化保险的特性，与保险公司以传统产品为文化企业服务有本质上的不同。

保险分为财产保险、人身保险、责任保险和信用保证保险，也可以将文化产业保险分为文化产业财产保险、文化产业人身保险、文化产业责任保险、文化产业信用保证保险。我们以 11 个试点险种为基础，将其划归四种不同的类别，见表 9-1。

188

表 9-1　按保险对象分类的文化产业保险产品

	业务分类	专属险种
1	文化产业财产保险	演艺活动财产保险 艺术品财产保险 艺术品综合保险 古建筑保险 虚拟财产保险
2	文化产业人身保险	演艺人员意外和健康保险 动漫游戏企业关键人员无法从业保险 动漫游戏企业关键人员意外和健康保险 文化活动公共安全综合保险
3	文化产业责任保险	展览会综合责任保险 演艺活动取消保险 演艺活动公众责任保险 文化企业知识产权侵权保险
4	文化产业信用保证保险	文化企业信用保证保险

（根据公开资料整理）

在欧美国家，文化保险的特殊性在电影保险、艺术品保险中体现得淋漓尽致，在演艺行业、动漫行业、传媒行业等方面的实践也非常丰富。根据多年来我国各保险公司在文化及文化产业领域的实践，目前文化产业专属产品主要覆盖五大行业：艺术品、影视、演艺（音乐、歌舞、戏剧、戏曲、芭蕾、曲艺、杂技等各类型演出）、动漫、会展及大型活动。在文化部和中国保监会联合下发的 11 款专属保险产品基础上，保险公司又扩展出了影视影片制作综合保险、古建筑保险、虚拟财产保险、著作权交易保证保险等创新险种。

以上这些保险产品，可称为文化产业专属保险产品。总体上，我国文化保险领域提供的风险保障金额（承保规模）有较大的增长，但是保险业的文化产业专属保险产品在实践应用还较少，每年的保费收入较低，市场渗透率低，还不足以支撑一个专业化保险业务体系[①]。

四、艺术品保险

艺术品财产保险是文化产业财产保险中较为典型的一类。收藏家将艺术品当作一种财产投保具有很久远的历史，大约保险公司产生时就有了艺术品财产保险。艺术品

---

① 根据一项报告，截至 2016 年，中国人保财险共开发使用文化产业保险专属产品 11 款，累计保费收入超过 1 亿元，其中 2016 年保费收入为 2 300 万元，提供风险保障 454 亿元。2016 年中国人保财险的保费收入共计 3 104.5 亿元，其文化产业专属产品的保费收入只占其公司全部保费收入的不足万分之一。考虑到中国人保财险是我国最大的财产保险公司，也是我国开展文化产业保险的试点公司，那么，我们可以认为，从文化产业专属保险产品这个角度上看，文化保险市场规模仍是很小的，几乎可以忽略不计。

的失窃、失踪事件常有发生①，所以，艺术品拥有者或管理者如果无法彻底防止风险的发生，就需要通过一定的保险手段来补偿。艺术品不仅在收藏保管地有风险，在展览、运输、装卸过程中也有风险，另外，还有火灾、自然灾害、意外事故等原因可能产生的直接或间接的损失②。

艺术品综合保险、艺术品财产损失保险是艺术品保险的主要险种。保险公司在艺术品保险领域的险种名称不同，如安盛保险的艺术品保险包括居家艺术品保险、艺术品展馆保险、艺术品运输保险等。

自 20 世纪 90 年代起，我国的一些保险公司推出了与艺术品相关的保险服务，平安财险、太平洋财险、人保财险在艺术品保险方面都积累了很多经验，具有较好的业绩。1997 年，当时的中国人民保险集团公司为观复古典艺术博物馆的 50 件 17 世纪的青花瓷器展提供艺术品保险保障，保额为 300 万元人民币。

专栏 9-2

2004 年清乾隆青花折枝花卉六棱瓶赔付案

2004 年 1 月 7 日，北京翰海拍卖有限公司在北京京广中心举办"2004 迎春拍卖会"预展，其中有一件"清乾隆青花折枝花卉六棱瓶"拍品。一名参观者在参观时碰到玻璃展柜，导致该拍品掉落地上撞碎。由于此次拍卖会已经由中国人保北京宣武支公司承保，展品保额为 120 万元，最终由保险公司先行赔付了 120 万元，减少了艺术品所有者和拍卖公司的损失。

当然，保险公司对造成展品破碎的当事人进行起诉提出了索赔。北京市宣武区人民法院在判决书中认为，被告过失撞破展柜玻璃，应承担赔偿责任，但该预展在安全防范措施方面也存在过失，未尽到对于贵重展品应采取与其价值相适应保护措施的义务，亦应承担相应的民事责任，并因此减轻被告的赔偿责任。法院判决被告给付中国人民财产保险股份有限公司北京市宣武支公司赔偿金 20 万元。

（根据公开资料整理）

五、影视保险

2013 年 11 月，美国著名演员保罗·沃克因车祸不幸去世，而此时环球影业出品由保罗·沃克担任主演的《速度与激情 7》还未完成全部拍摄。由于此前片方已为电影拍摄、制作、完工全过程投保，所以，电影规模和后期制作都没有受到很大影响。

美国好莱坞电影体制和保险是紧密联系在一起的。好莱坞的电影保险大致分为以下几个类型：剧组成员保险，主要是指为导演、主创人员等投保人身意外保险；错误与遗漏保险，主要是承担因涉及他人隐私、专利或诽谤而形成的侵权责任；一般性制

---

① 根据国际艺术品失踪记录组织（Art Loss Register）2012 年的数据，其登记在案的丢失藏品数量多达 12 万件，而且仍以每年 1 000 件的速度增长。

② 根据某保险公司进行的一项调查结果，艺术品的损失来主要来自以下几个因素：40％的损害发生于运送与装卸过程中，38％源于盗窃，18％起因于火灾、水渍、烟雾等因素，其他风险因素则有光线、温湿度、道德风险、地震、台风、闪电等。引自《"艺术品保险市场缘何冷热不均？"》，《中国保险报》，2007-05-25。

作保险，与传统的财产保险基本类似；完片担保保证险，此类是电影保险中最特殊的一类，完片担保方一般需要保险公司提供保险，共同承担财务风险①。

中国人保财险、太平洋财险、中国出口信用保险等保险公司在影视保险方面进行了探索。太平洋财险推出了影视影片制作综合保险；中国人保财险在 2013 年开始展开电影保险业务探索，设计开发了影视综合制作保险和影视制作费用增加保险两款产品。

影视综合制作保险主要保障范围为财务损失风险、责任风险和财产损失风险。财务损失风险包括演职人员、额外制作费用、底片等；责任风险包括非被保险人拥有的道具、布景和服装，第三方财产损失，杂项设备等；财产损失风险包括被保险人拥有的道具、布景、服装、摄影摄像器材等。

影视制作费用增加保险主要保障范围为完片担保公司在"完片担保合约"下担保的，事先经过保险人同意的影视制作，由于制作成本的增加和（或）特殊情况不能完成制作所导致的完片担保公司应当承担的经济赔偿责任。在影片制作一旦超支、搁浅、放弃的时候，根据完片协议和影视制作费用增加保险合同的约定，影片无法如期按照预算完成所导致制作成本的额外增加或放弃制作所造成的损失，由保险公司赔偿。

六、知识产权保险与版权保险

自 20 世纪 90 年代起，美国的知识产权保险业务开始发展并形成了稳定的业务体系。在实践中，知识产权保险可分为知识产权侵权保险与知识产权执行保险。所谓知识产权侵权险，并非承保当事人的侵权责任所造成的损失，而是承保当侵权发生时为了应对版权侵权诉讼所必须支付的诉讼费用和损害赔偿金。知识产权执行险刚好相反，在权利人所享有的版权受到他人侵害的时候，可以选择知识产权执行保险的保护，保险人负责支付被保险人起诉侵权人时所必须支付的诉讼费用。这两种保险的标的，都是围绕因侵权所发生的法律诉讼展开的。

在我国，知识产权保险工作始于 2011 年。由于知识产权（专利、商标、著作权等）管理的条块特点，所谓的知识产权保险是从专利保险试点开始的。2011 年 12 月，中国人保财险与国家知识产权局签订协议，开展制定"专利保险工作方案"的工作以及开发相应的专利保险产品。2012 年 4 月，国家知识产权局在全国五个地区开展专利保险试点工作。此后，分阶段推出了专利执行保险、专利代理人职业责任保险和专利侵权保险三款专利保险系列产品，并在全国 27 个地市开展试点工作。目前，中国人保财险的知识产权险种包括：专利权质押贷款保证保险、专利执行保险、侵犯专利权责任保险、专利代理人职业责任保险、境外展会专利纠纷法律费用保险、海外知识产权侵权责任保险、知识产权许可保险等。

理论上，知识产权保险除了专利相关保险，还包括商标权相关保险、版权相关保险等。按照知识产权保险分为侵权险和执行险两大类的分法，版权相关保险也可分为版权侵权保险和版权执行保险两类。前者承保投保人在侵权发生时为了应对版权侵权诉讼所必须支付的诉讼费用和损害赔偿金。后者是指权利人所享有的版权受到他人侵害的时候，保险人负责支付被保险人起诉侵权人时所必须支付的诉讼费用。

---

① 孙华. 从"速度与激情"停拍浅谈电影保险[J]. 中国保险，2014(3).

　　在文化领域开展知识产权保险业务得到了政府政策的支持。《关于金融支持文化产业振兴和发展繁荣的指导意见》(银发〔2010〕94 号)提出开展知识产权侵权险。中国保监会与文化部联合发布的《关于保险业支持文化产业发展有关工作的通知》(保监发〔2010〕109 号)中将"文化企业知识产权侵权险"作为文化保险的 11 个险种之一。北京、上海等一些地方性文化金融政策也要求进一步探索研究开展知识产权侵权保险。

9.1.3　文化保险机构和市场

　　商业保险机构是文化保险产品的主要供给方,其中有些机构专门从事文化保险业务,我们称为文化保险机构。国际上,电影保险、艺术品保险行业已经相当发达,技术和人才都具有一定的优势,诞生了一些具有丰富文化保险服务经验的保险企业。

　　从 20 世纪 20 年代开始,美国的保险业就开始将传统险种运用于电影产业,对好莱坞娱乐业的繁荣发展起到了重要的作用。在好莱坞电影保险市场,安联集团旗下的消防员基金保险公司(Fireman's Fund Insurance Company)是最主要的电影保险公司,其他还有美国国际集团(AIG)、丘博保险(Chubb)、HCC(Houston Casualty Company)公司等。好莱坞电影保费支出占电影预算的比例为 2%～5%[①]。

　　我国很多保险公司在电影保险方面开始寻求与国际机构的合作。如 2017 年 6 月,中国人民财产保险股份有限公司宣布携手美国电影金融公司(FFI)共同合作开发中国电影保险业务[②]。

　　以安盛保险等为代表的保险公司在艺术品保险领域具有优势,活跃在美国、欧洲等市场。安盛艺术保险(AXA Art Insurance Corporation)是著名的专门提供艺术品保险的公司,其客户既包括美国大都会博物馆、法国卢浮宫及大英博物馆等各大著名博物馆,也包括欧洲艺术和古董博览会、巴塞尔艺术博览会等艺术品展览。安盛艺术保险还为画廊、拍卖行及顶级私人艺术品藏家们提供保险。

　　我国没有专门的艺术品保险公司,但具有外资背景的保险公司对我国文化保险的发展已经形成了"鲶鱼效应"。值得关注的是安盛天平保险股份有限公司、劳合社保险(中国)有限公司在我国开展的艺术品保险业务。

专栏 9-3

安盛艺术品保险在我国的艺术品保险业务

　　法国安盛保险集团(AXA Group)旗下的安盛艺术品保险是领先的艺术品、收藏品保险公司,已经有数十年的运营经验。

　　2012 年 2 月,当时同属于安盛保险集团的丰泰保险(亚洲)有限公司上海分公司和安盛艺术品保险集团宣布携手开发中国艺术品保险市场,将安盛艺术品保险的全球风险评估平台 GRASP(Global Risk Assessment Platform)引入我国,并在我国市场配备了相关专业人员。2012 年 7 月,中国人民财产保险股份有限公司与安盛签订艺术品保

---

　　① 孙华. 从"速度与激情"停拍浅谈电影保险[J]. 中国保险,2014(3).

　　② 2017 年 6 月 19 日,在第 20 届上海国际电影节上,中国人民财产保险股份有限公司携手美国电影金融公司(FFI)联合举行新闻发布会暨合作签约仪式。双方宣布,将携手推进中国影视完片保险和制作保险的本土化进程。

险战略合作协议，这是我国保险公司在艺术品保险领域首度与国际专业保险机构合作。

这一艺术品保险业务由后来成立的安盛天平保险延续[1]。截至 2017 年年底，安盛天平的艺术品保险业务针对私人收藏、企业收藏、艺术品运输与展览、博物馆等对象，提供的保单包括：私人及企业艺术品保险；艺术品运输与展览保险；博物馆艺术品运输与展览保险等。

（根据公开资料整理）

在政策支持下，我国文化产业保险市场规模逐年扩大，进行了一些有意义的实践和有益的探索。近年来取得初步进展的方面主要包括：文化产业保险服务和新型险种、文化保险业务协作平台机制、文化保险在线服务、文化保险专项课题研究等。

但文化产业保险市场的不足也是很明显的，主要表现在：文化保险的市场规模小，文化保险机构专营化程度较低，服务于文化产业的文化保险市场机制还没有建立起来。和银行、证券公司等机构比较起来，保险机构在文化金融市场的参与度相对较低。

文化产业发展需要一个成熟的文化保险市场来支持。成熟的文化保险市场应具备以下条件。

1. 有足够数量的专业机构和产品，形成文化保险生态

当文化产业增加值达到一定规模时，文化金融市场的风险管理功能的短板就会开始暴露出来。但是，除了部分试点保险公司，大多数保险公司对文化产业保险兴趣不足，如何推动保险机构创新文化保险产品、积极开展文化保险业务成为一个关键命题。文化产业保险具有特殊性要求，但我国目前开发的文化保险专属产品和保险服务还较少，在推广上也不足，文化保险险种或专属产品的市场渗透率过低。

除了在传统保险机构设置文化保险专业化部门，能够保证专业化的另一个途径就是建立专营化的文化保险机构。专营化可分为经营机构的专营化和中介机构的专营化，我国监管部门曾在《关于保险业支持文化产业发展有关工作的通知》（保监发〔2010〕109号）中就提出"鼓励文化企业和保险公司采用保险中介服务，支持设立专门为文化企业服务的保险中介机构"。

2. 有较强的风险管理能力和服务能力

文化企业和文化产品面临的风险有很大的特殊性，需要个性化保险服务。安盛艺术品保险公司会根据不同的承保对象提供差异化的风险管理手段。另外，在国际上，艺术品保险机构除了收取保费、进行赔付等常规活动外，还会为客户提供许多增值服务，在艺术品保险领域，增值服务主要表现在艺术品的防损、维护、保管等方面。另外，文化保险和银行信贷、担保、评估等领域的关系密切，存在流程上的关联性。一些文化企业往往因为在其他环节上的缺陷而无法参与文化保险，这需要保险公司提供相应的增值服务。

---

[1] 丰泰集团（Norwich Winterthur）是总部位于瑞士的国际保险集团，丰泰保险（亚洲）有限公司上海分公司于 1996 年 11 月经中国人民银行批准成立。2006 年，法国安盛保险集团（AXA）整体收购丰泰保险集团，2013 年，丰泰保险（亚洲）有限公司上海分公司更名为"安盛保险有限公司"。2014 年，安盛保险有限公司与天平保险合并，更名为安盛天平保险股份有限公司。

3. 有专业化的第三方机构或中介机构

文化保险领域需要专业化的文化产业价值评估、鉴定服务、律师等一些第三方机构或中介机构。文化产业价值评估的特殊部分是文化资产、无形资产价值评估，具体的有版权评估、艺术品资产评估等。任何一个涉及以无形资产为标的参与保险的项目，都需要专业的价值评估，这是风险管理的基础。在艺术品保险领域，需要有专业的第三方评估机构对艺术品、文物等进行评估和认证，评估和认证的结果对相关保险产品的开发、定价至关重要。在鉴定评估环节缺少独立的、具备公信力的第三方评估机构，导致了保险机构承保及理赔时无法确定艺术品保险标的真伪及价值。

目前，由于历史和体制的原因，我国有权威性、公信力的评估专家往往集中于国家文物鉴定委员会、博物馆等国有事业单位，这些机构为保险公司提供鉴定评估服务还存在一些障碍，难以完全市场化。所以，新一代的市场化的专家队伍建设很有必要。

4. 有完善的文化保险专门人才培育体系

文化产业保险工作需要复合型人才，不仅要懂保险、懂金融，还要了解文化产业，尤其要精于艺术品、电影、无形资产等方面的知识。目前，我国文化产业保险机构较少，也是因为文化产业保险市场过小，无法支撑独立业务部门的缘故，文化产业保险业务往往由其他业务部门兼营。对于很多大型保险公司来说，艺术品保险业务仍无法引起他们的足够重视，这对文化保险专门人才培养是不利的。

9.2　文化融资担保

9.2.1　担保与担保机构

一、担保及相关概念

担保的基本方式是保证。为什么要保证？因为在经济业务中，不提供某种形式的保证则寸步难行。广义上的担保（Guarantee）包含了为特定行为提供保证的所有形式，但我们要讨论的是金融和商贸领域经常使用到的债的担保或债权担保。

按照我国《中华人民共和国担保法》（以下简称《担保法》）的定义，担保是一种债权的保证。《担保法》上的担保，又称债权担保、债的担保、债务担保。《担保法》规定："在借贷、买卖、货物运输、加工承揽等经济活动中，债权人需要以担保方式保障其债权实现的，可以依照本法规定设定担保。"

担保作为一种风险管理工具，是为保障经济活动中债权人权益的一种机制设计，对于债权人来说，担保工具能够降低风险。同时，对于债务人来说，善用担保工具，也能够提高融资效率。

根据《担保法》，保证是担保的基本方式，分为一般保证和连带责任保证。保证是指保证人和债权人约定，当债务人不履行债务时，由保证人按照约定履行主合同的义务或者承担责任的行为。以保证为担保方式的，称为保证担保。担保的其他形式还包括抵押、质押、留置和定金。

联合担保（Joint Guarantee）即共同担保。保证人为两人或两人以上的多数人共同就同一债务提供保证时，即为共同保证，提供共同保证的担保行为即为共同担保。

反担保是担保人转移担保风险的一种措施。为债务人提供担保的第三人（担保人）

为了保证其追偿权的实现，有时会要求债务人提供基于该担保的反向担保，这就是反担保。《担保法》第4条规定："第三人为债务人向债权人提供担保时，可以要求债务人提供反担保。反担保适用本法担保的规定。"文化企业在与担保公司签订担保合同时，如果担保公司需要反担保，那么，文化企业可以利用的反担保包括专利权质押、版权质押、著作权质押、商标权质押等。

不同于反担保，再担保是指为担保人设立的担保，而其他担保是为债务人提供的担保。在再担保关系中，再担保人在担保人不能独立承担担保责任时，将按合同约定向债权人继续剩余的清偿。

二、融资性担保业务及机构

担保作为一种经济方式，隐含在很多经济活动中，在大多数涉及资金或债权的合同、协议、契约中，都有如何保障债权实现的条款。专业的第三方担保机构的出现使担保成为一种特殊的业务领域。

在国际上，担保业务主要分为中小企业信用担保（Credit Guarantee）、金融担保（Financial Guaranty Insurance）和保证担保（Surety Bonds）三种类型[①]。中小企业信用担保是间接融资担保，主要是政策性担保；金融担保是直接融资担保；而保证担保是非融资性担保。

根据担保业务与融资的关系，我国的担保业务可以分为融资性担保和非融资性担保两大类，融资性担保又称融资担保，直接功能是约束债务风险。

根据2010年中国银监会、国家发展改革委等七部门联合印发的《融资性担保公司管理暂行办法》中的定义，"融资性担保是指担保人与银行业金融机构等债权人约定，当被担保人不履行对债权人负有的融资性债务时，由担保人依法承担合同约定的担保责任的行为"。2017年国务院发布的《融资担保公司监督管理条例》中说明"本条例所称融资担保，是指担保人为被担保人借款、发行债券等债务融资提供担保的行为"。

融资性担保又分为间接融资担保和直接融资担保。间接融资担保包括贷款担保、票据承兑担保、贸易融资担保、项目融资担保、信用证担保、融资租赁担保等；直接融资担保主要是指债券担保、保本基金担保[②]等。融资性担保又分为银行融资担保和非银行融资担保（债券担保、信托贷款担保等）。

按照担保业务主导部门的不同，可分为商业性担保、政策性担保与互助性担保。商业性担保，是指由商业性担保机构提供的担保服务，根本特征是以市场化为原则、以企业营利为目的。政策性担保是由政府主导为政策服务的担保业务，具有很强的政策导向性。政策性担保通过担保业务来引导信贷资金的投放，从而影响和调节产业部门结构，促进经济的发展。我国推动建立政府性融资担保体系，发展政府支持的融资担保公司，建立政府、银行业金融机构、融资担保公司合作机制，主要为小微企业和涉农融资项目提供政策性担保服务。互助担保是在特定群体如行业协会会员中，由每个成员共同出资成立互助基金并由专业担保机构运营的担保机制，为群体内成员提供

---

① 牛成立，文海兴. 融资性担保与机构评价[M]. 北京：中国金融出版社，2015.

② 2017年初中国证监会发布的《关于避险策略基金的指导意见》对保本基金进行了新的规定，此后保本基金陆续退出市场。

融资等风险担保。

融资性担保机构经营融资担保业务。融资性担保机构能够承担这一独特的金融业务，凭借的是专业的风险防范机制和运营能力。在我国，融资担保机构即融资担保公司。所谓融资担保公司，是指依法设立、经营融资担保业务的有限责任公司或者股份有限公司。在我国，融资性担保是纳入监管的金融业务，需向监督管理部门申领融资担保业务经营许可证。

融资担保公司是融资担保市场的主体，企业或个人可通过融资担保公司进行担保实现贷款融资。融资担保公司在受理企业申请后，会对企业进行保前调查；经过特定的风险评估和审批之后，签订合同进入承保阶段，进行保后管理；一般当债务人不能依约履行债务时，由担保机构进行代偿，然后进行追偿。融资担保公司业务流程见图 9-1。

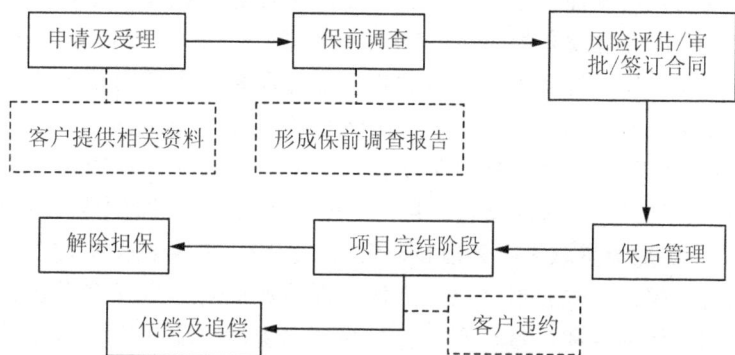

图 9-1　融资担保公司融资担保业务的一般流程

我国的融资担保行业自 20 世纪 90 年代开始起步[1]，在 2004 年以后担保机构数量和规模取得突破性发展。至 2010 年，全国已经有 6000 多家融资担保公司，成为金融市场中的重要力量，但也出现了一些不规范的市场行为，形成了一定的风险隐患。[2] 2011 年后，融资性担保机构监管趋于严格，迎来"规范发展"继而"加快发展"的政策周期[3]，但很快又进入了金融严监管时期。

2016 年开始的新一轮金融监管行动中，融资担保市场的监督管理方面有新的政策及行政法规出台，旨在加强监管，控制潜在金融风险。2017 年 8 月，国务院发布了《融资担保公司监督管理条例》。2018 年，中国银保监会发布了《关于印发〈融资担保公司监督管理条例〉四项配套制度的通知》（银保监发〔2018〕1 号）[4]，对《融资担保公司监督管理条例》从许可经营、融资担保责任余额认定、融资担保公司资产划分及比例确定，以

---

①　1993 年，中国经济技术投资担保（有限）公司（现更名为"中国投资担保有限公司"）成立，这是我国第一家真正意义上的融资担保机构。

②　期间发生了郑州诚泰事件、圣沃担保事件、北京中担事件和四川汇通担保事件。

③　2011 年 6 月，中国银监会、国家发展改革委、工业和信息化部、财政部、商务部、中国人民银行、国家工商总局、中央法制办印发《关于促进融资性担保行业规范发展的意见》；2015 年，国务院印发《国务院关于促进融资担保行业加快发展的意见》（国发〔2015〕43 号）。

④　四项配套制度分别是《融资担保业务经营许可证管理办法》《融资担保责任余额计量办法》《融资担保公司资产比例管理办法》和《银行业金融机构与融资担保公司业务合作指引》。

及银行业金融机构与融资担保合作注意事项四个方面做了进一步细化。

总体上，在市场推动和政策引导的共同作用下，我国担保行业发展迅速，目前已基本形成以政策性担保机构为主体、商业性和互助性担保机构为两翼的担保体系框架。

9.2.2　文化融资担保

一、文化融资担保在我国的发展

服务于文化生产和文化企业而形成的一类特殊的融资担保业务，可称为文化融资担保或文化产业融资担保。

我国的中小文化企业数量较多，融资需求往往得不到满足。在以信用为基础的现代金融市场上，文化融资担保能够为文化企业融资提供服务，是信贷机构与文化企业之间的一座桥梁。

我国政府鼓励提供适合中小文创企业特点的多种融资担保产品及服务，改善文化企业融资环境。在国务院发布的《文化产业振兴规划》（2009 年 9 月 26 日发布）中，积极倡导鼓励担保和再担保机构大力开发贷款担保业务品种，支持文化产业发展、文化企业"走出去"。在文化部 2009 年 9 月 10 日发布的《文化部关于加快文化产业发展的指导意见》中，提出支持组建"文化信贷担保公司"，争取建立文化企业贷款贴息机制。

在 2010 年发布的《关于金融支持文化产业振兴和发展繁荣的指导意见》第十六条明确提出："建立多层次的贷款风险分担和补偿机制。鼓励各类担保机构对文化产业提供融资担保，通过再担保、联合担保以及担保与保险相结合等方式多渠道分散风险。研究建立企业信用担保基金和区域性再担保机构，以参股、委托运作和提供风险补偿等方式支持担保机构的设立与发展，服务文化产业融资需求。"

在 2014 年发布的《关于深入推进文化金融合作的意见》指出："要建立完善多层次、多领域、差别化的融资性担保体系，促进银行业金融机构与融资性担保机构加强规范合作，为文化企业融资提供增信服务，并在金融促进对外文化贸易方面提出探索个人资产抵质押等对外担保的模式。"

除了商业性担保，我国在政策性担保方面也对文化产业有明确的支持。2015 年 8 月 19 日，文化部、财政部、工信部三部委联合发布的《关于大力支持小微文化企业发展的实施意见》中便明确提出"鼓励各级政府搭建的中小融资担保平台为小微文化企业提供担保"。地方政府也有相关政策，如深圳市 2016 年发布的《关于促进深圳市融资担保行业加快发展实施方案》中，明确支持设立面向科技、文化等特定领域的政策性融资担保机构。

北京市较早开展了文化融资担保业务的创新工作。2009 年，北京首创投资担保有限责任公司、北京中关村科技融资担保有限公司与北京市文化创意产业促进中心签约，成为该市首批文化创意产业担保合作机构。围绕支持北京市文化创意产业企业，北京中关村科技融资担保有限公司推出了"文化创意产业专项担保"，面向北京市文化创意产业企业提供担保贷款，由北京市文化创意产业发展专项资金提供贷款贴息，担保费率也较为优惠。

我国成立了一些专门的文化融资担保公司，如西安曲江文化产业融资担保有限公司、北京国华文科融资担保有限公司、北京市文化科技融资担保公司等。北京市文化科技融资担保公司由北京市文投集团发起设立,专门开发了文创保、艺术品质押保、园区保、影视基金担保等多项符合文化企业特点的产品,以担保＋投资、担保＋资管等模式帮助企业融资。

虽然我国的文化融资担保行业的发展较有起色,但仍然处于相对缓慢的时期。这其中存在的一些发展瓶颈主要是:企业信用体系和第三方评估市场不健全、不规范制约了风险评估;担保机构较小,代偿能力不强,在"银担合作"机制中处于劣势地位;缺乏具有权威性的文化融资担保行业相关制度、管理规范和标准等。

二、文化融资担保业务及特点

融资担保是一种风险管理工具,通过融资担保,为文化企业提供贷款的银行或购买企业债券的投资者的债权能得到更好的保障,这是担保特有的风险管理和风险缓释功能。同时,融资担保通过其特有的功能正在发挥促进融资、信用增级和经济杠杆的作用。

通过融资担保,能够更大程度上实现资金融通,使更多的文化企业尤其是中小微企业顺利获得融资;通过融资担保,得到担保的文化企业实现信用增级,在信用市场上进行交易时提高效率,降低了成本;通过商业性融资担保,金融和经济系统的资金实现放大倍数;同样,政府通过政策性担保,也可以实现政策资金"四两拨千斤"的引导作用,吸引更多资金进入文化产业。

融资担保公司在提供文化融资担保服务时,在业务结构上与一般业务模式有所不同(见图 9-2),如文化企业为担保公司提供的质押或反担保与其他行业有一定的差异。

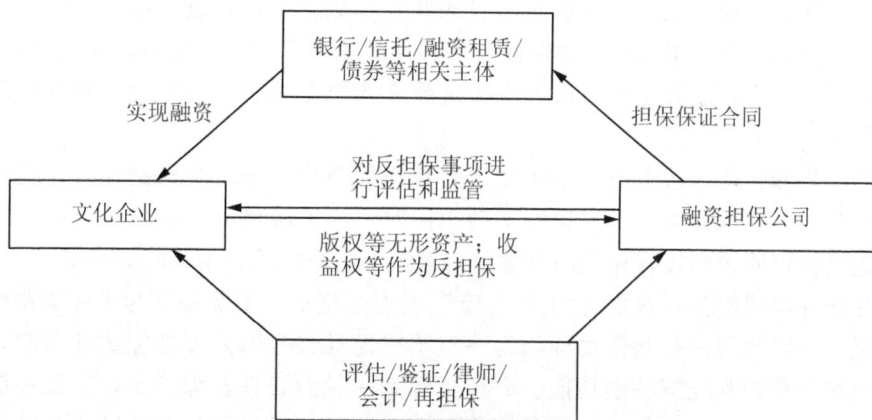

图 9-2　文化企业融资担保的一般业务结构

在产品设计时,融资担保公司利用了文化企业资产、项目收益、项目流程上的特点。

(1)文化企业在融资担保中可以利用文化资产作为抵押物。文化企业提供经过评估的版权等资产,或提供版权等资产由担保人指定的机构进行评估,然后由担保人核定可贷款额度为企业提供担保服务。北京国华文创融资担保公司(后更名为北京国华文科融资担保有限公司)曾经推出的"剧保通"是纯版权质押融资担保产品,曾为一些拥有版权的影视企业和项目提供了融资担保服务,如《十月围城》《新水浒传》等。

（2）文化企业可以利用收益权（票房收益、门票收益）作为保证申请融资担保。文化企业运营的很多项目具有可预期的稳定收益，可以依据这些稳定收益申请融资担保。以票房收益为例，基本模式是担保人对票房收益进行评估，参考项目票务预估收入核定贷款额度，由担保人担保向商业银行提出放款申请。北京国华文创融资担保有限公司的"演出宝"和"票房宝"是典型的以收益权为保证的融资担保。

除了产品创新，融资担保公司在文化融资担保机制和管理上也进行了创新。如结合政府政策、社会组织增信等条件，一些融资担保公司向文化企业提供审批上的"绿色通道"服务、协助申请担保贷款政府补贴服务等。

三、完片担保——一种与项目投资有关的融资担保

电影的完片担保（Completion Guarantee）不是"债"的担保。完片担保是用以规避影视制作风险，保证投资人所投资的影视产品能够符合前期约定的内容和形式要求，且如期按预算交付的一种融资性担保产品。也就是说，所谓完片担保，担保的不是债权，而是电影项目的投资权益。

制片方、投资人、担保公司是完片担保关系的核心主体。制片方需要提供完备资料并就完片做出书面承诺，然后与担保公司达成完片担保协议，并支付担保费。制作方将完片担保协议作为向投资人、银行等融资的基础条件之一。担保公司会提供一个监管账户，投资人定期将资金注入该账户供制片方使用，担保公司随时管控资金的流动以及与之相关的拍摄进度。这种担保方式大大降低了影视投资的风险，所以，在欧美国家尤其是好莱坞很受电影投资界的欢迎。

完片担保的主要功能：一是监督项目预算资金划拨使用，避免超支，保证项目能按预算按时完成，完片担保并不能保证一部影片的盈利能力。二是当制作无法完成时，由完片担保方接手，或者完片担保方也决定放弃该电影项目，其要向投资方赔偿已经投入的资金。

完片担保和保险公司业务关系密切。完片担保公司一般会要求制片方先投保影片制作相关险种，以此作为完片担保的基础。同时，为了转移自己的财务风险，完片担保公司也会向保险公司投保相关的保险，由保险公司最终承担相关风险费用。

完片担保与保险公司提供的"完片保险"[①]是有区别的，虽然都是为了保障制作，但性质不同。保险规避的是制作过程因为一些不确定性导致影片不能完成的风险，提供的主要是风险分担和经济补偿功能。完片担保是一种融资性担保产品，保证一部影片能够在预算内按期完成，用以保证投资人的利益，是为了规避投资风险而设计的，主要功能是保障履约。

专栏 9-4

我国影视产业的完片担保

完片担保起源于英国，盛行于美国。在欧美国家，完片担保有比较成熟的模式。我国每年生产数百部电影，许多影片在生产环节面临超预算、延期等问题，这意味着

---

① "完片保险"不是专门的险种名称，而是泛指与"完片"相关的险种。

对完片担保业务有很大的市场需求。我国影视行业也渐渐认识、了解并使用完片担保。

在我国，一些担保公司和保险公司正在探索完片担保模式。2014年6月16日，第17届上海国际电影节举行了"完片担保——影视金融产品本土探索论坛"。2015年1月，全球业务量最大的完片担保公司——电影金融有限公司（Film Finances Inc，FFI）在我国上海开设了分公司。《长城》《卧虎藏龙2》这两部中美合拍片均与其签订了"完片担保"服务协议。由合一影业（已并入阿里影业）投拍的电影《机器之血》，也引入了FFI的完片担保，是真正意义上的第一部由我国制作团队主导的引入完片担保的影片。

目前，完片担保业务在我国的开展还比较困难，有专家认为主要的制约因素主要是现行的导演中心制等因素。所以，能否真正构建完善的完片担保机制，还要有待于国内电影体制的转型。

（根据公开资料整理）

四、文化企业如何利用融资担保

文化企业融资难、融资贵一直是难以解决的问题，融资担保机构为文化企业和贷款机构搭建了一座桥梁。在利用融资担保时，文化企业要注意以下关键问题。

1. 文化企业自身条件

申请担保融资的文化企业除了必须是经登记注册的具有法人资格外，还应具备其他一些条件才能得到融资担保公司的认可，如拥有传媒、演艺、互联网信息等领域相应许可经营资格等。

融资担保公司一般会着重在以下方面考察申保单位：在经营上合法经营，商业信用良好；经营制度系统规范；经济效益较好，具有一定的成长性；在财务上资产负债比例适度合理，偿债能力强；能按照规定提供有效可靠的反担保措施。

2. 合规合法的融资担保公司

与合法经营的融资担保机构合作。我国的金融监管制度规定融资担保公司统一由地方金融监管部门管理，融资担保公司必须具有经营许可证。

与规范经营的融资性担保机构合作。融资担保公司可以经营融资性担保业务，但不得吸收存款，不得直接发放贷款、不得受托发放贷款、不得受托投资等。

与风险管控良好的融资性担保机构合作。负责任的融资担保机构在承接融资主体信用风险时，会重点在风险管控上做工作，力求事前有效识别、把控风险，事后有效化解、处置风险，所以，文化企业在面对融资担保机构时需要在风险管控上积极配合。

3. 融资担保的成本

利用融资担保公司进行融资，虽然能够提高融资效率，但在一定程度上仍然增加了企业的融资成本。所谓降低成本是比较民间借贷利率等而言，所以利用融资担保时需要仔细核算成本。

融资担保的成本一般由担保费和评审费构成。融资性担保公司收取的担保费由融资性担保公司与被担保人自主协商确定。担保机构收取担保费可根据担保项目的风险程度实行浮动费率。目前，商业性担保公司担保费率为担保额的2%～4%，政策性融资担保费率相对低一些。根据相关政策，服务中小企业的担保费，一般控制在同期银

200

行贷款利率的 50％以内①。部分担保公司还将按担保额的一定比例收取业务评审费。

另外,申请担保的中小企业(被保证人)可能需要提供反担保措施,这些也应计算在成本之内。根据《中华人民共和国担保法》的规定,反担保措施的种类有:保证金、质押或财产抵押反担保、信用反担保等。

4. 相关担保政策和机制

我国的小微企业融资难的重要原因之一是缺少信用保障或担保机制。我国在解决中小企业融资难问题上有许多政策机制设计,在担保方面也是如此,如设立国家融资担保基金、中小企业信用担保资金等。由于文化产业中小微企业较多,在这方面应多予关注。

国家融资担保基金由中央财政发起设立,采取股权投资、再担保等形式支持各省(区、市)开展融资担保业务。基金按照“政府支持、市场运作、保本微利、管控风险”的原则,以市场化方式决策、经营,带动各方资金扶持小微企业、“三农”和创新创业企业。另外,各地还有不少地方性的政府担保基金,如上海市要求“发挥市中小微企业政策性融资担保基金的撬动作用,为文化创意企业提供增信服务,引导商业银行加大对文化创意企业的信贷支持力度”②。

中小企业信用担保资金是由中央财政预算安排的专门用于支持中小企业信用担保机构、中小企业信用再担保机构增强业务能力的资金。根据 2012 年 5 月财政部、工业和信息化部印发的《中小企业信用担保资金管理办法》,支持的方式主要包括业务补助、担保费补贴、资本金投入等。

一些地区有针对文化产业的专门性融资担保政策。例如,北京市文化创意产业领导小组办公室 2009 年发布《北京市文化创意产业担保资金管理办法(试行)》(京文创办发〔2009〕3 号),规定主要采取对合作担保机构的再担保费进行补贴、对担保业务进行补助等方式,引导担保机构为符合北京市文化创意产业发展总体规划和相关政策的项目提供担保服务。

>>> 学习重点和难点

本章的重点包括:风险与保险的关系;保险的功能和主要类型;文化产业保险相关险种;成熟的文化产业保险市场应具备的条件。

本章的难点包括:文化产业保险的资金融通功能和文化产业的关系;文化产业专属保险产品的特点。

>>> 复习思考题

1. 保险的功能是什么?请结合文化产业的实际需要做简要分析。

---

① 见 2001 年财政部印发的《中小企业融资担保机构风险管理暂行办法》中第七条。

② 参见 2017 年 12 月中共上海市委、上海市人民政府印发的《关于加快本市文化创意产业创新发展的若干意见》(简称“上海文创 50 条”)。

2. 结合我国相关保险险种，分析文化产业保险产品的特点。

3. 分析成熟的文化产业保险市场应具备哪些条件？

4. 什么是融资性担保？文化企业利用融资担保工具时需要注意哪些事项？

5. 试分析信用保证保险和融资担保的共同点和区别。

>>> 参考文献及推荐书目

[1]魏华林，林宝清. 保险学[M]. 4 版. 北京：高等教育出版社，2017.

[2]马宜斐，段文军. 保险原理与实务[M]. 3 版. 北京：中国人民大学出版社，2015.

[3]骆志威. 经济新常态下的文化产业保险创新[A]. 见张洪生，金巍. 中国文化金融合作与创新[M]. 北京：中国传媒大学出版社，2015.

[4]田辉，李鑫. 2016 年风险管理类文化金融发展状况[A]. 见杨涛，金巍. 中国文化金融发展报告(2017)[R]. 北京：社会科学文献出版社，2017.

[5]牛成立，文海兴. 融资性担保与机构评价[M]. 北京：中国金融出版社，2015.

[6]谢黎伟. 知识产权担保融资问题研究[M]. 北京：社会科学文献出版社，2015.

[7][美]弗莱德·米尔斯坦. 电影完片担保[M]. 张锐，史从姗，译. 北京：中国传媒大学出版社，2020.

第 10 章　互联网、金融科技与文化金融

学习目标

1. 了解互联网经济发展对金融以及文化金融的影响。
2. 了解金融科技发展的基本脉络，掌握金融科技的基本含义和内容。
3. 了解金融科技发展方向及金融科技创新中的风险。
4. 理解大数据、人工智能、云计算和区块链等技术对文化金融的影响。

关键术语

互联网经济　网络经济　互联网金融　数字金融　金融科技　云计算　大数据
人工智能　区块链

导　言

在文化产业发展中，文化、科技和金融呈现了非常紧密的关系。对文化金融来说，文化和科技无疑也是重要的外部影响因素。本章与第 11 章，我们要专门涉及两个很重要的领域，一是技术变革对文化金融的影响及呈现的新形态；二是文化经济变革对文化金融的影响及呈现的新形态。

我们关注技术变革与文化金融的关系，是因为互联网和金融科技对金融体系已经形成了重大的影响。在这样的背景下，作为金融体系的一部分，文化金融也必然有所改变。本章要对互联网经济、互联网金融及其与文化金融的关系做一个梳理，从这里我们可以看到互联网技术正在改变文化金融。在学习金融科技发展的基本脉络、金融科技的风险以及金融科技发展路径的基础上，我们还要重点了解大数据、人工智能、云计算、区块链与文化金融发展的关系，从中认识到金融科技对文化金融发展的影响。

10.1　互联网与文化金融

研究金融科技问题，要从互联网及互联网金融开始说起，否则很难理解金融科技的源流和实质。那么，互联网技术给金融带来了什么影响？互联网金融与金融科技有何关系？

10.1.1　互联网金融兴起与文化金融新形态

一、互联网经济

互联网金融是互联网经济的重要形态之一。要更全面理解互联网金融的本质，需要先了解什么是互联网经济。

互联网是信息网络的重要组成部分。互联网的产生与发展，已经给人类的交往方式、思维逻辑、社会结构带来了不可逆转的、翻天覆地的变化。互联网构建了新的社会生产和生活方式，深刻改变着一个国家的社会、政治、经济发展及人们的文化生活。

通信技术与计算机技术（Computer & Communication）的结合产生了计算机网络技术，也就是互联网技术。应该说，互联网技术构成了当代信息技术（Information Technology，IT）的主要组成部分。互联网技术包括数据和信息的存储、处理、传输、应用等环节的技术，而从设施类型上，互联网技术包括硬件、软件及各种应用终端。

人们通过数字 0 和 1 就完成了信息的大迁徙。数字技术（数码技术）与计算机技术相生相伴，也是互联网技术的重要形式。当代互联网技术的特点是数字化、网络化、虚拟化、规模化，在应用上体现为交互性、共享性、便捷性。数字技术的广泛应用，极大促进了互联网经济的发展，使互联网经济在发展过程中呈现了数字经济形态。

互联网技术新时代的另一个惊喜是移动互联网（Mobile Internet）的出现。移动终端和互联网的连接构建了移动互联网，使互联网进入新的时代。从"移动梦网"到 3G，再到 5G，移动互联网正在急速进化，已经成为互联网技术发展的主要趋势。基于无线网络技术，移动终端设备、相关软件和应用平台普及，可以全方位服务移动客户，不啻为互联网时代的重大技术革命。

互联网技术提供的不仅仅是一种工具，它建立了一种不同于纯粹物理环境的经济、商业和交易环境。互联网技术的发展推动了一种新型经济形态的诞生，因为这种经济形态是以互联网技术为基础的，所以称为"互联网经济"。由于互联网是现代信息网络最主要的组成部分，互联网经济也称为"网络经济"[①]。

专栏 10-1

互联网经济的几种形态

电子商务、搜索引擎、即时通信、网络文娱等被认为是互联网经济兴起时期的主要形态。

电子商务是互联网经济与传统经济连接最紧密的形态，而互联网构建的平台经济[②]成为互联网时代重要的新经济模式。亚马逊、阿里巴巴、京东是当今电子商务的代表，电子商务催生了互联网金融的一种模式，即第三方支付工具。

搜索引擎（Search Engine）通过互联网技术满足人们更多更便捷收集生产生活信息的需要，是信息经济和知识经济的典型模式。从 Archie[③] 诞生开始，谷歌成为世界上

[①]　根据信息经济学家乌家培的定义，狭义的网络经济指互联网经济，而广义的网络经济是指信息经济。

[②]　平台经济是新经济时代的产物，体现了互联网技术条件下形成的满足大规模需求与供给的新经济方式。在 2019 年 8 月国务院发布的《国务院办公厅关于促进平台经济规范健康发展的指导意见》国办发〔2019〕38 号中，定位为：互联网平台经济是生产力新的组织方式，是经济发展新动能。

[③]　被认为是第一款现代搜索引擎，诞生于 1990 年的加拿大麦吉尔大学。

著名的搜索引擎，百度占有国内搜索引擎市场的绝对领先地位，此外，国内还有 360 搜索、搜狗、神马等。

即时通信(Instant Messaging)通过互联网技术满足了人们在生活、商务、政务中的急速增强的沟通交流的需要。即时通信广泛应用在各个领域。个人即时通信方面，除了微信、QQ，还有移动飞信、百度 Hi、新浪 UC 等；企业即时通信主要有腾讯 RTX、钉钉、信鸽、企业微信等。

网络文娱(互联网文娱)满足了人们急速扩大的文化娱乐消费需求。网络文娱包括网络游戏、网络视频、网路文学、网络音乐等。网络游戏产业为互联网与文化娱乐消费结合提供了极佳的样本[1]。奈飞(Netflix)、爱奇艺等流媒体平台重构了电影市场，迪士尼、苹果、AT&T 等巨头也纷纷进入流媒体市场。在当代，网络文娱已经成为重要的文化娱乐渠道。

（根据公开资料整理）

互联网技术与现代制造业、农业、能源、环保等传统产业的结合，使互联网经济的范畴从商品流通、服务消费领域，逐步扩展到第一、第二产业领域，这直接推动了"互联网＋"的兴起。2015 年 7 月 4 日，国务院发布《关于积极推进"互联网＋"行动的指导意见》(国发〔2015〕40 号)，在经济发展、社会服务、技术支撑、发展环境等方面提出了具体的发展目标[2]，提出了十个领域的"互联网＋"行动，包括：创业创新，协同制造，现代农业，智慧能源，普惠金融，高效物流，电子商务，便捷交通，绿色生态，人工智能。

在现代经济的生产要素配置中，"互联网＋"将发挥新的功能。"互联网＋"将推动互联网技术创新在经济社会各个领域成为驱动力，实体经济的创新和生产能力得到提升。所以，"互联网＋"兴起不仅代表了互联网经济形态进入了全新的阶段，还可能将互联网经济概念送进历史，因为可能未来的经济没有什么与互联网无关。

二、互联网金融的兴起

互联网金融是互联网经济的一种重要形态，是互联网技术背景下的"新金融"。之所以称为新金融，无疑是相对于传统金融而言的，互联网金融是新金融的首个代名词，然后是金融科技。

互联网和信息技术引发了金融业"基因突变"，移动化、云计算、大数据改变了金融服务形态和模式。与传统金融比较，在互联网技术平台上运行的金融，呈现了很多新模式和新特点，柜台变平台，银行网点变智能网点，移动支付兴起，这被称为"新金融"。

---

[1] 根据智研咨询发布的《2018—2024 年中国网络游戏行业分析及投资前景预测报告》，2016 年全球游戏市场规模达 1 011 亿美元，较 2015 年增长 91.50 亿美元，增长幅度为 9.96%；未来全球游戏市场增速将略有下降，但仍将继续保持增长态势，预计到 2020 年全球游戏市场规模将达到 1 285 亿美元，较 2016 年增长 274 亿美元，增长幅度将达 27.11%。我国网络游戏产业呈现出飞速发展的态势，网络游戏整体用户规模持续扩大。2008 年我国游戏用户规模为 0.67 亿人，到了 2017 年我国游戏用户规模增长至 5.83 亿人，复合增长率达 27.17%。我国游戏行业实际销售收入从 2008 年的 185.60 亿元增长至 2017 年的 2 036.10 亿元，复合年增长率达到 30.49%。

[2] 2015 年 7 月 4 日，国务院印发《国务院关于积极推进"互联网＋"行动的指导意见》。

我国互联网金融发展较早，其中第三方支付模式始于 1999 年[①]。2013 年在互联网金融发展历程中具有特殊的意义，这一年标志性事件是互联网理财产品"余额宝"的异军突起，其模式迅速引领了互联网理财产品的爆发，此后各种冠名为"宝"的产品出现在市场。

2015 年 7 月 4 日发布的《国务院关于积极推进"互联网＋"行动的指导意见》（国发〔2015〕40 号）将"互联网＋普惠金融"作为重点行动内容之一，要求"促进互联网金融健康发展，全面提升互联网金融服务能力和普惠水平"[②]。

2015 年 7 月 18 日，中国人民银行等十部委发布的《关于促进互联网金融健康发展的指导意见》（银发〔2015〕221 号），将互联网金融定义为："互联网金融是传统金融机构与互联网企业利用互联网技术和信息通信技术实现资金融通、支付、投资和信息中介服务的新型金融业务模式"。

《关于促进互联网金融健康发展的指导意见》按照"依法监管、适度监管、分类监管、协同监管、创新监管"的原则，确立了互联网支付、网络借贷、股权众筹融资、互联网基金销售、互联网保险、互联网信托和互联网消费金融等互联网金融主要业态的监管职责分工，落实了监管责任，明确了业务边界。《关于促进互联网金融健康发展的指导意见》对金融机构开展互联网金融业务及互联网企业依法合规设立互联网金融服务平台等都持支持态度。

在互联网金融兴起的大潮中，两个重要的主体主导了新金融发展的基本路径，一个是互联网企业，一个是传统金融机构。

互联网企业基于商业生态和用户资源开发金融服务产品，这是互联网金融第一层含义。支付宝、快钱等第三方支付模式代表了互联网商业生态的金融变革，是互联网金融兴起时期重要的代表[③]。互联网企业具有较强的创新意识，其开发的产品常常能紧紧抓住市场需求。

传统金融机构推动以电子化、信息化为特征的金融服务模式改良。这是互联网金融的第二层含义。一方面，银行、证券和保险等传统金融机构对传统运营流程进行改造或重构，实现经营、管理的全面电子化；另一方面，银行、证券、保险、基金等机构设立网络银行、网络证券、网络保险、网络基金销售和网络消费金融等业务，开展支付、互联网贷款[④]和财富管理服务。

互联网企业与传统金融机构合作并创造新的业务生态，这是两个"王国"的融合，是互联网金融的第三层含义。传统金融机构的互联网化被认为难以全部代表新经济模式，但金融机构毕竟拥有强大的金融基础设施和许多垄断性资源，如果金融机构能够

---

① 1999 年开发的"首信易支付"被认为是第一个第三方支付平台。

② 文件要求，促进互联网金融健康发展，全面提升互联网金融服务能力和普惠水平，鼓励互联网与银行、证券、保险、基金的融合创新，为大众提供丰富、安全、便捷的金融产品和服务，更好满足不同层次实体经济的投融资需求，培育一批具有行业影响力的互联网金融创新型企业。

③ 第三方支付模式中，一类是以快钱、易宝支付、汇付天下、拉卡拉等为代表的独立第三方支付模式；另一类是以支付宝、财付通为代表的第三方支付模式，依托于自有 B2C、C2C 电子商务网站，为用户提供支付产品和支付系统解决方案，同时负有担保功能。

④ 互联网贷款的定义见中国银保监会 2020 年 7 月公布的《商业银行互联网贷款管理办法》。

与互联网企业、电子商务企业充分合作，不仅能够优势互补，而且能够建立良好的互联网金融生态环境和产业链。

互联网金融对传统金融体系形成了巨大的冲击，同时给金融学理论提出了新的命题。但很多学者都认为新金融依旧是金融，并没有改变金融的根本。曾在 2012 年首次提出"互联网金融"这一概念的谢平认为，互联网金融的"变"主要体现在互联网因素对金融的渗透，但互联网金融并未改变金融的本质：金融的核心功能不变；股权、债权、保险、信托等金融契约的内涵不变；金融风险、外部性等概念的内涵也不变[①]。

但比起传统金融服务形态，互联网金融仍旧形成了根本性的创新。金融资源发生了大规模的迁移，互联网平台和虚拟营业空间成为金融的重要"阵地"。另外，互联网金融使得传统金融中的账户体系发生了变革。有学者指出，谁拥有了规模化的互联网账户体系，谁就拥有了丰富的金融资源；谁能够有效开发并经营好账户体系，谁就能在互联网金融大潮中抢得先机并占有市场竞争的制高点[②]。

专栏 10-2

"百发有戏"的互联网金融模式

"百发有戏"是百度金融联合中信信托、中影股份、德恒律师事务所联合推出的电影类"消费金融项目"，创造了消费权益＋金融的模式，产品围绕消费权益进行募资，采用资金信托＋消费信托的双重信托模式，通过信托增信并监督管理。

"百发有戏"宣称要让喜欢电影的人参与到电影制作和宣传中，还能享受票房带来的回报。"百发有戏"一期产品选定影片《黄金时代》，于 2014 年 9 月 22 日上线。为了使消费者具备参与感，其推出了获得明星专属感谢视频、参与庆功晚宴以及"制片人权益章"等权益。消费权益有效期为 180 天，收益以补偿金形式计算，补偿金凭借"制片人权益章"领取，预期权益回报根据电影票房情况而定，按照低于 2 亿元到高于 6 亿元的六个票房档，预期权益回报从 8％直到 16％。

"百发有戏"一期产品上线后短时间内筹得了 1800 多万元，超过预期目标 300 多万元，然而最终随着《黄金时代》电影实际票房的惨败，"百发有戏"也随之销声匿迹，虽然一期的权益回报按约定给付，但此后未再推出二期产品。

"百发有戏"一度被认为是互联网金融的里程碑事件。

(根据公开资料整理)

三、互联网金融与文化金融新形态

传统金融机构的互联网金融化，正为文化产业带来普惠效应。互联网企业在金融服务上的变革"逼迫"传统金融进行互联网变革，这两者共同构建了互联网金融新生态。传统金融机构的变革，在更高效地服务整个实体经济的同时，也必然惠及文化产业领域，能够为文化企业、文化消费者提供更高效的服务，尤其对文化产业的中小微企业

① 谢平，邹传伟，刘海二. 互联网金融手册[M]. 北京：中国人民大学出版社，2014.
② 万建华. 互联网金融的七个基本特征[J]. 清华金融评论，2015(12).

来说，传统金融机构通过互联网平台提供的服务更加简便、更加有效率。

互联网技术变革为中小金融机构提供了机遇，中小金融机构正在成为文化金融的主力军。文化金融发展初始，还主要依赖大型金融机构的支持。但文化产业中小微企业较多，完全依赖大型金融机构是不现实的。中小金融机构有动力和意愿服务文化产业，但一直缺乏核心竞争力。技术增强了中小金融机构的核心竞争力，使其金融服务的广度和深度都能得以延伸。从长远看，充分利用互联网技术的中小金融机构才是中小微企业的最重要的依靠。

每个人都可以通过手机直接支付购买电影票或订购书籍，这些都需要背后的第三方支付平台来实现，但互联网金融的影响不止这些。一些互联网企业正在为文化生产和文化消费提供更便捷的金融服务，一度形成了"互联网文化金融"的新形态和新业态。主要的互联网金融平台都尝试围绕文化项目进行创新，提供互联网融资、风险管理、财富管理等服务，一些专门为文化产业和文化企业服务的垂直平台也出现在市场上。

众筹(Crow Funding)不同于一般的"集资"。不论众筹与古老的筹资方式有何种渊源，我们这里要说的众筹都是全新的一种类型，即它是具有互联网基因的一种现代方式。众筹是互联网平台技术发展的产物，是指在互联网平台上展示项目、企业并不对特定人群进行筹资的过程。所谓文化众筹，是以众筹方式服务文化企业、文化项目融资的商业众筹方式。

根据众筹的目的，众筹分为商业众筹和公益众筹。在商业众筹中，根据投资性质和回报方式不同，可以将众筹分为股权众筹、债权众筹和奖励众筹(产品众筹)等。股权众筹[①]是指投资者获得项目的一定股权，回报方式是利润分成。债权众筹是投资者在项目上获得一定的债权，回报是利息；奖励众筹(产品众筹)的预期收益是一定数量的产品或服务，本质上是一种互联网预售模式。

众筹起源于美国，发展初期就与文化、艺术有很大渊源，被认为是"因文化而生"[②]。2009 年 4 月，众筹网站 Kickstarter 在美国纽约成立，其成立的初始就源于创始人对艺术、音乐的热爱并希望提供一个专门为具有创意的企业筹资的平台。成立于2013 年的 Patreon 是服务于音乐、绘画、摄影等艺术家创作的众筹网站；成立于 2014年的英国 Art Happens 是专门为艺术品展览等活动筹资的非营利性众筹平台，以奖励众筹方式为主。

我国的众筹市场兴起于 2011 年，"点名时间"被认为是第一家众筹平台。经过几年的发展，到 2016 年众筹平台达到数百家，市场规模已达数百亿元[③]，其中文化众筹部分约占众筹市场规模的 5%。综合性众筹平台服务文化项目，以新模式、新消费、新生活为主题，强调文化产业特性，利用已有的流量优势，注重参与度。京东众筹、苏宁

---

　　①　根据 2015 年《关于促进互联网金融健康发展的指导意见》的定义，股权众筹融资主要是指通过互联网形式进行公开小额股权融资的活动，在监管上规定由中国证监会监管。

　　②　中国创意产业研究中心，众筹——因文化而生的互联网金融创新[J]. 科技智囊，2016(3).

　　③　零壹财经研究院发布的《2016 年中国互联网众筹年度报告》显示，截至 2016 年年末，国内已上线 608 家众筹平台，互联网众筹整体筹资规模在 220 亿元左右。

众筹、淘宝众筹等是进行文化众筹项目较多的综合性众筹平台。垂直类众筹平台以音乐及戏剧、影视、艺术品或文化创客为中心开展业务，如聚米众筹是专业性的影视项目众筹平台。这些平台整合产业链，对项目提供包含融资在内的多维度服务。比较成功的案例项目有：原创音乐剧《爱上邓丽君》、舞台剧《战马》；动漫电影《十万个冷笑话》；电影《大鱼海棠》《西游记之大圣归来》等。

"余额宝"是互联网理财的典型范例，本质是互联网化的货币市场基金。从"余额宝"开始，各种以"宝"为标签的互联网理财产品出现，成为互联网金融的一大现象。除了阿里巴巴，互联网巨头中百度"度小满"、京东财富等都推出了很多互联网理财产品。互联网理财产品同样已进入文化领域，其中最有代表性的是阿里巴巴数字娱乐事业群与国华人寿保险股份有限公司推出的"娱乐宝"。

"娱乐宝"筹集的资金主要投向影视、综艺、游戏等。"娱乐宝"对投资者设置了很低的投资门槛（影视剧项目投资额为每份 100 元、游戏项目的投资额为每份 50 元）和很低的投资限额（最多买 1000 元），使更多的人能够参与其中。可以看到，对文化类互联网理财来说，设计理财产品时，不仅要结合互联网用户的特点，还要深入分析文化消费特点和文化产品及项目的特点。结合文化娱乐的特点，"娱乐宝"还为投资人准备了多种附加娱乐权益，使这一理财产品具有更强的营销功能。

10.1.2　互联网金融变局

互联网金融得以迅速兴起的一个重要背景是：长期以来，我国的小微企业、居民的金融需求在现有的金融服务体系中一直难以得到有效满足。随着现代经济的发展和人民生活水平的提高，个人财富管理的需求提升，居民消费对便捷支付的需要急速上升。大量中小企业成为创新的主体，成为我国新经济的主要力量，成为稳增长、稳就业的重要贡献力量，规模庞大的中小企业的融资需求也急速增长。但是，传统的与大工业、大企业相应的金融体系已经逐渐不适应这种变化。

当社会需要更加高效、便捷的、以客户为中心的金融服务时，传统金融没有做出及时必要的反应，这给了互联网企业提供了市场机会，他们率先启动了互联网金融变革。2013 年以来，围绕基础设施、平台、渠道和场景这些要素，互联网技术在不断构建并改进新的金融模式，这种趋势得到了政府部门的高度关注。

但互联网金融在 2016 年遇到了重大的变局。在此前几桩互联网金融案件的社会危害性开始显露出来，政府监管部门不得不重新评估互联网金融。[①] 互联网金融市场呈现的某些乱象，被认为是长期缺乏有效监管的结果。

作为一种创新探索，互联网金融确实具有传统金融服务不可比拟的优势，而且具有较好的普惠性。但创新必有风险，金融领域出现风险尤其具有伤害性。互联网金融在发展过程中"鱼龙混杂"，形成了很多风险隐患，对金融监管提出了极大的挑战。在此背景下，相关政策环境也从早期的相对支持和鼓励的基调转向严格监管。在 2015 年以前，相关部门相继出台很多约束性政策和相应的配套措施来规范市场，试图在保持

---

① 如 2013 年深圳"东方创投案"、2015 年 E 租宝案、2016 年快鹿集团案等。

创新态势的同时加强监管①，但显然被认为是不够的。

2016 年年初，国务院政府工作报告强调要"规范互联网金融发展"。2016 年 4 月 12 日，国务院办公厅印发《互联网金融风险专项整治工作实施方案》，要求重点整治内容包括：P2P 网络借贷和股权众筹业务；通过互联网开展资产管理及跨界从事金融业务；第三方支付业务；互联网金融领域广告等行为等。4 月 14 日，国务院组织 14 个部委召开电视电话会议，在全国范围内启动有关互联网金融领域的专项整治，为期一年。此后，互联网金融风险专项整治工作两次延期，也表明了这项工作的复杂性和艰巨性②。

经济多年整治，我国的 P2P 网贷平台、股权众筹、互联网理财、网络小额贷款（"现金贷"）、首次代币发行（ICO）融资项目③等多个领域风险得到控制，互联网金融环境得到较大的改善。不具备经营条件的机构退出互联网金融活动，存量机构违法违规业务规模明显下降，P2P 网贷机构全面清零，互联网资产管理、股权众筹领域整治工作基本完成。④

互联网金融发展的变局对文化金融产生了较大影响，尤其是文化众筹。文化领域股权众筹处于较为低迷的局面，一些平台以"互联网非公开股权融资"名义开展业务。从正面的影响看，规范的制度环境将有利于股权众筹的发展。

如果仅从治理整顿中的互联网金融的范畴看，也就是从传统金融体系外的应用和场景创新的互联网金融看，互联网金融的衰退不可逆转。在这种趋势下，实际上"互联网金融"概念是一个过渡性的概念，未来几乎不会存在与互联网无关的金融服务形态。如果依赖互联网的金融普惠性能够在可控的体系中得到解决，体系外创新的退潮几乎是不可避免的。

10.2　金融科技与文化金融变革

正像人们很难区别互联网经济（Internet Economy）与网络经济（Network Economy）一样，互联网金融与金融科技的概念边界也常引起争议。一种逐渐形成的共识是：互联网金融更表现为应用模式，金融科技更侧重技术架构。以第三方支付工具等为代表的互联网金融，已经融入金融科技浪潮，而后者能够反映技术与金融的长期互动、相互促进、不断变革的趋势。因为两者之间的必然联系，业界又发明了一个新的词汇来

---

① 主要政策文件包括：2014 年 12 月，《互联网保险业务监管暂行办法（征求意见稿）》和《私募股权众筹融资管理办法（试行）（征求意见稿）》分别发布；2015 年 7 月，中国人民银行等十部委发布《关于促进互联网金融健康发展的指导意见》；中国人民银行发布《非银行支付机构网络支付业务管理办法》；2015 年 8 月《关于对通过互联网开展股权融资活动的机构进行专项检查的通知》；2015 年 12 月，《网络借贷信息中介机构业务活动管理暂行办法（征求意见稿）》发布 。

② 2017 年 6 月，中国人民银行等十七部门联合印发了《关于进一步做好互联网金融风险专项整治清理整顿工作的通知》以及《关于落实清理整顿下一阶段工作要求的通知》（整治办函〔2017〕84 号文）。

③ 2017 年 9 月 4 日，中国人民银行联合中央网信办、工业和信息化部、国家工商总局、中国银监会、中国证监会、中国保监会六部门联合发布《关于防范代币发行融资风险的公告》，对通过发行代币形式包括首次代币发行（ICO）进行融资的活动进行整治。

④ 2020 年 11 月 27 日，中国银保监会首席律师刘福寿表示，"互联网金融风险大幅压降，全国实际运营的 P2P 网贷机构由高峰时期的约 5 000 家，到今年 11 月中旬完全归零"。P2P 的全面清零，意味着持续 5 年多的整顿工作画上了句号。2021 年 4 月 15 日，中国人民银行官方微信公众号发布文章《打好防范化解重大金融风险攻坚战 切实维护金融安全》指出，在营 P2P 网贷全部停业，互联网资产管理、股权众筹等领域整治工作基本完成，已转入常态化监管。

表达这两个概念的基本含义，即数字金融①。在数字金融语境下，金融科技推动的文化金融变革，形成的将是一种数字化文化金融形态。

10.2.1 金融科技崛起

一、金融科技的含义

有人说，金融科技是"互联网金融的下半场"，可见两者之间关系紧密。在互联网金融受到质疑之前，金融科技(FinTech)这一舶来品还未受到国人的重视。简单说，应用于金融领域并引起金融服务模式变革的技术及形成的相关新兴业态，被称为"金融科技"。金融稳定理事会(FSB)②的定义是：金融科技是指技术带来的金融创新，它能创造新的业务模式、应用、流程或产品，从而对金融市场、金融机构或金融服务的提供方式造成重大影响。

金融科技最初源于金融业的技术与信息系统外包业务，这些新技术慢慢覆盖到产品与业务流程中，引发了巨大的变革。美国硅谷和英国伦敦的一些互联网技术创业公司将一些信息技术用于交易流程改进、安全提升，此后，大数据、云计算、区块链、人工智能(AI)等各种前沿的信息与计算机技术迅速应用到金融业务领域。

巴赛尔委员会(全称为巴塞尔银行监管委员会，Basel Committee on Banking Supervision)是国际清算银行发起的常设监督机构。巴赛尔委员会从业务范畴的角度将金融科技分为：支付结算、存贷款与资本筹集、投资管理、市场设施等③。巴赛尔委员会的分类是以业务模式为主线，包含相关技术的分类方式，突出了金融属性。金融科技以新金融服务体现价值，因而在发展中需遵循金融市场的基本规律。

人们在互联网金融科技浪潮中具体重点关注的技术也有不同。我国在由互联网金融转向金融科技之时，关注的技术重点非常直接，被归纳为"ABCD"，即大数据、云计算、人工智能、区块链。在波士顿咨询(BCG)2017年1月发布的《全球金融科技的发展趋势》中，将金融科技分为人工智能、大数据、互联技术(移动互联、物联网)、分布式技术(云计算和区块链)及安全技术(生物识别和加密)五大类。在中国社科院国家金融与发展实验室2018年和2019年连续两年发布的《中国金融科技运行报告》中采用了与波士顿咨询类似的技术分类方式④。在中国人民银行2019年8月印发的《金融科技(FinTech)发展规划(2019—2021年)》中，在"强化金融科技合理应用"中列出的关键共性技术包括大数据、云计算、人工智能、分布式数据库、网络身份认证。

结合金融科技业务模式的分类和我国主要关注的金融科技范畴的分类，金融科技发展可以从业务模式和技术两个视角综合观察，如表10-1所示。

---

① 数字金融泛指传统金融机构与互联网公司利用数字技术实现融资、支付、投资和其他新型金融业务模式。这个概念与中国人民银行等十部委定义的"互联网金融"(传统金融机构与互联网企业利用互联网技术和信息通信技术实现资金融通、支付、投资和信息中介服务的新型金融业务模式)以及金融稳定理事会(FSB)定义的"金融科技"(通过技术手段推动金融创新，形成对金融市场、机构及金融服务产生重大影响的商业模式、技术应用、业务流程和创新产品)基本相似。引自黄益平，黄卓. 中国的数字金融发展：现在与未来数字金融[J]. 经济学(季刊)，2018，7(4).

② 金融稳定委员会(FSB)的前身为西方七个发达国家(G7)成立的国际性金融合作组织金融稳定论坛(FSF)。2009年在伦敦举行的20国集团(G20)金融峰会决定，将成员扩展至所有G20成员国，并更名为金融稳定委员会。

③ 李文红，蒋则沈. 金融科技(FinTech)发展与监管：一个监管者的视角[J]. 金融监管研究，2017(3).

④ 杨涛，贾圣林. 中国金融科技运行报告(2018)[R]. 北京：社会科学文献出版社，2018.

表 10-1　业务模式与技术交叉形成的金融科技矩阵

	信贷	股权融资	保险	投资理财	支付清算	信用管理	金融监管	其他领域
大数据	√	√√	√√	√√	√	√√	√√√	泛行业 应用
云计算	√√	√	√	√	√	√	√√	
区块链	√	√	√	√	√√	√√	√√	
人工智能	√	√	√	√√√	√	√	√	
相关重大技术	互联技术（移动互联网、物联网、5G 等）；安全技术（生物识别、加密等）。							
其他	数字孪生（Digital Twin）、边缘计算、脑机结合、增强现实（AR）；有向无环图（DAG）、哈希图（Hash graph）等							

注："√"的数量表示相关性高低。

虽然金融科技的发展还存在很多不确定性，但包括我国政府在内的大多数国家对金融科技的发展多持鼓励和积极支持的态度。在鼓励创新方面，监管沙盒[①]（Regulatory Sand boxes）、创新中心（Innovation Hubs）和创新加速器（Innovation Accelerator）是三种较典型的模式。其中，通过"监管沙盒"机制，金融监管主动参与金融科技的发展，既能为金融科技公司提供创新条件，也能及时监控并引导潜在风险，正被大多数国家所认可并采用。

二、金融科技对金融的影响

金融科技正在重新定义现代金融体系，包括金融工具、金融机构、金融市场、金融基础设施等。新技术已经与这些要素都产生了融合，改变着金融体系的功能，提供更便捷、高效和普惠的金融服务。

金融科技正在改变金融市场格局。金融科技的飞速发展，使金融服务的组织形式、机构类型有了很大变化，很多新型的服务模式和机构涌现出来。从提供金融科技服务的行业主体来看，银行、保险等传统的金融机构正大规模应用新技术并尝试金融科技输出；互联网企业，利用自身优势在金融业务与科技输出方面合理布局；新一代技术企业，通常提供技术支持与外包，主要服务客户为金融机构或类金融组织，以及监管机构和政府部门；互联网金融、类金融组织，在业务活动中具有较突出的新技术应用能力[②]。

金融科技正在构建新的信用体系与金融风险防控体系。金融科技不仅能够从技术角度重构互联网金融的价值体系，而且其本身就可以作为强大的风险管控工具。人工智能、大数据、云计算、区块链和移动互联网等科技成果的运用，已经极大改善了信贷流程和信用评价模型，正在建立新的信用体系。区块链技术被认为是一种金融科技的时候，就被赋予了一项经典的应用场景，就是反洗钱（AML）和 KYC（know-your-customer，即"了解你的客户"）。

金融科技正在改变金融监管，促进金融合规发展。赋能监管是监管部门最为感兴趣的方面之一。根据中国人民银行相关信息，在做好金融科技发展战略规划与政策指引、鼓励金融科技创新的同时，强化在金融监管中运用科技手段，发展监管科技也是中国人民银行的重要工作内容[①]。

金融科技正在提供更便捷、高效和普惠的支付服务。第三方支付和移动支付体现了强大的市场需求，银行业机构、支付清算组织都在不断推动零售支付变革，新型支付工具不断出现。短信支付、扫码支付、NFC 近场支付、声纹支付、生物识别技术支付等支付手段为用户带来了更加便捷高效的服务，大数据、区块链技术为安全的交易过程提供了技术支撑。

金融科技正在催生多样化的企业融资方式。金融科技正在促进普惠金融的变革，称为"数字普惠金融"。随着金融科技的发展，传统的融资方式逐渐改变。无论是传统的直接融资或间接融资模式，还是一些新金融模式，在合规的前提下，都可以积极拥抱新技术，解决原有融资模式中的"短板"，从而更有效地管理风险和合理定价，为更多的中小微企业提供金融服务。

金融科技使消费金融市场服务主体开始呈现多元化态势。除了持牌消费金融公司，电商平台也开始染指消费金融，传统金融机构也依托自身优势利用互联网技术开展消费金融业务。尤其是在新型冠状病毒感染疫情影响下，消费金融获客方式将向多元化演变，引入线上直播等新模式，深化互联网平台、智能家居等嵌入式营销；产品和服务向"数字化"转型，加快远程面谈、"无人银行"等新型服务模式发展；强化贷后管理的"非接触化"能力，催收"机器人"、区块链技术加快应用。

简单的线上理财产品售卖时代已经结束，金融科技与财富管理服务结合，形成了新的财富管理数字化模式。大数据应用于市场信息处理，提供可靠的依据；云计算应用于风险管理方面；人工智能算法正应用在投资决策中，智能投顾大有取代传统投资顾问方式的趋势。

三、认识金融科技发展方向

未来全球金融竞争将更多体现为科技要素的竞争。在各发达国家的金融创新中，新技术已经成为核心诉求，其应用正逐渐深化。对于发展中国家来说，发展金融科技能够解决现有金融发展短板，促使金融更加"脱虚向实"，从而实现金融体系的高质量发展。总体上看，推动金融科技发展，应是新形势下金融强国战略的核心内容。

金融科技的发展，需要在创新和规范发展、应用研发与底层技术创新等几个方面进行取舍、平衡和抉择。我们可以从以下几个方面认识金融科技的演进路径和发展

---

① 据报道，中国人民银行将组织深入研究金融科技发展对货币政策、金融市场、金融稳定、支付清算等领域的影响，切实做好我国金融科技发展战略规划与政策指引。进一步加强国内外交流合作，建立健全适合我国国情的金融科技创新管理机制，处理好安全与发展的关系，引导新技术在金融领域的正确使用。强化监管科技（RegTech）应用实践，积极利用大数据、人工智能、云计算等技术丰富金融监管手段，提升跨行业、跨市场交叉性金融风险的甄别、防范和化解能力。见：中华人民共和国中央人民政府网站。

方向。

1. 通过制度供给促进金融科技发展的同时，如何防范相应的风险，是各国政府需要解决的政策难题

在加强风险防范与安全约束的同时，各国政府和监管部门通常对创新探索给予适度空间。那么，如何进行相关制度设计，正在考验着各国政府的智慧。

法律法规是金融科技健康发展的重要保障和安全网，面对金融科技的挑战，各国都在法律层面试图予以调整和适应。例如，在支付清算领域，我国现有规则大多停留在部门规章层面，缺乏上位法的支撑，难以适应支付科技快速发展的需要。再如，针对各类融资活动、投资活动、类金融活动，都需考虑现有法规的不足。

金融科技创新活动中不仅会存在一些传统金融风险，如流动性风险、信用风险、操作风险、法律风险等，而且会出现新技术条件下的特殊风险，如新技术风险、"长尾"风险等。以传统手段开展合规与监管工作，已经不足以应对新的问题。监管者要熟悉金融科技支撑的新业务模式和技术特点，由此设计出更加符合政策导向、切合金融发展实际需要的监管框架，实现创新与风险的平衡。

2. 在场景创新和功能创新的同时，如何推动底层技术的研发，是金融科技创新者需要平衡的路径选择

金融机构正在开展金融科技创新示范应用，包括银行科技、证券科技、保险科技、信托科技等。有实力的互联网企业和互联网金融机构正在强化技术研发能力，力争成为输出技术服务方案的有力竞争者。场景创新和功能创新是现实的需要，但是需要促使互联网金融、类金融组织摆脱"制度套利"，真正实现技术驱动型创新、规范发展，支持那些真正能够助推金融服务实体经济、弥补现有金融短板的创新。

在场景创新和功能创新的同时，还需要全面推动新一代技术的创新，开展底层关键技术、前沿技术研发。这种需求在企业层面并不强烈，但从未来整体产业的需要看，支持企业和研究机构在新技术领域尽快形成一批知识产权和专利，形成核心竞争力，是必须要解决的问题。

3. 在鼓励技术创新和应用创新的同时，如何夯实金融科技基础设施发展根基，是需要政府及产业组织协调的重大问题

金融科技创新在初期可能会表现得无章法。无论是可应用于金融的技术本身，还是众多金融科技业务场景，都需要有标准化规则或者业务指引。尤其是在金融机构和科技企业的合作场景中，更需要相应的技术与业务标准建设来衡量金融科技应用可行性，评价金融机构技术服务外包效果。

从全球来看，金融科技的发展正逐渐向各类金融基础设施下沉。金融基础设施拥抱新技术，将成为整个金融体系变革的重要内容，如：支付清算等金融市场基础设施、关键信息基础设施、征信与信用基础设施，还有适应金融科技多样化需求的会计、税收、律师、反洗钱、经济鉴证类中介服务体系。在金融发展的大环境下，推动技术助力金融基础设施战略布局更加重要。具有互联网属性的新型金融基础设施发展，也是各国政府优化金融基础设施布局的重点。

另外，数据信息是金融科技创新最重要的"生产要素"，如何加强数据治理与质量

控制、推进金融信息与数据产业协同规划、推进数据标准规范和制度体系、构建各方参与并受益的数据交换机制等问题也是需要政府及产业组织协调的重大问题。

4. 在利益相关者中是否关注了金融消费者权益的问题，决定了金融科技发展的走向

金融科技发展会为创新者和供给方带来巨大利益，但是，金融消费者会在其中得到什么？金融消费者的权益如何保障？这涉及金融消费者保护与教育问题。唯有解决这个问题，金融科技发展才能健康而长久。

首先要明确"保护谁"，因为不同金融科技产品与服务，面对的消费者偏好与风险容忍度截然不同，还需辨别弱势金融消费者、普通金融消费者和高端金融消费者，以及"正常金融消费者"与"恶意金融消费者"。其次要明确"保护什么"，需对金融科技各类场景中的消费者权益，进行更细致的分析。再次要明确"由谁保护"，要明确多部门、多主体的协同推动。最后是从制度和技术着手明确"怎样保护"。此外，理性的金融消费与投资文化、金融专业知识的普及教育，都是促进金融科技服务健康发展的土壤。

金融科技发展路径需要解决很多问题，但最重要的是人的问题。不是因为有了人工智能就要摆脱人力，反而在创新中更加依赖高端专业人才的知识与智慧。无论是监管部门、行业主体还是科研组织，都需要既精通金融又了解科技的跨界人才，未来十年，金融科技领域的人才争夺战将愈演愈烈。

10.2.2 金融科技与文化金融

一、大数据技术与文化金融

大数据技术指这样一种技术：高效采集、存储海量数据，然后通过数据分析与挖掘的技术从中萃取提炼有效信息。大数据技术综合了信息科学中的统计学、数据库、数据挖掘、信息检索、机器学习、模式识别、自然语言处理等领域与采集、处理、分析数据相关的方式方法。

数据库和信息检索数据是大数据技术中基础架构层面的，包括海量数据的分布式存储，数据需要高时效性处理时的流式数据处理架构，以及如何在海量数据下做高效而准确的查询等。

目前的数据分析技术，除了传统的统计学，更多的依赖近十年来蓬勃发展的机器学习以及数据挖掘等相关领域的技术。机器学习致力于让机器在海量的数据中发现数据内在的规律，基于此获得信息并做出预测等判断。

模式识别更多地被用于图像、语音的识别，自然语言处理则致力于自然文本数据的分析。将这些"非结构化"数据"结构化"，提高了多媒体和文本数据的可用性。

大数据基础架构层的相关技术一般由专业的 IT 技术人员完成，并有标准化的服务在云服务等市场上可以获得，而多媒体数据以及自然文本的识别与分析技术则可归于人工智能范畴。

大数据分析技术整体上可以分成两大部分：一部分基础技术，包含了从理论衍生出来的基础的机器学习与数据挖掘的算法与模型；另一部分是应用技术，针对具体的应用场景，对基础算法与模型进行针对性开发以及组合使用。

大数据在金融领域的应用日益广泛，利用或依赖大数据技术的金融服务被称为"大

数据金融"。大数据金融突破了传统金融的运营模式，重塑了传统金融业的核心竞争领域，改造了基础设施，强化了平台和场景的价值。

金融要求收益性、安全性和流动性相统一。在大数据等信息技术发展的背景下，收益性、流动性和安全性问题都会得到极大的改善。对于文化金融来说，应用大数据技术，将能够更好地服务文化发展。

第一，运用大数据技术，金融机构能更好地掌握文化金融客户的需求，针对性开发文化金融产品。通过大数据技术，金融机构将能够准确地捕捉、分析、把握客户的行为习惯、偏好、信用评价等信息，比单纯的过往信贷数据更具经济价值和社会价值，有助于对客户开展针对性的产品开发和营销，切实服务文化企业。

第二，大数据征信技术展现了全新的信用管理能力，助力文化企业征信和文化产业信用全新体系的构建。文化产业投融资中的收益性和流动性在互联网时代被放大了，但安全性问题仍比较难解决。大数据征信技术开始展现强大的能量。海量数据能全面准确地反映行为模式、个人动机、同级评价、是否值得信赖，供给与需求的对应关系则会以大数据被保存下来，这可成为金融信用的数据源之一。大数据技术的应用，不仅有助于金融机构采取针对性的风控措施，而且对金融监管和风险防范也具有重要的意义。

第三，大数据技术为无形资产评估提供全新的技术支撑，并正在生成文化企业新的资产结构。对文化企业来说至关重要的无形资产评估，在传统的技术条件下已经很难再有大的突破。大数据技术促使新的价值评估体系的构建，银行、保险等金融机构需要大数据下的资产评估以控制风险，而私募基金等投资机构在并购文化企业时更需要新的可量化的判断标准。同时，大数据技术下的文化生产本身将生成更多数据资产，与数字化文化资产一道成为文化企业重要的资产类型，改变文化金融所关注的资产结构。

二、人工智能与文化金融

20 世纪 40 年代和 50 年代，来自数学、心理学、工程学、经济学等不同领域的学者开始探讨制造人工大脑的可能性，并取得了一些基础性成果。1956 年至 1974 年是人工智能的第一个黄金时代，科学家在多个分支取得初步成果。20 世纪 80 年代，卡梅隆大学为 DEC(Digital Equipment Corporation，数字设备公司)开发的名为 XCON 的"专家系统"取得了巨大成功，引发了第二次浪潮。2006 年，杰弗里·辛顿等人发表论文《深信度网络的一种快速算法》，在人工智能基础理论方面取得重大突破，宣告了第三次人工智能浪潮的到来，展示了人工神经网络向深度学习的进化。从"深蓝"到阿尔法围棋机器人(AlphaGO)，赋予机器像人类一般的思考能力不再被认为是不可能完成的任务。

大数据的形成、理论算法的革新、计算能力的提升及网络设施的演进驱动人工智能发展进入新阶段，智能化成为技术和产业发展的重要方向[1]。人工智能的应用领域非常广泛，涉及领域包括工业、医疗、交通、农业、金融、物流、教育、文化、旅游等，

---

[1] 引自国家工业和信息化部印发《促进新一代人工智能产业发展三年行动计划(2018—2020 年)》。

因此，未来有些职业或岗位可能在一定程度上会被人工智能所替代。

就通用技术来看，人工智能包括机器学习、模式识别、人机交互等。在金融领域，支付、个人信贷、企业信贷、财富管理、资产管理以及保险等板块将是"人工智能＋金融"应用的主要领域。人工智能在金融服务上的变化会间接或直接影响到文化金融领域，其中比较有代表性的是智能投顾在艺术品财富管理中的应用。

智能投顾（Robo-Advisor）是一种基于人工智能技术的财富管理模式，也是一种费效比很高的投资顾问模式。我国的智能投顾行业刚刚兴起，但这对我国的财富管理、资产管理和其他投资领域都可能会产生重要影响。2016 年 12 月，招商银行推出了"摩羯智投"服务系统，这是一套用于公募基金投资的智能化服务体系，是国内商业银行首次推出的智能投顾服务。

智能投顾的兴起，引发了艺术品财富管理的服务模式变革。由于服务方式的变化，会直接推动财富管理机构的小微化和服务的人群平民化。在财富管理领域，总体上中低净值人群参与程度较低，参与门槛仍旧比较高。智能技术的应用，能够更高效地洞察投资偏好，高效匹配资产，极大降低成本，扩大客户的覆盖范围，使财富管理更加平民化。

由于人工智能技术在投资顾问领域应用的高风险性，我国对此类业务有一定的限制。根据相关规定，运用人工智能技术开展投资顾问业务应当取得投资顾问资质，非金融机构不得借助智能投资顾问超范围经营或者变相开展资产管理业务。

三、云计算与文化金融

2006 年 3 月，亚马逊云服务（Amazon Web Services，AWS）推出弹性计算云服务后在 IT 界引起广泛关注，并逐渐成为数字时代变革大潮的关键技术之一。[①]如今，我们已经可以很方便地使用到腾讯云、阿里云的服务。

云计算可以被看成一种分布式技术。云计算通过网络形成一个"云"组织，将分散的 ICT（信息通信技术）资源集中起来形成共享平台，通过网络"云"的多部服务器分散处理和分析数据。云技术服务分为公有云、私有云、行业云、混合云等类型，又分为基础设施即服务（Infrastructure as a Service，IaaS）、平台即服务（Platform as a Service，PaaS）和软件即服务（Software as a Service，SaaS）三种模式。

我们可以从以下几个方面来观察未来文化金融领域如何受云计算影响。

（1）金融体系云计算应用。云计算和大数据、区块链等技术一道，正在构建新的金融基础设施，而文化金融正处在这种变革当中并从中受益。在投入和采用云计算方面，金融业是仅次于互联网业的行业，我国的银行业面向互联网场景的重要信息系统正在进行大规模云迁移，所以，文化金融服务作为金融的一个部分必然受惠于整体系统的变革。

（2）文化企业的云计算平台应用及文化数据资产的加速形成。由于云计算技术架构具有资源共享、弹性伸缩的优势，应用者构建信息化竞争力不再需要购置太多的实物资产，所以，云计算技术的应用能够大大降低应用者的成本，并能够提高资源使用效

---

① 杨涛，贾圣林.中国金融科技运行报告（2018）[R].北京：社会科学文献出版社，2018.

率。"上云"就是一种云迁移，是从传统网络平台向云平台迁移的过程，是一种新的信息化和数字化过程。云计算与大数据等技术结合，形成文化领域的数字化生产、服务和消费形态，也将加速形成新的文化数据资产。

（3）文化金融专门服务平台的云计算应用。创新型或辅助性的金融业务领域没有历史包袱，往往不存在庞大系统云迁移的复杂要求。文化金融的很多领域都具有这种特征，如文化众筹、文化产权交易所等领域通过云计算平台将取得更强的竞争力。在把握文化金融市场特点和文化企业客户需求的基础上，基于文化资本市场的云服务将具有很好的应用前景。

四、区块链与文化金融

区块链是一种源于比特币的新型分布式账本技术，具有开放、共享的技术特性，人们正在探索其在更广泛领域的应用。区块链技术通过复杂的数字加密和共识机制展示了一个新型互联网平台。目前，区块链技术应用已经超越了自比特币开始的数字货币层面，经过以智能合约为特征的 2.0 版本，发展到了以区块链经济与社会为特征的 3.0 版本。我国政府一方面积极支持区块链相关技术创新与应用[①]，另一方面也强调要防范泡沫、风险与"伪创新"。

区块链技术在金融领域的应用主要包括：支付清算结算、证券发行与交易、供应链金融与票据、数字资产管理、数字货币等。区块链技术在文化金融领域的应用前景也是广泛的。

区块链视角下的文化金融，是服务于文化生产的，因而构建逻辑依然是建立在文化生产与再生产的基础上的，但价值还是金融功能的实现。区块链对文化金融的影响，分为三个层面的含义：

（1）区块链改变文化金融的外部金融环境。区块链技术应用于构建金融服务与金融监管环境，由此形成文化金融的总体环境，惠及或制约文化金融，并最终影响文化生产。区块链技术可能成为金融体系的一种共性技术和基础设施，传统金融机构的互联网化金融服务一旦与产业结合，其服务范畴必然包含文化产业。

（2）区块链技术应用于文化金融服务平台。这部分是文化金融区块链应用的主体部分，是文化金融特色层。一些文化金融平台，包括文化众筹、文化企业小额信贷、文化产权交易所等，通过区块链技术的应用，能够提供规范、安全的风险管理支撑。文化金融在新技术平台迎来新的机遇，产业先行者将率先分享技术变革红利。

（3）区块链技术重构文化生产环境。这部分应用以版权管理及运营、产品供应链、消费奖励等为代表，应用广泛，场景丰富。在区块链视角下，文化创作、生产、传播、消费各个环节一旦与虚拟社会连接，就具有场景化的可能性，这种应用与物理社会平行、交互，共同形成"文化生态"或"内容生态"。

结合以上三种类型，根据研究和实践中的现有案例，我们在这里总结了文化金融和文化相关领域的主要区块链应用场景，见表 10-2。

---

① 2016 年 12 月，国务院印发了《"十三五"国家信息化规划》，首次将区块链技术作为鼓励的技术类型之一。2017 年 8 月，国务院出台《关于进一步扩大和升级信息消费持续释放内需潜力的指导意见》（国发〔2017〕40 号）。2017 年 9 月，国务院出台《国家技术转移体系建设方案》，这两份文件都涉及鼓励开发区块链技术的内容。

表 10-2　文化金融及相关领域区块链主要应用场景

	应用场景	应用业务环节
金融相关层	金融服务与资本市场	信贷、债券、融资、保险
	金融基础设施	支付清算
	金融监管	反洗钱、反欺诈
特色层	文化企业小额信贷	信贷、风控、征信
	文化众筹	认证、交易、安全、合规
	文化资产及产权交易	交易、清算、结算
文化相关层	版权管理与运营	确权、取证、传播、交易
	文化产品供应链	确权、防伪、溯源
	社交网络与媒体	确权、传播、交易
	文化消费奖励（积分）	交易、转让、传播、时限管理
	非物质文化遗产	储存、认证、资产化、价值开发

区块链既是一种底层技术，也是一种文化科技。作为一种互联网底层技术，表层应用者甚至可能还未意识到这一技术的变化就已成为新技术的使用者。历史经验证明，技术变革不仅能带来巨大的经济增长和产业创新，也可能带来经济变革和社会进步。区块链技术所带来的思想变革，可能远比其所带来的技术变革要更具有影响力。这些影响应该包括：

（1）不可逆、不可篡改是区块链技术的重要特征之一，对构建产权明晰的知识社会和创意经济社会，将有极大推动作用。

（2）区块链的去中介化的特点，事实上将文化产品的流通和交易体系扁平化了，可能引发文化产业商业模式的变革。

（3）区块链的分布式思想对文化生产来说，可能实现创作个性化与生产规模化的完美结合。

（4）去中心化不是绝对的，但对原有中心的改造和新的体系构建已经足以影响文化发展的走向，一个合乎多方需求的社会化文化自治体系可能形成。

专栏 10-3

百度图腾与版权区块链

2018 年 7 月 18 日，百度正式上线区块链原创图片服务平台"图腾"，将区块链技术引入了版权保护这一场景中。

百度图腾的核心是区块链、人工智能以及大数据技术，采用自研区块链版权登记网络，配合可信时间戳、链戳双重认证，为每张原创图片生成版权 DNA，实现原创作品可溯源。基于百度搜索的流量优势，可使原创内容触达亿万个用户，充分获得曝光。基于区块链图片存证系统和全网版权监控系统，为原创作者的版权保护提供技术支持，对原创作品进行网络侵权监测。在图腾里，作者把原创图片在"链上"进行登记，便可获得确权，实现作品可溯源、可转载、可监控，一旦发现有侵权行为，图腾会免费为作者维权。

根据百度图腾官方网站信息，截至 2020 年 9 月 27 日，显示存证数为 13 284 411，维权检测数为 2 197 372，疑似侵权数为 310 492，维权成功数为 15 289。

（根据百度图腾网站等公开信息整理）

>>> 学习重点和难点

本章的重点是：互联网金融环境和文化金融的关系；金融科技创新环境下风险有哪些新的变化；金融科技发展对文化金融的影响。

本章的难点是理解金融科技发展对文化金融的影响。

>>> 复习思考题

1. 互联网金融对文化金融发展有何影响？
2. 什么是金融科技？金融科技有哪些重要的应用领域？
3. 金融科技发展对文化金融有哪些影响？
4. 结合案例，分析文化金融领域的大数据技术的应用。
5. 结合案例，分析文化金融领域区块链技术的应用。

>>> 参考文献及推荐书目

[1]谢平，邹传伟，刘海二. 互联网金融手册[M]. 北京：中国人民大学出版社，2014.

[2]彭健. 文化众筹：从兴趣到信任[M]. 北京：知识产权出版社，2016.

[3]杨涛，贾圣林. 中国金融科技运行报告（2018）[R]. 北京：社会科学文献出版社，2018.

[4]杨涛，程炼. 互联网金融理论与实践[M]. 北京：经济管理出版社，2015.

[5]杨涛、贾圣林. 中国金融科技运行报告（2019）[R]. 北京：社会科学文献出版社，2019.

[6]金巍，高林挥. 文化金融领域区块链应用研究[A]. /杨涛，金巍. 中国文化金融发展报告（2017）[R]. 北京：社会科学文献出版社，2017.

第 11 章　文化经济变革与文化金融

学习目标

1. 掌握版权、版权产业、版权经济的概念，理解版权经济与文化经济之间的关系。
2. 理解版权经济对文化金融发展的影响。
3. 理解和掌握创意经济发展对文化金融发展的影响。
4. 理解和掌握数字经济和数字文化经济发展对文化金融发展的影响。

关键术语

新经济　版权　版权产业　版权经济　版权金融　创意产业　创意经济　数字经济　数字创意产业　数字文化产业　数字文化经济

导　言

在当代，文化产业和文化金融都不能脱离新经济而孤立存在。我们在《导论》中曾阐述过文化经济变革对文化金融的影响。在新经济背景下，文化经济变革时代来临，表现出了新文化经济形态，而与新文化经济紧密相关的有三种形态，即版权经济、创意经济和数字文化经济。本章正是要讨论新经济和新文化经济发展会对文化金融产生哪些重大影响。

我们在前面各章中对版权已经有了很多接触，包括版权质押信贷、版权信托、版权融资租赁、版权证券化、版权保险、版权交易中心等，这都表现了我们要关注的版权经济与金融之间的关系。这一章我们要了解版权、版权产业和版权经济的基本内容，理解版权经济背景下，文化金融如何依靠版权这类独特的资产在金融体系中独树一帜。

文化与创意是无边界的，文化与消费品工业、信息业、农业、建筑业等产业的融合发展形成了创意经济的一个重要内容。同时，创意群体和个性化生产仍是创意产业的核心特征。这一章我们需要学习创意、创意产业、创意经济的基本内容，理解其可能对文化金融发展形成的影响。

数字经济是信息经济、互联网经济的新形态。数字创意产业、数字文化产业的发展正在形成特殊的文化经济形态——数字文化经济形态，文化生产方式、文化资产形态都发生了变化，那么，我们在这一章要解决这个问题：在数字文化经济背景下，文化金融的关注点应有什么变化？

11.1　版权经济与文化金融

1996 年年底，美国《商业周刊》的一篇文章认为，美国"新经济"的主要动力是"信息技术革命"和"经济全球化浪潮"。这应是新经济的开局，是人们在工业经济后期对"新"的一种理解。因为知识经济和信息技术革命的必然联系，人们将信息技术革命和知识经济都视为最初的新经济。

经过二十多年的发展，知识经济和信息技术革命仍然在延续，只不过又有了很多新的内容，新经济的内涵和形态也有变化。在每个国家，新经济的特征是不同的，但全球目前可能都处在所谓"第四次技术革命"或"第四次工业革命"的门槛上。2016 年我国"两会"期间，新经济一词被正式写入国务院政府工作报告，其主要内涵是"新技术、新产业、新业态"[①]。

版权经济是知识经济在文化生产领域的延伸，是典型的新经济形态之一，同时，版权经济代表了法治经济与契约经济的发展方向。版权几乎贯穿文化金融的每个领域，前面各章我们已经接触到了文化金融中不同侧面的版权问题，但版权经济的发展对文化金融发展的影响，仍需要专门探讨。

11.1.1　版权、版权产业、版权经济

版权（Copyright）是随着印刷术的兴起才被人重视的。印刷术提高了对书籍的复制能力，其中蕴含了巨大的经济利益，这就使得书籍的原所有人不能漠视这个附着在书籍上的获取利益的"权利"。我国在宋朝时期就有了书商的版权声明[②]。在中世纪的欧洲，官府通过管制的形式授予印刷商垄断某些作品的出版权或禁止翻印他人已经出版的作品。直到 18 世纪工业革命和资本主义在欧洲兴起，版权作为一种私有财产权的经济价值开始形成规模，而随着第一部版权法的颁布，现代版权概念开始形成[③]。

版权是一种知识产权。版权总体上是一种法律概念，一直用来表述创作者因其文学和艺术作品而享有的权利。进入信息经济社会后，版权还包含了计算机程序、软件等方面的部分，如在《与贸易有关的知识产权协议》（《TRIPS 协定》）中规定"计算机程序，无论是源代码还是目标代码，应作为《伯尔尼公约》（1971）下的文字作品来保护"。

在我国，著作权即版权[④]。《中华人民共和国著作权法》明确规定著作权属于"文学、艺术和科学作品作者"，而所谓作品，包括以下列形式创作的文学、艺术和自然科学、社会科学、工程技术等作品：文字作品；口述作品；音乐、戏剧、曲艺、舞蹈、杂技艺术作品；美术、建筑作品；摄影作品；电影作品和以类似摄制电影的方法创作的作品；工程设计图、产品设计图、地图、示意图等图形作品和模型作品；计算机软件；法律、行政法规规定的其他作品。

根据《中华人民共和国著作权法》，著作权主要包括 17 项：发表权、署名权、修改

权、保护完整权；复制权、发行权，出租权、展览权、表演权、放映权、广播权、信息网络传播权、摄制权、改编权、翻译权、汇编权及其他属于著作权人的权利等。

国际上，版权保护领域有一些公认的国际公约或条约，如《国际版权公约》《保护文学和艺术作品伯尔尼公约》《视听表演北京条约》[①]《与贸易有关的知识产权协定》(TRIPS协定)等。

从经济学角度上，版权是一种资源和资产。版权作为一种文化生产的必要"原材料"，是与资本、劳动力、技术同等重要的生产要素。所以，从文化生产的要素市场看，除了资本市场、人力资源市场、技术市场、信息市场等，更重要的还有版权市场。

版权产业的概念源于美国。在美国，官方产业分类和统计上与文化产业直接相关的就是版权产业，类似的国家还有加拿大、澳大利亚、俄罗斯、新加坡等。

美国从1937年开始实行标准产业分类体系(SIC)。1959年，美国发表"美国版权产业的规模"研究报告，开始关注版权产业的发展，到了1977年将版权产业纳入标准产业分类体系(SIC)，确立了版权产业在美国国民经济中的独立产业地位。1990年11月，美国国际知识产权联盟(International Intellectual Property Alliance，IIPA)委托有关机构首次发表《美国经济中的版权产业》("Copyright Industries in the US Economy")，1992年9月又发表《美国经济中的版权产业：1977—1990年》，此后平均每一两年发表美国版权产业系列报告。在报告中，美国国际知识产权联盟将版权产业分为四类：核心版权产业、部分版权产业、发行类版权产业、版权关联产业。

2002年，世界知识产权组织(WIPO)吸收美国国际知识产权联盟的版权产业分类法，对版权产业的分类一直采用四个产业组的分类方法：核心版权产业；相互依存的版权产业；部分版权产业；非专用支持产业。2003年，世界知识产权组织(WIPO)出版《版权产业的经济贡献调研指南》；2015年，世界知识产权组织再次编辑出版了《版权产业经济贡献调研指南(2015年修订版)》。关于版权产业对经济的贡献，《版权产业经济贡献调研指南》沿用各国调查经验，从三个主要指标进行测量：作为GDP一部分的版权产业规模；就业率；外贸(即进口与出口份额)。

我国没有将版权产业列入国民经济行业分类，但是在研究和国际合作中常使用版权产业相关概念。我国的版权产业统计和研究，主要使用"版权产业"(Copyright Industries)和"版权相关产业"(Copyright-related Industries)概念，分类上基本脱胎于世界知识产权组织(WIPO)的分类标准[②]。随着我国居民收入持续增长以及国际贸易形势的变化，我国版权产业近年来的经济地位日益凸显。版权产业、版权贸易和版权就业人口构成了我国版权经济的三个重要内容。

版权产业(版权相关产业)与文化产业有高度的重合。版权资源主要分布在文化生

---

①　2012年6月26日，世界知识产权组织在北京召开了第三次世界知识产权组织保护音像表演外交会议，并成功缔结了《视听表演北京条约》。2014年4月24日，第十二届全国人民代表大会常务委员会第八次会议表决通过批准了《视听表演北京条约》。

②　从2007年开始，受国家版权局和世界知识产权组织的委托，中国出版科学研究所(2010年10月更名为中国新闻出版研究院)按照《版权产业经济贡献调研指南》的方法，采用行业增加值、就业人数和出口贸易额及其在全国总量中所占比重这三类六项指标，依据国家统计局经济普查数据、统计年鉴数据、相关行业数据、海关总署进出口商品数据，连续开展中国版权产业经济贡献的调查与核算工作。

产领域，包括文化产业和公共文化服务领域，其中影视、新闻出版、文学、文艺创作（音乐、戏剧、舞台艺术等）、动漫游戏等行业的版权资源较多。

专栏 11-1

我国"国家知识产权战略"中的版权内容

2008 年 6 月 5 日，国务院印发《国家知识产权战略纲要》。其中与版权相关的内容（原文）主要包括：

1. 扶持新闻出版、广播影视、文学艺术、文化娱乐、广告设计、工艺美术、计算机软件、信息网络等版权相关产业发展，支持具有鲜明民族特色、时代特点作品的创作，扶持难以参与市场竞争的优秀文化作品的创作。

2. 完善制度，促进版权市场化。进一步完善版权质押、作品登记和转让合同备案等制度，拓展版权利用方式，降低版权交易成本和风险。充分发挥版权集体管理组织、行业协会、代理机构等中介组织在版权市场化中的作用。

3. 依法处置盗版行为，加大盗版行为处罚力度。重点打击大规模制售、传播盗版产品的行为，遏制盗版现象。

4. 有效应对互联网等新技术发展对版权保护的挑战。妥善处理保护版权与保障信息传播的关系，既要依法保护版权，又要促进信息传播。

（资料来源：2008 年国务院《国家知识产权战略纲要》）

11.1.2 基于版权的文化金融

金融与版权产业或版权的关系问题受到业界的关注。一些学者已经将发生在与版权相关经济活动中的资金融通的活动做为一种新的金融业态，即所谓版权金融[1]。在实践中，版权金融也早已经作为一种概念被使用。在北京等地方制定的政策中，版权作为要素市场的一种要素受到重视，并鼓励开展"版权金融创新服务"[2]。那么是否存在"版权金融"这种形态？

这里我们不讨论版权产业和金融的关系，而是将版权作为一种特殊资产，探讨其与金融的关系。

从理论上看，文化金融的重要特征是不能脱离文化资源及其文化价值本身，而版权就是文化资源的重要类型，既是一种文化资产，也是一种重要的知识产权和无形资产。我们讲到过文化金融的核心是文化资产，那么更进一步的核心就是版权资产。

从政策上看，我国政府鼓励围绕知识产权提供金融服务，鼓励知识产权质押融资

---

[1] 蔡尚伟、王玥认为，版权金融是指发生在与版权相关经济活动中的资金融通的所有活动，版权金融是版权经济的核心，版权金融的发展对版权经济的发展乃至整个国民经济的发展会起到重要的促进和推动作用。见中国版权金融发展刍论[J]. 思想战线，2012，3(38).

[2] 见 2012 年北京市发布的《关于金融促进首都文化创意产业发展的意见》：鼓励要素市场创新支持文化创意产业。鼓励各要素市场针对文化创意企业和文化产品的特点，开展业务创新和产品创新。在国家金融管理部门监管原则指导下，重点支持北京金融资产交易所开展金融创新业务，重点支持国际版权交易中心开展版权金融创新服务，鼓励文化创意企业参与其未上市企业股权询价系统，获得股权支持型金融服务。

等业务创新①，而版权是知识产权的重要类型；中央政府在文化金融相关政策中一直都将版权作为重要的内容之一，地方政府在版权产业的相关金融服务上也推出了诸多政策。

从实践上看，围绕版权资产可以进行金融工具设计，形成版权质押融资等债权类金融工具，也可以将版权作为重要的投资对象。市场上已经有了很多围绕版权的新型金融服务模式，如版权质押信贷、版权信托、版权融资租赁、版权证券化、版权保险、版权投资基金、版权交易中心等。北京银行与中国版权保护中心等机构合作成立了北京版权资产管理与金融服务中心，同时探索成立以版权融资为主营业务的版权金融专营支行。

所以，将"基于版权资产的金融形态"称为版权金融是有政策依据和实践验证的，这是一种基于版权资产形成的金融产品与服务体系及资本市场集合。这可以作为狭义的版权金融定义，而广义的版权金融可以扩展为以版权及相关产业为服务对象形成的金融及资本市场服务体系。

从狭义的版权金融含义看，发展版权金融，既要推动金融工具的创新设计、金融服务方式创新，同时，还需要打好足以支撑版权资产交易市场的基础。

版权的财产权部分（复制权、发行权，出租权、展览权、表演权、放映权、广播权、信息网络传播权、摄制权、改编权、翻译权、汇编权等）体现版权的经济属性，即版权是一种具有经济价值的文化资源。一个版权产品诞生之后，经过一系列相关权利的传递与运营，其版权的价值往往会呈现几何级数的增长，这是版权能够得到资本青睐的重要原因。

不是所有具有法律意义的版权天然具有投资价值。有些文化企业或版权拥有者，希望在合作中以版权作为"资本"入股，这在实践中却有很大的难度。要得到金融资本的认可，版权价值不仅需要呈现资源状态，还需要经过价值评估成为一种可计量的资产，作为资产的版权经过价值管理才有机会成为可以利用的资本。在这个过程中，必须以版权价值评估和价值管理为基础。

无论是文学、艺术还是科学作品，版权在初始阶段一般基于个人和集体的创作，这种创作往往是非标准化的、独特的，可参照的事物较少甚至没有。而从资产评估和会计角度上，版权首先要能够评估，只有能够评估才能形成真正的价值。版权经过系统评估后可以作为文化企业的核心资产。在实践中，版权评估是无形资产评估业务的一种类型。

版权价值不仅存在于文化产业或与文化产业相关的产业。从宏观经济上看，在国民经济体系的生产、流通、消费等环节，在居民、厂商、政府和进出口多个经济部门，版权作为一种价值形式都已广泛渗透其中。所以，与版权资产相关的金融服务不仅存

---

① 如在 2012 年国家知识产权局、国家发展改革委等部委印发的《关于加快培育和发展知识产权服务业的指导意见》中提出，完善以金融机构、创业投资为主、民间资本广泛参与的知识产权投融资体系，推动金融机构拓展知识产权质押融资业务，鼓励融资性担保机构为知识产权质押融资提供担保服务，探索建立质押融资风险多方分担机制。2019 年 8 月，中国银保监会联合国家知识产权局、国家版权局发布了《关于进一步加强知识产权质押融资工作的通知》（银保监发〔2019〕34 号），主要内容包括：优化知识产权质押融资服务体系、加强知识产权质押融资服务创新、健全知识产权质押融资风险管理、完善知识产权质押融资保障工作等。

在于文化产业。

专栏 11-2

IP 和基于 IP 的资本市场

2013 年以来,我国文化产业界出现了一个"热词"——IP,这是一个源自英文 Intellectual Property 的缩写,原意为知识产权。IP 在我国文化产业实践语境中与英文原意形成了很大的区别,反映了版权产业发展的一个侧面。

关于 IP 的定义在业界是众说纷纭。既然是产业实践的产物,那么,我们从实践中可以看到 IP 的基本特征:第一,这是一个版权;第二,这个版权是附带内容的;第三,这个版权及相关内容经过了市场检验被证明具有较高的市场价值;第四,在原有版权内容基础上进行产品线延伸开发或衍生品开发,可预期收益较高。除此以外,也有人将品牌、招牌、明星效应等纳入产品开发,也称为 IP。

IP 是我国当代消费经济和互联网经济发展的特殊产物,产业界和投资界用 IP 这种价值导向和市场导向极强的概念来描述一种优质版权。多数 IP 有一定的互联网基因,是现代传播体系下对消费者(或"粉丝")的需求判断,人们借助 IP 阐释了另类版权概念,在 IP 这个语境下,人们描绘的新市场更容易吸引资本的热情,围绕 IP 进行资本运作更具前景[1]。

IP 是版权的异化,IP 产业也是版权产业的异化。那么,有了 IP 产业,有没有围绕 IP 产业形成的独特的资本市场或金融服务?对 IP 的价值评价,是完全基于市场导向的。IP 是以成长性和高收益性为特征的,而不是以权属明确为特征的,因而,风险投资等股权类资本对 IP 产业的关注度更高,而在信贷等领域,IP 虽然还不能作为一个评估指标,但也被作为重要的参考因子。

(根据公开资料整理)

11.1.3 版权经济背景下的文化金融

随着版权经济的发展,文化金融的关注点会有哪些新的变化?或者说,作为文化产业的另一种经济形态,版权经济对文化金融发展有哪些影响呢?

一、外部性、法治经济与版权授权产业

外部性会导致市场失灵,这是经济学的一个基本原理。很多事实已经说明,外部性对文化消费有一定的刺激作用,但最终会导致文化产品供给的乏力。例如,2000 年前后免费在线音乐兴起,一度成为互联网时代文化消费的代表。但是这种免费模式的背后是长期的音乐版权侵权行为,数年之后,我国的原创音乐便几乎已经停滞。直至 2010 年,我国政府开始整顿在线试听网站,音乐版权侵权情况才有所好转。

我国文化产业发展存在两个短板:一是工业化程度低,也就是产业标准化程度低;二是法治化程度低。美国将与文化产业相关的产业形态称为"版权产业",这给了我们很大的启示。版权产业是以法治为特征的产业,版权经济是一种契约经济,是一种法

---

[1] 金巍. IP 产业和 IP 金融大有可为 [OL]. 和讯网.

治经济，这是文化产业发展的必然方向。

文化金融发展到一定阶段，对文化生产的合规性、标准化的要求就越来越高。在无序的版权环境下，没有真正的赢家，真正具有创造力的企业和艺术家都会被"逆淘汰"出市场，而文化金融也无落脚之处。所以，以版权经济的战略视野发展文化产业，能够为金融资本的介入提供更好的环境。

在版权经济的法治化视角下，版权授权产业成为一种极具特色的产业形态。根据国际授权业协会(LIMA)2018年全球授权业市场调查报告①，2017年全球授权商品零售额为2 716亿美元，同比增长3.3%。其中娱乐/角色授权是最大的行业类别，零售额为1 215亿美元，占全球市场份额的44.7%。2017年全球前10大授权市场见表11-1。

表 11-1　2017 年全球前 10 大授权市场

	Country(国家)	Revenue($)(美元)
1	U. S(美国)	149 633
2	UK(英国)	14 038
3	Japan(日本)	13 264
4	Germany(德国)	10 792
5	China/Hong Kong(中国—含香港)	8 910
6	Canada(加拿大)	8 029
7	France(法国)	6 035
8	Brazil(巴西)	4 383
9	Italy(意大利)	3 976
10	Netherlands(其他地区)	3 597

(资料来源：国际授权业协会 2018 年全球授权业市场调查报告)

二、产业价值链与版权运营

文化金融是一种产业金融，只有成熟的版权产业链才能孕育完善的产业金融服务体系。文学类版权、艺术类版权和科学类版权在创作之初都需要经过一定的形式予以确权；此后，版权经过一系列的过程到达文化消费终端，这就是产业链。而在各个行业，如影视、演出、音乐、出版、艺术品、体育等行业，版权产业链的状态有一定的差异。

一般来说，产业链分为上游的内容提供者(Content Provider，CP)，中游的版权运营环节，以及下游的消费平台端。以往，在文化生产的产业链中，资本对产业两端——内容生产端和内容消费端比较关注，如影视行业中各大制片公司和文化消费平台(如 BAT 旗下爱奇艺、优酷和腾讯视频，实体院线等)都备受资本青睐。

---

① 这个报告包括了对不同国家和地区的重点市场的统计数据。LIMA 全球授权业市场调查报告主要通过量化全球范围内授权商品的零售额和相应的版税收入，分析全球授权市场规模以及多个重点区域和领先国家与地区市场发展的规模。

　　但是，随着版权经济的发展和法治环境的完善，版权作为一种生产要素激发了应用的经济价值，版权运营业态崛起，由此形成的版权产业价值链拓展了文化金融的视野。在我国影视行业，比较著名的版权运营商主要有盛世骄阳、华视网聚、佳韵社、森与文化等，经过多年的耕耘，这些机构在版权产业链上已经开始具有较强的话语权。

　　版权运营本质上是版权资产运营，是版权产业链中最需要商业思维的环节，没有版权运营，也就没有版权经济的繁荣。未来趋势是，文化金融服务将覆盖产业链的每个环节，其中版权运营是文化金融重点关注的价值环节。

专栏 11-3

"阿里鱼"的在线版权交易服务平台

　　"阿里鱼"是阿里巴巴旗下的在线版权交易服务平台。2016 年 5 月 25 日，作为阿里巴巴集团旗下创新娱乐版块，阿里鱼在全球粉丝经济峰会首度公开亮相。当时阿里鱼官方介绍，阿里鱼为 IP 方、品牌方提供在线授权、营销、销售等全链路服务，其中主推两大核心业务为 IP 开发消费品授权合作及整合营销等服务，此外，还包括"双 11"狂欢夜等自有 IP 运营，同时，还涉及影视、动漫、文化、艺术、明星、综艺、体育、音乐多类型 IP 合作。

　　阿里影业于 2017 年 8 月推出授权宝，旨在赋能内容商业化，将 IP 版权种类扩充至全娱乐产业，涵盖影视、游戏、文学演唱会、综艺、明星等。2018 年 1 月，授权宝与阿里鱼整合，阿里鱼涉及的 IP 认证、IP 授权交易撮合等业务，由阿里影业运营管理。

　　阿里鱼的模式是将上游版权方和下游商家连接，将从版权方获得的版权销售给下游商家，生产相应的衍生品并进入天猫、淘宝等消费平台进行销售。作为一个版权交易和消费平台，阿里鱼被官方定位为"面向全球授权产业链的新基础设施"。

（来自公开资料及阿里鱼官方网站）

三、知识付费与文化金融

　　互联网时代开启了一种近乎不可动摇的免费模式，即通过免费内容获取人群和流量以体现价值，然后通过其他渠道（广告或融资）获取利润。但是近年来，内容付费悄然兴起，其中知识付费模式因具有更高耐用性而独树一帜，体现了新技术条件下版权商业模式的新趋势。

　　2016 年，腾讯科技旗下互联网产业研究机构"企鹅智酷"发布了《知识付费经济报告》。从消费者的付费内容偏好来看，有 63.3％的人有意愿为"能提高工作效率或收入的知识和经验"付费，其次是"职业、学业选择发展的专业建议"，占 39.2％，而为知识付费的主要驱动力就是"获得有针对性的知识和见解"。

　　人们对知识的需求越来越旺盛，而且愿意为此付费，这是经济竞争时代的特征，但这只能解释培训产业为什么发展速度那么快。知识付费模式的爆发，除了需求，还因为新技术提供了知识消费的极大便利性。罗辑思维、得到、分答、豆瓣时间等一度受到资本的"热捧"，知识付费平台如雨后春笋。虽然知识付费市场还只是在几十亿元的规模，但增长速度非常快①。知识付费模式是知识经济在新技术条件下的新模式，促进了知识供给，对知识的需求端也形成了极大刺激作用。

在资本的角度上，当知识和互联网模式结合在一起，往往就具有了极大的投资价值。知识付费的兴起，让金融机构在项目评估中对内容的价值有了更多的认识。但是，金融机构也要求知识付费模式具有版权经济的合规性。知识付费平台既要需要保证知识供给的版权合规性，还要维护平台的版权不受到侵害，否则平台价值将大打折扣。

四、知识产权与全球竞争

《与贸易有关的知识产权协定》(TRIPS)是迄今为止对各国知识产权法律和制度影响最大的国际条约。我国加入 WTO 以来在知识产权领域取得了很大成就，但在国际化的知识产权竞争中仍面临很大的挑战。

任何一个国家的文化产业若要在国际化的版权经济版竞争格局中占有一席之地，都需要考虑版权国际法环境问题以及版权竞争环境问题。

文化产业的国际化与文化产业市场化、法治化一样，是文化产业竞争力提升的重要标志。在国际化的版权经济版图中，如果无法切实解决知识产权问题，不仅金融无法真正参与到文化产业国际化进程当中，提升国家文化软实力等战略性命题也将难以落地。

11.2 创意经济与文化金融

创意产业和创意经济的兴起给文化经济学提出了新的命题，国内外很多文化经济学的研究者注意到了这种变化。创意经济突破了文化产业原有的一些樊篱，体现了新文化经济的很重要的两个特征，即融合性和要素性。融合性即文化创意推动文化产业与相关产业融合发展，而要素性即文化在经济发展中发挥动力作用。

11.2.1 创意产业和创意经济

一、创意经济也是一种新经济

自 1998 年英国提出发展"创意产业"②以来，关于创意产业和创意经济的定义有很多版本。1997 年，英国成立了创意产业特别工作小组(Creative Industry Task Force)。1998 年，英国提出的《创意产业路径文件》中创意产业的定义为：源自个人创意、技巧及才华，通过知识产权的开发和运用，具有创造财富和就业潜力的行业。

一些学者认为创意是一种经济增长要素，并以此界定创意产业。如厉无畏认为广义上创意产业以创意为核心增长要素、缺少创意就无法生存的都称为创意产业③。厉无畏认为文化创意作为一种资本已经成为驱动经济增长的主导因素，创意产业具有与传统产业完全不同的发展逻辑，包括：产业驱动的软性资本(知识、文化、人力资本

---

① 据艾瑞咨询发布的《2018 年在线知识付费市场研究报告》，2017 年我国知识付费产业规模约为 49 亿元，在人才、时长、定价等因素综合作用下，预计 2020 年将达到 235 亿元。

② 英国的创意产业包括广告、建筑、艺术和文物交易、工艺品、设计、时装设计、电影、互动休闲软件、音乐、表演艺术、出版、软件、电视广播共 13 个行业。

③ 厉无畏，王慧敏. 创意产业新论[M]. 上海：东方出版中心，2008.

等），资源的反复使用，环状价值链，组织扁平化，顾客价值导向，边际效益递增等[①]。

关于创意产业和文化产业的关系，很多学者进行了探讨。有学者认为这是两个不同阶段的概念，创意产业反映了新经济的特征，认为创意产业是文化产业发展到新阶段的产物，是相对传统的文化产业发展创新的更高形态，也是文化产业内调整升级和产业管理突破原有边界的必然结果[②]。一些政策部门用"文化创意产业"这个概念将两者关联起来，本质上是想在两者之间取得一定的平衡。

联合国贸发会议和联合国教科文组织对创意产业和创意经济的发展一直给予关注并付出努力。联合国贸发会议先后编纂了《创意经济报告 2008》和《创意经济报告 2010》，从经济、社会、文化和可持续发展四个方面，论证了创意经济的内涵、要素，它拥有的复合型的多重维度，以及它通过多种方式推进发展的动力机制。

总体上看，创意经济虽然还不是严格意义的经济形态，但是却正在和知识经济、创新经济、智慧经济等一起成为对新经济的一种解读。联合国教科文组织牵头编制了《创意经济报告 2013（专刊）》，重点关注了发展中国家以及各地区、城市层面的创意经济发展情况。

二、我国的创意经济发展

文化创意对其他传统产业具有强大的"渗透"作用。厉无畏认为，"创意"可以提升其他传统产业能级，"创意产业日益融入服务业、制造业甚至初级制造业的特点，反映了创意产业具有价值链高端的地位，并且享有在生产各个环节中分配利润的特权"[③]。

虽然文化和创意无处不在，但文化创意和设计服务却是一个专门的行业。在我国，文化创意和设计服务是文化产业当中的子行业[④]。正是这个子行业，带动了文化创意融合性产业的发展，也就是具有中国特色创意产业的发展。

2014 年 3 月，国务院发布《关于推进文化创意和设计服务与相关产业融合发展的若干意见》（以下简称《意见》）。《意见》将文化创意和设计服务业定位为"先导产业"，就加快推进文化创意和设计服务与实体经济深度融合做出了明确要求。在《意见》中，这些"相关产业"包括了：农业、装备制造业、消费品工业、建筑业、信息业、体育、旅游等。《意见》中不仅要求作为先导产业的文化创意与设计服务业强化自身，其重点是要提升对相关产业的影响，最重要的是"相关产业文化含量显著提升""相关产业的产品和服务的附加值明显提高"。

《意见》最重要的意义在于，"文化"作为相关产业一种驱动力成为一种共识，这已不仅是学术界的研究成果，而且开始在政策层面得到落实。产业"文化含量"的提出，让我们想到了经常提到的产业"科技含量"。这说明，在现代经济发展中，除了技术创新，还有一种文化创意正在提供驱动力。在这个文件中，"文化创意与设计服务"是手

---

① 厉无畏，王慧敏. 创意产业新论[M]. 上海：东方出版中心，2008.
② 金元浦. 论创意经济[J]. 福建文坛，2014(2).
③ 厉无畏，王慧敏. 创意产业新论[M]. 上海：东方出版中心，2008.
④ 在 2018 年版《文化及相关产业分类统计标准》中，文化创意与设计服务改为"创意设计与服务"。

段，提升七大产业竞争力才是目的①。在没有破坏原有统计意义的"文化及相关产业"格局的前提下，《意见》将"文化创意与设计服务"单独作为"先导产业"引领了七个融合性产业，试图打开一个全新的局面，这是一个"破局"的政策导向。

理论上，我国的创意产业和文化产业有横向、纵向的多种联系，也可以有各种社会学意义或经济学意义的解读。从实践看，我国的创意产业有市场自发形成的部分，也有通过政策推动形成的文化创意融合性产业这部分，这形成了一定的中国特色。

学界和主管部门在文化产业和创意产业的范畴上都有不同的界定。可能的趋势是：现在定义的文化产业的范畴逐步缩小，更加集中于内容及相关产业，而创意产业所指范畴进一步扩大，主要集中于与文化创意关系密切的融合性产业。这两个产业有较大的交集，共同构成了更大的产业群，相互融合，共同成为创意经济最重要的形态。

文化创意融合性极强的创意产业和创意经济，实际上体现了新文化经济的要素性特征，即文化作为经济增长要素正在各个产业层面发挥驱动力作用。新的文化经济实践成为两种文化经济研究视角的交叉点。如果没有融合性产业的发展，可能在研究上还很难把经济发展的文化动力研究这个路径和文化产业研究这个路径结合起来。

11.2.2 创意经济背景下的文化金融

在创意经济背景下，文化金融的关注点，或者说资本的关注点会有哪些变化？文化金融实践会有哪些变化？

一、文化要素与文化资源配置

推动文化或文化创意成为相关产业发展的驱动力，是文化产业与其他实体经济融合发展的主要路径之一。文化要素与实体经济发展融合，即文化生产作为某种生产要素供给或经济增长动力的供给来源，为实体经济提供要素或动力，这是新文化经济发展的重要方面。文化要素以资源形式进行配置，而金融以资本要素形式进行配置，同时，文化要素配置也需要通过金融的方式予以支持。在这个角度上，金融在文化资源的配置上具有推动作用，而这种作用发生的机制是以文化资源为核心的。

在产业融合的趋势下，一些传统企业需要通过产业组织和制度创新提升产业竞争力，或者通过产业市场创新和模式创新发现新市场，形成新的产业链。其中，一些与文化创意高度相关的融合性产业需要通过创意设计部门或外部购买创意设计服务提升产品创新力度，提高产品附加值，这是企业创新的最重要的路径之一。

这些文化创意融合性产业包括三个层面，第一个层面是旅游和体育，事实上旅游和体育与现有的文化产业共同构成了"大文化产业"；第二个层面是信息业与文化的融合形成互联网文化产业、数字文化产业形态；第三个层面是农业、装备制造业、消费品工业、建筑业等，通过创意农业设计、装备工业设计、消费品创意设计、现代居住服务设计等形成高附加值创意型产业，如创意农业。

在创意经济背景下，文化资产正在渗透到以往我们不大关注的产业之中。文化金

①　文件中关于"重点任务"中，前六项都是如何提升七大产业竞争力的内容，包括：以工业设计塑造制造业新优势；以提升新产品设计和研发能力促进消费品工业创新和提升竞争力；推动以文化为核心的信息产业内容支撑、创意和设计提升；以城乡规划、建筑设计、园林设计和装饰设计等提升人居环境质量；以文化提升旅游发展文化内涵；以创意和设计挖掘特色农业发展潜力，推进农业与文化、科技、生态、旅游的融合；以文化、创意、版权等拓展体育产业发展空间。最后，文件中要求，以文化创意与设计提升文化产业整体实力。

融关注的重心是如何进行文化要素配置，如何体现文化资产的时间价值，这不会局限于统计意义的文化产业。所以，虽然文化金融作为产业金融的基础是文化产业，但在创意经济背景下，文化金融关注的范围将是动态的。

二、创意管理与文化价值评估

创意经济的发展脉络从创意产业开始。在微观的企业管理层面上，创意经济主要表现为创意过程管理和创意的资产化管理。创意过程管理是创意形成过程的管理，是一个基于感性创意的理性管理过程，最大程度保障创意能够产生并有一定的质量。创意的资产化管理，是将创意进行确权（形成具有法律意义的知识产权）并进行资产估值的一系列过程。

文化创意的要素性不仅体现在创意形成的结果（知识产权化成果），而且体现创意的应用和管理。创意管理是文化企业的管理特色，已经引起了很多学者和企业的重视。英国学者克里斯·比尔顿（Chris Bilton）认为"创意必须产生出新的东西；创意必须产生出有价值或有用的东西"，这个创意转化为应用的过程的管理就是创意管理。他的定义与创新管理的内涵是相同的。他将管理学与创意产业实践相结合，从创意过程、创意团队、创意系统、创意战略、创意消费和创意的政治学（创意政策）多层次论述了创意管理理论。[①]

由于创意者是具有独特思维和文化素养的群体，创意管理显得艰难但是极其必要。文化企业的创意管理主要是文化的创意能力提升和过程管理。创意管理不是传统意义的产品管理，而是企业对思想和符号生产的一个管理过程，是从想法到产品再到商品的过程管理。世界上最优秀的创意企业如设计公司、广告公司、影视公司等都有良好的创意管理理念、方法和流程。

文化及创意的要素性在微观领域体现，使文化金融对文化企业的价值评估需要新的视角。正如科技创新管理在科技金融中的重要作用，我们已经看到，文化及创意的管理在文化金融中的作用会被重视起来。

◎思考：良好创意管理过程中产生的创意（版权化成果）是否具有更高的估值？具有良好创意管理能力的企业是否具有更高的估值？如何估值？

三、个性化与创意群体的价值

创意产业提出伊始，实际上是建立在个人创作力的基础上的，这与文化产业的"工业化"（标准化、规模化和集约化）理念是有区别的。1998年，英国《创意产业路径文件》中创意产业的定义为"源自个人创意、技巧及才华，通过知识产权的开发和运用，具有创造财富和就业潜力的行业。"这个定义非常明显地强调了创意产业的"个人"主体性。

大批文化创意人才构成了创意群体的核心，也就是"具有特别创造力的核心"那一部分[②]。其中的以文化创意为基本能力的创业群体正是文化产业创新力的主力军，是文化产业的基本力量。世界各地以"文化产业""文化创意产业"的名义发展过程中，过分强调了工业化与标准化，忽视了与个性化创作、非标化生产之间的平衡，忽视了个人和创意群体的作用。

---

① 克里斯·比尔顿. 创意与管理：从创意产业到创意管理[M]. 向勇，译. 北京：新世界出版社，2010.

② 美国学者理查德·佛罗里达在《创意阶层的崛起》中认为：除了劳动者阶层（working class），服务业阶层（service class）以外，一个新的阶层在悄然兴起，那就是创意阶层（creative class）。佛罗里达把创意阶层分成"具有特别创造力的核心"（super creative core）和"创造性的专门职业人员"（creative professionals）两个组成部分。

创意经济体现了创意群体的经济价值，那么资本如何关注更多个人的、个体的创作者？是不是只有政府资助和家庭资助才能解决个人的、非标化的文化创作问题？这是一个难解的命题。倡导创意产业的英国政府在财税、投资、信贷等方面给予创意群体一定支持。根据国内外实践经验，资本与创意群体的关系主要表现在以下几个方面：①天使投资和风险投资与创意者群体的关系；②资本与创意者集聚平台的关系，如孵化器、加速器等；③互联网和金融科技背景下适合创意者群体的新的融资方式应用，如股权众筹。

11.3 数字文化经济与文化金融

与上一章讲到的"金融科技对文化金融的影响"不同，本节将文化金融置于数字经济及数字文化经济背景之下进行观察：

首先，数字经济与数字技术影响文化产业本身，形成特殊的数字文化经济形态。

然后，基于数字文化产业发展环境，文化金融服务的关注点将如何改变。

11.3.1 数字经济与文化产业

一、数字经济

从农业经济到工业经济，一些革命性技术起到了关键作用；而从工业经济到信息经济时代的转型中，现代信息技术起到了关键作用。所谓数字经济（Digital Economy），正是数字技术从技术范式上对信息经济的升华。

1995年，麻省理工学院教授尼葛洛庞蒂的（Negroponte）的《数字化生存》（Being Digital）为世人描述了一个数字化世界。1996年，泰普斯科特（Don Tapscott）出版了其一系列数字经济著作中的第一部——《数字经济时代》（The Digital Economy）[1]。正是在这部著作中，数字经济概念被提出，并日渐深入人心。

从20世纪90年代以来，数字经济开始受到发达国家的重视。从1998年开始美国在政府层面开始关注数字经济，那一年美国商务部发布了《浮现中的数字经济》报告，2000年美国商务部又发布了《数字经济2000》报告。从2007年开始，英国开始支持、促进并共同对数字经济中的创新出资，还包括2009年后制订了一个特定数字计划[2]。澳大利亚从2011年开始推动数字化转型，加大数字科技创新研发，积极参与数字经济国际合作。

数字经济已经成为国际合作的重要内容。2016年9月，二十国集团（G20）峰会在我国杭州举办，首次将"数字经济"列为G20创新增长蓝图中的一项重要议题，并发布了《二十国集团数字经济发展与合作倡议》[3]。而2019年6月在日本大阪举办的G20峰会，再次将数字经济作为重要的议题之一。

我国的数字经济起于21世纪初，目前已经成为世界第二大数字经济体。中国信息

---

① 又译《数据时代的经济学》。其后泰普斯科特出版的著作还有《数字化成长》Growing Up Digital（1998）；《数字经济蓝图》Blueprint to the Digital Economy：Creating Wealth in the Era of E—Business，《数字资本》Digital Capital（2000）；《维基经济学》Wikinomics（2006），《数字化成长3.0》Grown Up Digital（2008）；等。

② 据2015年2月16日英国技术战略委员会"创新英国"发布的《英国2015—2018数字经济战略》。

③ 见2016年G20峰会官方网站。

通信研究院 2017 年发布的报告①认为，当代社会正在从传统的技术经济范式向数字技术经济创新应用推动的经济范式转变。根据中国信息通信研究院发布的数据，2017 年，我国数字经济规模达 27.2 万亿元，占国内生产总值（GDP）的比重达到 32.9%；2018 年，我国数字经济规模达到 31.3 万亿元，占 GDP 比重为 34.8%；2019 年，我国数字经济规模达 35.8 万亿元，占 GDP 比重为 36.2%。②

我们可以认为，随着数字技术和数字平台的不断发展，数字经济是信息经济和知识经济的一种数字化形态阐释。数字经济发展 20 年来，其内涵不断得到丰富。在《二十国集团数字经济发展与合作倡议》中，关于数字经济的含义是这样阐述的：数字经济是指以使用数字化的知识和信息作为关键生产要素、以现代信息网络作为重要载体、以信息通信技术的有效使用作为效率提升和经济结构优化的重要推动力的一系列经济活动。互联网、云计算、大数据、物联网、金融科技与其他新的数字技术应用于信息的采集、存储、分析和共享过程中，改变了社会互动方式。

数字经济改变了经济学研究的视野，一些在工业经济时代产生的理论范式受到了巨大的挑战。数字经济时代，各种新模式、新业态涌现出来，呈现了不同视角的经济形态，除了数据经济，还有平台经济、分享经济、物联经济等。经济学家朱晓明认为，把数字经济视作经济学领域的一个宏观研究框架，则表现为一个大框架加数据经济等 10 个小框架的"1+10"的框架，如表 11-2 所示。

表 11-2　数字经济：经济学、管理学的研究框架

序号	数字经济：经济学、管理学的研究框架
1	数据经济 Data Economy
2	服务经济 Service Economy
3	平台经济 Platform Economy
4	物联经济 Internet of Things Economy
5	分享经济 Sharing Economy
6	产消者经济 Prosumer Economy
7	长尾经济 Long-tail Economy
8	普惠经济 Inclusive Economy
9	协同经济 Collaborative Economy
10	智能经济 Smart Economy

（源自朱晓明主编《走向数字经济》）

二、数字创意产业与数字文化产业

中国信息通信研究院 2017 年发布的《中国数字经济发展白皮书（2017）》报告认为，

---

①　2017 年 7 月 13 日，中国信息通信研究院在第十六届中国互联网大会上发布《中国数字经济发展白皮书（2017）》。

②　源自中国信息通信研究院发布的《2018 年中国数字经济发展与就业白皮书》《中国数字经济发展与就业白皮书（2019）》及《中国数字经济发展白皮书（2020 年）》。

我国的数字经济主要包含两大部分[①]：一是数字产业化部分，即信息通信产业部分，包括电子信息制造业、电信业、软件和信息技术服务业等；二是产业数字化部分，即数字经济融合部分，即传统产业通过应用数字技术所实现的生产效率和质量的提升。

所谓"产业数字化"内容，即数字技术的产业应用及融合。按照这个路径，"文化产业的数字化"构成了文化产业与数字经济的一种重要关系，而且这种关系很早便提升到了政府的战略层面。在2012年科技部、中宣部、财政部共六部委发布的《国家文化科技创新工程纲要》中已经体现了"文化产业数字化"的战略思路。在国家文化科技创新工程中，国家大力推动的文化科技创新的核心就是现代信息与数字技术，可以称为"数字文化技术"。

2016年，数字创意产业与新一代信息技术产业、高端制造产业（高端装备与新材料）、生物产业、绿色低碳产业（新能源汽车、新能源和节能环保）等产业一起，被纳入《"十三五"国家战略性新兴产业发展规划》（简称《规划》）中[②]，《规划》中提出：数字技术与文化创意、设计服务深度融合，数字创意产业逐渐成为促进优质产品和服务有效供给的智力密集型产业，创意经济作为一种新的发展模式正在兴起。

《"十三五"国家战略性新兴产业发展规划》在技术装备、内容创新、创新设计和产业融合四个方面提出了发展数字创意产业的设想，并提出实施"数字文化创意技术装备创新提升工程""数字内容创新发展工程""创新设计发展工程"三大工程。

在政策意图中，数字创意产业是创意经济的体现，应"形成创意经济无边界渗透格局"。所以，数字创意产业不仅是创意与设计的数字化问题，更包含了数字化的创意和创新设计在各领域的应用，是要培育更多新产品、新服务以及多向交互融合的新业态。从这个角度上看，数字创意产业是融合性产业，而不仅是文化产业的数字化。

2017年4月，文化部发布了《关于推动数字文化产业创新发展的指导意见》。文件将"数字文化产业"阐述为：数字文化产业以文化创意内容为核心，依托数字技术进行创作、生产、传播和服务，呈现技术更迭快、生产数字化、传播网络化、消费个性化等特点，有利于培育新供给、促进新消费。

从这一概念看，数字文化产业主要是指文化产业（尤其是内容产业）的数字化问题。2012年中共中央办公厅、国务院办公厅印发的《国家"十二五"时期文化改革发展规划纲要》就提出要"实施文化数字化建设工程，改造提升传统文化产业，培育发展新兴文化产业"。所以，发展数字文化产业，就是要通过数字技术与文化的结合生产新的文化内容——数字内容，并通过数字平台满足文化消费。其中的关键词是三个：数字技术、数字内容、数字平台。

促进文化产业数字化的数字技术包括：虚拟现实（VR）、增强现实（AR）、混合现实（MR）、全息成像、裸眼三维图形显示（裸眼3D）、交互娱乐引擎开发、文化资源数

[①] 中国信息通信研究院于2019年、2020年在相关报告调整了数字经济构成，新增了"数字化治理"和"数据价值化"两大部分。

[②] 2016年12月，国务院印发的《"十三五"国家战略性新兴产业发展规划》明确提出，"十三五"期间，我国大力发展数字创意产业，到2020年，形成文化引领、技术先进、链条完整的数字创意产业发展格局，相关行业产值规模达到8万亿元。2017年3月，数字创意与相关产业融合应用服务又被纳入《战略性新兴产业重点产品和服务指导目录（2016版）》。

字化处理、互动影视、大数据、物联网、人工智能等技术等。以这些数字技术为基础，形成文化产业的数字化、智能化、网络化的技术平台，这是数字文化产业的技术层。

数字技术与文化的结合生成数字内容，主要领域和表现形式是：网络文学、游戏（网络游戏评估及研发）、动漫（数字化设计制作）、影视（平台及网剧制作等）、演艺（网络服务平台）、网络音乐、摄影（数字技术应用）、美术（数字技术应用）、创意设计（数字化设计）、出版发行（数字出版）、教育（在线教育）等，这些基本构成了数字文化产业的应用层。

数字创意产业、数字文化产业的发展，体现了数字经济与文化产业的一种新的关系，这种关系实际上已经开始形成一种新的文化经济形态，即数字文化经济。

11.3.2　数字文化经济背景下的文化金融

数字经济改变了文化产业和文化生产，形成了数字文化经济形态，这种变化必然引起文化金融服务提供者的关注，并由此引发新的金融服务模式变革。

一、数字化文化生产和数字化文化消费

科技对文化产业发展的贡献率将越来越高，在微观领域，科技已经成为文化企业提高核心竞争力的重要途径之一。技术作为劳动力要素的延伸，在信息时代和数字经济时代表现出了新的特点：数字技术正在改变文化生产方式，成为重要的文化经济发展驱动力，而数据正在成为文化生产要素之一。

运用 CG 技术的动画电影已经实现极其真实的画面感，智能机器人可以惟妙惟肖地写书法作品，这让我们对未来的文化生产产生了更多的想象。数字技术改变了文化创作方式和产品生产方式，图片、影像、符号等已经完全可以在数字平台上更加高效地进行生产。华纳兄弟很早就意识到传统的多种内容存储和共享方式可以转型成单一的、完全集成的数字化运营。在当代，数字技术和数字基础设施已经成为许多文化企业的基本生产资料，而变成生产系统、经营系统和决策系统的一部分。

数字化文化消费成为主要的文化消费方式。数字技术改变了文化传播渠道和消费终端，如智能手机、平板电脑、电视机、电影院、剧场等。互联网技术和数字技术改变了文化消费形态，在需求端策动了一场变革。咨询公司埃森哲在 2018 年 5 月发布的一份研究报告认为：数字技术的加速迭代，不仅放大了我国消费者的购买力，更推动了消费者行为习惯发生巨大变化，从而催生出别具一格、焕然一新的新消费市场[①]。通过互联网消费平台进行便利的"网购"或便捷地直接消费文化产品（如网络电影），新的文化消费平台已可以取代大多数传统的消费渠道。

数字化消费还意味着消费者利用数字化渠道进行消费决策，改变了消费决策模式，消费者甚至可以直接参与到文化产品生产当中。数字技术将消费的形式从群体化转变为个性化，而这种转变又大大激发了人的个性化消费需求。实际上，文化消费还有许多必须面对面的体验式的产品和服务，如实体书店、电影院、读书会等，但数字技术在这些体验场景中提供了更便捷的辅助服务。

数字化文化生产对文化金融的影响可能是深远的。简单说，数字化时代，文化生

---

① 埃森哲：数字化正在强力带动中国市场的消费升级[OL]. 李紫宸，经济观察网。

产过程已经变了，金融机构的服务对象的生产特点变了。金融机构可能会面临这样一种局面：他们还没有完全了解传统文化生产的特点的时候，却又已迎来了新的文化生产时代，就是数字化文化生产时代。

文化生产和再生产是创作、生产、流通和消费等所有环节的总和。从产业金融视角上，文化金融应该能够为文化企业提供结合供应链的集成化金融服务方案，但在数字化生产时代，金融机构不仅需要关注数字化变革中的文化企业供应链，还需要重新评估和分析文化产业的产业链和价值链问题。

二、文化企业数字化商业模式

商业模式是包含了盈利模式在内的一系列商业逻辑，它回答"企业如何赚钱"这个基本问题，这不仅是股权投资机构最为关心的问题，也是信贷金融机构非常关注的问题。

我们已经看到，从消费品流通领域开始，互联网技术条件的电商模式迅速颠覆了传统的商业模式，综合平台也好，垂直电商也好，新的交易平台汇聚了最大可能性的供需双方。电商与移动支付平台的结合，改变了交易模式，依靠移动支付平台的技术支持，交易者凭借"二维码"就可以实现日常经营交易和贷款理财活动。

在互联网平台下，对于文化企业的商业模式也有了颠覆性改变，影视、小说、演艺等很多文化消费直接通过各类文娱平台实现，大量吸引客户流量并以第三方补偿或后续产品销售利润补偿的免费模式被认为是互联网平台最典型的一种商业模式。

但在数字经济条件下，商业模式会有新的创造和新的内涵。比如，在金融领域可以通过人工智能替代部分人力服务，博物馆也可以通过人工智能实现无人化服务场景和精准服务。一些文化生产性服务商通过数字技术找到了新的盈利模式，如通过低成本的人工智能进行广告设计提供给小微企业或个人。

好的商业模式预示着盈利能力和好的现金流，而数字商业模式恰恰就提供了这种可能。盈利能力和现金流意味着良好的偿债能力，为银行等机构所青睐；以数字技术为核心的文化企业为私募基金等投资机构所关注，可能因为有数字技术而有更高的资产估值，也可能因为数字化商业模式有更高的企业估值。

三、文化数字资产与文化数据资产

数字资产(Digital Asset)的含义和范畴在学界还未取得共识。如果从经济学视角上看，数字资产是以数字形式存在或生产的所有能够计量并产生价值的资产形态，而在实践中，数字资产概念有多种解释。

狭义上数字资产是用来指加密数字货币(资产)，亦即一种在数字平台上通过分布式技术和区块链技术产生的虚拟资产或其他类金融资产。区块链技术支撑的数字货币被认为是最重要的数字资产，而且在部分国家监管部门或金融创新从业者的眼里，可能直接作为某种大宗商品或基础金融资产。2019 年 6 月，Facebook 发布了数字货币Libra 白皮书，引起世界各国对数字货币的讨论。虽然也存在许多争议和反对意见，但也有少数国家正在鼓励加密数字货币以合法的形式存在下来[1]。

---

① 据俄罗斯日报《商人报》2018 年 11 月 30 日报道，俄罗斯的加密货币法规《数字金融资产法案》正在国家杜马国家建设委员会审议。该法案草案其中有条款规定：私人控股公司的所有者可以创建和出售所谓的"数字金融资产(DFA)"，以作为公司的数字化股权。

从广义上，数字资产是以数字、数据形式存在的所有资产，包括狭义的数字资产及数据资产。随着新技术、新平台的发展，在线下产生的无形资产在数字平台传播、流通、再创作中形成新的数字化无形资产，而大量无形资产会直接在数字平台产生。图片、文本、视频等通过数字技术以数字信息的形式储存在云存储端中，正在成为企业重要的生产资料。在数字经济时代，数字资产的价值要建立在确权的基础上，资产确权成为重要的课题。

文化生产过程中形成的数据资产（Data Asset）是数字资产的核心。传媒产业已经形成了数字化生产模式，媒体资产管理能力成为最重要的运营能力。现在，大多数大型电影公司在数字化资产管理方面都实现了飞跃。德勤公司认为企业价值还体现在数字治理能力，企业价值评价在传统的三张财务报表以外还需要一套数字化价值评估体系来回答"数字化尝试给企业带来的价值"，这就是"第四张报表"①。在文化生产过程中形成的以电子数据形式存在的文化数据资产，正在成为文化企业的战略性资产。

在数字经济背景下，文化企业的资产形态将发生结构上的重大变化。数字技术不仅改变了文化企业的资产形态，个人也将拥有更多的数字资产。所以，数字经济带来了数字资产社会化运动，这个趋势为金融机构或投资机构提出了新命题。

>>> 学习重点和难点

本章的重点是理解版权经济、创意经济和数字经济的内涵，以及新经济发展对文化产业及文化金融的发展的影响。本章的难点在于如何理解新经济形态引起的文化产业的变化，而这种变化与文化金融又有哪些直接的关系。

>>> 复习思考题

1. 什么是版权产业？围绕版权形成的金融服务有何特点？
2. 试从法治经济角度分析版权产业发展和文化金融的关系。
3. 随着创意经济和创意产业的发展，文化金融可能遇到哪些新的课题？
4. 什么是数字资产？什么是文化数据资产？
5. 收集并结合案例分析数字文化经济对文化金融发展会产生哪些方面的影响。

>>> 参考文献及推荐书目

[1][美]多米尼克·鲍尔，艾伦·J. 斯科特. 文化产业与文化生产[M]. 夏申，赵咏，译. 上海：上海财经大学出版社，2016.

[2]世界知识产权组织. 版权产业经济贡献调研指南（2015 年修订版）[R]. 中国版

---

① 德勤公司认为资产负债表、现金流量表和利润表三张财务报表的信息已远远无法表达企业价值，企业需要一套数字化价值评估体系来回答"数字化尝试给企业带来的价值"，即"第四张报表"，其中关于"数据资产"的内容为："构建企业内部数据管理体系，配套数据管理技术，形成一套完备的数据治理体系"。

权保护中心，译. 北京：人民出版社，2018.

[3]柳斌杰，阎晓宏. 中国版权相关产业的经济贡献[R]. 北京：中国书籍出版社，2010.

[4]陈震，汪忠. 文化企业版权资产的发掘、运营与保护[M]. 广州：南方日报出版社，2018.

[5][美]理查德·佛罗里达. 创意阶层的崛起[M]. 司徒爱勤，译. 北京：中信出版社，2010.

[6][英]克里斯·比尔顿. 创意与管理：从创意产业到创意管理[M]. 向勇，译. 北京：新世界出版社，2010.

[7]厉无畏，王慧敏. 创意产业新论[M]. 上海：东方出版中心，2008.

[8]安吉拉·默克罗比. 创意生活：新文化产业[M]. 何道宽，译. 北京：商务印书馆，2017.

[9][美]凯文·凯利. 新经济 新规则[M]. 刘仲涛，康欣叶，侯煜，译. 北京：电子工业出版社，2014.

[10]朱晓明. 走向数字经济[M]. 上海：上海交通大学出版社，2018.

第 12 章　文化金融政策与金融监管

学习目标

1. 了解公共政策基础知识，了解文化金融政策与文化经济政策、金融政策之间的关系。
2. 理解文化金融政策的基本含义，掌握文化金融政策过程的作用。
3. 了解我国文化金融政策发展的基本历程，理解我国文化金融政策体系的特点。
4. 了解金融监管的内容、领域和方式，了解金融监管关注的文化金融的几个主要领域。

关键术语

公共政策　公共政策过程　金融政策　文化经济政策　文化金融政策　金融监管

导　言

文化金融政策是一种公共政策。我们需要在公共政策视角下了解金融政策、文化经济政策与文化金融政策的关系，在此基础上，本章要学习文化金融政策的基本含义、政策过程及作用。我国的文化金融政策是推动文化产业发展的重要政策领域。从历程上看，我国文化金融政策以多种形式出现，并已经形成了政策体系的雏形。

公共政策不仅要促进产业发展和市场发展，还要实施行业监管和系统监管。监管目标需要通过政策来实现，但金融监管不仅是一系列政策文本，更是一种机制体制。文化金融作为金融的特殊业态也在金融监管的范围之内。这一章要了解金融监管的相关知识，同时要对文化金融监管的主要领域有一定的了解。

12.1　文化金融政策含义、过程与作用

12.1.1　什么是文化金融政策

政府对金融体系及相关金融活动具有法定的干预权力，金融政策是政府部门影响金融活动、调节经济运行的重要手段之一。所以，文化金融政策是政府干预文化金融领域的一种特殊的公共政策，是一种文化经济与金融相交叉的公共政策。要了解文化金融政策，我们需要先在公共政策体系下了解文化金融与金融政策、文化金融与文化经济政策之间的关系。

一、金融政策与文化金融

金融政策是经济性公共政策(经济政策)的一种类型。

　　狭义上的金融政策主要指宏观金融政策，包括货币政策①、汇率政策及国际收支相关政策，是宏观经济调控手段。在这个含义上看，为了寻求宏观经济目标②，政府会使用一些金融工具作为调控手段。而从广义上，金融政策还包括金融市场发展政策、金融监管政策等，是政府根据国家政治经济发展目标对金融市场和金融体系进行各类政策设计，直接目的是完善体制、促进发展、强化监管等。从金融政策手段上，包括了经济手段、行政手段、法律手段等。

　　货币政策等宏观金融政策是形成文化金融发展环境的重要因素。虽然货币政策等宏观金融政策看起来与文化金融没有直接关系，但文化金融领域往往对货币政策仍是比较敏感的，如银根紧缩与文化产业信贷问题、汇率及外汇政策与文化贸易问题等。

　　与文化金融关系更为密切的是金融市场发展政策、金融监管政策。金融市场发展政策包括货币市场发展政策、债券市场发展政策、股票市场发展政策、基金市场发展政策、信托与资产管理市场发展政策、外汇市场发展政策等。相对应的，按照不同市场（或行业）的金融监管政策主要包括银行业监管政策、证券业监管政策、保险业监管政策、基金业监管政策、信托资产管理业监管政策等。这些涉及金融行业和金融市场的政策与实体经济领域的各个产业发展都有密切的关系，大多数的政策变化都会直接传导到实体经济领域，当然也包括文化产业领域。

　　金融市场发展政策和金融监管政策不仅与文化金融发展直接相关，而且一些政策直接包含了文化金融方面的具体内容。在金融市场发展政策方面，金融服务实体经济成为金融市场发展的基本定位和价值目标，文化经济发展或文化产业发展也是题中应有之义。如2008年3月19日中国人民银行等四部门联合印发的《关于金融支持服务业加快发展的若干意见》（银发〔2008〕90号），文件中关于文化产业的内容是专门指向文化出口的。又如2017年4月，中国银监会在其发布的《关于提升银行业服务实体经济质效的指导意见》提出：银行业金融机构要进一步拓展消费金融业务，积极满足居民在大宗耐用消费品、新型消费品以及教育、旅游等服务领域的合理融资需求。要积极创新有利于医疗、养老、教育、文化、体育等社会领域企业发展的金融产品，探索股权、收益权、应收账款以及其他合规财产权利质押融资，促进激发社会领域投资活力。

　　在金融服务实体经济方面，除了综合性政策外，还有针对农业、交通、科技等不同实体经济的专门性金融政策。由金融监管部门主导对文化产业的专门性金融政策是从2009年开始出现的，2009年，中国人民银行营业管理部、中国银行业监督管理委员会北京监管局发布了《关于金融支持首都文化创意产业发展的指导意见》（银管发〔2009〕144号）。另外，在我国鼓励新型金融模式（如绿色金融、普惠金融等）的政策中，都不同程度地包含了与文化金融相关的内容。

　　所以，从金融视角上，文化金融政策是金融政策的一部分，是金融服务实体经济

---

　　① 货币政策是政府和货币当局为了实现一定的经济目标影响货币供给数量的措施，是政府宏观经济政策手段之一。货币政策工具包括一般性货币政策工具、选择性货币政策工具和辅助性货币政策工具。一般性货币政策工具包括：法定存款准备金、再贴现和公开市场业务。选择性货币政策工具是对特殊经济领域、特殊信贷领域实施的信用调节工具。如消费者信用控制、优惠利率等。我国按国家产业政策要求，对一些经济部门实施利率优惠。辅助性货币政策工具包括直接信用控制（利率最高限额等）、间接信用控制（道义劝告、窗口指导、金融检查等）等。

　　② 主要目标包括：经济增长、充分就业、稳定物价、国际收支平衡等。

发展相关政策的具体形式。

二、文化经济政策与文化金融

文化经济政策是政府相关部门通过经济手段干预文化产品的创作、生产、流通、传播、消费及其他相关社会生产关系的措施和行为准则。这种"干预"包括引导、促进、保障等积极性政策，也包括管制、限制、惩罚等方面的消极性政策。

(1)文化经济政策是文化政策的一个组成部分，是一种通过经济方式影响文化生产的政策形式。西方国家的文化政策中含有文化经济的内容也是很晚的事情，但文化产业的迅速发展和经济环境的变化正在促使文化经济政策的日益丰富。

在进行文化事业和文化产业"两分法"之前，我国的文化经济政策指向文化事业，并试图通过文化经济政策探索产业化途径。1992 年，我国启动建设社会主义市场经济的历程，这也是文化经济政策真正形成的开始。

(2)通过经济手段干预文化事业发展是我国文化经济政策发展历程上的第一个重要节点。中国共产党十四大报告(1992 年 10 月 12 日)提出："积极推进文化体制改革，完善文化事业的有关经济政策，繁荣社会主义文化。"从这里开始，文化经济政策首先从通过经济手段发展"文化事业"开始了，而经济手段主要包括税收、贷款、价格等[①]。

围绕文化事业的初期文化经济政策，比较明显地体现在国务院于 1996 年 9 月 5 日发布的《国务院关于进一步完善文化经济政策的若干规定》(国发〔1996〕37 号)。文件中的主要措施包括：开征文化事业建设费、鼓励对文化事业的捐赠、继续实行财税优惠政策、建立健全专项资金制度等。文件指出：为切实加强社会主义精神文明建设、促进文化事业健康发展，国务院决定进一步完善文化经济政策，在加大各级财政对文化事业投入力度的同时，拓宽文化事业资金投入渠道，逐步形成适应社会主义市场经济要求的筹资机制和多渠道投入体制。

(3)文化产业政策的提出是我国文化经济政策发展的第二个重要节点。2000 年 10月，中国共产党十五届五中全会审议的《中共中央关于制定国民经济和社会发展第十个五年计划的建议》中第一次写入了"文化产业"概念。2002 年，中国共产党十六大报告提出"积极发展文化事业和文化产业"，并提出要"完善文化产业政策，支持文化产业发展，增强我国文化产业的整体实力和竞争力。"2003 年，我国的文化体制改革启动，从此，文化产业政策逐步成为文化经济政策的主要内容。2006 年 9 月，《国家"十一五"时期文化发展规划纲要》提出：完善文化发展的经济政策。继续执行实践证明行之有效的文化经济政策，制定和完善扶持公益性文化事业、发展文化产业、激励文化创新等方面的政策。

作为重要的政策形式，文化经济政策在我们党和政府的战略性文件中[②]被多次予以强调。如：2017 年 5 月中共中央办公厅、国务院办公厅印发的《国家"十三五"时期文化

---

①　中国共产党十四届六中全会明确提出："要适应社会主义市场经济的要求，建立规范有效的筹资机制，逐渐形成对精神文明建设多渠道投入的体制。""运用税收、贷款、价格等经济手段支持宣传文化事业。进一步完善宣传文化事业的财税优惠政策。鼓励社会力量资助宣传文化事业。"

②　主要包括：党的十七大、十八大、十九大报告；关于文化体制改革的文件；国家第十二个五年规划、国家第十三个五年规划等。

发展改革规划纲要》在第十二部分专门阐述了"完善和落实文化经济政策"的主要内容，我们可以认为是对文化经济政策内容阐述比较全面的文本，主要内容包括财政保障政策、文化税收政策、文化金融政策、文化贸易促进政策、文化建设用地政策五项内容（见专栏12-1）。

文化经济政策中包括与财政、税收、贸易、产业发展等相关的政策内容，同时，文化经济政策中必然地含有金融如何促进文化产业发展的相关内容，从这个角度上看，文化金融政策是文化经济政策的一部分。

专栏 12-1

《国家"十三五"时期文化发展改革规划纲要》文化经济政策相关内容

2017年5月中共中央办公厅、国务院办公厅印发的《国家"十三五"时期文化发展改革规划纲要》在第十二部分专门阐述了"完善和落实文化经济政策"的主要内容。原文包括：

加大政策创新和执行力度，进一步健全文化经济政策体系，增强针对性、拓展覆盖面，更好地发挥引导激励和兜底保障作用，为坚持把社会效益放在首位、社会效益和经济效益相统一提供强有力的支撑。

（一）加强财政保障。完善公共财政文化投入机制，多渠道筹措资金支持文化发展改革。合理划分各级政府在文化领域的财政事权和支出责任，明确地方主体责任。进一步完善转移支付体制，加大中央和省级财政转移支付力度，重点向革命老区、民族地区、边疆地区、贫困地区倾斜，落实对国家在贫困地区安排的公益性文化建设项目取消县以下（含县）以及西部地区集中连片特困地区地市级配套资金的政策。加大政府性基金与一般公共预算的统筹力度。中央和省级财政继续设立宣传文化发展专项资金，整合设立中央补助地方公共文化服务体系建设专项资金。加大政府向社会力量购买公共文化服务的力度。中央和地方设立文艺创作专项资金或基金。创新文化产业发展专项资金管理模式，提高资金使用效益。加大文化企业国有资本经营预算投入，补充企业资本金。省属重点文化企业，经省级政府批准，2020年年底前可免缴国有资本收益。建立财政文化预算安排与资金绩效评价结果挂钩制度。通过政府购买服务、原创剧目补贴、以奖代补等方式，着力扶持文艺院团发展改革。

（二）落实和完善文化税收政策。落实经营性文化事业单位转制为企业以及支持文化创意和设计服务、电影、动漫、出版发行等文化企业发展的相关政策，落实支持社会组织、机构、个人捐赠和兴办公益性文化事业的相关政策。研究非物质文化遗产项目经营等方面的税收优惠政策。按照财税体制改革的总体要求，结合文化产业发展的实际需要，完善相关政策，加强对政策执行情况的评估督察，推动文化企业把社会效益放在首位、更好实现社会效益和经济效益有机统一。

（三）发展文化金融。鼓励金融机构开发适合文化企业特点的文化金融产品。支持符合条件的文化企业直接融资，支持上市文化企业利用资本市场并购重组。规范引导面向文化领域的互联网金融业务发展。完善文化金融中介服务体系，促进文化金融对接。探索开展无形资产抵押、质押贷款业务。鼓励开发文化消费信贷产品。

（四）健全文化贸易促进政策。简化文化出口行政审批流程，清理规范出口环节经营性服务和收费，推进文化贸易投资外汇管理便利化，提高海关通关便利化。加强对外文化贸易公共信息服务，分领域、分国别发布国外文化市场动态和文化产业政策信息。支持开展涉外知识产权维权工作。

（五）加强文化建设用地保障。将文化用地纳入城乡规划、土地利用总体规划，在国家土地政策许可范围内，优先保证重要公益性文化设施和文化产业设施、项目用地。修改城市用地分类与规划建设用地标准，完善文化设施用地类型，增加建设用地混合使用要求，保障文化事业文化产业发展。新建、改建、扩建居民住宅区，按照国家有关规定规划和建设相应的文化体育设施。鼓励将城市转型中退出的工业用地根据相关规划优先用于发展文化产业。

三、文化金融政策的含义

通过对金融政策、文化经济政策两者与文化金融政策关系的简单了解，我们已经可以对文化金融政策在公共政策谱系中的位置有个大致的认识。图 12-1 为文化金融政策相邻关系示意图。

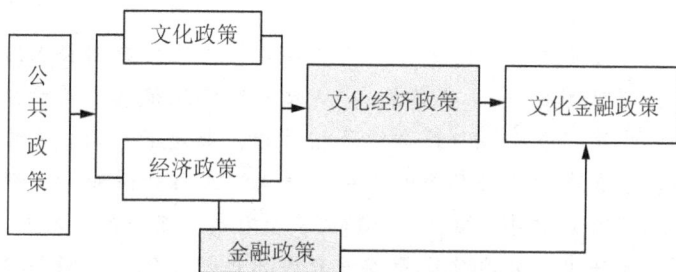

图 12-1　文化金融政策相邻关系示意图

文化金融政策就是政府为了维护文化领域的公共利益提出并执行的以金融手段为主要内容的一种公共政策。文化金融政策的基本含义是：

（1）文化金融政策是一种公共政策。公共政策是以社会公共问题[①]为对象、以维护公共利益为价值取向的政府行为，公共政策要在一定时期内执行并具有特定的目标。

（2）从金融政策视角上，文化金融政策是金融政策的一部分，是金融服务实体经济发展政策的具体形式。

（3）文化金融政策也是一种文化经济政策，政府通过文化金融政策干预文化生产。

专栏 12-2

什么是公共政策

对公共事务进行有效管理是政府的最重要职能之一。除了日常管理和运行体系，针对特定目标，政府经常需要对一些公共事务提出一套计划并指由相关人执行并考核，

---

① 社会公共问题不仅发生在法律、外交、国防、环保等纯公共事务领域，也体现在交通、交易、住房等准公共事务领域以及市场和私人领域。

这就涉及公共政策问题。

自从有国家以来，就有政府制定的政策，但公共政策作为一种国家治理内容，是在近现代国家形态形成之后出现的，而公共政策理论则产生得更晚。现代西方公共政策理论主要是在美国诞生并丰富起来的[①]。我国的公共政策研究在改革开放以后得到了飞速发展。

关于公共政策定义，学界有各种不同的理解，但从本质上基本都聚焦在利益（或价值）这个核心上。如戴维·伊斯顿认为公共政策是"对一个社会进行的权威性价值分配"。我国有学者认为，公共政策是政府依据特定时期的目标，通过对社会中各种利益进行选择与整合，在追求有效增进与公平分配社会利益的过程中所制定的行为准则[②]。无论公共政策在各种利益权衡中如何取舍，但公共政策终究是以公共利益为价值取向的。所以，一般来说，公共政策就是政府为了维护公共利益，在一定时期针对特定目标提出并执行的行动准则的公共事务管理方式。

公共政策可以通过多种维度进行分类。从政策所指公共领域上，公共政策可以分为政治性公共政策、社会性公共政策、文化性公共政策、经济性公共政策、资源性公共政策等。经济性公共政策主要包括金融政策、税收政策、财政政策、外贸政策、产业政策等。

从制定主体上，公共政策分为中央政府公共政策和地方政府公共政策；从用途上可分为总体政策、部门政策（或业务政策）。从政策所涉及范围广度和复杂程度，可分为综合政策和专门政策，专门性与综合性是相对的，不是绝对的。文化金融政策既有中央政府层面的，也有地方政府层面的。在用途上，文化金融政策一般属于部门政策（或业务政策），在范围上相对于综合性金融政策而言属于专门性的政策。

从政策的预期效果上，公共政策还可以分为积极性政策、消极性政策、鼓励性政策和限制性政策。从政策的时效长短可分为长期政策、中期政策和短期政策，等等。

公共政策是国家公权力运行和管理的最直接体现，需要形成政策文本（即政策相关文件）告知宣达至各利益相关群体。在我国，政府政策文本形式主要为意见、指导意见、实施意见；纲要、规划纲要、规划、行动计划等。

12.1.2 文化金融政策过程

通过制定和执行公共政策，政府至少需要达到两个目的：一是实施公共管理；二是维护公共利益。要达到这两个目的，不仅需要在制定政策环节力求科学，同时要保证政策执行和评估的有效性。

一般来说，公共政策过程主要包括制定、执行、评估三个环节，有些政策还需要通过一定程序进行政策终结。作为一种公共政策，文化金融政策过程与一般公共政策

---

① 美国行为主义政治学家哈罗德·D. 拉斯韦尔在 1943 年提出了"政策科学"的概念。他与另一位学者勒纳共同主编的论文集《政策科学：视野与方法的近期发展》于 1951 年出版，被认为是公共政策学诞生的标志。德洛尔等学者批判性地发展了公共政策理论，使公共政策学进入新的阶段。1973 年，普雷斯曼和韦尔达夫斯基基于大量跟踪研究出版了《执行：联邦政府的期望在奥克兰市的破灭》，引发了对政策执行研究的转向。关于政策执行，长期以来形成了行动理论、组织理论和博弈论三大流派。

② 陈庆云. 公共政策分析[M]. 北京：北京大学出版社，2006.

过程无异。

1. 政策制定

文化金融政策的制定环节是非常复杂的过程，包括政策问题认定与政策议程建立；政策规划（制定政策框架、分析政策价值、提出解决方案）；政策合法化（经过合法程序形成决议并公布等）。这个环节需要金融、文化、公共政策、法律等各方面专家共同参与。

2. 政策执行

文化金融政策制定出来后，并不因为具有公权力的性质就天然会达成效果，要达成效果必须通过政策执行这一环节。政策执行就是政策的实施，是通过一系列活动达成政策目标的过程。这一过程包括政策学习宣讲、制订行动计划、组织与物质保障、具体实施、协调、监控等内容。由于文化金融政策涉及部门较多，政策理解不同，执行部门人才结构存在较大差异，政策执行经常发生执行偏差问题。

3. 政策评估

文化金融政策的评估可以存在于事前、事中和事后，我们这里的评估是指事中评估和事后评估，事中评估以政策执行情况为对象，事后评估以政策效果为评估对象。事中评估一般是阶段性评估，有利于及时了解公共政策执行情况、发现问题，以便及时调整行动计划。事后评估是对公共政策的全面总结，一般是公共政策的最终评估。评估可以采取内部评估，也可以采取外部评估（即第三方评估）。

12.1.3　文化金融政策的作用

文化金融政策具有公共政策的一般功能，主要是导向功能、调节功能、分配功能和约束功能。文化金融政策的作用是通过其作为公共政策的一般功能体现出来的。

1. 通过导向功能（引导功能）促进文化产业发展

政府部门在政策中明确表达自己的观念和理想，从而对相关主体提出了"应该做什么"的行动引导。文化金融政策通过鼓励或刺激性措施，引导金融资本和社会资本流向文化产业和公共文化服务建设，引导金融资本、社会资本与文化资源相结合。在政策引导下，银行、信托、证券、保险等机构将更多的资本投入文化产业，同时创新工具和产品；社会资本通过私募股权基金、资产管理等渠道投资文化产业。在政策引导下，文化金融已经逐步成为一种特殊的金融业态，大大推进了我国文化产业和文化建设的发展。

2. 通过调节功能协调文化与金融复杂系统的利益关系

政策需要面对某一特定领域的各种矛盾，并通过解决这些矛盾来达到某种目标。要解决金融服务文化生产这个领域的矛盾，要面对三个复杂性：一是文化生产领域结构复杂，不仅分为公共文化服务与文化产业两个部分，同时，文化产业内部的各个分行业之间差异也较大；二是金融体系复杂，金融监管部门较多；三是政策制定中涉及部门众多，利益关系复杂。这决定了金融与文化的协同发展需要一个稳定的长效的协调机制，文化金融政策正是通过层层设计（如部际协商机制）解决这些问题，由此降低交易成本，提高产业效率。

3. 通过分配功能进行价值或利益的分配与再分配，实现社会利益最大化

公共政策满足一部分人的价值需要，也就可能抑制另一部分人的价值需要，这种价值分配最终是要达成社会利益的最大化。文化金融政策与国家文化发展战略相关，与满足人们日益增长的精神生活需要相关，基于这种意义，政策就需要将金融领域的资本价值和文化领域的文化价值进行分配与再分配，以满足具有更大社会价值的那部分群体的价值需要和利益诉求。

4. 通过约束功能或管制功能维护文化金融市场秩序，保障文化产业良性发展和金融系统风险管控

作为公共政策，文化金融政策首先约束公权力自身，其次约束相关利益主体。文化金融政策并不总是释放"积极"信号，政策往往也会带来消极的信息，以告诉人们不能做什么、会有什么代价。例如，对文化产权交易所的清理整顿、对文化产业资本市场利用"明星证券化"进行市场炒作的调查等，这些都约束了不良市场行为。

12.2 文化金融政策发展及体系

12.2.1 文化金融政策专门化

早期的文化金融政策内容散见于我国政府的文化政策文件当中，政策内容的特点是：与文化体制改革紧密相关；以文化产业放开准入、鼓励非公有资本进入为重要基础；以文化部门"争取"金融支持为主要基调，政策主体多数是文化主管部门；涉及的金融形式和工具从单一逐步多样化；在文本上逐步有了专门条款；开始认识到了文化金融政策的独特性。

2009 年之后我国文化金融政策进入专门化时期，先后有多个专门政策出台，极大地推动了文化产业的发展。文化金融专门政策的制定是我国文化金融政策发展的一个高峰。随后，文化金融政策在中央政府的总体政策层面、在部门或地方政府层面上都得到了扩展和提升。

不同于部门(业务)政策，专门性政策是指针对跨业务、跨部门的某一专门领域提出的针对性的政策。所谓"专门性"，是与"综合性"相对的。专门性文化金融政策(或文化金融专门政策)是指由金融监管相关部门专门制定的关于金融服务文化生产和文化产业领域的行动准则。文化金融政策专门化的主要标志是：

(1)以金融和文化产业的关系这一专门领域为政策调整对象。

(2)跨文化、金融多个业务主管部门共同聚焦。

(3)金融监管部门发挥重要作用，积极主导或参与政策制定和实施。

(4)形成专门的政策文本并由政府部门发布。

随着文化产业对资本需求的日益增长，文化金融政策的专门化就成了必要。一些由金融监管部门主导或参与的专门性文化金融政策出台了。自 2009 年起，先后有四个专门政策文件出台。

一、两个具有先导作用的专门性政策文件

在文化金融政策研究中，有一个政策文件常常被忽视，实际上之后出台的两个具

有先导作用的文化金融专门政策文本都和这个文件有直接关系。这个文件就是"一行三会"①在 2008 年 3 月 19 日印发的《关于金融支持服务业加快发展的若干意见》(银发〔2008〕90 号)。这个文件出台和我国大力发展服务业的战略背景有关,文件中关于文化产业的内容并不多,是专门指向文化出口的,具体内容为:大力鼓励政策性金融机构对列入《文化产品和服务出口指导目录》的出口项目或企业,按规定给予贷款支持,推动文化产品和服务出口。

2009 年 5 月商务部、文化部、广电总局、新闻出版总署、中国进出口银行联合出台的《关于金融支持文化出口的指导意见》(商服贸发〔2009〕191 号),是第一个全国性文化金融专门政策文件,其上位政策正是《关于金融支持服务业加快发展的若干意见》(银发〔2008〕90 号)。文件主要内容包括支持范围、协调机制和金融服务等。金融服务主要包括:融资、结算、对外担保、财务顾问等服务支持;股权、债权、知识产权质押等多种担保方式;信息和各项规避市场风险的服务等。虽然参与制定的是中国进出口银行(政策性银行)而非金融监管部门,涵盖的金融范围较小,服务领域也仅限于文化出口,但就金融如何支持文化发展制定专门的政策文件,这是第一次。此后,2010 年商务部等十部门联合发布了《关于进一步推进国家文化出口重点企业和项目目录相关工作的指导意见》,2012 年商务部等十部门重新修订了《文化产品和服务出口指导目录》,这些政策中金融支持文化出口均延续了《关于金融支持文化出口的指导意见》中的内容。

2009 年 7 月 3 日,中国人民银行营业管理部、中国银行业监督管理委员会北京监管局公布的《关于金融支持首都文化创意产业发展的指导意见》(银管发〔2009〕144 号)的上位政策文件之一也是《关于金融支持服务业加快发展的若干意见》。《关于金融支持首都文化创意产业发展的指导意见》虽然是地方性的政策,但却是第一个由金融监管部门主导发布的文化金融专门政策文件。内容主要包括:发挥金融对文化创意产业的促进作用,推进首都经济结构优化调整;培育首都金融业的核心竞争力,建立适合北京产业特点的信贷机制;深入调研文化创意产业的信贷需求,积极稳妥推出多层次信贷创新产品。这一文件的特点在于由金融监管部门主导并出台,对所辖金融系统具有较强的约束力,因而具有很强的权威性。此后,北京市范围内银行系统的文化金融创新都与这个文件有一脉相承的关系。

以上两个政策文件,一个没有金融监管部门参与,一个是地方性且局限于银行系统,看起来专门性程度还不够,但在文化金融专门政策发展历程中起到了先导作用,仍然具有很大的价值。

二、两个具有战略意义的专门性政策文件

大力发展文化产业的紧迫性,文化金融合作的重要性,使出台更高层面的文化金融专门政策显得十分必要。2010 年,中宣部、中国人民银行、文化部等九部门印发了《关于金融支持文化产业振兴和发展繁荣的指导意见》(银发〔2010〕94 号)(可简称"文化金融 94 号文")。2014 年,文化部会同中国人民银行、财政部出台了《关于深入推进文化金融合作的意见》(文产发〔2014〕14 号)(可简称"文化金融 14 号文")。这两个文件都是全国性政策

---

① "一行三会"即:中国人民银行、中国银行业监督管理委员会、中国证券监督管理委员会、中国保险监督管理委员会。2018 年在国家机构改革中,中国银监会和中国保监会合并组成中国银行保险业监督管理委员会。

文件，都有金融监管部门参与，其内容基本奠定了我国文化金融政策的基本框架。

《关于金融支持文化产业振兴和发展繁荣的指导意见》是我国第一个有金融监管部门参与的战略性文化金融专门政策文件。其特点是：

（1）权威性。由于这一政策的发布方首次包含了中国人民银行、中国银监会、中国证监会、中国保监会等主要的金融监管部门，大大提升了政策的权威性和可执行性。此后，全国各地在制定或实施地方性文化金融政策时，中国人民银行分支机构、银行、证券、保险的监管部门以及金融局（办）等都成为主要参与部门。

（2）全面性。这一文件涉及的金融服务内容较以往所有政策文件都更加全面，涵盖了银行、证券、保险、外汇管理等金融领域，包含了文化金融市场主体、产品、机构及相关配套措施等各个方面内容。文件特别提出了政策实施和效果评估问题，要求加强信贷政策和产业政策的协调、建立多部门信息沟通机制、加强政策落实督促评估等。

（3）创新性。在产品创新上更加细化，如开发适合文化产业特点的信贷产品方面，既包括推动多元化、多层次的信贷产品开发和创新（供应链融资、并购融资；应收款质押贷款、仓单质押贷款；融资租赁贷款；权利质押贷款等），又包括积极探索适合文化产业项目的多种贷款模式（银团贷款、联保联贷）等。

2013年11月，中国共产党第十八届中央委员会第三次全体会议通过《中共中央关于全面深化改革若干重大问题的决定》，指出要"建立多层次文化产品和要素市场，鼓励金融资本、社会资本、文化资源相结合"，这为文化金融发展提供了重要依据，文化金融政策的专门化进一步加快。2014年出台的《关于深入推进文化金融合作的意见》（文产发〔2014〕14号）是第二部有金融监管部门参与的全国性文化金融专门政策，是第一部以"文化金融"为主题的框架性政策文本，自此以后，"文化金融"作为一个专业词汇或专有名词就"合法化"了。

在此前，虽然学界和一些地方性政策已经使用"文化金融"概念，但《关于深入推进文化金融合作的意见》是首个将"文化金融"作为专有概念的全国性文化金融政策，具有决定性的影响力，所以，这是文化金融发展中的里程碑式事件。"文化金融14号文"内容有很多新的特点：

（1）明确指出了文化金融作为产业动力的重要意义。"文化金融94号文"的意义表述重点是"三个需要"，即"培育新的经济增长点的需要，促进文化大发展大繁荣的需要，提高国家文化软实力和维护国家文化安全的需要"。而"文化金融14号文"首次指出"文化金融合作已经成为我国文化产业发展的显著特点和重要成果，成为我国文化产业持续快速健康发展的重要动力"。文化金融合作是文化产业发展重要动力的表述，也是资本作为产业发展动力的基本共识。

（2）确定了"金融"与"文化"作为平等主体的关系。从"金融支持文化"到"文化金融合作"，不是简单的文字表述上的改变，它完成了文化企业、文化资源一方在文化与金融关系中的角色转换。文件明确了文化与金融合作的性质，双方关系从单向的"支持"向合作、融合、互惠方向转型。

（3）确立了文化金融作为一种新型金融业态的定位。"文化金融94号文"要求"各金融部门要把积极推动文化产业发展作为一项重要战略任务，作为拓展业务范围、培育新的盈利增长点的重要努力方向"，而"文化金融14号文"认为金融不仅给文化带来动力，同时，"文化产业的快速发展为金融业的发展提供了新空间，已经成为金融业业务拓展转型的重要方向"。这一论断基本确立了文化金融作为一种新型的金融业态的定位。

（4）确立创新驱动原则，突出了机制和体制创新。除了信贷、保险、证券等金融领域的产品与服务方面的创新任务外，文件跳出工具和产品创新的一般范畴，特别提出了文化金融体制机制创新问题，创新内容包括：文化金融服务组织形式、文化金融中介服务体系、文化金融合作试验区等。文化金融合作领域机制体制问题的提出，说明文化金融开始具备了作为一个完整的产业生态而存在的合理性。

（5）进一步完善了文化金融政策实施保障及基础设施方面的内容。包括建立文化金融合作部际会商制度创新协调机制；加大了财政对文化金融的支持；实施"文化金融扶持计划"；建立财政贴息信息共享机制；建立文化产业贷款风险分担补偿机制等。关于"文化金融公共服务"的亮点是：开展文化产业融资规模统计、制定文化金融服务标准、建设文化企业信用体系、完善部行合作机制、建设文化金融社会化组织等。其中一些内容已经涉及了文化金融基础设施问题。

12.2.2　文化金融政策体系内容

从我国文化金融政策的发展历程和政策体系看，除了专门性政策，文化金融政策还有其他形式和形态。有时，文化金融政策是文化经济政策及文化产业政策的一部分，是一种含有金融内容的配套政策；有时是金融政策的一个组成部分，是含有具体的文化产业指向的金融政策。总体上，文化金融政策发展到一定阶段就开始成为一种特殊的政策类型，是金融政策和文化经济政策交叉的政策领域。从文化金融所载政策文本形式上看，文化金融政策体系示意如图 12-2 所示。

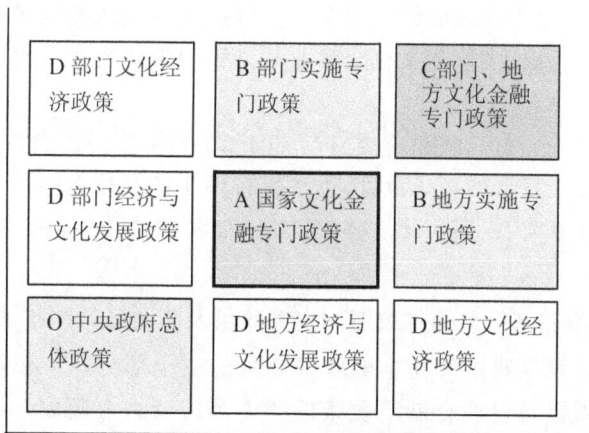

图 12-2　文化金融政策体系示意图

随着我国文化金融政策体系不断丰富完善，主要形式包含了以下几个方面。

1. 在中央政府文化改革总体政策中提升固化并形成战略意义（O 部分）

2013 年 11 月，中国共产党十八届三中全会审议通过的《中共中央关于全面深化改革若干重大问题的决定》中提出了"鼓励金融资本、社会资本、文化资源相结合"的战略要求，为文化金融发展提供了坚实的政策基础，文化金融被纳入全面深化文化领域改革的总体布局当中。

　　文化金融政策的战略性还体现在国家文化发展战略规划中。2012 年，《国家"十二五"时期文化发展改革规划纲要》中要求：落实和完善金融支持文化产业发展政策，加强和改善对文化企业的金融服务。发挥文化产业投资基金的引导作用，吸引金融资本和其他社会资本进入文化产业。2017 年，《国家"十三五"时期文化发展改革规划纲要》在"完善和落实文化经济政策"中要求"发展文化金融"等。

　　2. 文化金融专门政策构成我国文化金融政策体系的主干部分（A 和 C 部分）

　　除了前面已经介绍的两个全国性文化金融政策（《关于金融支持文化产业振兴和发展繁荣的指导意见》和《关于深入推进文化金融合作的意见》），地方政府部门也根据自身情况出台地方性文化金融专门政策。地方性文化金融专门政策虽然政策效力范围限于地方，但由于其专门化程度较高，对其他地区都有较强的借鉴和示范意义。

　　2012 年 7 月，北京市金融工作局和北京市委宣传部印发的《关于金融促进首都文化创意产业发展的意见》是我国较早提出并使用"文化金融"概念的政策性文件，提出了极具特色的"九文"文化金融体系建设目标，即："文化信贷""文化保险""文企上市""文化要素市场""文化股权投资基金""文化投融资体制改革""文化金融综合试验区""文化信用增进""文化金融人才"。在基本原则中提出："坚持首都文化发展定位和方向，坚持中央统一部署与首都文化现状相结合，坚持政府引导推动与市场运作发展相结合，坚持文化创意产业特性与金融运行规律相结合，通过积极提升政策环境，创新文化金融产品，健全文化金融市场，聚集文化金融机构，吸引文化金融人才，完善文化金融政策，加强文化金融科技合作，构建全国文化中心城市。"

　　北京银监局、北京市文资办 2018 年 1 月印发的《关于促进首都文化金融发展的意见》是银行体系服务文化产业发展的政策文件，特点是围绕服务全国文化中心建设，重点助力文化＋业态，提出了"优化文化金融业务流程和管理模式""建设文化金融良好生态圈"等要求。

　　中国人民银行西安分行与陕西省委宣传部于 2018 年 1 月出台的《关于金融支持陕西文化产业进一步加快发展的指导意见》也是银行体系的文化金融政策，特点是满足陕西特色需求，提出建立"大、新、优、强"的文化金融支撑体系，支持以"文化＋"为特征的融合发展等。

　　3. 国家专门政策在部门和地方政府的实施政策及相关政策中扩展（B 部分）

　　文化金融专门政策是我国文化金融政策体系的主干部分，一般都是由相关部委联合制定的，其实施需要通过联合制定政策的各个部门及地方政府，所以，其扩展主要在部门和地方政府两个方面，政策文本为"实施意见""规划""行动计划"等。如 2010 年中国保监会与文化部联合印发了《关于保险业支持文化产业发展有关工作的通知》（保监发〔2010〕109 号）。《关于金融支持文化产业振兴和发展繁荣的指导意见》和《关于深入推进文化金融合作的意见》出台后，上海、广东、江苏、山东、四川、甘肃等省市根据各自的优势和发展特点相继出台了相应的实施意见。江苏省还专门印发了操作性较强的《江苏省文化金融发展三年行动计划（2015—2017）》。

　　江苏省在文化金融的特定领域上提出了具体措施。如《江苏省文化金融合作试验区创建实施办法（试行）》，并附"江苏省文化金融合作试验区认定评估指标体系"。同时期，江苏省还发布了《江苏省文化金融服务中心认定管理办法》。北京市在推动财政和金融联动发展文化金融方面提出了别具特色的政策。北京市在 2017 年发布《北京市实施文化创意产业"投贷奖"联动 推动文化金融融合发展管理办法（试行）》（京文领办文〔2017〕3 号），2018 年 5 月又印发了《北京市文创产业"投贷奖"联动运营平台绩效考评管理实施细则（试行）》。部分文化金融地方性实施政策文件比较见表 12-1。

表 12-1　部分文化金融地方性实施政策文件比较

	政策文件名称	部门/时间	内容特色	性质	备注
上海	《上海市金融支持文化产业发展繁荣的实施意见》沪金融办通〔2010〕24 号	中共上海市委宣传部、市金融办、市发展发改委、市财政局等。2010 年 7 月 19 日	结合金融中心和自贸区优势	2010 年《关于金融支持文化产业振兴和发展繁荣的指导意见》的实施政策	—
广东	《关于金融支持广东省文化产业振兴和发展繁荣的实施意见》（广州银发〔2011〕52 号）	中共广东省委宣传部、中国人民银行广州分行、广东省财政厅等九部门。2011 年 5 月 4 日	重点加大信贷支持力度，完善业务配套		—
江苏	《关于金融支持文化产业发展的若干意见》（苏政发〔2011〕116 号）	江苏省文化厅、省财政厅、省广电局、省新闻出版局、省金融办、中国人民银行南京分行等。2011 年	文化产业的信贷投入分类；构建文化类无形资产流转评估体系。		
上海	《上海市关于深入推进文化与金融合作的实施意见》	中共上海市委宣传部、市发展发改委、市财政局等十部门。2014 年印发	突出创新；突出直接融资；鼓励和支持用好自贸区金融政策。	2014 年《关于深入推进文化金融合作的意见》的实施政策	
江苏	《关于促进江苏省文化金融发展的指导意见》（苏宣发〔2015〕8 号）	中共江苏省委宣传部、中国人民银行南京分行、省财政厅、省金融办等	服务小微文化企业；文化金融特色机构"一行（司）一品"；"六专"服务模式		配套：《江苏省文化金融发展三年行动计划（2015—2017）》
山东	关于深入推进文化金融合作的实施意见（鲁文产〔2014〕3 号）	山东省文化厅、中国人民银行济南分行、省财政厅、省金融工作办公室	搭建文化权益类交易平台		—
四川	关于落实《文化部 中国人民银行 财政部关于深入推进文化金融合作的意见》的实施意见（川文发〔2014〕29 号）	四川省文化厅、中国人民银行成都分行、四川省财政厅	设立藏羌彝文化产业走廊四川区域文化金融合作试验区		

4. 在文化主管部门和地方政府的文化改革政策和产业政策中延续丰富（D 部分）

文化主管部门及地方政府出台的文化经济政策主要体现在关于文化体制改革、文化发展及文化产业的意见、规划、行动计划等政策文本中，而文化金融一般都是文化经济政策的重要内容之一。

文化主管部门发布的政策，如 2017 年文化部印发的《文化部"十三五"时期文化发展改革规划》《文化部"十三五"时期文化产业发展规划》等。地方政府发布的政策，如：2016 年上海市发布的《上海市文化创意产业发展三年行动计划（2016—2018 年）》、2016年北京市发布的《北京市"十三五"时期文化创意产业发展规划》、2017 年 9 月陕西省发布的《关于进一步加快陕西文化产业发展的若干政策措施》、2017 年 12 月上海市印发的《关于加快本市文化创意产业创新发展的若干意见》、2018 年 6 月北京市印发的《关于推进文化创意产业创新发展的意见》等。

5. 在文化产业发展的专门领域相关政策中，文化金融也已经成为标准配置内容（D 部分）

政府对文化产业发展中的一些专门领域如文化科技、小微文化企业发展、特色文化产业发展等制定了专门政策，其中设有专门的文化金融政策条款，也是文化金融政策体系的重要内容。

2012 年科技部、中宣部、财政部、文化部、广电总局、新闻出版总署联合印发的《国家文化科技创新工程纲要》，其中设有专门条款"建立健全文化科技投融资体系"，内容主要包括：通过政府资金引导带动社会资本、金融资本参与，搭建文化科技投融资服务平台，推动条件成熟的文化科技类企业上市融资等。2014 年印发的《关于推动特色文化产业发展的指导意见》（文产发〔2014〕28 号）中相关条款为"加大财税金融扶持"，金融方面主要内容包括：利用文化部与相关金融机构部行合作机制、文化产业投融资公共服务平台，加强对特色文化企业的投融资支持与服务等。2014 年印发的《关于大力支持小微文化企业发展的实施意见》（文产发〔2014〕27 号）中专门条款为"健全金融服务体系"，在创新金融服务方式和拓展企业融资渠道方面提出了较为详细的要求。

12.2.3　我国文化金融政策的特点

从 2003 年至 2019 年，纵观多年来文化金融政策发展历程，我们从政策形式、服务对象、金融功能、协调机制等方面，来分析文化金融政策的特点。

1. 文化金融专门政策是文化金融政策体系的主体部分，同时与文化发展政策、文化产业政策、金融政策中的文化金融内容互相补充

文化金融政策与文化财政政策、文化税收政策、文化贸易政策等共同构成文化经济政策。文化金融政策是否专门化，是不是有专门的文化政策文本是重要标准，这点上我国已经实现了突破。但是，只有专门政策还无法独立形成体系。在中央、地方各层级的文化改革与发展政策（规划、指导意见等）或文化产业政策中都含有文化金融政策内容，这些也是一种文化金融政策文本，同样具有一定的引导性和约束力。

在金融政策中包含文化金融内容的文本还不多见，但有些金融政策文本中的零散的内容显示出对文化产业、文化建设给予了更多关注，如前文所述中国银监会发布的《关于提升银行业服务实体经济质效的指导意见》（银监发〔2017〕4 号）。

2. 文化金融政策以文化产业发展为政策目标，是服务于整体文化产业的

自 2003 年起，运用经济手段对文化发展施加影响的方式发生了根本变化，以培育产业方式来发展文化成为文化经济政策的重点。文化金融政策正是在文化产业发展中形成并发展起来。从支持文化体制改革到支持文化贸易，从支持动漫产业到支持整体文化产业振兴，从支持小微文化企业到支持文化消费，文化金融政策内容日渐丰富起来。2010 年专门政策《关于金融支持文化产业振兴和发展繁荣的指导意见》出台，标志着服务于整体文化产业的文化金融政策体系基本形成。

我国出台的文化金融专门政策对应的都是文化产业整体，最终成为政策体系的主干。我国的文化金融在类型上服务于整体文化产业，主要是指国家统计意义上的"文化及相关产业的"；对象上服务文化企业，金融机构对文化企业的金融服务，即便不是以内容生产和无形资产作为金融服务的特征，但也是重要的文化金融内容。整体性体现了统一规律性，但在统一规律性之下还有特殊性。我国各级政府在一些特定产业类别（如电影产业、动漫产业）、特殊产业领域（如特色文化产业、文化旅游产业）、特殊企业类别（如国有文化企业、小微文化企业）等有专门的政策，其中也有文化金融政策内容。

3. 文化金融政策涵盖的金融服务类型比较全面，并且以金融创新为主线，推动文化金融形成一种特殊的金融业态

2010 年以来，我国的文化金融政策涵盖的金融范畴逐步全面、金融支持方式更加专业化。从工具上，文化金融政策中的文化金融工具包含了股权类、债权类、风险管理类、互联网金融类等，也包含了间接融资和直接融资各种工具类型。从机构类型上，包含了银行、保险、信托、证券、融资租赁、财务公司、担保、小贷公司、基金管理公司等各类金融机构，而且鼓励成立或组建文化金融专营化机构。从资本市场结构看，文化金融政策内容包含了从"四板"市场、"新三板"到创业板、主板等各层次资本市场。

同时，我国文化金融政策逐步增加了至关重要的基础设施相关内容，如文化金融政策设计、无形资产评估、文化企业信用体系、市场数据、文化金融公共服务等，使文化金融业态形成的基础更加坚实。

4. 文化金融政策是跨部门、多层次业务领域的，注重部门协调机制和政策协调性

文化金融政策相关内容从最初由文化部门单方面提出，到专门化时期金融监管机构加入，目前主要的政策都是由文化、财政、金融等多部门联合制定并发布。多部门联合，说明文化金融政策作为交叉性公共政策需要高度的部门协调性和政策协调性。

从组织机制上，在中央政府层面的"文化金融合作部际会商机制"是主要协调机制，一些地方政府也建立了类似的部门协调机制。从政策协调性上，重视文化金融政策与公共文化服务政策相协调，与文化体制改革及国有文化企业改革政策相协调，与文化财政政策、文化税收政策、文化外贸政策等相协调。

专栏 12-3

文化财政政策与文化金融政策相协调

在文化经济政策中,金融政策、财政政策和文化政策的协调是非常重要的命题。其中,文化财政政策是与文化金融政策相邻并关系最为密切的政策类型,文化财政政策与文化金融政策相协调主要有两种路径:一是金融部门对财政扶持的文化企业、产品、项目予以金融支持;二是财政通过引导金融资本进入文化产业对文化金融进行支持。

从《关于金融支持文化产业振兴和发展繁荣的指导意见》(银发〔2010〕94号)和《关于深入推进文化金融合作的意见》(文产发〔2014〕14号)及地方政策文件看,我国中央和地方财政支持文化金融的主要内容包括:

(1)支持设立文化产业投资基金,由财政注资引导,鼓励金融资本依法参与。如财政部与中国银行等联合设立中国文化产业投资基金,先后注资江苏紫金文化产业发展基金和湖南省文化旅游产业投资基金。

(2)通过文化产业发展专项资金扶持"文化金融扶持计划",支持文化企业在项目实施中更多运用金融资本,实现财政政策、产业政策与文化企业需求有机衔接。这一部分已经在2018年终止。

(3)实施贷款贴息、保费补贴等政策措施,引导金融资本投向文化产业。建立财政贴息信息共享机制,推动文化金融合作信贷项目库建设,完善项目准入、退出机制,确保入库项目质量。

(4)建立文化产业贷款风险分担与补偿机制,为文化企业融资提供风险屏障。风险分担主要是通过政策性担保机制;风险补偿主要是设立文化企业贷款风险补偿基金,合理分散银行的信贷风险。

(5)"财政+金融"的文化金融服务体系创新,如北京的"投贷奖"体系。其中的"奖"就是利用财政资金对以股权融资、债权融资方式进行融资的文创企业进行贴息、贴租、资金奖励,以及对相应金融机构进行资金奖励。

(根据公开资料整理)

12.3 文化金融领域的金融监管

在前面的章节中,我们已经学习了关于金融风险的知识,并且知道如果没有政府的适度干预,仅仅依靠市场调节是无法抵御金融风险的。所以,政府不仅要通过积极的金融政策促进金融和相关产业的发展,同时,还要通过相应的政策及配套措施(如稽查)约束金融市场主体的行为,这就涉及金融监管问题。金融监管是一种政策,更是一种机制体制。尤其是谈到防范金融风险,需要构建完善而高效的金融监管体制来实现。

12.3.1 金融监管及相关机制

金融监管(Financial Regulation)是一国金融当局依法对金融市场、金融机构的行为进行约束和限制的一系列活动,在中文语境下,监管是监督与管理的合称。在市场经济国家，金融监管的重要目标是弥补市场失灵，但也存在"金融监管失灵"问题。

金融监管的对象领域包括银行业、证券业、保险业等所有金融行业的机构和市场。金融监管的内容主要包括：①市场准入监管；②业务运营监管；③市场退出监管。金融监管的主要方式分为现场监管和非现场监管两种。

21 世纪以来，金融全球化趋势使金融市场风险程度有所提升，金融监管又开始得到世界各国政府的重视。2003 年，新巴塞尔协议(巴塞尔协议Ⅱ，Basel Ⅱ)①提出了资本监管的"三大支柱"，即最低资本要求、外部监管和市场约束。在 2008 年金融危机的背景下，2010 年，巴塞尔协议Ⅲ草案出台，2013 年正式实施，成为国际金融监管的主要依据。2011 年 2 月，结合国际金融监管的形势，中国银监会推出了四大监管工具，包括：资本充足率、杠杆率、拨备率和流动性。

金融监管体制即金融监管的制度安排和组织结构。金融监管体制一般分为单一监管(如英国、澳大利亚等)、分权多头监管(如美国、加拿大等)和集权多头监管体制(如日本、法国等)，我国的金融监管体制是"集权多头式"体制。

1993 年年底，国务院发布了《国务院关于金融体制改革的决定》，我国金融机构开始实行保险业、证券业、信托业和银行业的分业经营。1998 年，国务院证券委员会与中国证监会合并为中国证监会，同年成立中国保监会，2003 年成立中国银监会，至此基本形成以中国人民银行、中国银监会、中国证监会、中国保监会"一行三会"为主导的监管格局。

2015 年 6 月发生的 A 股"股灾"引发了全社会对资本市场监管的关注，也推动了金融监管机制的变革。2017 年 7 月 14—15 日，全国金融工作会议在京召开。会议提出金融工作四大原则，即回归本源、结构优化、强化监管和市场导向，以及三项任务，即服务实体经济、防控金融风险和深化金融改革。本次会议宣布设立国务院金融稳定发展委员会，强化中国人民银行宏观审慎管理和系统性风险防范职责，落实金融监管部门监管职责，并强化监管问责。

2017 年 11 月，中国共产党十九大报告中要求："深化金融体制改革，增强金融服务实体经济能力，提高直接融资比重，促进多层次资本市场健康发展。健全货币政策和宏观审慎政策双支柱调控框架，深化利率和汇率市场化改革。健全金融监管体系，守住不发生系统性金融风险的底线"。

2017 年 11 月，国务院金融稳定发展委员会成立，是国务院统筹协调金融稳定和改革发展重大问题的议事协调机构。2018 年 3 月，银监会和保监会合并，组建中国银行保险监督管理委员会。从此，我国的金融监管形成"一委一行两会"为主导的新监管结构，被认为是一种与审慎监管与行为监管"双峰监管"模式有部分类似之处的监管模式②。

---

① 国际金融监管的主要协调机制是国际清算银行发起的巴塞尔银行监管委员会及多项巴塞尔协议。除了巴塞尔协议 II，2010 年还出台了巴塞尔协议Ⅲ。

② "双峰监管"模式把监管目标作为划分依据，确立两大监管主体，其中一个负责审慎监管(Prudential Regulation)，另一个负责行为监管(Conduct Regulation)。

在我国，中国银行业协会等金融类社会组织①负责行业自律，对金融监管部门的监管是一种有效的补充。

12.3.2 监管政策关注的文化金融焦点领域

2016 年之后，金融监管政策对文化金融发展环境有直接的影响，主要表现在银行信贷、企业债券、互联网金融、信托融资、资产管理等领域。而有些领域对文化金融活动有针对性干预措施，主要有企业资产证券化、上市公司与投资并购、海外投资、文化产权交易所与艺术品金融等。

1. 资产证券化领域

2008 年之后，我国曾一度暂停了资产证券化业务，可见那个时期监管部门对这种金融工具背后的风险也是很重视的。2011 年后重启资产证券化审批，这项业务再度发展起来。资产证券化领域，中国证监会负责宏观监管，而行业协会和证券交易所负责日常行政监管和自律监管。文化企业发行企业债券和企业资产证券化产品，都要在监管部门的框架下进行。

文化产业领域，推出了一些基于院线票房、主题公园入园凭证的资产证券化产品，但其风险也受到了监管部门的关注，在监管政策中进行了有针对性的限制。2019 年 4 月 19 日，中国证监会公司债券监管部发布《资产证券化监管问答（三）》。其中规定：对于电影票款、不具有垄断性和排他性的入园凭证等未来经营性收入，不得作为资产证券化产品的基础资产现金流来源。

2. 上市公司与投资并购市场

我国政府鼓励文化企业通过上市进行融资，鼓励文化企业上市成为公众公司做大做强。但文化企业上市后，进行再融资或股权投资，需要接受严格的监管。其他行业的上市公司进行投融资，如果与文化类企业或资产相关，也受到了监管部门的特别关注。

2016 年前，资产市场热衷收购明星持股的文化公司，即出现所谓"明星证券化"现象。一些上市公司高溢价收购完全超出了一般估值，其中隐含了很多风险，引起了监管层的注意。另外一种引起监管层注意的是文化企业的高杠杆收购行为。

2016 年 7 月，深圳证券交易所发布《创业板行业信息披露指引第 1 号——上市公司从事广播电影电视业务》(2016 年修订)，要求相关上市公司应对"明星证券化"行为进行详细信息披露。该文件提到：上市公司涉及收购演职人员及其关联方公司股权的，除披露标的公司估值基础、业绩承诺和补偿方式、商誉或无形资产的确认及减值摊销情况外，还应披露演职人员及其关联方出资作价的依据、与其他投资者作价是否存在差异、演职人员是否有具体的合作安排。上市公司应当对演职人员的个人影响力变化、政策法规对演职人员从业限制等可能影响双方合作或标的公司盈利能力的因素进行风险提示。

在 2018 年 10 月中国证监会推出的《再融资审核财务知识问答》《再融资审核非财务

---

① 中国银行业协会、中国财务公司协会、中国信托业协会、中国融资担保业协会、中国小额贷款公司协会、中国保险行业协会、中国保险学会、中国精算师协会、中国保险资产管理业协会等。

知识问答》中，涉及文化产业类投融资问题的"募集资金投向"方面，要求"募集资金原则上不得跨界投资影视或游戏"。2019 年 7 月 5 日，中国证监会发布《再融资业务若干问题解答》，再次明确要求：上市公司募集资金应服务于实体经济，符合国家产业政策，主要投向主营业务，原则上不得跨界投资影视或游戏。

3.文化产权交易市场与艺术品金融市场

文化产权交易所在发展初期即出现了明显的风险隐患。2011 年 11 月 24 日，国务院发布《国务院关于清理整顿各类交易场所切实防范金融风险的决定》(简称"38 号令")；2012 年 7 月出台《国务院办公厅关于清理整顿各类交易场所的实施意见》(国办发〔2012〕37 号)。这一轮清理整顿工作，整顿范围包括文交所在内的各类交易场所，是为了规范资本市场，切实防范金融风险。2011 年 12 月，中宣部、商务部、文化部、国家广电总局、新闻出版总署联合下发《关于贯彻落实国务院决定加强文化产权交易和艺术品交易管理的意见》(中宣发〔2011〕49 号)，明确了"四个不得"：

(1)不得将任何权益拆分为均等份额公开发行；

(2)不得采取集中竞价、做市商等集中交易方式进行交易；

(3)不得将权益按照标准化交易单位持续挂牌交易；

(4)任何投资者买入后卖出或卖出后买入同一交易品种的时间间隔不得少于 5 个交易日(T＋5)等。

这一轮的清理整顿工作建立了由中国证监会牵头的"清理整顿各类交易场所部际联席会议"，通过这一由金融监管部门主导的制度，文化产权交易所的监管开始进入金融监管部门的视野。各地地方金融办(局)、银监局、证监局等金融主管部门开始直接介入清理整顿工作，文交所的业务监管也纳入各地金融监管部门。

2017 年 3 月 16 日，清理整顿各类交易场所部际联席会议印发《关于做好清理整顿各类交易场所"回头看"前期阶段有关工作的通知》(清整联办〔2017〕31 号文)和《地方交易场所主要违规交易模式特征、违规问题及整治措施》，开始第二轮清理整顿工作。经过一年多的清查，交易所管理得到改善。

专栏 12-4

文交所邮币卡电子盘模式及清理整顿

我国很多文化产权交易所成立后，即开展了以邮票、钱币、磁卡类等收藏品为主要交易对象的邮币卡交易业务。在清理整顿前，一些文交所的邮币卡交易实行 T＋0 的模式，即可当天买卖，且可进行电子盘集合竞价，庄家控盘等行为使交易价格波动剧烈，市场风险积聚。

《关于做好清理整顿各类交易场所"回头看"前期阶段有关工作的通知》(清整联办〔2017〕31 号文)和《地方交易场所主要违规交易模式特征、违规问题及整治措施》等文件中指出，部分文化艺术品类及商品类交易场所，以邮资票品、钱币、磁卡为交易对象，或以珠宝玉石、茶叶、老酒等为交易对象，进行"现货发售"(即将现货商品在互联网电子盘进行买卖的方式)，交易涉嫌违法违规，价格易操纵且波动大，藏品实物托管的真实性受到社会质疑。

2017 年 7 月 11 日，清理整顿各类交易场所部际联席会议办公室（以下简称清整联办）召开了邮币卡类交易场所清理整顿工作专题会议。就此次会议内容，2017 年 8 月 2 日，清理整顿各类交易场所部际联席会议办公室印发关于《邮币卡类交易场所清理整顿工作专题会议纪要》的通知（清整联办〔2017〕49 号），主要内容是要求邮币卡类交易场所一律停业整顿，全面摸清风险底数，逐步化解存量风险。

在各地监管部门的重拳整改下，原本进行邮币卡电子盘业务的交易所基本都已经选择停盘、转型或直接退市。按照政策要求，即便邮币卡业务重启，文交所也不再被允许开展此类业务，而是成立专门的邮币卡交易场所。

（根据公开资料整理）

4. 海外投资领域

随着我国经济发展和企业实力的增强，一些企业开始走出去在海外进行投资。例如，自 2010 年复星出资 2 500 万欧元持有旅游度假集团地中海俱乐部（CLUB MED）股权 7.1％后，截至 2017 年复星进行了多达 15 次并购；2012 年 5 月，万达以 26 亿美元完成对美国第二大院线公司 AMC 的第一次海外并购，此后，又相继投资并购美国卡麦克、欧洲 Odeon ＆ UCI、北欧院线集团三大院线。

2015 年和 2016 年是我国海外投资的高峰期，随后"非理性投资"问题被提了出来。所谓非理性投资，主要是不以投资为真正目的的海外投资行为。2017 年 8 月 4 日，国务院办公厅转发国家发展改革委、商务部、中国人民银行、外交部《关于进一步引导和规范境外投资方向指导意见》。该文件将境外投资分为"鼓励""限制"和"禁止"三类。文化服务是鼓励类境外投资，而房地产、酒店、影城、娱乐业、体育俱乐部等被列入限制类境外投资①。2017 年 12 月 26 日，国家发展和改革委公布《企业境外投资管理办法》。

2018 年 10 月，中国证监会下发《再融资审核财务知识问答》《再融资审核非财务知识问答》再次涉及境外投资问题。其中涉及文化产业类投融资问题有"境外投资"方面，要求关注本次对外投资项目是否符合国家近期相关政策，是否属于国家发展改革委等四部门密切关注的在房地产、酒店、影城、娱乐业、体育俱乐部等领域出现的一些非理性对外投资。

>>> 学习重点和难点

文化金融政策属跨部门专门性政策领域，需要掌握的重点是：文化金融政策的作用；文化金融政策专门化的主要标志和代表性政策文本；文化金融政策体系的特点；

---

① 新华社北京 8 月 18 日电 推动境外投资持续合理有序健康发展——国家发改委有关负责人就《关于进一步引导和规范境外投资方向的指导意见》（简称《指导意见》）答记者问。关于"限制类境外投资的考虑"，该负责人答问：近年来房地产、酒店、影城、娱乐业、体育俱乐部等领域境外投资出现非理性倾向，部分企业频频出手、大额收购，引起市场和舆论广泛关注。《指导意见》将此类境外投资纳入限制类，并要求相关主管部门实行核准管理，就是为了强化政府的政策引导，提示企业审慎参与。此外，《指导意见》对使用落后生产设备以及不符合投资目的国环保、能耗、安全标准的境外投资做出明确限制。

文化金融监管的主要领域。

难点是：文化金融政策体系的各部分及其相互之间的关系；结合公共政策功能理解和分析文化金融政策的作用。

>>> 复习思考题

1. 如何理解文化金融政策的含义？
2. 文化金融政策过程应包含哪些环节？
3. 我国文化金融政策体系的特点是什么？
4. 从我国文化金融重点监管领域角度分析文化金融的特点及监管的必要性。

>>> 参考文献及推荐书目

[1]陈庆云. 公共政策分析[M]. 北京：北京大学出版社，2006.

[2]黄顺康. 公共政策学[M]. 北京：北京大学出版社，2013.

[3]张晓明，惠鸣. 全面构建现代文化市场体系[M]. 北京：社会科学文献出版社，2014.

[4]高书生. 感悟文化改革发展[M]. 北京：中信出版社，2014.

[5]熊澄宇，等. 中国文化产业政策研究[M]. 北京：清华大学出版社，2017.

[6][澳]戴维·索罗斯比. 文化政策经济学[M]. 易昕，译. 大连：东北财经大学出版社，2013.

[7]吴晓灵，何海峰，汪小亚. 中国金融政策报告(2017)[R]. 北京：中国金融出版社，2017.

[8]吴晓求. 中国金融监管改革：现实动因与理论逻辑[M]. 北京：中国金融出版社，2018.